数のつく日本語辞典

新装版

森 睦彦
Mutsuhiko Mori【著】

武士に二言はないッ

東京堂出版

序

かねがね前作『名数数詞辞典』の増補改訂を心掛けて、日頃資料の収集と整理を続けて来たので、この企画を寄せられて戸惑った。

本書を読むものにということなのである。前作は各分野の中辞典級のものから項目を選び、各々その辞典を持たなくても関連の事柄についての知識を得られる、用を足すものとした。図書館員の養成を業とする者として、辞典類はかくなるものと憶えて、そう教えていたのであるから、意外や意外であった。

しかし当社の刊行物、特に本書の体裁のものは、任意に読まれることを意中として企画されていると聴き納得し、自分にもその任を果せると思い、挑戦してみようといささか安易に執筆に応じてしまった。

が着手してみると項目の選定、文章の表現等々全て厳しい工程であり、特に全体の水準は高校生の学習の参考から一般成人の教養にという前提に苦しまざるを得なかった。果して目的に合致できたのであろうか、本書は東京堂出版の出題に対する私のレポートというものになったが、読者の採点はいかがでありましょうか。

執筆について鈴木重喜（東京都立日比谷図書館在職時からの旧友）、高橋由香里（東海大学出身・元日本図書館サービス勤務）の両氏と、東京堂出版福島光行氏・他の社員各位のご協力・助言・助力なくして刊行の運びになり得なかった、お礼を申し上げる。

なお、前作に諸兄姉から諸々のご教示に預った。

特に兵庫県の牛尾隆夫翁の懇切なご注意には感謝のことばも無い。謝意を表したい。

本書の各条々にご教示を生かすべく努力したことを報告させていただく。

また、前作『名数数詞辞典』の改訂の機会の資料をお寄せいただけるならば幸いである。

平成十一年一月

森　睦　彦

凡例

▽本書は、一般の教養あるいは学習に資するよう、日常よく目にし耳にする数のつくことば千六百七十語を収録した。
▽項目の配列は、まず項目を「一・二・三……」など数の順に分け、その数の中は見出しの語の五十音順とした。
▽数の分け方は零から十まではそれぞれの数ごとに分けたが、十一からは項目数が少ないため「十一〜二十」「二十一〜三十」のように適宜にくくっている。
▽「一石二鳥」「二束三文」のように、一つの見出し語に二つ以上の数が含まれる場合は、例外なしに最初に出てくる数のところに収録した。
▽「百人一首」のように、本文中に組み込むと見にくくなるものは、巻末に「付録」として収録したので参照していただきたい。
▽地名のうち、明治以前は「大坂」「箱館」などと記されていたものは、内容が明治以前の場合は旧のままとした。
▽解説文中の語句の肩に＊印のあるものは、本書に見出し項目として収録していることを示す。また、項目末尾に⇩で参照項目を示した。

数のつく日本語辞典　目次

数のつく日本語辞典

零・ゼロ

零《ゼロ》戦《せん》　「零式《れいしき》艦上戦闘機」の俗称。三菱重工業の設計で、一九三九（昭和十四）年中国戦線に出動したのが初飛行。全幅十二メートル、全長九・一メートル、総重量二・四トン。旧日本海軍の主力戦闘機で、太平洋戦争中、その性能の優秀さから米・英軍に恐れられた。特に戦争末期には特攻隊機として活躍した。

ゼロ・メートル地帯《ちたい》　海抜ゼロ・メートル以下、つまり海面より低い土地をいう。わずかな雨量でも家屋の浸水などの被害を受ける恐れがある地域。東京の荒川や隅田川河畔、大阪では西部の臨海工業地帯などが代表的である。原因の一つに、多量な地下水の汲み上げによる地盤沈下など、人為的な原因によることもある。

半

起《お》きて半畳《はんじょう》、寝《ね》て一畳《いちじょう》　どんな大きな人でも起きて立っているときは半畳、寝るときで一畳のスペースで済むことから、必要以上に財産を望まず、分に応じて満足することが大切というたとえ。この後に「天下とっても二合半」（天下をとった将軍でも、一日に食べる米は二合半）と続ける。類句に「起きて三尺寝て六尺」「*千畳敷も寝れば一畳」「千万石も米一合」「千畳敷に寝ても畳一枚」「立って半畳、寝て一畳」がある。

丁半賭博《ちょうはんとばく》　さいころの目の偶数を「丁」、奇数を「半」という。二個のさいころを壺の中に入れて振り、出た目の合計が丁か半かを当てる博打《ばくち》をいう。起源は双六《すごろく》とされ、江戸時代に盛んに行われた。

半《はん》返《がえ》し　冠婚葬祭で贈られた金品の半額相当にあたる金品を礼として相手に返す意。結納《ゆいのう》では婿《むこ》側が「御帯《おんおび》料」を贈ると、嫁側は「御袴《おはかま》料」として半額を返納し、葬式の香典では半額相当の品物を返す風習がある。また、「半返し縫い」を略していう。裁縫の返し縫いの一種で、縫い目を補強するため、針を前の針目の半分ずつ後ろに戻しながら進んでゆく縫い方。

半跏思惟像《はんかしいぞう》　「はんかしゆいぞう」ともいう。仏像の姿勢の一つで、半跏とは「半跏趺坐《ふざ》」の略で「趺座」は足を組んで座ること。多くは台座に腰かけ、右足を曲げて左膝の上にのせた座り方で、思惟とは深く考えることで右手を軽く頬の辺に上げ思索する形をとるので、このように呼ぶ。弥勒菩薩《みろくぼさつ》像が多く、京都の広隆寺の二体、奈良の中宮寺の本尊（いずれも国宝）が有名。

半跏思惟像（広隆寺）

半可通《はんかつう》　よく知らないのに、いかにも聞いて知っているように振るまうこと。また、そういう人。通人ぶること。今日ではあまり使われないことば。

半官半民《はんかんはんみん》　⇩・半農半漁《はんのうはんぎょ》

半旗《はんき》　国家的人物などの死に際し、弔意を表すために、国旗などを旗ざおの先端より三分の一ほど下げて掲げること。

半玉《はんぎょく》　芸妓《げいぎ》見習いの少女の俗称で、京都祇園《ぎおん》や花柳界などでは「雛妓《おしゃく》」「舞妓《まいこ》」ともいう。「玉」とは玉代（遊興費）のことで、まだ一人前ではないから半額であるため半玉という。

半夏生《はんげしょう》　「半夏」とも略す。七十二候*（旧暦で一年を七十二分して時候の変化を示したもの）の一つ。夏至の第三候の称で夏至から数えて十一日目、太陽暦で七月二日ごろに当たる。半夏生の由来は、半夏（カラスビシャク）というドグダミ科の薬草がこのころ生えることによる。この日に毒気が降りるので「前夜から井戸や泉に蓋《ふた》をすべし」といったり、野菜や竹の子を食べない風習がある。

半《はん》減《げん》期《き》　放射性原子核などの元素の原子数の放出する放射線の強さが崩壊によって半分に減るまでの時間。放射線原子核を含む物質は原子全部をいっせいに放出するのではなく、時間とともに減少する。原子を熱したり、圧力を加えたり、化合物に変化してもかかる時間は変わらない。放射性元素の寿命を計るのに重要な定数。ウラン二三八は四十五億年、プルトニウム二三九は二万四千年を要する。

半舷上陸《はんげんじょうりく》　艦船が停泊したとき、保安要員を残す必要から、乗組員の半数ずつを交代で上陸させること。半舷は日本海軍で乗組員を左舷直《ちょく》（左舷の当直）と右舷直に分けていた、その一方をいう。

半《はん》紙《し》　現在習字などに使われる和紙で、縦八寸、横二尺二寸の半分の縦八寸（二十四～二十六㌢）、横一尺一寸（三十二～三十五㌢）の大きさの日本紙。延紙《のべがみ》（小形の杉原紙）を半分に切って使ったのが始まりとされ、のちには最初からこの半紙の大きさに抄《す》くようになり、用途が広まった。

半死半生《はんしはんしょう》　半ば死に、半ば生きていることから、生死の境にある意。死にかかっていること、今にも死にそうなありさまのこと。類句に「虫の息」がある。

半畳《はんじょう》を入《い》れる　江戸時代、歌舞伎などの芝居小屋で見物人が敷いた一畳の半分の大きさの畳やござを半畳という。芝居で役者に対する不満や反感を表すのに、その半畳を舞台に投げ入れたところから、他人の言動への非難もしくはやじったり、ちゃかしたりすること。「半畳を打つ」ともいう。

半信半疑《はんしんはんぎ》　半ば信じ、半ば疑うことから、ほんとうに信用してよいのかどうか迷っている様子。竹林《ちくりん》の七賢人の一人魏《ぎ》の嵆康《けいこう》の「虎は占って避けることができ、土地は住みよい所を選ぶことができる。どうして半分信じて、半分信じられないのか」による。

半身《はんしん》不随《ふずい》　「半身麻痺《まひ》」「片《へん》麻痺」ともいう。脳出血・脳梗塞《こうそく》・脳腫瘍《しゅよう》などで、運動をつかさどる部分が障害を起こすと、障害のある反対側の半身の筋力が低下して思うように動かせなくなる状態。

半《はん》済《ぜい》　半分だけ返済すること。「はんさい」ともいう。南北朝時代（一三三六～九二）兵糧《ひょうろう》米《まい》を現地で調達するために、荘園の年貢を折半して半分を本所領家《ほんじょりょうけ》へ、半分を守護に引き渡して管理する制度。のちに土地の折半に進み、武家の荘園侵略の手段となった。

半《はん》切《せつ》　「半折」「半截」とも書く。半分に切ること。唐紙・白紙・画仙紙などを全紙（縦四尺九寸＝一メートル四八・二センチ、横二尺二寸＝六七・二センチ）を縦に半分に切ったもの。また、それに書かれた書画をいう。

半《はん》纏《てん》　「袢纏」「半天」とも書く。羽織に似て、実用的に簡略化した防寒用・仕事用の丈が短く、襟の折り返しや、襠《まち》や胸ひものない上着。語源は袖の長さや幅が普通の着物の半分であるところから。江戸時代末期、女羽織が禁止されたので、庶民の衣服として広まった。印《しるし》半纏・ねんねこ半纏などがある。現在は大工の仕事着や祭りの神輿《みこし》をかつぐときに着用される。

半《はん》導《どう》体《たい》　電気を伝える性質が導体と絶縁物の中間の電気伝導率をもつ物質。低温ではほとんど電流を流さないが、高温になるにつれて電気伝導率を増し、電気をよく伝える。ゲルマニウム・ケイ素（シリコンを含む）・錫《すず》・セレン・酸化第一銅などの重金属の酸化物、ヒ化ガリウムなどがあげられる。整流器・トランジスター・光電池・コンピューターなどに広く利用されている。

半《はん》ドン　「半ドンタク」の略。午前中だけで、午後から勤務や授業がないこと。また、土曜日のこと。オランダ語の日曜日「zon dag」（ゾン・ダッハ）が日本人にドンタクと聞き取られて、休日のことになり、土曜日の勤務は午前中が一般的であったので、半日休む日をいうようになった。

半《はん》人《にん》前《まえ》　一人前の半分。年齢が若かったり、技術が未熟であるため、大人・成人や修行を終えた職人として公認を受けた者の扱いを受けられないことから、中途半端な人間をいう。⇩一人前

半農半漁《はんのうはんぎょ》　生活のための職業を半ば農業に当て、半ば漁業をも兼業すること。漁業ではなく工場なら「半農半工」、牧畜では「半農半牧」となる。このほか、政府と民間が共同して事業を経営することを「半官半民」という。

半病人《はんびょうにん》　疲れがひどく病人のように心身が弱って衰弱してしまった人。病気ではないのに元気の出ない人。人をさげすんで使うこともある。

一・単・独・シングル・ファースト・ワン

板子一枚下は地獄《いたごいちまいしたはじごく》　板子は和船の船底に敷く板のこと。その下は海で、海が荒れればいつ地獄と化すかわからない。船乗り稼業の危険なことをいうことば。「一寸下は地獄」ともいう。

一意専心《いちいせんしん》　「一意」は一つの考え、「専心」は一つのことだけに心を注ぐことから、ほかのことに目もくれず、ひたすら一つのことだけに集中すること。または、考えを変えず、一つの目標だけを思うこと。「一」と「専」は一つ、「意」と「心」は志・考えの意味で、同じ意味のことばを重ねて強調したもの。春秋時代、斉《せい》の管仲《かんちゅう》の『管子』の中のことば。類句に「*一心不乱」がある。

一衣帯水《いちいたいすい》　「衣帯」は帯、「水」は川や海峡の意。一本の帯のように細長く狭い川や海峡のことから、川や海峡を隔てて非常に近いように二つの関係が深く、何かが起これば互いに影響を受ける間柄、または二つの間がたいへん近いことのたとえ。隋《ずい》の文帝楊堅《ようけん》が陳《ちん》の国を攻めるときに部下の高熲《こうけい》にいったことば、「我は百姓の父母たり、豈《あ》に一衣帯の水に限りてこれを拯《すく》わざるべけんや」（『陳書』）による。日本と中国や韓国の外交交渉などで、「日本と中国は一衣帯水の間柄」などと用いられる。

一院制《いちいんせい》　議会が単一の院によって構成される制度。国民を代表する議院は一つであれば足りるという主張に立っている。立法手続きを簡素化しうる特色がある。日本では都道府県や市町村議会がこれに当たる。社会主義国で採用されている場合が多い。

「二院制」は、議会が二つの独立した合議機関から成り、両者が個々に議決し意思が一致したときに、それを議会の意思とする制度。日本の衆議院・参議院、米国・英国などの下院・上院がそれである。

一円知行《いちえんちぎょう》　「一円」はものの総体。特に土地についてある区画の全体。「知行」は所領としての土地を支配すること。一円知行は中世の土地制度で、他人の支配を受けず、単独で完全に自分の所領を支配することをいう。「一円管領《かんれい》」ともいう。中世の荘園制では領主と、直接地元で管理をする地頭・荘官・名主などが、収益（得分《とくぶん》）をめぐって争いが生じ、その解決策として生じた。

一押二金三男《いちおしにかねさんおとこ》　男性が女性を口説いてモテル条件。一に押しが強く、二にお金があり、三に男ぶりの良いこと。または「一押二金三姿《すがた》四程《ほど》五芸《げい》」といい、一に押しが強く、二にお金があり、三に容姿が良く、四に身分が高く、五に芸の心得があること。女性の容姿の美しさは「一髪《かみ》二化粧三衣装」という。一の「髪」は黒髪のこと。日本のことわざには一・二・三と続けるものが多い。

一《いち》**か八**《ばち》**か**　大成功か大失敗か、結果がどう出るか予測できないので、運を天に任せて、思い切ってやること。語源には「一か*罰か」で、さいころの目が一と出るか失敗するか説、丁半賭博の「丁（偶数）か半（奇数）か」で丁の上部と半の上部をとった説、カルタ賭博で「一か八か釈迦十か」の一と八はカブ（賭博用語で九のこと。例えばめくり骨牌《かるた》で九の数の札か、合わせて末尾が九に、または九に近いことが勝ちになるのがルールとされる）をつくったとき、釈迦の十を願ってつぶやくことばの釈迦十かを略した説などがある。「一か六か」「*一六《いちろく》勝負」「*乾坤一擲《けんこんいってき》」「のるかそるか」も同じ意味。

一《いち》**から十**《じゅう》**まで**　初めから最後まで、または何から何までの意。一は初め、十は終わりの意で全部またはすべての意味。類句に「*一部始終」がある。

一眼《いちがん》**レフ**　「レフ」はレフレックス・カメラの略。レンズが一個でファインダーレンズを兼ねたレフレックス・カメラ。レフレックス・カメラは撮影用レンズに入射した光線をレンズの後ろにある鏡（ミラー）に反射させ、撮影時にはねかえり、フィルムに露出する。ピントグラスに被写体の映像を映し、ピントを写す範囲を決め、焦点調節と撮影を一つのレンズで兼ねさせる形式を一眼レフといい、これを二つのレンズに分ける形式を「二眼レフ」という。

一芸《いちげい》に秀《ひい》でる 一つの芸能・芸事《ごと》・技能にすぐれた人。どのような事でも一つの頂点に達すれば、他の方面でも人に抜きん出るということ。また、物事の道理がわかるようになること。吉田兼好の『徒然草』の中の木登りの名人の話で木の高いところでは声をかけず、低いところに下りてきたとき「用心しろ」と声をかけた話による。「一芸は道に通ずる」「一芸に長じれば多芸に長ず」ともいう。

一《いち》弦《げん》琴《きん》 琴は中国で発達した楽器。日本には奈良時代に渡来した。寸法・材料・弦の数・演奏方法など多彩で、種類もいろいろあるが弦の本数による区別もある。「一弦琴」は一本の弦を張ったもの。須磨琴・板琴《ばんきん》と呼ばれるものが江戸時代中期（十八世紀初頭）に流行した。

「二弦琴」は八雲琴《やくもごと》・出雲琴《いずもごと》・竹琴《ちくきん》ともいう。大正琴も原理的にはこの仲間。「五弦琴」は中国のもので琴の一種だが、滅びて伝わらなかった。「六弦琴」は和琴《わごん》・大和琴《やまとごと》ともいい、宮中神楽《かぐら》用。「七弦琴」も中国の琴の一つで奈良時代に日本に伝えられた。「十二弦琴」「十三弦琴」は雅楽用のもので楽箏《がくそう》と呼ぶ。また、十三弦琴はいわゆる琴で正しくは俗箏といい、現在一般に使われるもので雅楽用を改良したもの。「十七弦琴」は宮《みや》城《ぎ》道雄発案の合奏用のもの。「二十五弦琴」は中国の瑟《しつ》で日本にも伝来され、楽箏はこれを二分したもの。

一言《いちげん》居士《こじ》 「いちごんこじ」とも。何事につけても、何か一つ自分の意見や批判を言わないと気のすまない性質の人。「一言抉《こじ》る」を人格化したもので、「一言」はひと言、「居士」は中国で一芸に達しながら士官をしない人をいい、禅宗などの戒名の下につける称号の一つ。

一見《いちげん》の客《きゃく》 馴染《なじ》みでない、初めての客。初会の客。「見」は見参《げんざん》の略（現在は「けんざん」と読むことが多い）で上方の遊里で初めての相手に用いられた。飲食店などで初めてきた客のことを「一見さん」などと使われる。この反対は「馴染みの客」。

一元《いちげん》描写《びょうしゃ》 文芸用語で、小説中の事件や人物の心理を一人の主人公を通じて描写する方法。「一元」は物事の根元がただ一つであること。一九一八（大正七）年、岩野泡鳴《ほうめい》が『新潮』誌上で提唱したもの。泡鳴自身が属する自然主義の思潮では、客観描写を大原則とし、その方法論は田山花袋《かたい》の「主張のすべてを傍観的に描写する」平面描写に代表視された。それに対抗するものとして、当時の自然主義文学のゆき詰まりの打解をはかる試みの一つであったが、一九二〇年、泡鳴の病死もあり実現を見なかった。

一元論《いちげんろん》　特定の問題や現実の事象をただ一つの原理で説明しようとする考え方。一元論は、存在する世界の究極のもとが一つの原理によって統一されて展開するとする世界観をいい、その一つの原理が精神的存在とすれば唯心論となり、物質だとすれば唯物論となる。

前者の代表には、絶対精神を世界の唯一の本源とするヘーゲルの観念論や、意志を本源とするショーペンハウアーの主意説がある。後者の代表としては、古くはデモクリトスの原子論的世界観、新しくはマルクス、レーニンの史的唯物論などがある。折衷的なものには物質と精神とをそれ以上に高い神の属性として、神を本源だと唱えたスピノーザ主義がある。

一期一会《いちごいちえ》　一生に一度会うこと。または一生に一度限りの意から、出会いの機会を大切にするたとえ。「一期」は一生のこと。禅のことばだったが、千利休の高弟、山上宗二《やまのうえそうじ》が『茶湯一会集』に茶道の心得として「茶会の交流はいつも同じ顔ぶれでも、今日は一生に一度の出会いなのだから、おろそかにせず心をこめてもてなす」とあることば。幕末の大老井伊直弼《なおすけ》もこれに同調している。

一合《いちごう》　ある単位の十分の一を示し、尺貫法の容積では十合で一升（約一・八リットル）、十升で一斗（約十八・〇四リットル）、十斗で一石《こく》（約百八十リットル）となる。また、一合は土地の面積の単位で一坪の十分の一、道のりの十分の一（富士山五合目など）にもいう。一升は日本酒などを計るときに用いられる。一石は和船の積載量や木材の単位で千石船*、また大名や武士の禄高の単位として加賀百万石などと用いられる。

壱越調《いちこつちょう》　雅楽に用いられる十二律*中の日本名の第一音。または六調子の一つ。十二律の中国名黄鐘、洋楽の「ニ」の音に当たる。

一《いち》言《ごん》一《いっ》句《く》 「一言」も「一句」もひと言の意味。人の話をひと言ひと言、熱心に注意ぶかく聞きとろうとすることを強調したことば。類句の「一言半句」は、僅かなことば、ちょっとしたことばの意で、話の内容を聞きもらすまいとするさま。「片言隻句《せきく》」ともいう。

一《いち》座《ざ》 第一の上席・上座・首席の意から、同じ座に連なる人のこと。能役者・歌舞伎役者・俳優・芸人などの興行を行うための集団を指す。また、同じ場所や席に居あわせているすべての人についてもいう。満座。

一《いち》次《じ》エネルギー 石炭・石油・天然ガス・水力・原子力エネルギーなど、自然から採取されたままの物質を源としたエネルギーのこと。これを加工してできる電気・都市ガス・練炭・コークスなどを「二次エネルギー」という。

一《いち》字《じ》一《いっ》石《せき》経《きょう》 偏平な小石一つ一つに、墨または朱で一字ずつ書写されたお経のことで、そのままあるいは甕《かめ》に入れて埋め、その上に碑を立てたものもある。鎌倉時代から江戸時代にかけて盛んに行われた。経典の保存という埋経の目的より、供養を目的としたものらしい。「経石《きょういし》」ともいう。

一《いち》事《じ》が万《ばん》事《じ》 一つのことを見れば、それから全てを推し量れることの意。「一事をもって万端を知る」「一をもって万を知る」ともいい、洞察力の鋭いことをいう。ただ今日では、あまりよくない現れを見て、他の面でも同様に悪いはずだと推察する場合にいうことが多い。

一《いち》時《じ》金《きん》 年金など継続的に支給される金銭に対して、そのとき限り支払う金銭。また、ボーナスあるいは賞与など、労働協約や賃金規則に定められていない特別に支給される給与。由来は盆暮れに、使用人に与えたお仕着せや小遣い銭による。

一《いち》次《じ》産《さん》品《ぴん》 米・小麦・砂糖・銅・錫《すず》・石油などの類。農・鉱・林業などの生産品で、加工が施されていないもの。この価格や取引量の変動は、これを加工して生産される諸産品の価格に重大な影響が及ぶので、その安定を図るために、一部のものに国際協定が計られている。

一時凌ぎ《いちじしのぎ》　その場の苦境を一時的に切り抜けること。その場だけをとりつくろうこと。「一花凌《いっかしの》ぎ」「一過凌ぎ」「一時逃れ*」も同じ意味。

一字千金《いちじせんきん》　一字が千金の価値があるほど、すぐれた文章や文字のこと。または師の恩の厚いことのたとえ。秦の呂不韋《しんのりょふい》が『呂氏春秋』を発表したとき、「この文章に一字でも手を入れることができた者に千金を与えよう」と懸賞をかけたが誰も直さなかった故事によることば（『史記』）。「一字百金」ともいう。日本では浄瑠璃《じょうるり》『菅原伝授手習鑑《すがわらでんじゅてならいかがみ》』に「一字千金、二千金、三千世界*の宝ぞと」とある。

一日千秋《いちじつせんしゅう》　一日会わないと千年も会わなかったように長く感じられること。待ち遠しいこと。また、恋い慕う心が強いことのたとえ。「千秋」は千年の意。ふつう「一日千秋の思いで待つ」と用いる。「一日三秋」ともいい、一日会わないと三年、または秋の三か月会わなかったように長く感じられる意。『詩経』采葛《さいかつ》の中の「一日見ざれば三秋のごとし」によることば。

一日の長《いちじつのちょう》　「いちにち」とも。他の人より一日でも早く生まれたことから、他の人より経験や知識や技術が少しすぐれていることのたとえ。孔子が『論語』の中で門人に囲まれたとき、「私がおまえたちより多少年上だからといって遠慮せず、世間が自分たちを認めてくれないのなら、めいめいに抱負をいってみるがよい」と問いかけに言ったことば。

一時逃れ《いちじのがれ》　その場だけ何とかつくろって、一時的に苦境から逃れようとする意。また、その場の苦境を一時的に切り抜けること。「一時凌ぎ*」ともいう。

一時払い《いちじばらい》　売買の決済で一度に金銭を支払うこと。または借りた金銭を一度に返すこと。「分割払い」（数次に分けて支払う）との対語《ついご》。「一括払い」ともいう。

一事不再議《いちじふさいぎ》　衆参両院で一度議決した法案や、一方で否決された法案は、同じ会期中には再び提出して審議することができない原則。明治憲法に規定されていたが、今の日本国憲法にはない。しかし、議事運営上、慣例として認められている。

一事不再理《いちじふさいり》　刑事訴訟法の原則の一つ。ある事件で判決が確定した場合、再び公訴の提起は許さないこと。現行憲法第三十九条に規定され、それを刑事訴訟法に具体化された。

一汁一菜《いちじゅういっさい》　お椀に一杯の汁物と一種類のおかずの組み合わせの意。茶の湯の会席で出す、一汁と一品の菜とによる食事。そこから質素な食事のたとえにいう。正式な本膳料理の献立としては、一汁三菜＝膾《なます》・平《ひら》・焼物の三品、五菜として坪・猪口《ちょく》の二菜を加えることもある。本膳料理に二汁五菜・三汁八菜・一*の膳の組み合わせもある。

一場の春夢《いちじょうのしゅんむ》　その場限りで消えてしまう春の夜の夢のように、人の栄華のはかないことをいい。人生で華やかな時間は長続きせず、夢のように跡形もなく消えてしまうこと。「一場」はその場限り、僅かの間という意。「一場の夢」ともいう。

一事《いちじ》をもって万端《ばんたん》を知《し》る　⇩　一《いち》を聞いて十《じゅう》を知る

一陣の風《いちじんのかぜ》　風がひとしきり吹くさま。「一陣」は軍隊の隊列の最先端、つまり先陣・第一陣のことで、敵軍に最初に攻撃することから、風や雨がひとしきり吹き降ることをいう。

一膳飯《いちぜんめし》　一椀ずつ盛り切りにした飯。本来は神や貴人に供えたもので、平安時代に宮中で公家に供した饗応の膳の様式の一つの椀飯《おうばん》から出たもので、「大盤振舞」の語源である。家を出て再び戻らないときの飯は一椀に限る例ができ、現在も葬式で死者に供する飯をいい「枕飯」ともいう。出棺に先だって近親者に出す膳部は一椀に盛り切り、二杯と追加はしないのが例となっている。嫁に行く女性が実家を出るときも同じである。

これらから普通のときには一膳飯を忌むようになった。加えて葬式の菜に豆腐汁をそえるが、盛り切りの飯にかけて早喰いするのが例なので、盛り立て飯に汁をかけるのも忌むことになった。盛り切りのどんぶり飯に簡単な惣菜を食べさせる飲食店を「一膳飯屋」と呼んでいる。

一族郎党《いちぞくろうどう》　一族の長が率いる血縁の人々全員をいう。のち、血縁のない家来や家族や、主従関係でつくっている集団をもいうようになった。「郎党」は武家社会で従者中の上位の者。従者も血縁者で構成する一族に信頼されて活動するようになったことによる。「郎等」「郎頭」とも書き、「家の子郎党（等）」ともいう。類句に「*一家眷《けん》族」がある。

一大事《いちだいじ》　容易ならぬ出来事や重大な事件から、大変なことのたとえ。もとは仏教語で、仏が迷える衆生《しゅじょう》を救済するためにこの世に現れたら、これほどの大事件はないことによる。

一代年寄《いちだいとしより》　年寄とは日本相撲協会で協会の運営や、部屋を持ち後進の養成などにあたる者をいう。「親方」とも。正式には協会の評議員で、引退した力士のうち、幕内を一場所皆勤か、*十両を連続二十場所か通算二十五場所以上つとめて、「年寄株」という名跡《みょうせき》の相続を受けた者に限られる。

　年寄の制度は一六八四（貞享元）年に、徳川幕府に相撲興行の責任者としての認可を出願したことにはじまり、株数は現在百五である。年寄には引退者全員がなれるわけではないので、相撲界につくした功績が顕著な元力士に報償として、本人一代に限り贈られるもの。大鵬幸喜第四十八代横綱が初の特典を受けた。

一《いち》D《ディ》K《ケイ》　Dはダイニング・キッチン、Kは居間などの部屋の略で、第二次大戦後、公団住宅などの間取りに採用され、民間住宅にも急速に普及した。一DKは一つのダイニング・キッチンと居間の意。浴室・トイレは別になっているが、限られた空間を有効に利用している。「ワン・ディー・ケイ」ともいう。「一LDK」はこれにリビング（L）がついたもの。「二DK」は一DKに一部屋ふえた間取りで、公団や公営住宅の標準型とされた。「三DK」は室数が三室。

一度《いちど》あることは二度《にど》ある　物事には一度起こると、同じようなことが続いてあることをいう。特に、よくないことは続けてありがちなので、再び同じ思いをしないように戒めるときに使うことが多い。「*二度あることは三度ある」ともいう。

一読三嘆《いちどくさんたん》　文章をざっと読むだけでも、そのよさをほめずにはいられなくなり、いくたびも感嘆の声をあげてしまうこと。文章の巧みさをほめることば。「一唱三嘆」ともいう。

一男一女《いちなんいちじょ》 一家庭に一人の男の子と、一人の女の子が生まれること。男と女の両性の子に恵まれることは、家の繁栄のために喜ぶべきだという意。

一難《いちなん》去《さ》ってまた一難《いちなん》 一つの災難がようやく終わってホッとしたところに、また次の災難が襲ってくるときの困惑のことば。災難は意外と続けて襲ってくることから、次の難を避けるためにも、常に冷静に物事に対処するようにとの戒め。

一《いち》にも二《に》にも 他のことは考えず、まずそれだけを念頭においてひたすら行うこと。たとえば「大学合格のため、一にも勉強二にも勉強……」のように使う。「*一も二もない」とはニュアンスが異なる。

一《いち》二《に》を争《あらそ》う 多数の人の中で、一番か二番かを競争すること。または一・二番と評されること。最もすぐれているか、一・二番から下がらないこと。

一《いち》人《にん》前《まえ》 一人にふり当てられた量、一人分の分量、あるいは技能などが人なみの程度に達すること。江戸時代に、一人前の料理を出してもてなされる資格という意味で用いられはじめたらしい。「*一丁前」ともいう。⇩半人前

一年《いちねん》の計《けい》は元旦《がんたん》にあり その年の計画は年の初めの元旦に立てるべきであるという意。物事は初めが大切で、まず計画を立ててから着手すべきであるという戒め。「一日の計は朝《あした》にあり」ともいう。

一念発起《いちねんほっき》 決心して仏道に入ることから、何かを成し遂げようと心に決めること。または悔い改め気持ちを新たにして物事に取り組もうと決心するたとえ。仏教語で「一念」は、ごく短い時間の単位、ひたむきな思い、「発起」は仏を信じて道を求める心をいい、何かが起こる、起こすこと。親鸞が『歎異抄《たんにしょう》』の中で念仏を唱えるときに言ったことばで、「一念発起、菩提心《ぼだいしん》」の略。

一《いち》の膳《ぜん》 日本料理の正式なもてなし。本膳料理の主となる膳をいい、「本膳」ともいう。客人ごとに料理をのせた膳をすすめるが、客の席の中央におくもの。料理の品数により、その右側に二の膳、左側に三の膳などを配して供応する。各膳にはそれぞ

れ配膳する料理の種類にしきたりがあるが、一の膳には膾《なます》・坪《つぼ》（煮物を入れた器）・香物《こうのもの》・汁と、この膳だけに飯をつける。⇩一汁一菜

一《いち》の酉《とり》　十一月最初の酉の日に行われる祭り。「初酉」ともいう。酉の日には各地の「鷲（おおとり）」神社に酉の市が立つ。次の酉の日が二の酉、そして三の酉まである年は火事が多いという。酉の市には幸運をかき集めるという熊手の縁起物や人の頭《かしら》になれるというので八ツ頭（芋）などの店が立ちにぎわう。特に東京下谷の酉の市が名高い。「おとりさま」「酉の町」などとも呼ぶ。

一《いち》の宮《みや》　第一番目に誕生した皇子、または皇女。その次の子を二の宮、三番目を三の宮という。「いちのみこ」ともいう。また、神社の社格の一つで、諸国でもっとも由緒があり、信仰のあつい神社をその国の一の宮と称し、国司《こくし》が管内の神社を巡拝したり奉幣《ほうへい》したりするとき、まず最初に拝する名社のこと。以下、順に二の宮・三の宮と称した。平安時代中期の『今昔物語』に周防《すおう》国の一宮玉祖《たまのおや》大明神とあるのが初見で、鎌倉時代に全国に定まり、一国一奉幣使を一の宮で行うのを通例とした。

一罰百戒《いちばつひゃっかい》　罪を犯した一人の者を罰することにより、多くの人の戒めとすること。「百」はたくさんの意。犯罪の再発をふせぐため今日の裁判でも、このような意味合いを持つ判決が下されることがある。

一番勝負《いちばんしょうぶ》　やり直しができない、ただ一回だけで決める勝負。また、一回だけ勝負を試みること。「三番勝負」は三回戦って勝負を決めること。どちらかが二回先勝すれば勝ちとなり、ふつう三回目の勝負は行われない。

一番出し《いちばんだ》　最初に昆布を入れ、煮立ってきたら鰹《かつお》節を入れ、沸騰する前に昆布と鰹節を取り出した風味のよい、澄んだ出し汁をいう。吸い物や煮物・蒸し物のかけ汁などに利用する。一番出しをとったあと、さらに煮出したものを「二番出し」といい、みそ汁や煮物などに利用する。

一《いち》番《ばん》茶《ちゃ》　毎年、春に一番初めの新芽を摘みとった茶を一番茶といい、香りがよく味もよい。一番茶の次に摘む茶を「二番茶」という。

一番抵当《いちばんていとう》 一つの抵当物件に二つ以上の抵当権があるとき、その間の優劣の順位を示す呼称。抵当権を登記した順序が早いものから、一番抵当・二番抵当などと呼ぶ。抵当権は債権者が債務の返済を債務者が怠ったときに、債務の担保に供されている不動産類を、競売して自己の債権の弁済に当てる権利で、登記所に登記することで認められる。

一番鶏《いちばんどり》 夜明け前（八つ時〈午前二時ごろ〉）に、最初に鳴き声をあげた鶏、またその鳴き声をいう。一番鶏の次に鳴く鶏を「二番鶏」、三番目に鳴くのを「三番鶏」といい、三番鶏でこの呼称は終わる。東南アジアや中国では、鶏は隠れた太陽を呼ぶ鳥として神話になっている。日本では『古事記』の天岩《あまのいわ》戸《と》神話で、岩屋に隠れた天照大神《あまてらすおおみかみ》（太陽神）を呼び出すために鳴いた「常世《とこよ》の長鳴鳥《ながなきどり》」が始まり。旅の出発や仕事を始める時刻の目安とした。

一番《いちばん》**乗**《の》**り** 戦場などで一番先に敵陣や敵城に馬を乗り込むことは最高の名誉・手柄と評価されたので、その功名を争い合った。そこから、ある場所に最初に乗り込むこと、またその人。類句に「一番槍」があり、戦場で一番最初に槍をふるって敵陣や敵城に突き入ること、またその人をいう。

一番星《いちばんぼし》 夕方、一番めだって見える星。方角・季節、そして地域により具体的な星名は異なるが、季節や時間を知る手がかりにした。「宵の明星」として西の空に輝く金星はその代表といえる。

一番槍《いちばんやり》 ⇩ 一番《いちばん》乗《の》り

一姫二太郎《いちひめにたろう》 子を生み育てるときの理想をいったことば。子どもは第一子（長子）が女の子、第二子（次子）に男の子という順に生むと育てやすいという意。今では女の子が一人、男の子が二人が理想だという意味で使われるがこれは誤り。また、男の子を望んでいて、最初に女の子が生まれたときの慰めにも用いられる。

一姫二《いちひめに》**トラ三**《さん》**ダンプ** 自動車を運転する人で事故を起こしやすい順位をいう。「一姫」は一番危険で、反射神経が鈍い女性ドライバー、「二トラ」は二番に危険で、酔っぱらい運転、「三ダンプ」は三番に危険で、乱暴な運転をする砂利運搬などのダンプカーの運転手。一九六五（昭和四十）年ごろ流行したことば。

一病息災《いちびょうそくさい》　一つの病気にかかっている、つまり持病を持つと、いつもそれに注意して早目に手当てすることから、他の病気を防ぐことにもなり、無病と思って不養生な人よりも、長生きできるという意。「息災」は仏教の祈禱《きとう》の一つで、天変・地異・兵火・飢饉・疾病《しっぺい》・横死などの災害を除けるという。

一分一厘《いちぶいちりん》　きわめて僅かなことのたとえ。「一分」は一の十分の一、尺貫法では尺の百分の一（約三ミリ）、「一厘」は一の百分の一、尺貫法では尺の千分の一。「一分一厘狂いがない」などと使う。

一分金《いちぶきん》　江戸時代の貨幣の一。小判一両の四分の一にあたる金貨。慶長六（一六〇一）年にはじめて鋳造された。以後元和《げんな》・宝永・正徳・元文・文政・天保・安政・万延の各時代に鋳造されたが品位・重量は異なる。「一分銀」は江戸時代末期から明治初期の貨幣の一つで、小判一両の四分の一にあたる銀貨。

一部始終《いちぶしじゅう》　「一部」は一冊の本、「始終」は初めから終わりまで。そこから事の初めから終わりまでのすべて、何から何までの意。「一*から十まで」も同じ意味。

一富士二鷹三茄子《いちふじにたかさんなすび》　正月二日の初夢で見るのに縁起がよいとされているものを順に示したもの。その根拠は定説がなく、徳川家康にちなんで家康の好んだものとか、駿河国（静岡）の名物をあげつらねた「一富士二鷹三茄子四扇《せん》五煙草《たばこ》六座頭《ざとう》」からという説などがある。

一物一価の法則《いちぶついっかのほうそく》　経済法則の一つで、「無差別の法則」ともいう。完全な自由競争の行われている同一市場上では、同一種類の商品は同一時点で、一つの価格より成立しないこと。多数の売り手と買い手が市場に参加し、彼らが完全な予測をし、価格変動などと即応しながら自由に即時に調整できる場合に成立するもの。現在は完全競争の条件が崩れているので、この法則は成立しない場合が多い。

一分が廃る《いちぶんがすたる》　「いちぶ」ともいう。「一分」は一身・自身の意。自分の面目が立たないことから、名誉や責任が傷つけられることのたとえ。江戸時代から使われていることば。「一分が立たない」ともいう。

一別《いちべつ》以来《いらい》 「一別」はひとたび別れること。一度別れてよりこれまでのこと。久し振りに会ったときに使うことば。「一別来」ともいう。「一別雨の如《ごと》し」は一度別れると再び会いがたいこと、「一別三春」は別れてから三年になるという意。

一瞥《いちべつ》も与《あた》えない 「一瞥」とは流し目で見る、あるいはちらりと見ること。それも与えないので無視することをいう。「一瞥して去る」ともいう。同意語に「*一顧《いっこ》だにしない」がある。

一望千里《いちぼうせんり》 一目で千里の遠くまで見渡せることから、広大な景色や見晴らしが広々しているとのたとえ。「一眸千里」とも書く。類句に「*一目千本」がある。

一木一草《いちぼくいっそう》 ⇩ 一草一木《いっそういちぼく》

一木造《いちぼくづく》り 木彫の技法の一つ。一本の木から主要部分を作る技法と構造をいう。寄木《よせぎ》造りの複数の材を寄せて作る技法・構造に対する用語。一本といっても実際は頭と胴を一本で作り、腕や体側部などは別の木で作られている。十一世紀に寄木造りの技法の完成まで、日本の木彫の多くがこの技法によった。

一《いち》枚《まい》岩《いわ》 一枚の板のように割れ目のない、しっかりした大きな石のことから、内部分裂や意見・思想の相違がない、結びつきがしっかりとした団体や組織のたとえ。「一枚岩の団結を誇る」などと用いる。

一枚噛《いちまいか》む 「一枚」は紙などの一片から、一人とか取引の株一株を示す。ある仕事や事件など、ある物事に何らかの関係をもつことをいう。

一枚看板《いちまいかんばん》 上方の歌舞伎で、出しものの題名(外題《げだい》)や主な役者の名や絵姿を大書きして劇場の前に掲げた看板をいう。その興行の主役や人気を独占している役者を画いたことが多かったことから、団体の中の中心人物のたとえとなった。江戸では「名代《なだい》看板」という。また、他に代わる者がなく、その分野で抜きんでた技術を持つ人をいう。また、*一張羅と同じように、他人に見せられるただ一つの物や衣裳にもいう。

一抹《いちまつ》の不安《ふあん》 「一抹」はひとはけ、ひとなすり。転じていくらか、多少の意。十分に注意しているが、いくらかの不安を感じたり、不安が多少あることをいう。

一味同心《いちみどうしん》 同じ目的をもった仲間や団体が力を合わせ、心を一つにすること。「一味」は仲間・党派・団体・味方の意で、「味」は神社に供えた水を指す。鎌倉時代、農民らが一揆《いっき》の前に神社に集結して、神前の水を飲み合って、団結を誓ったことから生まれたことば。「*一致団結」「協力団結」も同じ意味。「一味徒党」は、たくらみを起こすために集まった仲間のことで、悪いことをする場合に使われることば。「徒党を組む」も同じ。

一脈相通《いちみゃくあいつう》ずる 「脈」は血管や脈拍。それから物と物との間を連絡する役目を果たすとして、物事の表面に見えなくとも、どこかにひと続きのつながりがあるということ。「一脈通ずる」ともいう。

一命《いちめい》を懸《か》ける 自分の命を犠牲にして尽くすこと、自分の命をささげて物事に当たること。「一命」は一つの命、「懸ける」はある物事が達成するために犠牲を共にすること。「一命を賭《と》す」ともいう。

一毛作《いちもうさく》 「毛」は作物の意味。「一毛作」は同じ水田や畑で、一年に一回の作物の栽培・収穫をすること。北海道や東北地方北部、高地などは夏が短く、秋冬が長く積雪のため一毛作が多い。「二毛作」は同じ水田や畑で、二回収穫をあげることや、二種類の異なった作物の栽培と収穫を時期をずらして行うこと。

一網打尽《いちもうだじん》 一度の網打ちで多くの魚をすべて捕ることから、一回の手入れで犯人や敵を根こそぎ検挙するたとえ。「打尽」は獲物を捕り尽くす意。

一目《いちもく》置《お》く 「一目」は囲碁で碁石一個、基盤の目の一つの意。囲碁では自分より強い対戦者を相手にするとき、弱い方が先に一目を置くことから生まれたことば。相手が自分よりすぐれている場合、相手の力量に敬意を表して*一歩譲る意。「一目も二目も置く」ともいう。

一目散《いちもくさん》 駆けたり、逃げたりするとき、わき目もふらずに急ぎ走るさまをいう。「一散」はまっしぐらの意。ふつう「一目散に逃げる」と使う。

一目瞭然《いちもくりょうぜん》　一目見ただけで事態がすべてわかること、説明を受ける必要がないこと。「瞭然」は明らかなさま、はっきりすること。宋の朱子が高いところから下をのぞいて「一目瞭然」と言ったことばから（『朱子類語』）。「一目了然」「一目即了」ともいう。

一《いち》**も二**《に》**もない**　とやかく言うまでもないこと、絶対的・決定的なことをいう。「すぐさま」「即座に」の意味で使うことが多い。「一にも二にも*」とはニュアンスが異なる。

一《いち》**門**《もん》　一家族や一族の親族関係の氏族集団の総称。また、同じ宗教の信者、学問・武道・芸能などで同じ師匠や流派に属するものの総称。今日では相撲の世界でよく使われる。「同門」ともいう。

一問一答《いちもんいっとう》　一つの質問に対して、一つの答えをすること。また、その形式でかわるがわる何回も繰り返して問答を続けること。

一文無し《いちもんな》　「一文」は江戸時代、寛永通宝の銭一枚で、通貨の最低の単位。それもないので非常に貧しかったり、有り金を使い切ったりして、一文の金銭すら持っていないこと。現在では一円となり、「一円もない」「素寒貧《すかんぴん》」ともいう。

一夜漬け《いちやづ》　ひと晩だけ漬けて、翌日食べる漬け物のことから、ひと晩だけで間に合わせるというような、にわか仕込みの勉強や仕事をいう。特に試験直前のことを「一夜漬けの試験勉強」などという。

一葉《いちよう》**落**《お》**ちて天下**《てんか》**の秋**《あき》**を知**《し》**る**　ほかの木より早く落葉するアオギリ（梧桐《ごとう》）を見て、秋の近づくのを感じることから、ごくわずかな前兆から物事の成り行きを推測すること。漢の劉安《りゅうあん》の『淮南子《えなんじ》』の中の「一葉の落つるを見て、歳《とし》のまさに暮れんとするを知る」から、宋の唐庚《とうこう》『文録』でこのことばとなる。坪内逍遥の史劇『桐一葉《きりひとは》』は、豊臣家の家紋の「五三《ごさん》の桐」と、老臣片桐且元《かつもと》を「桐一葉」にかけ、豊臣家の衰亡を象徴したことから有名になり、時勢の悪化、権力者の衰亡の前兆などの意味で使用することが多い。

一陽来復《いちようらいふく》　易の上で陰が極まって陽に返ること。夜を陰、昼を陽にして一年を二十四節気*に分けると、冬至が陰暦十一月に陰気の極点となる日なので、陰暦十一月または冬至の異称でもある。この日を境に陽が増えて、冬が終わり、春が来ることから、悪いことの続いたあと、ようやく回復して幸運が開けることのたとえ。昔はこの日をめでたい日として仕事を休み、神仏に菓子・酒などを供えて祝った。『易経《えききょう》』の「一陽来復するは、すなわち天運の自然なり」によることば。「一陽嘉節《かせつ》」ともいう。

一翼《いちよく》を担《にな》う　「一翼」は一つの翼、または一羽の鳥の意。一つのプロジェクトや一部署の責任者になること。または一つの役割を果たすこと。

一卵性双生児《いちらんせいそうせいじ》　一つの卵子（受精卵）が分割して生まれた二子《ふたご》（双子・双生児）。遺伝子が等しく同一の個体のため、必ず同性の双生児で、顔つき・血液型・しぐさなどが極めて似ている場合が多い。「二卵性双生児」は二つの卵子（受精卵）が同時に受精して発育するため、同性と異性の両方が生まれる。環境は同じでも遺伝子は違うので、一卵性双生児のように顔つき・しぐさは似ない。

一利《いちり》一害《いちがい》　物事には表と裏があるように、利益と損害が相半ばすることから、何もかもいいことずくめではないの意。中国の『元史』の中の耶律《やりつ》楚材《そざい》の「一利を興すは一害を除くに如《し》かず（利益になることを始めるより、一つの害を取り除いた方がよい）」によることば。「一利あれば一害あり」「一得《いっとく》一失」も同じ意味。

一《いち》里《り》塚《づか》　江戸時代の道路の里程標。主要街道に、一里（三十六町〈丁〉約四キロ）ごとに、道の両脇に向かい合わせに土を盛り、原則としてエノキを植えて目じるしとし、旅人の便宜、人夫の賃銭の計算の基準とした。織田信長が自領に築いたのをついで、徳川家康が慶長九（一六〇四）年に、江戸日本橋を基点とした東海・東山（中山）・北陸の三街道の整備に着手し一里塚を設置した。そこから物事の達成の目安に「改革の一里塚」などと使われる。また「冥土の旅の一里塚」といって門松の異称ともなる。

一《いち》流《りゅう》　ある世界でもっとも高い地位、その地位を占めている人。また、一つの流派・宗派・学派をいう。流派にこだわらず、他とは違う独特のやり方を持っている人のことにもいう。一流に次ぐ地位を「二流・三流……」と地位が低くなる。「一流選手」「書道の一流」「彼一流の書き方」などと用いる。

一粒万倍《いちりゅうまんばい》　一粒の種をまいて収穫すると、その何倍にもなることから、わずかなものから増えて多くの利益をあげること。また、少しだからといって粗末にしてはいけないというたとえ。稲の異称ともなっている。仏教では『報恩経』の中に「世間で利益を得るためには田を耕し、一つを植えれば一万倍になる」とあり、善根からたくさんの仏の報いがあると記されている。「一滴万粒」ともいう。キリスト教では「*一粒の麦」という。

一縷《いちる》**の望**《のぞ》**み**　「一縷」は一本の細い糸。それがわずかにつながっている状態から、かすかでおぼつかないさまをいう。もうほとんど駄目だとあきらめながら、なお藁《わら》にもすがる思いでかすかな希望をつなぐことをいう。

一蓮托生《いちれんたくしょう》　「一蓮」は一つのハスの花、「托生」は生を託す意。物事の善《よ》し悪しや結果のいかんにかかわらず、同じ行動や運命をともにすること。もとは仏教語で死後、この世で一緒だった者同士が、阿弥陀仏のいる極楽浄土に往来すると、一つのハスの花の上に生まれ変わることができるという教えによる。今日では、あまりよくない結果を予想していうことが多く、類句に「死なばもろとも」がある。

一六銀行《いちろくぎんこう》　一と六をたすと七で、「質《しち》」と音が通じることから、質屋の俗称。質屋の始まりは鎌倉時代で、制度化されたのは江戸時代という。「十」の字の下部を右へ曲げると「七（質）」になるので、「曲げる」の語が「質入れ」になった。「六一銀行」ともいう。

一六勝負《いちろくしょうぶ》　さいころ賭博で、一と出るか六と出るかを賭けて勝負することから、仕事や商売などで、運を天に任せて思い切って冒険することのたとえ。「*一か八か」も同意。「一か六か」ともいう。

一路邁進《いちろまいしん》　「一路」は一筋に続く道の意。目的や真実に向かって、一筋の道をひたすらどこまでも進むこと。類句の「真実一路」は嘘《うそ》や偽りがなく、ひたすらに物事に打ち込むさまをいう。山本有三の小説『真実一路』が有名。

一《いち》**を聞**《き》**いて十**《じゅう》**を知**《し》**る**　一つのことを聞いてすべてを理解することから、非常に賢く理解が早いこと。また、一つのことを見れば、それからすべてを推測することができるたとえ。孔子の『論語』公冶長《こうやちょう》の中で、「お前と顔淵《がんえん》（回）とどちらが優れているか」と子貢《しこう》にたずねると、子貢が「顔淵は一を聞いただけで十を理解する能力があるが、私は二ぐらい」と答えたことによる。「一事をもって万端を知る」も同じ意。

一介《いっかい》　「介」はちり・ごみなどの微小の意から、価値がない、わずかなもの、つまらない、取るにたりないこと。「一介のサラリーマン」などと謙遜した言い方に用いられることが多い。唐の詩人王勃《おうぼつ》の「勝王閣詩序」で「いやしい身分で、とるにたりない読書人に過ぎず、官僚に就職しても、さほどの者でもない」と自己紹介したときの「一介の書生」ということばにもとづく。

一回忌《いっかいき》　「一周忌」ともいう。「回忌（周忌）」は、人の死後に毎年回ってくる死亡した月日と同じ月日に催される忌日、祥月《しょうつき》命日（当月当日）のこと。その日に追善供養のため法事を行う。死亡した翌年（満一か年）が一回忌、翌々年（満二か年目）が三回忌、以降、七回忌・十三回忌・二十三回忌・二十七回忌・三十三回忌・五十回忌・百回忌の各年に法事が催される。五十年忌を最終年忌とし、「弔い上げ」「問い切り」などといい、死後の供養を打ち切る。

一攫千金《いっかくせんきん》　ひとつかみで千金をつかむことから、ちょっとした仕事で苦労しないで、一度に大金を儲けたり、巨大な利益を得るたとえ。「千金」は大金のこと。「一攫」はひとつかみの意。和製漢語であろうか、坪内逍遥の小説『内地雑居未来の夢』の中で使われている。

一家言《いっかげん》　その人独自の主張・意見・論説をもち、独特の見識ある発言のこと。「一家」は一門・一流派の意。もともとは一門の論説をいい、司馬《しば》遷《せん》の『史記』太史公自序で「序では、本文に書きもらしたことを拾い、欠けたものを補い独自の見識を立てた（一家之言）。それは、儒家の六経の異なる解釈に、諸子百家の雑多な学説に整理を加えたもの」による。

一家眷族《いっかけんぞく》　一族・親族のこと。それに支配下の者を加えた人々の総称。「眷属」とも書く。類句に「一族郎党*」がある。

一家四散《いっかしさん》　「四散」は四方に散乱する、ちりぢりになる意。一家・一軒の家族が離れ離れになってしまうこと。

一家団欒《いっかだんらん》　「団欒」は集まって楽しむ意。一家全員が集まって、仲むつまじく楽しむこと。また、そのさま。

*__一家《いっか》を成《な》す__　人は生家を出て、結婚して独立し、子供を育て、安定した家庭をもつことで一人前と評価される。そこから学問・芸術などで新たに一派を立てて、独自の存在となり、または一方の権威として認められる意。「一家を立てる」ともいう。

一貫作業《いっかんさぎょう》　「一貫」は一筋につらぬく、一つながりの意味。始めから終わりまで同一の主義・方法を貫くこと。たとえば、工業製品の製造に当たり原料から製品までの全作業工程を、分散せずに連続して同一工場で行うこと。製品の均一化と時間短縮ができるため、大量生産ができる。

一巻《いっかん》の終《お》わり　「一巻」は巻いてある書物やフィルムの一単位。昔の本は巻物の形をしたものが多く、その一巻が終わることから、物事の結末がつくこと。命が尽きることや、すでに手遅れで間にあわないことのたとえ。

一揆《いっき》　「一揆」の語意は、心を一つにすること、一致団結すること。中世から近世に武士や農民らが、共通の目的の達成に集団となって闘争活動したこと。揆（企て・方法）を一《いつ》にするの意。鎌倉時代に源氏一族が関東で結成した白旗《しらはた》一揆の血縁間のものが、活動する地域に根づいて地縁的なものにもなり、武士・農民が協力して支配者層に抵抗する土《ど（つち）》一揆・徳政《とくせい》一揆ともなり、戦国時代に一向《いっこう》宗徒の宗教活動としての一向一揆など多様である。江戸時代には禁令を破って農民の領主への抵抗、百姓一揆が各地にあり、幕末・維新期には世直し・徴兵反対・地租《ちそ》改正反対の一揆もおこっている。

一喜一憂《いっきいちゆう》　喜びと心配ごとが交互に訪れることから、状況の変化につれて、喜んだり心配したりすること。「一憂一喜」「一憂一悲」ともいう。

一騎討《いっきう》ち　「一騎」は一人の騎馬武者、馬に乗った一人の兵士の意。敵味方が一騎ずつ一対一で勝負を争うこと。選挙などで二人で一議席を争うときなどに用いられる。

一気呵成《いっきかせい》　ひと息に作り上げること。特に文章や詩・絵画などをひと呼吸で書き上げることから、大急ぎで仕事を仕上げることをいう。「呵成」は筆に息を吹きかける意。類句に「*一瀉千里《いっしゃ》」がある。

一掬の涙《いっきくのなみだ》　「一掬」は両手で水をひとすくいすることから、ほんのわずかの意。ところが近代になって「一掬の涙を流す」という表現が使われ、少しの涙を流すことのほか、両手ですくうほどたくさんの涙の意にも使われる。

一騎当千《いっきとうせん》　たった一人の騎馬武者で、千人の敵を相手にするほど強い者の意から、知識・技術・芸術など、普通の人より非常に優れた能力をもつ者をいう。中世の合戦の場で生まれたことば。もとは「一人《いちにん》当千」といった。

一簣の功《いっきのこう》　⇩　九仞《きゅうじん》の功《こう》

一級河川《いっきゅうかせん》　一九六四（昭和三十九）年公布（翌年四月施行）の新河川法で、河川の洪水・高潮・土石流などの災害発生の防止、河川の適正な利用など、河川を総合的に国が管理することが決まり、全国の河川を国土保全と開発や国民経済上の観点から、一級河川・二級河川に分けた。一級河川は建設大臣の管理の下、二級河川は各都道府県の管理の下におくこととした。

一挙一動《いっきょいちどう》　⇩　一挙手一投足《いっきょしゅいっとうそく》

一挙手一投足《いっきょしゅいっとうそく》　一度手を上げたり、足を動かすことから、ほんのわずかな努力・労力・骨折り。また細かい一つ一つの動作や企て、ちょっとしたふるまいのこと。唐の詩人韓愈《かんゆ》が官吏登用試験の試験官に送った手紙「応科目時与人書《かもくにおうずるときひとにあたうるのしょ》」の中で自己推薦をしたことば。類句の「一挙一動」は一つ一つのふるまい。

一挙両得《いっきょりょうとく》　一つのことをして、同時に二つの利益が得られること。唐の房玄齢らの『晋書』束皙伝《そくせきでん》で、束皙が狭い土地で困っている者を、辺地の広大な場所に移し開拓させれば「一挙両得」の利益が得られると建言したという故事。「一石二鳥」*も同意。反対語に「一挙両失」がある。

一見状《いっけんじょう》　古文書の一形式。武士が指令で陣地に到着したことを報告する「着到状《ちゃくとう》」や、自分の手柄を書き上げた「軍忠状《ぐんちゅうじょう》」を提出すると、大将らがそれを認めた証明に「一見了」と記入し花押《かおう》を書き、後日の証拠として認めたもの。

一犬《いっけん》形《かたち》に吠《ほ》ゆれば、百犬《ひゃっけん》声《こえ》に吠《ほ》ゆ　「形」は「影」とも書く。一匹の犬が物の影を見たり何かの拍子で吠え出すと、その声を聞いた百匹の犬がいっせいに吠え出すことから、一人がいい加減なことをいうと、多くの人々がそれを事実として世間に広めてしまうことのたとえ。無責任なデマが一人歩きすること。出典は後漢の王符《おうふ》『潜夫《せんぷ》論《ろん》』賢難による。「百犬」は「千犬」「万犬」ともいう。「一犬虚に吠ゆれば万犬実《じつ》を伝う」「一鶏《いっけい》鳴けば万鶏を伝う」ともいう。

一国一城《いっこくいちじょう》の主《あるじ》　一つの国を領有し、一つの城を所有すること。転じて、他からの干渉や援助を受けず、独立していることのたとえ。現代では、独立した事業主に対する褒めことばとして使われることが多い。「一国一城令」は徳川幕府の大名統制の一つで、一六一五(元和元)年、大坂夏の陣後、徳川幕府が大名の居城以外の領内の城の取り壊しを命じ、本格的な大名統制を行ったもの。

一刻千金《いっこくせんきん》　一時《ひととき》が千金にも値するほどすばらしいことから、よい季節や楽しいことが早く過ぎ去っていくのを惜しむこと。たいせつな時間をむだに過ごしてはいけないという戒め。「一刻」は昔の中国の時間で、現在の十五分。宋の蘇軾《そしょく》が『春夜』で「春宵《しゅんしょう》一刻直《あたい》千金」と、春の夜の思いを表したことによる。日本でも愛唱され初世並木五瓶《ごへい》の戯曲『金門《きんもん》五三《ごさんの》桐《きり》』の主人公石川五右衛門の台詞《せりふ》にも登場する。

一《いっ》刻《こく》者《もの》　人の意見を聞こうともせず、他人と強調しないわがままで頑固《がんこ》な性格の人をいう。「頑固親爺《がんこおやじ》」とほぼ同意。江戸時代の辞書『俚言《りげん》集覧』に「一国一城を鎖閉《さへい》して人と和同せざる義なり」とあり、「一国者」の字を当てたが、今では「一刻者」と書くことが多い。

一刻《いっこく》を争《あらそ》う　「一刻」は昔の時間で、日本では現在の約三十分、中国では現在の十五分。そこからわずかな時間を意味し、それを争うほど物事を少しでも早くしようと急ぐこと。

一顧《いっこ》だにしない

「一顧」は一度振り返ること、またはちらりと振り返って見る意。ちらっと振り返りもせず、まったく無視して問題にしないこと。類句に「*一瞥《いちべつ》も与えない」がある。

一献《いっこん》傾《かたむ》ける

「一献」は一杯の酒の意から、小宴のこと。「傾ける」は酒を飲むこと。ちょっとした酒盛りや小宴会などをすることをいう。室町時代以後の礼法では、客に汁・肴《さかな》に盃《さかずき》をそえて出し、酒を三杯（献）勧めることで宴会が始められた。

一切合切《いっさいがっさい》

「一切」も「合切」も残らず・全部・すっかりの意で、同じ意味のことばを重ねて強めた言い方。「一切合財」とも書く。

一再《いっさい》ならず

「一再」は一度・二度、一回・二回の意。一度や二度ではなく、何回も繰り返すこと。何回もという意味では「再三再四」ということばもある。

一札《いっさつ》入《い》れる

「一札」は手紙・文書など一通の書き付け。特に証文とか重要な内容のものを指す。謝罪文や始末書・念書など、約束した意を文書にして相手方に差し出すことをいう。

一殺多生《いっさつたしょう》

「一殺」は「いっせつ」ともいい、「多生」を「他生」とすることもある。一人の犠牲によって、多くの人を助けること。害悪をなす一人の者を殺害することによって、多くの人々を救おうとする仏教の『報国経』『瑜伽師地論《ゆがしじろん》』や、イスラム経の『コーラン』の考え方。類句に「小の虫を殺して大の虫を生かす」がある。

一酸化炭素《いっさんかたんそ》

一酸化炭素は、酸素と炭素の化合物。分子式CO、無色・無味・無臭で毒性の強い気体。炭素・炭素化合物の不完全燃焼によって生じ、中毒を起こさせる。空気中に〇・五％以上含まれると頭痛・めまいなどが起こり、突然人事不省になり死にも至る。血液中のヘモグロビンと結合し酸素不足になるからである。石油ストーブや風呂などでの事故死の原因である。メタノールやホルマリンなどの製造原料となる。

「二酸化炭素」分子式CO^2は、一般に動植物の呼吸や化合物の不完全燃焼の際に生ずる。現在は自動車から大量に排出され、地球温暖化の主原因となり、その減少が世界的課題となっている。無色無臭、空気より重く不燃性。固化するとドライアイスとなり、重曹・ソーダ水・消化剤などに使う。炭酸ガス・無水炭酸ともいう。

一子相伝《いっしそうでん》　学術・技術・芸術などの奥《おう（く）》義《ぎ》を代々自分の子の中の一人だけに教え伝えて、他にもらさないこと。流組の家格や家元の権利を守るために不可欠のものであった。「一家相伝」ともいう。

一視同仁《いっしどうじん》　「一視」は階級・地位・人種・貧富などの差別をせず平等に見ること。「同仁」はすべてを同じように慈しむこと。唐の詩人韓愈《かんゆ》が『原人』の中で「天・地・人のそれぞれが平安でなければならず、庶民から異民族や動物にいたるまで、支配者が取るべき態度」として述べたことば。

一糸《いっし》**まとわず**　「一糸」は一本の糸。極めて少ないことから、一枚の衣服もまとわない素《す》っ裸・あか裸をいう。「一糸も挂《か》けず」ともいう。

一糸《いっし》**乱**《みだ》**れず**　「一糸」は一本の糸。極めて少ないことから、非常にわずかな物事。織物や裁縫などの糸目が乱れなく整っていることから、秩序が整って少しも乱れていないこと。ふつう集団や組織の行動の評価に用いられる。

一瀉千里《いっしゃせんり》　「瀉」は水が流れ下る意。川の水は一たび流れ出ると、一気に千里も流れることから、物事が一気にすらすらと進行すること。文章・弁舌・筆などが明快でよどみのないこと。中国の『福《ふく》恵《けい》全書』の中の「険しい谷間を、軽快な舟は、あっという間に一流れして千里も下る」による故事。唐の韓《かん》愈《ゆ》の「貞女峡詩」には「一瀉百里」とある。類句に「一*気呵成《かせい》」がある。

一周忌《いっしゅうき》　⇩　一回忌《いっかいき》

一朱金《いっしゅきん》　幕末の一八二四（文政七）年に財政の増収を目的に発行された四枚で一分（一両の十六分の一）に相当する金貨を「一朱金」、銀貨を「一朱銀」という。一朱金は品位が悪かったため庶民に嫌われ、文政一朱金の一種類のみで終わった。「一朱銀」は貿易開始とともに、文政・嘉永・明治一朱銀の三種類が発行された。黒船来航のときの江戸防衛のためにお台場《だいば》を築造するための資金かせぎに利用され、悪貨幣の代表で「お台場銀」と呼ばれた。

一宿一飯《いっしゅくいっぱん》 旅の途中で一晩泊めてもらい、一食ふるまわれることから、ちょっと世話になること。やくざや博徒の恩義や義理にたとえられているが、本来は職人が親方のもとで一つ屋根の下、食事をともに生活して修業したことが始まりといわれる。司馬遷の『史記』の中で、韓信が洗濯していた老婆に一飯を恵まれた故事による。

一生懸命《いっしょうけんめい》 ⇩ 一所懸命《いっしょけんめい》

一将《いっしょう》功《こう》成《な》りて万骨《ばんこつ》枯《か》る 一人の将軍が華々しく手柄をたてる陰には、多くの兵士が白骨を戦場にさらしている。幹部の功績のみが認められ、その下で*一所（生）懸命に働いた多くの人々が顧みられないことを嘆く意。成功者の陰で力となって働いた多くの無名の人のことを忘れてはならないという戒め。唐の詩人曹松《そうしょう》の「己亥歳詩《きがいのとしのし》」の中で、中国の各地で功績を争った戦乱の世相を見て作った七言絶句の詩による。

一触即発《いっしょくそくはつ》 ちょっと触れても、すぐ爆発しそうな危機に直面している意味から、ちょっとしたことで、戦争や大事件などに発展しそうな切迫した状態のたとえ。類句に「*危機一髪」がある。

一所懸命《いっしょけんめい》 武士が領主から与えられた領地を、生命をかけて守り、一家の生活の拠り所を維持しようとすることから、夢中になって物事に取り組むこと。「一所懸命の地（領地）」と中世の武士の間で用いられたことばによる。「一生懸命」は、一所と読み方が似ているし、意味も同じになるので、江戸時代から使われはじめ今ではこの言い方が一般化している。

一矢《いっし》を報《むく》いる 敵から受けた攻撃や非難に対し、矢を射返して反撃すること。相手から受けた議論や非難などに対し、反論を加えること。

一進一退《いっしんいったい》 一歩進んだり、一歩後戻りしたりすることから、よくなったり悪くなったりすること。病状などを説明するのに用いられる。似たことばの「一歩前進二歩後退」は、慎重に物事を進めること。物事がうまくゆかず、現状維持のことの意。

一《いっ》神《しん》教《きょう》 ただ一つの神だけの存在を認めて、それを信仰の対象とする宗教。ユダヤ教、キリスト教、イスラム教などが代表的。狭義では、唯一《ゆいいつ》神《しん》教のことで、神は万物すべてを支配する唯一の支配者で、ほかの神々は容認されない。一神教に対して、「多神教」は複数の神々や精霊などをあがめ信仰する宗教で、日本の神道や、未開社会の祖霊・精霊などの信仰である。

一《いっ》親《しん》等《とう》　「親等」は親族の血縁の関係の遠近を示す尺度。民法では血族の六親等まで、配偶者と三親等内を指す。「等親」ともいうが、法律用語は「親等」を用いる。「一親等」は配偶者に本人の父母と子、「二親等」は兄弟姉妹・祖父母や孫、「三親等」は曽《そう》祖父母・曽孫《そうそん》（ひまご）・伯（叔）父母や甥姪《おいめい》、「四親等」は従兄弟《いとこ》・従姉妹や玄孫（やしゃご）となる。遺産相続・結婚のときの法律関係上では、三親等ぐらいまでが問題になる。

一心同体《いっしんどうたい》　複数の人が心を一つにして、同じ身体のように行動することから、心を合わせて協力し、一致した行動をとること。末広鉄腸《てっちょう》の政治小説『花間鶯《かかんおう》』（一八八七～八八）の中の「夫婦は一身同体と申す」のような用例から、夫婦の気の合ったさまを表すのに用いられる。「一身同体」と書く例もある。

一心不乱《いっしんふらん》　一つのことに心を集中して、他のことに惑わされず、ひたすらそれに熱中すること。類句に「*一意専心」「一心一向」がある。

一炊《いっすい》の夢《ゆめ》　人生の栄華は定まりなく、また頼りないものだということのたとえ。「一炊」はご飯を一回たくこと。唐代の李泌《りひつ》の『枕中記《ちんちゅうき》』に、官吏登用試験に落第して悲観している青年盧生《ろせい》が、邯鄲《かんたん》の宿で道士の呂翁《りょおう》から陶製の枕を借りて仮眠中に、自分の生涯の栄枯盛衰を夢に見てしまう。目がさめれば宿に頼んだ粟《あわ》飯がまだたき上がっていない。盧生は道士のさとしを理解して故郷に帰ったという故事による。「邯鄲の夢（枕）」「盧生の夢」ともいう。この故事は世阿弥《ぜあみ》作の謡曲『邯鄲』に脚色され、さらに江戸時代一七七五（安永四）年に恋川春町作・画の黄表紙『金々《きんきん》先生栄花夢《えいがのゆめ》』に翻案されている。

一寸刻《いっすんきざ》み　「一寸」は尺度の単位。尺貫法で一尺の十分の一、約三・〇三センチ。短い時間や距離をきざむことから、物事がすこしずつ進行するさま。

一寸先《いっすんさき》は闇《やみ》　「一寸」は目と鼻の先、ごく身近なことの意。ちょっと先のことは、何が起こるかわからず、予知できないこと。「一寸先の地獄」ともいう。

一寸《いっすん》の光陰軽《こういんかろ》んずべからず

「光陰」は時間の意。南宋の儒学者朱子《しゅし》の『四書集註《しっちゅう》』偶成の詩の「少年老い易く学成り難し……」に続く句で、若い時期はあっという間に過ぎ年老いてしまい、学問はなかなか身につかない。だから、わずかな時間もおろそかにしてはいけないという意。

一寸《いっすん》の虫《むし》にも五分《ごぶ》の魂《たましい》

一寸ほどの小さな虫でも、五分(一寸の半分、約一・五センチ)の大きさの魂を持っていることから、見かけは小さくて弱い者でも、それ相応の意地や根性を持っているので、ばかにしてはいけないというたとえ。

一寸法師《いっすんぼうし》

日本の御伽草子《おとぎぞうし》の『田螺《たにし》長者』、イギリスのグリムの『親指小僧』などの昔話に登場する親指太郎や一寸太郎など、小さな子の冒険物語の主人公。御伽草子の話は、夫婦が祈願して授かった子は異常に小さく、親指ほどの身長だったが、その子が難事業を成就し、*一人前の立派な成人に変身して幸福な結婚をする話。京や大坂周辺の市民に語られていた話が各地に伝わり類話を生み、室町時代に御伽草子に取り上げられ、江戸時代には出版され一般に普及した。

一世一元《いっせいいちげん》

天皇一代の年号を一つだけ定めること。一八六八(明治元)年九月八日の詔勅で定められた。それ以前は祥瑞《しょうずい》・天災、あるいは讖緯《しんい》説で政治上の変事が起こるとされていた辛酉《しんゆう》・甲子《かっし》の年などに改元され、一代で何回もの改元があった。

一世一代《いっせいいちだい》

能や歌舞伎役者などが引退前に、一生のしおさめとして得意の芸を演ずること。転じて、生涯にただ一度しかないこと、これが最後であることをいう。また、いつもと違って立派なことにもいう。「一世」は「いっせ」と読むときは、仏教語の三世《さんぜ》(過去・現在・未来)の中の一つとしてとらえた使い方である。

一斉射《いっせいしゃ》

「一斉」は同時に事をする意。多くの弓や鉄砲を同時に発射すること。今日では「一斉射撃」という。「一斉蜂起《ほうき》」は、ハチが巣から一斉に飛び立つように、大勢の人々が一斉に立ち上がって実力行使の挙に出ること。

一世《いっせい》を風靡《ふうび》する　「一世」はその時代、「風靡する」はなびき従うの意。ある時代、社会全体にその力や名声を知らぬ者がいないほど有名になること。

一石二鳥《いっせきにちょう》　一つの石で二羽の鳥を打ち落とす意から、一つの行動で、二つの目的を果たすことのたとえ。盛唐の詩人杜甫《とほ》の『唐詩選』哀江頭《あいこうとう》の詩の「一箭《いっせん》（一本の矢）を射れば、誤らずに雙《なら》び飛ぶ二羽の鳥を射落とす」から出たかといわれる。「*一挙両得」も同じ意味。これと反対の意味の句に「*二兎《にと》を追うものは一兎をも得ず」がある。

一席打《いっせきぶ》つ　「一席」は一つの集まり。一座・一場。会合や会議などで、やや自己顕示的な威勢のいい演説をすること。俗語的な表現で「会議で一席打ってきた」などという。

一席設《いっせきもう》ける　「席」は集まり、座の意。相手と話し合いがしやすいように、ちょっとした宴会や集まりの席を作ること。おもに酒席をもうける場合に使われることが多い。

一石《いっせき》を投《とう》ずる　水面に石を投げると波紋が生じ、それがだんだんと拡がっていくように、社会に大きな反響を呼ぶように問題を投げかけること。一つの問題の問いかけが、次第に多くの話題を呼んでいくことをいう。

一説《いっせつ》によれば　「一説」は一つの説、ある説、異説の意。一つの風説や噂《うわさ》によること。定説に異議を差しはさむときや、説を展開しようとする論法に使うことば。

一線《いっせん》を画《かく》する　一本の線を引くように、はっきり区切り、境界線をつけること。区別をうやむやにしないではっきりすること。

一銭《いっせん》を笑《わら》う者《もの》は一銭《いっせん》に泣《な》く　たかが一銭ではないかと笑いとばす者は、その一銭も手に入れられず泣くはめになる。わずかなものでもばかにしてはいけない。小額でも金銭は大事にしなければならないこと、節約や貯蓄が大切だという戒め。「一銭」は一円の百分の一。「一円を笑う者は、一円に泣く」ともいう。

一草一木《いっそういちぼく》 一本の草と一本の木のことから、極めて細かい物事のたとえ。宋の朱子《しゅし》と呂祖謙《ろそけん》の『近思録』の中の「一草一木皆理《ことわり》有り（とるにたりない一草一木でも、世に存在するものはそれだけの存在価値があるからであり、尊重しなければならない）」によることば。「一木一草」ともいう。

一足飛び《いっそくとび》 「一足」は履き物の左右ひとそろいの意。両足をそろえて飛ぶことから、一気に目的地に達することや、急いで突っ走ること。また、順序を踏まずに途中を飛びこして事をしようとするたとえ。「地獄の上の一足飛び」は、命がけの危険な行為をいう。

一体全体《いったいぜんたい》 この「一体」は強い疑問を表し「一体どうしたのだ」のように使われることば。「一体全体」はそれをさらに強めた言い方。何が起こったかわからないときの戸惑いを表すのにも用いられる。

一旦《いったん》、緩急《かんきゅう》あれば 「旦」は朝のことで一日、ひとたび、一度。「緩急」はさしせまったこと、危急の意。この句の意味は「ひとたび、緊急の大事が起きたらば」となる。司馬遷《しばせん》の『史記』袁盎《えんおう》伝の中の一句。昔の『教育勅語《ちょくご》』に「一旦、緩急有れば義勇公に報じ」るべしと使われ、国家への義務を説いている。類句に「いざ鎌倉」「危急存亡の秋」がある。

一地一作人《いっちいっさくにん》 豊臣秀吉の実施した太閤《たいこう》検地以来の土地・農民支配の原則。全国の農地を実測して、実際に耕作している農家の戸主を作人として検地帳に登録し、耕作する権利を保障するが、年貢を負担させる原則のこと。それまでの荘園制度下では一つの土地の権利関係は複雑で、荘園領主―名主―作人―下作人などの階層間の作《さく》あい（中間搾取）などを整理して、領主対作人に単一化したもの。

一致団結《いっちだんけつ》 「一致」は心を同じにすること、「団結」は多くの人の結びつきの意。心を同じくするものが目的に向かって、力を出し合って協力すること。坪内逍遥《しょうよう》の『内地雑居未来の夢』に出てくることばで、二語を合わせた造語。類句に「*一味同心」がある。

一知半解《いっちはんかい》　「一」と「半」はともに少しのこと、「知」と「解」は理解することで、同じ意味のことばを重ねて強めたもの。一つのことを知ったといっても、半分も理解していないこと。生かじりで知識が十分に身についていないことをいう。南宋の厳羽の評論『滄浪詩話《そうろうしわ》』にあることば。

一中節《いっちゅうぶし》　元禄年間（一六八八～一七〇三）に京都の都《みやこ》太夫《だゆう》一中が語りはじめた浄瑠璃《じょうるり》の一流派。京都の情緒を伝える品のある重厚な曲節なので、上層階級や趣味人に好まれた。現在では河東節《かとうぶし》などとともに三味線の古曲として演奏されている。

一籌《いっちゅう》を輸《ゆ》する　「籌」は古代中国で勝負の得点を数える竹の棒で、「輸する」は負ける、敗れる意。勝負に負けた者が、勝った者に点棒を出す。一本だけ負けることから、少し負ける、やや劣ることのたとえ。明《みん》の喬宇《きょうう》の『崇山《すうざん》に遊ぶの記』にある故事。

一張一弛《いっちょういっし》　「張」は弓の弦を張ること、「弛」はそれをゆるめること。弦を張ったりゆるめたりするように、国を治めるには国民を使役するばかりでなく、適度の休息を与えることも必要であるという意。『礼記《らいき》』雑記下にある故事で、孔子が政治の極意として説明したことによる。「一弛一張」ともいう。

一朝一夕《いっちょういっせき》　ひと朝・ひと晩の意から、わずかな時間・時日、ほんの少しの間のこと。ふつう「一朝一夕にできるものではない」というように使われる。『易経《えききょう》』文言伝にあることば。「一夕一朝」ともいう。

一長一短《いっちょういったん》　この場合の「一」は「あるいは」の意味で、長かったり、短かったり。物事には長所もあるが短所もあるという意。後漢の思想家王充《おうじゅう》の『論衡《ろんこう》』にあることば。「一短一長」ともいう。日本のことわざ「帯に短し襷《たすき》に長し」も同じ意味。

一丁前《いっちょうまえ》　「丁」は「よほろ」と読み、古代に朝廷の土木工事に使役された者をいう。「一丁」は労働力で徴収される国民の負担の成人一人分の割当(夫役《ぶやく》)。そこから大人になること、人並みに技芸など*を習得することをいう。「いっちょまえ」ともいう。「一人前」も同意。

一張羅《いっちょうら》　一枚しかない晴れ着、またはいちばん上等の着物。江戸時代の辞書『俚言《りげん》集覧』

に「一挺蠟《いっちょうろう》」一本しかないろうそく、「たしなき」足しのない、代わりのないもの、と説明されていることから転じたともされる。羅《ら》は薄絹のことで、絹織物は高価で庶民の手にとどかないことから、一着の意味を加えて作られたことばであろう。「一帳羅」とも書く。

一擲乾坤《いってきけんこん》 ⇩ 乾坤一擲《けんこんいってき》

一徹者《いってつもの》 ⇩ 老《お》いの一徹《いってつ》

一点張《いってんば》り 「張り」は賭けることで、賭博で一つの所にばかり賭けること。そこから、一つのことだけ押し通すこと、他を顧みず、思い込んだことを押し通すことをいう。「*一本槍」も同じ意味。

一天万乗《いってんばんじょう》 「一天」は大空、「乗」は古代中国で車兵馬を教える単位。一万輛《りょう》もの兵車を出せる広い国土を持つ権力者、つまり天子のことをいう。かつての日本では天皇のことを「一天万乗の君」と称した。

一都一道二府四十三県《いっといちどうにふしじゅうさんけん》 日本の地方公共団体の上部組織の名称。「一都」は東京都、「一道」は北海道、「二府」は大阪府・京都府、「四十三県」は、〔東北地方〕青森・岩手・宮城・秋田・山形・福島、〔関東地方〕茨城・栃木・群馬・埼玉・千葉・神奈川、〔中部地方〕新潟・富山・石川・福井・山梨・長野・岐阜・静岡・愛知、〔近畿地方〕三重・滋賀・兵庫・奈良・和歌山、〔中国地方〕鳥取・島根・岡山・広島・山口、〔四国地方〕徳島・香川・愛媛・高知、〔九州地方〕福岡・佐賀・長崎・熊本・大分・宮崎・鹿児島県、沖縄県。

一等親《いっとうしん》 ⇩ 一親等《いっしんとう》

一等星《いっとうせい》 星の明るさの尺度のうち、いちばん明るく見える星。古代ギリシアのヒッパルコスが一〇八〇個の肉眼で見える星で、最も明るい二十個を一等星とし、いちばん暗いものを六等星とする六段階の順番をつけた。現在は明るさを等級で示すが、考え方はこれに基づいている。

観測方法は科学技術を用いて肉眼は使われない。一等級間の差を二・五一二倍、一等級の星と六等級の差は百倍となる。一等級より明るいものが0、それ以上はマイナス一等とする。恒星で最も明るいのはシリウスのマイナス一・四二等、惑星は金星が最も明るいときにマイナス四等、月の満月はマイナス一二・五等級となる。

一頭地《いっとうち》を抜《ぬ》く　「地」は漢文で用いる助辞で「一頭地」で「一頭」と同じとしてよい。頭一つ分抜きん出ていることから、人よりも一段と優れていること。元《げん》の托克托《たくかくたく》の『宋史』蘇軾《そしょく》伝で、北宋の学者欧陽脩《おうようしゅう》の才能をほめた故事による。人をほめるときに用いる。

一党独裁《いっとうどくさい》　単一の政党が国の政治権力を独占的に支配すること。一般にはマルクス・レーニン主義のプロレタリアート独裁をいい、旧ソ連邦共産党、イタリアのファシスト党やドイツのナチス党などに対して使われた。日本の自由民主党による長期政権に対しても使われた。フランス革命のときに古代ローマの個人的独裁と、山岳党（ジャコバン党）を対比したことに始まり、共産主義などの政治体制を表現するのに使われた。

一等兵《いっとうへい》　旧陸軍の兵の階級の一つで上等兵の下。最下位の二等兵から始まり一等兵→上等兵→兵長（兵衛長）と続き、伍長以上は下士官となる。海軍では一等水兵・一等機関兵などと呼ぶ。自衛隊では一等陸士・一等海士・一等空士という。

一刀彫《いっとうぼ》り　一本の小刀で荒削りで簡単に仕上げた木彫りの技法の一つ。あたかも一刀で刻んだような力強さがある。奈良の仏師が余技に作った玩具がもとといわれ、現在でも奈良の一刀彫り人形、飛《ひ》騨《だ》高山のイチイの木を素材とした一位一刀彫りが有名。

一刀両断《いっとうりょうだん》　一太刀で真っ二つに切断することから、些細《ささい》な感情にとらわれず、断固たる処置をすることのたとえ。決断の速やかなことにもいう。『論語』朱子語類の中の故事による。夏目漱石の『三四郎』の中で「一刀両断の解決抔《など》などは思ひも寄らぬ事である」と使われている。その反対は「優柔不断」。

一得一失《いっとくいっしつ》　⇩　一利一害《いちりいちがい》

一杯食《いっぱいく》う　人にまんまとだまされること。「食う」はだまされること。「一杯」は思う存分、したい放題の意で「食う」に合わせて一杯といわれたものか。「一杯食わす」は人をだますこと、かつぐこと。

一敗地《いっぱいち》に塗《まみ》れる　「一敗、肝脳地に塗れる」の略。戦死者の肝臓や脳が、大地に散らばって踏みつけられ、再起不能なほど大負けし、二度と立ち上がれないこと。「一敗」は勝負に敗れること、「地に塗れる」は泥で体が汚れる意。司馬遷《しばせん》の『史記』高祖本紀にある故事。

一端《いっぱし》の口《くち》を聞《き》く 「一端」は一*人前、ひとかどの意。未熟な者が一人前でもないのに、人並みの発言をすること。

一把《いっぱ》一《ひと》からげ 「把」はにぎることで、束ねたものの単位。何もかも選別せずに一束にからげ、くくってしまうこと。物事を大雑把《おおざっぱ》に扱うことをいう。

一般会計《いっぱんかいけい》 財政法に基づく国の会計の一つ。国や地方公共団体で、特別会計に対して、一般的・基本的政務に伴う予算の歳入・歳出を経理する会計。国の予算では、一般会計をさすことが多い。国の場合、歳入は租税・専売収入・官業収入・公債金などがあてられ、歳出は憲法に基づく必要諸経費、一般行政・社会保障・文教・外交・防衛などに支出する。特別会計は特別な事業に対してのみに使われる、一般会計とは別の歳入・歳出を経理する会計で、食糧管理や郵政事業などがある。

一般教育《いっぱんきょういく》 「一般教養」ともいう。人間的な人格の調和と統一を図るため、社会のすべての人々に基礎となる共通な知識・能力・態度などの一般教養を与えようとする教育。従来、大学で専門教育に入る前に、専攻分野に関係なく行われる人文科学・社会科学・自然科学の三系列の一般教育、加えて外国語・保健体育が必修とされたが、一九九一（平成三）年文部省から大学個々の判断で全教育課程の編成が許され、各大学の特色が打ち出されている。

一般教書《いっぱんきょうしょ》 「State of the Union Message」の訳語。「年頭教書」ともいう。アメリカ大統領が憲法の規定に基づいて、毎年一月に上下両院合同会議で述べる施政方針についてのメッセージ。内政・外交全般にわたる国家の状況を分析して、政府の基本政策を説き、具体的な政策についての勧告を行う。

一般職《いっぱんしょく》 公務員は、国家・地方公務員を一般職と特別職に大きく分ける。特別職は国の場合は、大臣・政務次官・大使・議員・裁判官など。地方の場合は、行政首長（知事など）・議員などで、それ以外の大部分が国家公務員法および地方公務員法に規定する一般職の公務員である。種々の保護を受けるが、逆に労働権などに規制もある。

企業では一九八五(昭和六十)年成立の男女雇用の「均等法」を受けて、コース別人事制度を導入し、総合職(管理職・役員まで昇進の可能性をもつ)と、一般職(資格・賃金が一定範囲で止まる補助的な業務担当)を軸にした人事管理を打ち出し、応募者は採用のときに自身で選択することとなった。男女均等の待遇の確保といっても、女性には出産・育児との両立の困難さなど、実効性に疑問が残されている。同一価値労働・同一賃金原則とも関連がある。

一半《いっぱん》の責任《せきにん》 「一半」は二分したものの一方、半分の意。多少の責任、まったく無関係とはいえないこと。問題が発生し、その責任の所在を問われるときによく使われる。

一匹《いっぴき》狼《おおかみ》 本来、狼は群れをなして行動する習性であるのに、群れを離れて一頭だけで自活して生きている狼。そこから、仲間や同志を求めず、ひとりで独自に行動し、立場を主張する人。また、集団に属さず、たった一人で意地を通す人のたとえ。

一筆啓上《いっぴつけいじょう》 「一筆」は一本の筆の意から一通の手紙、「啓上」は申し上げますの意。室町時代から明治・大正のころまで、男性の手紙の書き出しに用いた慣用語。「拝啓」にほぼ同じ。徳川家康の家臣、本多重次が妻に宛てた手紙の「一筆啓上、火の用心、お仙泣かすな、馬肥やせ」は、簡単明瞭な書簡として有名。

一臂《いっぴ》の力《ちから》を仮《か》す 「一臂」は片方のひじ・腕のことで、転じて僅かな力。他人のために力を貸してあげるとき、自分の力を謙遜していうことば。

一顰一笑《いっぴんいっしょう》 「顰」は顔をしかめる。顔をしかめたり、笑ったりすることから、顔に表れる感情の変化をいう。また顔色・機嫌。中国の『韓非子《かんぴし》』の「君主たる者は、己の影響の大きさを考慮して、ささいな表情にも気を使うべき」による。

一夫一婦《いっぷいっぷ》 ⇩一夫多妻《いっぷたさい》

一服《いっぷく》の清涼剤《せいりょうざい》 「一服」とは薬・茶・煙草などを一回飲む分量で、お茶や薬などを飲みひと休みすること。夏の暑いとき涼しさを求めて飲む清涼剤のように、人々をなごませ、さわやかにする行為や言動をいう。

一服盛《いっぷくも》る 「一服」とは薬・茶・煙草などを一回飲む分量。人を殺害する目的で、一服の毒薬を調合して飲ませること。転じて、相手に打撃を与えるための工作をする意に用いることもある。

一夫多妻《いっぷたさい》 複婚の形態の一つで、一人の夫が同時に二人以上の女性を配偶者とする制度。イスラム教国や、アフリカ黒人社会など、イスラム圏では制度として許されている。また逆に一妻多夫婚、一女性に同時に二人以上の男性を配偶者とする制度も少ないがある。「一夫一婦」または「一婦一夫」は、一人の夫に一人の妻によって成立する婚姻制度で、キリスト教国を主に、日本・アメリカ・イギリスなどで一般的な制度。

一辺《いっぺん》倒《とう》 一方のみに倒れること、極端に一方に片寄ることから、一方にばかり味方して中庸を得ないこと。第二次大戦後、中国共産党の指導者毛沢東が「社会主義の一辺に向かって倒れなければならない」と使ったことから流行語となった。「向米一辺倒」「親ソ一辺倒」など政治・外交政策について多用された。原典は宋の朱子《しゅし》・呂祖謙《りょそけん》著『近思録』為学類《いがくるい》の儒者程顥《ていこう》と弟子謝顕道《しゃけんどう》の故事による。

一片《いっぺん》の良心《りょうしん》もない 「一片」はうすいもの一枚、ひとひら、ほんの少しばかりの意。わずかばかりの良心もない、罪の意識をまったく持たない人をいう。

一方通行《いっぽうつうこう》 道路で車両などの通行を、一方向だけに規制することから、事柄や行為が一方からのみに行われることのたとえ。意思や伝達などが一方的に行われるだけで、相手側からの意向が返ってこないこと。またはそのような関係をいう。

一歩《いっぽ》前進《ぜんしん》二《に》歩後退《ほこうたい》 ⇩ 一進一退《いっしんいったい》

一歩《いっぽ》踏《ふ》み出《だ》す 目的に向かって、まず一段階進めてみること。または物事を一段階進展させるべく進み出すこと。「一歩を進める」は、考え方や行動を現在の状態より一段階進める、ひとつ進めること。

一歩《いっぽ》譲《ゆず》る 力量・品位・素質などで、相手よりやや劣っていること。または自分の主張や意見を一部分引っ込めて、相手の説をちょっと取り入れたり、譲歩すること。類句に「*一目置く」がある。

一《いっ》本《ぽん》気《ぎ》　一つのことに懸命になる純粋な性格をいう。一途《いちず》に思い込み、ほかの思惑などかえりみない性格、またはそのような人。

一《いっ》品《ぽん》経《きょう》　仏教の教典の一章を一品という。写経を多数の人が一品ずつ分けて書写したもの。特に法華経《ほけきょう》二十八品の一品ずつの書写を分担して、各々一巻に仕立てた経巻。また、それを順次に仏前で読誦《どくしょう》すること。

一本勝負《いっぽんしょうぶ》　柔道や剣道などで、技が一つ決まれば勝負が決まる試合の方式。やり直しのきかないことについてもいう。

一本立ち《いっぽんだ》　樹木が広い所に一本だけ生えて立っていることから、ほかからの力を借りずに独立して事業や生活を営むこと。*一人前になること。「*独り立ち」ともいう。

一本調子《いっぽんちょうし》　同じような情態が続いて変化のないことから、歌い方・話・文章・行動などが、単純で変化に乏しく、面白味に欠けていること。「単調」「*千篇一律」も同じ意味。

一本釣《いっぽんづ》り　漁法の一つで、一本の釣り竿《ざお》と糸で、魚を一匹ずつ釣る方法。カツオ・カジキマグロなどの一本釣りが代表的。そこから人を勧誘したり、その了解を取ったりする場合、一人一人個別に説得していくことにもたとえる。

一《いっ》本《ぽん》箸《ばし》　食物に箸を一本だけ立てること。またその箸のこと。葬式のとき、目指す人にだけ供えて他に分けない意を示す。死者に供える枕飯にも同じことをする風習があるため、日常生活ではこれを嫌う。

一《いっ》本《ぽん》花《ばな》　死者の枕元に供する花。ふつうはシキミの枝を一本だけ供える。転じて死そのものを意味するところから、平常は忌《い》まれる。

一《いっ》本《ぽん》槍《やり》　一本の槍で相手をひと突きに仕止めることから、他の手段や方法を考えず唯一の得意わざで終始押し通すこと。類句に「*一点張り」がある。

老《お》いの一徹《いってつ》　「一徹」は一度思い込んだら、是が非でも自分の考えを押し通そうとする頑固さをいう。年をとると融通がきかなくなり、冷静に他人のいうことが聞けなくなる。そういう頑固な老人の気性をいうことば。若くても頑固な性格を「一徹者」「*頑固一徹」という。

壁一重《かべひとえ》 同じ家、あるいはアパートや長屋など、隣同士の境界がわずか一枚の壁だけで、非常に接近していること。「地獄は壁一重」は、人間はふとしたことから罪を犯し、すぐ隣りにある地獄に落ちること。「苦楽は壁一重」は、苦労や喜びの相反するように思えることも心得しだいで隣り合わせだという意。「*紙一重」「*皮一重」も同じ意味。

紙一重《かみひとえ》 物と物との間隔やすきまが紙一枚ほどのことから、数量や程度などの差がほんのわずかのたとえ。相手との力の差が少ないときに「紙一重」などと用いる。「*壁一重」「*皮一重」も同じ意味。

皮一重《かわひとえ》 「皮一枚剝《は》げば美人も髑髏《どくろ》」ともいう。美人でも醜い人でも、それは外見だけのことで、皮一枚はげば骸骨《がいこつ》と同じという意。大きな違いはないというたとえ。「*壁一重」「*紙一重」も同じ意味。

間一髪《かんいっぱつ》 間に髪の毛が一本入るすきましかないことから、ごくわずかの差で事の成否が分かれることのたとえ。「間一髪の差で正面衝突をまぬがれた」などと使う。類句に「間《かん》、髪を容《い》れず」がある。「*危機一髪」ともいう。

感慨一入《かんがいひとしお》 身にしみじみ感ずること。「感慨」は物事に深く感動してため息をもらすことで、しみじみとした思いを強調したことば。「一入」はさらに一段、いっそうの意。以前の経験や事跡などを思い起こしたときなどに使われることが多い。

頑固一徹《がんこいってつ》 自分の考えや態度などをかたくなに主張して妥協せず、我《が》を押し通すこと、またその人。「頑固」はかたくな、片意地のことで、「一徹」は一度思い込んだ考えを押し通そうとする頑固さ。明治の小説家徳冨蘆花《ろか》の『思出《おもいで》の記』に用いられた明治期の造語。「一徹者」ともいい、老人の頑固な思い入れは「*老いの一徹」ともいう。

生一本《きいっぽん》 「生」は自然のまま、純粋でまじりけがないこと。そこから人の気持ちが真っ直ぐで、策略を用いず打ち込んでゆく一本気の性格をいう。また「灘《なだ》の生一本」は美酒でまぜものがないたとえ。

危機一髪《ききいっぱつ》 非常に重いものを髪の毛一本で引っ張っていて、今にも切れそうな危険な状態から、たいへん危険なことになる瀬戸際のたとえ。髪の毛一本の差で危機に遭遇するかもしれないこと。唐の詩人韓愈《かんゆ》が行政長官の孟簡《もうかん》に送った手紙の中にあることば。類句に*「間一髪」「間、髪を容《い》れず」がある。

窮余の一策《きゅうよのいっさく》 「窮余」は苦しまぎれ、困り果てたあげく、「策」ははかりごと。追いつめられて困り切ったあげく、苦しまぎれに思いついた一つの手段や方法をいう。

桐一葉《きりひとは》 ⇩ 一葉落《いちようお》ちて天下《てんか》の秋《あき》を知《し》る

金一封《きんいっぷう》 賞金・寄付金・心付などを贈呈する場合、金額を明示せずに、紙に包んで封をして贈る金子《きんす》のこと、またその物。「包み金」ともいう。

緊褌一番《きんこんいちばん》 「緊褌」はふんどしを引き締めること。「一番」はこの場合、緊張するひと勝負の意。だいじな事を行う前に、気持ちをしっかり引きしめて取りかかるときに使われる。

愚者の一得《ぐしゃのいっとく》 利口な人の多くの考えの中には、必ず一つぐらいの誤りがあり、そして愚かな人の多くの考えの中には一つぐらいの名案があるものである。だから、愚かな人の考えもよく聞くことがだいじであるという教え。『史記』淮陰侯《わいいんこう》伝にある。

鶏群の一鶴《けいぐんのいっかく》 鶏の群れの中に一羽の美しい鶴が混じっている。多くの平凡な人の中に、一人だけきわだって優れた人物がいるたとえ。唐の房玄《ぼうげん》齢《れい》の『晋書』嵆紹伝《けいしょうでん》の中で嵆紹のすぐれた容姿を「昂々《こうこう》然《ぜん》として野鶴の鶏群にあるが如《ごと》し」とたとえた故事。「群鶏に孤鶴」「はきだめに鶴」ともいう。

言行一致《げんこういっち》 「言行」はことばと行い。口で言うことと行いに矛盾がなく、同じであることをいう。その反対は「言行不一致」「言行相及《あい》ず」。

乾坤一擲《けんこんいってき》 「乾坤」は天と地、「一擲」はさいころを投げること。さいころを投げて天は奇数、地は偶数、自分の運命を天に任せて、のるかそるかの大勝負をすることのたとえ。唐の詩人韓愈《かんゆ》が『鴻溝《こうこう》を過ぎるの詩』の中で、楚《そ》と漢が天下を二分して戦ったとき、漢に勝利をもたらした戦略を懐古して「誰か君主に勧めて馬首をめぐらし、真に成して一擲、乾坤を賭ける」といった故事による。「一擲乾坤」ともいう。類句に「一*か八か」がある。

言文一致運動《げんぶんいっちうんどう》　文章を日常の話しことばで表現しようとする文体革命運動。日本では永く文章表現は文語体＝書きことば、日常生活は口語体＝話しことばを使うことになっていた。幕末に洋学者にデアル調の訳文がみられるが、一八六六（慶応二）年前島密《ひそか》が「漢字御廃止之議」の建白を将軍慶喜《よしのぶ》にした中に、口談と筆の一致を唱えたのが公式表明の始め。以来しだいに世人に受け入れられ、二葉亭四迷『浮雲』、森鷗外の言文一致体翻訳小説、明治三十年代に文部省の国定尋常小学読本への採用などが続き一般化していく。戦後一九四六（昭和二十一）年の詔書・官公庁公用文や、決定的なのは同年十一月の新憲法の口語体採用で、八十年間の運動の幕を引くことになる。

くの一《いち》　「女」という漢字をひらがなの「く」、かたかなの「ノ」、漢字の「一」に分解した俗語。また、女忍者の呼称。延宝年間（一六七三〜八一）、伊賀流忍者藤林長門守《ながとのかみ》の孫藤林保武『万川集海』の秘伝書のなかの忍法の一つ。相手方の偵察・謀略を主に、敵方の奥向きへ女スパイを仕えさせて、情報を得たという。

御一新《ごいっしん》　明治維新の政変のことで、一八六八（明治元）年に達成された。薩長土肥の西南雄藩の下級武士の主導で進められた討幕活動が成功して、徳川幕府が前年に大政奉還して新政府が発足した。この運動に「百事御一新」のスローガンを掲げていたので、できたことば。

御一統《ごいっとう》　「一統」は一つにまとまった全体、一同の意。敬称の「御」をつけて同志に呼びかけるときのことば。今日ではあまり使われなくなった。

好一対《こういっつい》　「対」は二つそろって一組になっていること・もの。二つの物や人が調和している一組、よく似合っている一対をいう。似合いの夫婦や恋人同志などを表すのに使われる場合が多い。

紅一点《こういってん》　多数の男性の中に、女性が一人だけいること。新緑の樹木の中に、紅《あか》い花が一輪咲いていることから、多くの同じような物の中で、一つだけ異彩を放つもの。北宋の王安石のザクロを歌った詩「＊万緑叢中紅一点《ばんりょくそうちゅう》、人を動かすのに春色多きを須《もち》いず」が出典。「一点の紅」ともいう。反対に多数の女性の中に男性が一人だけいることを「黒一点」「緑一点」という。

抗日民族統一戦線《こうにちみんぞくとういつせんせん》　日本の中国侵略に対抗する中国の政治路線。中国共産党と国民党が対立して内戦中であったのを、一九三五年八月一日に共産党が「抗日救国運動」を発表、内戦停止・抗日統一戦線結成を呼びかけ、多くの賛同者を得た。国民党蔣介石《しょうかいせき》は賛成せず、一九三六年十二月共産党討伐を督励に西安に来て、張学良に監禁され、共産党の提案受諾を要求され(西安事件)、この戦線の結成を承知し、翌年九月国共合作を宣言(第二次国共合作)、共産党の紅軍は国民党の第八路軍に編成され、一致して対日抗戦に入る。

地獄の一丁目《じごくのいっちょうめ》　「一丁目」は入口の意。地獄の入口でここから先に行けば、逃れられない苦痛や身の破滅、あるいは困難な事態へと向かう第一歩であることから、きわめて危険な行為をいうたとえ。

従一位《じゅいちい》　⇩ 正一位《しょういちい》

衆議一決《しゅうぎいっけつ》　多人数での相談や話し合いで、意見が一つの結論・決定にまとまること。「衆議」は多くの人々の議論や相談の意で、漢の王莽《おうもう》が太皇太《たいこうたい》后《ごう》に言上したことばの一句(『漢書』王莽伝上)。「一決」は一つにまとまること。二語を合わせた造語。その会場にいる全員の意見が一致することを「満場一致」という。

終始一貫《しゅうしいっかん》　始めから終わりまで、同じ態度や行動を貫き通すこと。「終始」は始めから終わりまで。孔子の「一貫の道」(自分の行き方を貫き通すこと)による(『論語』里仁)。「終始一貫」は中国の『漢書』王莽伝上の用例による。「終始一のごとし」「終始一徹」「首尾一貫」などともいう。

春宵一刻直千金《しゅんしょういっこくあたいせんきん》　⇩ 一刻千金《いっこくせんきん》

正一位《しょういちい》　「正一位」は位階の最高位。位階は律令制で官人の序列を示した等級のことで、それぞれに正、従が置かれて計十六段階に分かれている。ただし、正一位は神を叙し、天皇は人間宣言する前の戦前では現人神《あらひとがみ》として正一位だった。人臣の最高位は太政大臣で「従《じゅ》一位」である。特例で生前に「正一位」に叙せられた者は藤原宮子から明治の元勲三条実美《さねとみ》ら六人。

また「正一位」は稲荷神社の異称でもある。農業神であり、除災・開運の神としても各層から厚く信仰され、九四二（天慶《てんぎょう》五）年朱雀《すざく》天皇にこの神階を授かった。

心機一転《しんきいってん》　「心機」は心の働き、気持ち。「一転」は何かを契機として物事がすっかり入れ変わること。心機一転はあることをきっかけに、気持ちがよい方向にがらりと変わること。幸田露伴『いさなとり』や、樋口一葉『やみ夜』など明治の小説に出てくるので、日本での造語か。

シングルズ　Singles　家族や家庭の形態の変化にともない結婚しない、あるいは結婚しようとしない人のこと。単身者。アメリカを中心とする先進諸国で急増している。

シングル・ファーザー　⇩　シングル・マザー

シングル・マーケット　Single Market　欧州連合（EU）の統一市場のこと。また、若者や高齢者、単身赴任など、単身者を対象とする耐久消費財や食品・日用品などから、レジャー分野などの独自の市場をいう。

シングル・マザー　Single Mother　結婚をしないで、一人で子供を生んで育てる女性。日本語では「非婚の母」「未婚の母」。一人で子育てをする父子家庭の父親を「シングル・ファーザー」Single Fatherという。

シングル・ライセンス　Single Licence　二国間貿易協定の一つ。二国間の政府が、あらかじめ相手国からの輸入の品目や価格を取り決め、取り決められた品目に限って与えられる輸入許可制度。現在では、二国間だけでなく、他国との自由競争に任せられるゼネラル・ライセンスが一般的。

真実一路《しんじついちろ》　⇩　一路邁進《いちろまいしん》

第一《だいいち》インターナショナル　「第一インターナショナル」は、国際労働協会のこと。一八六四年九月十八日マルクスなどの指導でロンドンで西ヨーロッパ諸国の労働組合と労働党が結成した国際組織。同年十月マルクスの起草した、これまでの労働運動の体験と将来の運動原則および労働者の窮乏を打破するための団結をもりこんだ宣言を採択した。のちマルクス主義とバクーニンの無政府主義が内部対立をおこし、一八七二年ハーグ大会で実質的な幕を閉じた。諸国にマルクス主義を広め、新しい運動の芽を育てた意義は大きい。

「第二インターナショナル」は、国際社会主義者会議。第一インターナショナルの崩壊後、各国の社会主義政党が国際組織として一八八九年に組織。第二次対戦後その精神は社会主義インターに受け継がれている。

「第三インターナショナル」は、一九一九年レーニンの下にモスクワに設立された労働者組織。世界各国の共産党を統一した国際組織で、中央集権の下に国際共産主義運動をしたが、第二次世界大戦中、一九四三年六月に解散した。コミンテルン、共産主義インターナショナルともいう。

第一革命《だいいちかくめい》　「第一革命」は中国の辛亥《しんがい》革命・民国革命のこと。一九一一年（辛亥の年）十月十日に起き、清《しん》朝が中華民国に変わった共和主義革命、ブルジョア民主主義革命。反清朝運動に清朝は満州貴族による中央主権を強化して権力の維持を図ったり、財政難解決に鉄道を国有化して、それを担保に外国借《しゃっ》款《かん》団から融資を受けようとしたのに反対して、四川《しせん》で大規模な暴動が起き、十月十日武昌《ぶしょう》が蜂起(武昌起義)した。これに応じて十六省が蜂起する。翌年一月一日、南京に臨時政府をたて孫文《そんぶん》を臨時大総統とする中華民国が発足し、アジアで初の民主共和国が誕生した。しかし翌年二月十二日北洋軍閥袁世凱《えんせいがい》が革命軍討伐に命ぜられたが、それを利用して、内閣を組織し、イギリスを仲介に和平工作し、清朝宣統《せんとう》帝（溥儀《ふぎ》）を退位させ、孫文に代わって臨時大総統に就任した。

一九一三年七月、袁世凱が自分の勢力を確立するために孫文たち国民党を弾圧にしたことに対し、江西省の李烈鈞《りれっきん》らが挙兵したのを「第二革命」「二次革命」という。革命勢力の結集が不十分で、袁の制圧に敗れ、国民党は解散され、孫文は日本に亡命する。一九一五年十二月、袁は北京で大統領に就任し、さらに帝政復活を志し、国民の推戴《すいたい》を受けたとし、一九一六年一月に年号を洪憲とし、即位を決定した。

これに対し、一九一五年十二月から雲南省の唐継堯《とうけいぎょう》らの帝政反対運動が起きる。「第三革命」である。同年三月、袁世凱は帝政を取り消し、反袁陣営は広東省に臨時政府を樹立した。同年六月袁の死後、反袁陣営は分裂し、軍閥・政党の抗争時代となった。

第一議会《だいいちぎかい》　日本の国会の初め。「第一議会」は一八九〇（明治二三）年十一月～翌年二月。大日本帝国憲法発布（一八八九年）で衆議院議員の第一回総選挙を翌七月に実施し、その議員の初舞台。第一次山県有朋内閣提出の膨大な軍備拡張予算に対して「民力休養・経費節減」をスローガンの立憲自由党・改進党中心の野党の民党（藩閥政府に反対する野党の称）勢力が過半数を占め、政府は自由党土佐派の一部を切り崩して予算を成立させた。

「第二議会」（一八九一年十一月～翌年七月）は、民党が軍事予算削減を主張して、第一次松方正義内閣と対立。最初の議会解散となる。選挙後の「第三議会」（一八九二年五月～六月）も民党が多数で、松方内閣は予算を否決されて総辞職する。「第四議会」（一八九二年十一月～翌年二月）は、第二次伊藤内閣が軍事予算を民党が削減したのを、明治天皇の建艦に協力せよという「建艦詔勅」で乗り切る。「第五議会」（一八九三年十一月～十二月）は、大日本協会等六派「硬六派」が政府の条約改正交渉を批判、政府は議会を解散。「第六議会」（一八九四年四月～六月）では、外交政策・財政などの政府弾劾《だんがい》上奏案が可決され、解散になり、間もなく日清戦争に突入してしまう。

第一共和制《だいいちきょうわせい》　フランスの政治体制。「第一共和制」は一七九二年九月二十一日、フランス革命の国民公会成立から一八〇四年五月十八日、ナポレオンの皇帝就任までのフランス最初の共和政治。初の男子普通選挙により召集された一院制議会の国民公会で、ルイ十六世の王政を廃止して共和制宣言を行い、総裁政府・執政政府を経て、ナポレオン一世の第一帝政成立で崩壊。

「第二共和制」は一八四八年二月二十二日、パリ民衆が王宮を占領、国王ルイ・フィリップを退位させた、二月革命によって成立した。経済危機・六月事件・王党派の増大に直面するなか、人民主義・大統領制・三権分立を定めた憲法を制定。大統領に就任したルイ＝ナポレオンの一八五二年十二月のクーデターにより崩壊し、第二帝政が成立した。

「第三共和制」は一八七〇年九月四日、普仏戦争の敗戦後、ナポレオン三世が退位したのち生まれた共和政治。一八七五年、憲法を制定して共和派支配が確立し、議会制の危機(ドレフュス事件)、帝国主義的国際問題(モロッコ事件)などに対処し、右派の反政府運動も克服したが、第一次世界大戦後に、左右派の対立が激化して弱体化し、一九四〇年第二次世界大戦でドイツに敗北して崩壊し、ビシー政権が成立した。

「第四共和制」は第二次世界大戦後、一九四六年十二月二十四日に新憲法を公布して翌年一月に成立した。二院制だが下院の共産党・社会党・人民共和派が絶対優位を占めたものの、一貫性に欠け、共産党の下野、右派のフランス国民連合の反対などにより政治的安定を欠き、大統領の権限は極度に制限された。一九五八年ナチス・ドイツからフランスを解放したド・ゴールの再登場により、終焉《しゅうえん》を迎え、一九五九年ド・ゴール憲法の制定で終止符を打った。

「第五共和制」は一九五八年十月五日、第二次大戦後の第四共和制政権が、インドネシア・アルジェリアの植民地独立運動などの対応に失敗したので、国民投票によって第四共和制憲法を改定し、ド・ゴールがド・ゴール憲法を制定した。国民議会を中心とした政治機構の前体制に対し、議会と首相の権限を弱め、大統領の権限が強化された。

第一国立銀行《だいいちこくりつぎんこう》　一八七三(明治六)年、国立銀行条例によって成立した日本最初の近代的銀行。一八七二年、政府方針のもとに別々に銀行成立を計画していた三井組と小野組が連合して創立した三井小野組合銀行が母体。翌年小野組の破産により資本を縮小し、渋沢栄一を頭取として再建。一八九六(明治二十九)年普通銀行に改組して、株式会社第一銀行となるまで国立銀行の役割を果たした。一九四三(昭和十八)年三井銀行と合併して帝国銀行となり、一九四四年十五銀行と合併して日本最大の普通銀行になった。第二次大戦後の金融機関再整備に一九四八年旧三井・十五系が分離、第一・帝国(現さくら)二行となり、第一の名称で新発足した。一九七二(昭和四十七)年日本勧業銀行と合併し第一勧業銀行となっている。

第一次共産党事件《だいいちじきょうさんとうじけん》　日本共産党に対する最初の弾圧事件。一九二三（大正十二）年五月、創立後まったく秘密活動に終始していた共産党に対して、佐野学の秘密関係書類をスパイから入手した警察が、同年六月五日、堺利彦・山川均ら五十〜八十余名を一斉に検挙した事件。二十九人が起訴され、治安警察法違反の判決がなされた。これで共産党の存在が世間に知らされ、第二の幸徳事件と宣伝された。

第一次護憲運動《だいいちじごけんうんどう》　憲政擁護運動のことで、大正時代に二回、展開された藩閥専制政府を打倒して政党政治を確立しようとした政党・民衆の運動。「第一次護憲運動」は一九一二（大正元）年十二月、第二次西園寺《さいおんじ》公望《きんもち》内閣崩壊後、第三次桂太郎内閣が組閣されたのを藩閥の横暴と受けとった新聞記者・弁護士らの憲政作振会と、クラブ交詢社の有志、尾崎行雄らと、立憲国民党の犬養毅も同調して、憲政擁護会を発足させ、「憲政擁護、閥族打開」をスローガンに急速に広まった運動。これに対し、桂内閣は翌年一月、議会を停止し、新党（立憲同志会）結成の構想を発表し、運動の分裂をはかったが、政友会・国民党は世論を利用して憲政擁護運動を激化させ、二月に内閣不信任案を提出したが、桂内閣は不信任案の撤回を強要、議会解散も辞せずといったが、結局総辞職し、山本権兵衛内閣が生まれた。この青年層や実業家の活発な民衆の力がのちの大正デモクラシーをもたらした。

「第二次護憲運動」は、一九二四（大正十三）年一月、清浦奎吾《けいご》内閣を打倒し、憲政の政党内閣制の確立・普通選挙制実行・貴族院改革・枢密院改革・行政整理などを掲げて、革新倶楽部・憲政会・高橋是清《これきよ》派政友会を中心とした護憲三派が全国に起こした運動。この結果、清浦内閣は議会を停止したが、総辞職し、総選挙で護憲三派が勝利して加藤高明《たかあき》内閣が成立し、普通選挙法・治安維持法の制定を行った。

第一次国共合作《だいいちじこっきょうがっさく》　中国国民党と中国共産党が結んだ協力関係。「第一次国共合作」は一九二四年一月、孫文が北方軍閥と反帝国主義闘争を明確にし、コミンテルンの指導の下、大衆的な革命政党になるため国民党を改組して、民族革命政党と提携することを決め、国民党一全大会で「連ソ・容共・

農工扶助」の三大政策を採択し、国共合作が発足、国民革命（北伐）の進展に役立った。この結果、一九二七年、武漢に革命政権を樹立する。しかし革命勢力内で対立が生じ、反共の国民党右派と結んだ蔣介石《しょうかいせき》が南京政府を樹立、帝国主義列国・浙江《せっこう》財閥を背景に反革命を唱えたため、武漢政府の国民党左派と中国共産党とも決別し分裂して終わる。

「第二次国共合作」は、一九三七年九月、西安《せいあん》事件を経て、蘆溝橋《ろこうきょう》事件を機に日中戦争勃発、八・一宣言で抗日民族統一戦線を唱えた中国共産党と政策転換を余儀なくされた中国国民党が、民族統一戦線を結成して成立。中国共産党の紅軍は国民政府の八路軍（のち新四軍と改称）に編成された。一九四五年に抗日戦争は終わり、四六年以後、両党間の内戦に突入して再び国共合作が分裂した。

第一次産業《だいいちじさんぎょう》　産業構造の三部門の分類。「第一次産業」は、直接自然に働きかけることによって成立する産業で、農業を主体に林業・牧畜業・水産業など。「第二次産業」は製造・加工を中心とした産業で、鉱工業・建設業・土木業など。「第三次産業」は第一・二次産業以外のサービス業を中心とした産業で、運輸業・通信業・商業・金融業・自由業などである。第三次産業の全産業に占める割合は経済成長とともに高くなる。

イギリスの経済学者C・C・クラークがA・フィッシャーにならって作った国民所得水準に伴って就業人口構成の比重の実証研究によって、経済が進歩すると第一次産業から、第二次産業へ、そしてさらに第三次産業へ移動し、一人当たりの所得水準も上昇すると考え、これをペティの法則といった。

第一次集団《だいいちじしゅうだん》　アメリカの社会学者Ch・H・クーリー著『社会組織』の中で提唱された概念。「第一次集団」は家族・近隣集団・遊戯集団など、メンバーが対面的で互いに直接の知り合いで、親密で感情や全人格的な共同関係のパーソナリティー集団。「第二次集団」は官庁・会社・学校など、仕事上の関係で、私情や感情をおさえた合理性と没人格関係の形式的な近代的組織。

第一次世界大戦《だいいちじせかいたいせん》　一九一四年七月二十八日から一八年十一月十一日までつづけられた

世界的規模の最初の戦争。根本的には植民地拡大をめぐる帝国主義の対立を背景にしてひき起こされたもので、一四年六月のサラエボ事件（セルビア人青年のオーストリア皇太子夫妻暗殺）を導火線に、七月オーストリアがセルビアに宣戦布告、八月セルビアを後援するロシアに対抗するドイツがオーストリアとともにイギリス・フランス・ロシアと相ついで開戦した。

　これに日本・ルーマニア・ギリシアがイギリス・フランス側に、トルコ・ブルガリアがドイツ側に加わる。さらに一七年四月アメリカがイギリス側に参戦して戦力の均衡がくずれ、イギリス・フランス側を戦勝に導いた。一九年六月二十八日ベルサイユ条約が締結された。⇩第二次世界大戦

第一次日韓協約《だいいちじにっかんきょうやく》　「第一次日韓協約」は、一九〇四（明治三十七）年八月二十二日、調印されたもの。これより先二月二十三日に、日露戦争直後、日韓議定書を調印させ、それに基づき韓国政府は日本政府推薦の財政・外交顧問を雇い、重要な外交案件はあらかじめ日本政府と協議することを認めた。

「第二次日韓協約」は、一九〇五年十一月十七日調印。日本はポーツマス条約でイギリス・アメリカから朝鮮への優越的立場が認められ英・米の了解を得て、朝鮮の外交権を剥奪していっさいの権限を日本政府が握り保護国化し、翌年二月統監府を開設し、初代総監伊藤博文が就任する。韓国では「乙巳《いっし》保護条約」といい、条約に調印した李完用ら五大臣を「乙巳の五賊」と呼び、民衆の反日運動が展開される。翌年関東都督府を旅順に、南満洲鉄道株式会社（満鉄）を設立し、日本の朝鮮半島への権力を強めた。

　「第三次日韓協約」は、韓国皇帝が日本の併合政策に抵抗して、一九〇七年第二回ハーグ平和会議に密使を派遣し、独立回復を提訴（ハーグ密使事件）するが果たせず、逆に皇帝は退位させられ、軍隊は解散され、日本に政権を掌握される第三次日韓協約を強要された。

第一次農地改革《だいいちじのうちかいかく》　第二次世界大戦後、連合軍の占領下に置かれた日本で、占領政策の一貫として寄生地主制と高率小作料から農民を解放し、自作農を創設する目的で一九四六〜五〇（昭和二十一〜二十五）年に実施された農地改革政策。「第一次農地改革」は、一九四六年二月、幣原《しではら》内閣が自作農創設と

小作争議抑制の「農地調整法改正」をして改革実施を計画。
　しかし、地主の貸付地所有限度を五町歩としたため、総司令部に改革不徹底と指摘され、「第二次農地革」が同年十月、吉田内閣で再度「農地調整法再改正」と「自作農創設特別措置法」を公布。不在地主と貸付農地全部、在村地主も一町歩（約一㌶）を越える部分を国が強制買収し、小作民に売り渡し、農地の八十％が解放された。小作料はすべて金納と定められた。一九五二年十二月「農地法」施行で改革は終了したとされる。

第一帝政《だいいちていせい》　「帝政」は「帝制」とも書く。「第一帝政」は一八〇四年五月、ナポレオン一世がクーデターによりフランスの政権を握り、フランス革命の遺産を相続し、自由・平等を唱え、解放戦争の外征を強行して帝位についてから、一八一四年四月に退位するまでのフランス最初の軍事独裁体制。「百日天下」を加えて、一八一五年七月までの説もある。基本的体制は革命当時の総裁政府を継いだ。
　「第二帝政」は、一八五二年十二月から一八七〇年九月までのルイ・ナポレオン（ナポレオン三世）によるフランスの政治体制。軍事・行政・外交・立法などの全権を皇帝が掌握。普通選挙・代議制を廃止した社会主義運動を弾圧する一方、一八五〇年代の産業育成政策の成功により、産業・銀行資本に支持されたが、一八五九年以降、外交政策の失敗、特にプロイセンのビスマルクとの対立から勃発した普仏戦争で大敗して崩壊した。

第一身分《だいいちみぶん》　⇩　第三身分《だいさんみぶん》

第一回総選挙《だいいっかいそうせんきょ》　現在の総選挙は公職選挙法上、衆議院議員の任期満了（四年で、任期前三十日以内）、または解散によって、解散から四十日以内に、衆議院の全議員を新しく選挙する制度。一八九〇（明治二十三）年七月、山県有朋《ありとも》内閣により実施され、民党（藩閥政府に反対する政党）が過半数をしめ、同年十一月、*第一議会が行われた。当時は原則一名の小選挙区制で、地租・所得税などの直接国税を十五円以上を納めた二十五歳以上の男子の選挙によった。
　「第二回総選挙」は、松方正義内閣が第二議会と衝突し、議会解散により一八九二年二月に実施され、政府は民党を圧迫するため、大規模な選挙干渉を行ったが、民党の勝利に終わり、内閣は退陣した。参議院は解散がなく、議員の任期は六年で、三年ごとに半数を改選する。これを「通常選挙」という。地方議会議員の任期満了、または解散による選挙は「一般選挙」と呼ぶ。

第一回《だいいっかい》普《ふ》通選挙《つうせんきょ》　普通選挙は財産・収入・教育・社会的身分・人種などで制限することなく、国民に平等に与えられる選挙権を認める選挙。普通選挙が行われる以前は、一定額以上の直接税を納める二十五歳以上の男子などの制限がある衆議院議員選挙であった。明治三十年代、日清・日露戦争を契機に労働階級の政治的意識が向上し、労働運動・社会運動により財産制限を撤廃する普通選挙運動が起こった。その結果、一九二五（大正十四）年三月、護憲三派内閣が第五十議会で財産・納税制限を撤廃した普通選挙法を成立させた。

一九二八（昭和三）年、この普通選挙法に基づいて第一回普通選挙が行われたが、満二十五歳以上の男子のみに選挙権が与えられ、女子には選挙権は認められなかった。その結果、有権者数は約一二五〇万人と四倍に増え、初めて無産政党も八議席を獲得した。婦人参政権を含めた現在の普通選挙が行われるのは、戦後一九四五（昭和二十）年十二月に普通選挙法改正が行われ、翌年四月の戦後初の総選挙で施行された。⇩第一回総選挙

第一種郵便物《だいいっしゅゆうびんぶつ》　日本国内の通常郵便物の種類の一。「第一種郵便物」は一般の封書・郵便書簡、第二・第三・第四種郵便物に該当しない郵便物。その形や大きさにより、定形郵便物（最大長さ二十三・五センチ、幅十二センチ、厚さ一センチ以内、重量五十グラムまで）と、定形に属さないもので第二〜四種にも属さない定形外郵便物に分けられる。

「第二種郵便物」は通常の郵便葉書で、往復葉書・小包葉書。「第三種郵便物」は郵政大臣が認可した毎月一回以上定期的に発行される公共的な記事で、掲載事項の性質上終期を予定しない新聞・雑誌などの定期刊行物。差し出しの際に、第三種郵便物などの所定の表示と開封にする。「第四種郵便物」は学校と受講者との間に発受する通信教育用の教材・盲人用の点字・録音物・点字用紙・農産物の種苗・学術刊行物などを内容

とするもので、第三種郵便物同様に差し出しの際は開封する。

大山《たいざん》鳴動《めいどう》して鼠《ねずみ》一匹《いっぴき》　「大山」は大きな山。大きな山が轟音《ごうおん》をたてて揺れ動いたので、いったい何が起きるのかと思っていたら、ネズミが一匹現れただけだったということから、前ぶれだけが大げさで、結果がごく僅かなこと。また、大騒ぎしたわりに、ごく僅かな成果しか得られなかったことをいう。

大死《だいし》一番《いちばん》　本来は仏教語で、これまでの自己の一切を捨て、心を空しくして仏の道に徹することをいう。ふつうには、一切を忘れ死んだつもりになって物事に取り組むこと、必死で事に当たる意味で使われる。

台風《たいふう》一過《いっか》　台風は北緯五～二十度の北西太平洋に発生する熱帯低気圧のうち、アジア大陸・フィリピン・日本などに襲来する、中心付近の最大風速が毎秒十七メートル以上に発達したもの。日本には八～九月に襲うことが多い。台風が通過した後、急速に風雨が静まり快晴になることをいう。また、騒がしさやにぎやかさが急に納まることのたとえにも用いる。

単一《たんいつ》組織《そしき》組合《くみあい》　「単位組合」ともいう。労働者の団結のための組織（労働組合）の形式の一つ。労働組合は労働者が主体となり、自主的に労働条件の問題や経済的向上などを図るのを目的として組織する団体。各会社で組織し、その業種の他の会社の組合と連合して、その産業別組合（単産・連合する各々の産業別組織は産業別単一組合という）となり、これらが大連合して全国組織（例・日本労働組合総連合）となり、国際的な団結に進む。労働者の組織は他に職業（職能）別、連合の仕方も地域を単位するなどがある

「単一（組織）組合」は、組織の基本の形式の一つで、会社などの単位に組織された組合で、本部があり各職場・営業所などで支部・分会などの単位を持って活動するが、組合員は個人で本部に加入する形をとる。「単位組合」は、単一組織を上部団体からの関係で見ることで、労働組合連合組織の基本となるもので、各組合単位に独立の規約・役員・財政を持っている。

単科大学《たんかだいがく》　一学部のみで構成されている大学。工科大学・医科大学・商科大学など。カレッジのこと。多数の学部で構成されている大学を総合大学というのに対する語。

単記投票制《たんきとうひょうせい》　一人の選挙人が、投票用紙に候補者一人だけの氏名を記入して投票する制度。複数の候補者を記入する連記投票制に対する語。

単細胞《たんさいぼう》　ただ一つの細胞。ただ一つの細胞からなる生物のことから、思想や考え方が単純で、一面的な考え方や、物事を深く考えない人のたとえ。人をあざける表現に用いられる。

単勝式《たんしょうしき》　競馬・競輪・オートレースなどのギャンブルで、一着だけを当てる投票方式。略して「単勝」または「単」という。単勝に対して「複勝式」もある。

単身赴任《たんしんふにん》　「単身」はひとり身の意。自宅から遠く離れた任地に転勤を命じられた場合、家族を伴わず一人で赴任して生活すること。サラリーマンの単身赴任は、さまざまな風俗を生み出している。

単刀直入《たんとうちょくにゅう》　「単刀」は一振りの刀のことで、ただ一人の意。ただ一振りの刀を頼りに一人で敵陣へ真っしぐらに切り込むことから、前置きや遠回りをせずに、率直に要点にふれること。宋の道原の『景徳伝灯録』の中に「単刀直入すれば、凡人でも聖人でも皆その本性を現すものだ」による。

頂門の一針《ちょうもんのいっしん》　「頂門」は頭のてっぺん、「一針」は一本の針。頭の上に一本の針を刺すように、相手の急所を押さえて痛烈な戒めをあたえること。頭のてっぺんに、針を立てる治療法から生まれたことば。性悪説を唱える荀子《じゅんし》に対し、北宋の文人蘇軾《そしょく》の本質をわきまえた痛烈な批評を、明《みん》の文人王遵巌《おうじゅんがん》が説明したことばによる。

樗蒲一《ちょぼいち》　中国から渡来したさいころを用いる賭博の一つで、出る目を予想し合い、賭けた目が出れば掛け金が四〜五倍になる。転じて、いい加減なこと、いんちき、でたらめなこと。また馬鹿をみること、間ぬけなことをいう。

鶴の一声《つるのひとこえ》　鶴は品格があり、鳴く声が鋭い。そこから比喩的に、多くの人が勝手なことをいって、物事が決まらないときに、一声でその場を威圧して鎮めるような権威ある一言。「雀《すずめ》の千声鶴の一声」といい、千羽のスズメのさえずりより鶴の鋭い一声はそれを圧倒するという。

天下一《てんかいち》　天下にただ一つしかないほど優れた品物のこと。「天下一品」ともいう。「天下一」はこの世に比べるものがないほど、優れていること・もの・人。織田信長が「天下一号を取る者、何の道にても大切なる事也」と、諸芸に通じた者に天下一の称号を許したことに始まる。茶器の名前にも使われている。「日本一」「三国一」「天下無双」ともいう。

天下一品《てんかいっぴん》 ⇩ 天下一《てんかいち》

統一地方選挙《とういつちほうせんきょ》　都道府県・市町村など地方公共団体の首長・議員などの選挙を同じ日に合わせて行うこと。一九四七（昭和二十二）年四月、地方自治制度が発足してから、町村合併などの影響、議会の解散、任期途中の辞任などから、改選の日にずれが生ずるが、この方法によれば手数と費用の節約ができるし、行政的にも安定が計れると考えられている。

同一労働同一賃金《どういつろうどうどういつちんぎん》　同じ質と量の労働には、同額の賃金を支払うべきだという、賃金平等決定の原則。男女間の賃金の格差をなくそうという主張は早くから国際的な問題となり、一九一九年のベルサイユ条約から、一九五一年ＩＬＯ一〇〇号条約にも採択され、男女間から人種・国籍・信条・身分などについても及ぶものとなっている。日本の労働基準法に使用者が女子であることを理由に、男子と賃金の差別的取扱いを禁じているのもこの原則による。「同一価値労働」「同一賃金原則」ともいう。

独演会《どくえんかい》　落語・講談・浪曲などで、共演者や助演者を交えないで、一人で演ずること。そこから、会議や会合などで、他の人に話す機会を与えないくらい、自分一人で演説・意見の発表をし、自分だけを目立たせることをいう。

独眼龍《どくがんりゅう》　「独眼」は片方の目だけ、隻眼《せきがん》のこと。「龍」は英雄、徳の高い人の意。中国の『五代史』唐紀に唐の僖宗《きそう》は黄巣《こうそう》の乱の討伐に李克用《りこくよう》を当たらせ、李は黄巣を破って長安を回復し、晋《しん》王に封じられた。その李克用が隻眼（片目）だったことから呼ばれたことに基づく。日本では伊達政宗の異称。

独身貴族《どくしんきぞく》 「独身」は配偶者のいない未婚者・ひとり者・ひとり身のこと。全収入や時間を自由に使えることから、生活が既婚者や扶養家族を持つ人よりゆとりがあり、余暇利用や服装などが華麗であるのを他人がうらやんでいうことば。一九七七（昭和五十二）年ごろに流行したことば。

独占禁止法《どくせんきんしほう》 「独禁法」ともいう。一九四七（昭和二十二）年制定の法律、正式には「私的独占の禁止および公正取引の確保に関する法律」の略。事業者の市場経済活動の公正と自由な競争を確保し、国民経済の民主的で健全な発達をはかることを究極の目的として、私的独占・不当取引制限・不公正な取引方法の禁止を監視することを軸とした法律。学識経験者で構成する公正取引委員会（公取委）が運営し、公正のため内閣から独立して存在する。

独占事業《どくせんじぎょう》 企業活動は自由に公正な競争によらなければならないが、例外として国民生活に必要な事業について、他との競争を禁じることを法律的に許したもの。専売のタバコ・塩・電気事業・郵便・ガス業など。また、生産・販売を一社が単独で独占している事業のことをいう。

独占資本《どくせんしほん》 資本主義経済は企業間の自由な競争が建て前であり、個々の企業間で市場獲得に日夜競争が展開されている。この過程で企業間の力の優劣から、相手を吸収・合併して資本の集中・集積が行われ、大資本の大企業が生まれる。十九世紀末には株式会社組織の一般化で、このような大企業の発達をはっきりと社会的に認識できるようになった。ある分野の生産を支配するようなものも出現し、これを独占資本といい、その存在の形態がカルテル、トラスト、コンツェルン、コンビナートなどである。

この産業の資本の独占化は銀行資本の独占化と手を結び、さらに巨大な力を持つことになる。これを金融資本の成立という。そしてこの独占資本（金融資本）が、やがてその国の経済を支配するような結合体になり、この段階の資本主義の発展が独占資本主義に転化したとする。

独善主義《どくぜんしゅぎ》 他の利害や立場などを考えることなく、自分だけがよくなるように、自分だけが正しいと信じて行動する主義。また、自分だけが正しければよいという主義。そういう人を評していうこともある。

独《ど》壇《だん》場《じょう》 正しくは「独擅《せん》場」だが、誤読が慣用になったことば。自分が思う通りにふるまえる場所、ひとり舞台。また、その人だけが活動できる場所。

独断専行《どくだんせんこう》 自分だけの判断で物事を決めて行動し、人の意見を受けつけないこと。「独断」は自分独自の判断・決定、「専行」は思いのままに行動すること、自分勝手なこと。二葉亭四迷の『其面影《そのおもかげ》』の中で、「独断専行といふ気味で……」とあり、二語を合わせて造語したという。「独断独行」ともいう。

独立独歩《どくりつどっぽ》 他人に頼ることなく、独立して自分の信じる道を貫き進むこと。また、他人を頼らずに自活すること。「独立」は『論語』季氏編に見え「独歩」も『文選《もんぜん》』に曹植の「楊徳祖に与うる書」に出典がある。明治時代の作家国木田独歩は、本名哲夫を『文選』からとって号とした。「独立独行」ともいう。

馬鹿《ばか》の一《ひと》つ覚《おぼ》え 愚かな者がやっと覚えた一つの事を、得意がってくり返し持ち出すこと。転じて、同じことをふりまわす人をあざけっていうことばに使われる。融通がきかない人のたとえにもいう。

裸《はだか》一《いっ》貫《かん》 元手になるものは自分の体以外に、土地・財産・地位など何も持っていないこと。「貫」は江戸時代のお金の単位で銭《ぜに》一千文《もん》。残る体が銭一貫文の資本であると解するよりも、一貫して意識を通すという意味にとり、今後の行動への捨て身の決意を示すことに使う例が多い。「脛《すね》一本腕一本」「褌《ふんどし》一貫」ともいう。

腹《はら》に一物《いちもつ》 心の中で何かたくらんでいるが、表情には出さず何事もないような振りをしていること。後に続けて「手に荷物」または「背中に荷物」といい、荷＝二と、イチモツ＝ニモツと語呂合わせをして、滑稽味を持たせて使うこともある。「胸に一物」ともいう。

春《はる》一《いち》番《ばん》 立春を過ぎて、日本各地にその年最初に吹く強い南風をいう。冬の季節風が弱まり、西高東低型の気圧配置がくずれて、日本海に発達する低気圧が通過するとき、気温が上がって春らしくなる。瀬戸内海から北九州にかけて、最初に吹く南風で、古くから漁師や船乗りたちが海難防止、春を知らせる風として用い、一九五九（昭和三十四）年、歳時記に宮本常一が解説して以来、一般にも使われるようになった。「春二」ともいう。

光《ぴか》一《いち》　花札（花カルタ）の八八《はちはち》の手役（配られた札ですでに役になったこと）の一つ。七枚の手札のうち、一枚だけ光り物（松・桐・桜・坊主）の二十点札、残り六枚が全部素・かす札（雨・柳札はどれでも素札として勘定できる）であったとき、二十点札は「光り物」と呼ばれ、俗に「ぴか」という。それから、多くの中で際立って優れていること・人のたとえにいう。

日《ひ》がな一日《いちにち》　一日を強調した語。朝から晩まで、一日中、終日のこと。「日がな一日ごろごろしていた」のように使う。「ひもすがら一日」「日がら一日」ともいう。対語に「夜がなっぴて」がある。

びた一文《いちもん》出《だ》さぬ　わずかな金も出さない極めてけちなこと。「びた」は悪銭・鐚《びた》銭のこと。銭《ぜに》は一文銭で貨幣の最低の単位。日本は律令制時代から中国の制度を取り入れ、貨幣を流通させようと、七〇八（和銅元）年の和銅開珎《かいほう（ちん）》にはじまる*皇朝十二銭を鋳造したが一般化せず、国内鋳造は絶えた。

平安時代末頃から中国の宋銭が国内で流通し出し、室町時代には明《みん》銭を主とする貨幣経済が一般化した。宋・元・明朝（銭）の輸入銭貨だけでなく、悪（鐚）銭として私鋳銭や、破損摩滅したもの（焼《やけ》・欠《かけ》・破《われ》・磨《すり》・打平《うちひらめ》）などが混じるので、それを選別しようとする撰銭令《えりぜにれい》が幕府・大名・寺社から発布された。その正規に一文と評価されないものの一枚も出そうとしないということ。

一汗《ひとあせ》かく　ひとしきり運動や肉体労働をして汗を流すこと。また、精を出してひと働きすること。「一汗流す」ともいう。

一泡《ひとあわ》吹《ふ》かせる　「一泡」は驚きあわてて、口から吹き出る泡のことから、不意をついて攻めかけ、相手を驚きあわてさせること。「一泡ふかす」

ともいう。

一息《ひといき》入《い》れる　「一息」は一回の呼吸、一度の息つぎ。転じてひと休みすること。「一息」は「一息に飲む」といえば一気にの意になり、「もう一息」といえばもう少しの努力の意味になる。

人《ひと》一《いち》倍《ばい》　人の倍の意から、普通の人より以上に物事をすること。また、人並みはずれて激しいこと。「人一倍の努力」「人一倍気を使う」のように使う。

一重《ひとえ》瞼《まぶた》　⇩二重《ふたえ》瞼《まぶた》

単《ひとえ》物《もの》　裏地のついていない和服のこと。「単《ひとえ》」「単衣《ひとえぎぬ》」（「ひとえ」とも）とも。夏とその前後に着用する。公家《くげ》の「単衣」は男女の盛装の一つで、袙《あこめ》（肌近くに着るもの）と同型でその下に着用するもの。室町時代の「単物《ひとえもの》」は素襖《すおう》（直垂《ひたたれ》、庶民の常服が武士のものとなった）の異称。対語の「袷《あわせ》」は裏地のついた和服。

一肩《ひとかた》入《い》れる　「一肩」は駕篭《かご》などの一方を担ぐことから、負担の一部を受け持つこと。また、他人に援助や助力をすること。「一肩脱ぐ」ともいい「*一肌脱ぐ」も同じ意。

一方《ひとかた》ならず　「一方」はひととおりで、下に打ち消しを伴うので、一通りでなく、なみなみならずの意。「一方ならず世話になる」のように使う。「一方ならぬ」ともいう。

一角《ひとかど》の人物《じんぶつ》　「一廉」とも書く。一角は一つの事柄・方面・分野のこと。それぞれの分野でひときわ優れている人をいう。

一株《ひとかぶ》株主《かぶぬし》　アメリカの弁護士で、消費者運動の指導者ラルフ・ネーダーがはじめた大企業に対し、株主総会に出席して抗議・告発を行う行動。株主として会社へ直接要求するために、必要最少数の一株を取得した者。実際に一株では弊害が生じるので、現在日本では、上場会社では額面五十円の株式は千株が必要である。「一株運動」ともいう。

一皮《ひとかわ》剝《む》く　「一皮」は一枚の皮、うわべ。それをむくことから、外面の虚飾やうわべのものを取り払って、性格・容姿・技術などの本当の姿をみること。「一皮も二皮も剝ける」というと、性格や容姿などがすっかり以前よりも洗練されること。

一《ひと》くさり語《かた》る　一くさりは「一齣」の字をあて、謡《うた》い物・語り物など、一区切り、まとまった一部分のこと。転じて、ある話題などについてのまとまりを語ること。年配の人が得意な話題について話すときに使われる。

一癖《ひとくせ》も二癖《ふたくせ》もある　「一癖」は、何か普通の人と比べて違った特有な性格や個性がありそうな人の意。癖が一つだけでなくたくさんあることから、普通の人とはかなり違った感じの性格で、どことなく気の許せないと感じられる人。また、*一筋縄ではいかない変わった性格や個性なので、人並み以上に扱いにくい人。

一口《ひとくち》乗《の》る　この場合の「一口」は、大勢でする仕事の割り当て・分け前の意。「一口乗る」というと、もうけ話などに仲間として参加すること。やや俗な言い方のことば。

一《ひと》口《くち》話《ばなし》　「話」は「咄・噺」とも書く。短い笑い話。ごく短い笑い話でも特徴である落ち（終わりを結び相手を納得させる部分）を持つもの。落語家が出し物を本格的に語る前にする小話と同じとするか、その中でも短いものともいう。元禄期にはこの類を軽口《かるくち》・軽口話と呼び、今日でも冗談をいったりするのを「軽口をたたく」という。

一《ひと》差《さ》し　「一指」とも書く。「一差し」は一番・一回・一局の意。将棋の一局、舞や相撲などの一回・一勝負・一番のこと。「一差舞う」は、謡曲などの一曲を舞うこと。

一筋縄《ひとすじなわ》では行《い》かない　「一筋」は一本の意で、普通・尋常なさま。一本の縄が思うように扱えないように、普通の方法や尋常の手段では思うようにはならないこと。「あの男は一筋縄では行かない」のように使う。

一《ひと》筋《すじ》道《みち》　分かれ道のないただ一本に続いた道路、一本道のことから、一つのことに専心する、一途《いちず》であることをいう。

一《ひと》太刀《たち》浴《あ》びせる　「一太刀」は刀・太刀で一回斬りつけること。また、最初に斬りつけるように、相手に対して刀で斬りつける初《しょ》太刀の意。相手に討論や論争でずばりと相手の論法に切り込むことのたとえ。

一《ひと》つ穴《あな》の狢《むじな》 ムジナはアナグマの異称。同じ穴に住むもの、同類のことから、共謀して事をたくらむ者のこと。また、別のように見えながら、実は同じ仲間であることにたとえる。いい意味で使われることは少ない。「同じ穴の狢」「一つ穴の狐《きつね》」ともいう。

一《ひと》つ釜《かま》の飯《めし》を食《く》った仲《なか》 「釜」を「鍋」にする例もある。同じ釜や鍋で煮炊きしたものを食べることから、きわめて親密な間柄のたとえ。苦楽を共にした仲間の意味で使われることが多い。

人《ひと》っ子《こ》一人《ひとり》いない 「人っ子」は人のことを強めたことばで、無人を形容している語。誰ひとりとして人がいない。人影がまったくないこと。

一《ひと》粒《つぶ》種《だね》 ひとりっ子のこと。子供が一人しかいないため、両親が大切にしていることを表現したことば。「ひとつぶ」ともいう。

一粒《ひとつぶ》の麦《むぎ》 キリスト教の教えで、他人の幸せのために自己を犠牲にすること、またその人。一粒の麦はそのままでは一つの麦にすぎないが、種子として地に落ちて死ねば、よみがえり芽生えて多くの実を結ぶことをたとえたもの。『新約聖書』の「ヨハネによる福音書」に、キリストの十字架での死の意義を説明したことばの一節。仏教では「＊一粒《いちりゅう》万倍」という。

一《ひと》つ目《め》小僧《こぞう》 顔の真ん中に目が一つしかない小坊主姿の妖怪。七・八歳くらいの男児で寺の小僧の風体《ふうてい》のものの伝承が多いが、大坊主の一つ目入道が出るところもある。関東地方や東北地方には、旧暦二月と十二月の八日の夜に一つ目小僧が現れるので、目籠《めかご》を軒先につるして追い返すという俗信がある。目の多い物で一つ目を驚かすという。昔話に一つ目で片足の妖怪「かさ小僧」が出現する。古く『日本書紀』に天目一箇命《あまのまひとつのみこと》（神）などがある。ギリシア神話では火の神へファイストスの職人キュクロペスが一つ目の巨人として登場する。

人《ひと》は一代《いちだい》名《な》は末代《まつだい》 人間の身体はその人が死ねばこの世から消えていくが、その名はいいにつけ悪いにつけ死後も長く残る。だから、生きている間にいい事をするようにとの戒め。「虎は死して皮を残し、人は死して名を残す」「身は一代、名は末代」ともいう。

一旗《ひとはた》揚《あ》げる　「一旗揚げる」は、昔の戦いで自軍の旗を立てて戦ったことからという。転じて、成功や命運をかけて新しい事業などを起こすこと。

一肌《ひとはだ》脱《ぬ》ぐ　本気になって他人のために力を貸すこと。「肌脱ぎ」は動きやすくするため、上半身裸になること。「*一肩入れる」ともいう。

一花《ひとはな》咲《さ》かせる　「一花」はここでは一時栄える、一時の栄華の意。沈んだ状態から成功して得意な時期を送ること。いっとき、はなやかに栄えること。

一膝《ひとひざ》乗《の》り出《だ》す　「一膝」は膝一つ分から、少しのこと。相手の話に興味を感じて身を乗り出して、積極的に聞くさまをいう。

一筆《ひとふで》書《が》き　墨つぎをせず、初めから終わりまで一気に書いた書や絵。また筆を紙から一度も離さず、同じ線上をなぞらず、一気に書いた図や書。

一《ひと》幕《まく》見《み》　「一幕」は演劇で、幕を上げてから下ろすまでの一区切りをいう。一幕で完結するストーリーを「一幕物」といい、歌舞伎などでその一幕だけ見ることを「一幕見」という。大劇場では一幕見の客専用の席を設けている。「幕見」ともいう。

一目《ひとめ》千本《せんぼん》　一目で千本の木が見えるほどぎっしりと詰まっていること。特に奈良県吉野山の桜の壮大さを形容したことば。吉野山の桜をもっと区分けして、口または下の千本、中の千本、奥の千本などの称もある。類句に「*一望千里」がある。

一役《ひとやく》買《か》う　自ら進んで一つの役目・役割や仕事を引き受けること。また、手助けすること。「一役買って出る」という言い方もする。

一山《ひとやま》当《あ》てる　「一山」の山は鉱山のことで、昔から鉱山や温泉を掘り当てる確率は非常に低いといわれる。そこから、鉱山を掘り当てるように株や投機で大儲けすること。「一山上げる」「一山興《おこ》す」ともいう。「山師」とは、今では投機的なことを好む人をいうが、もとは山＝鉱山を掘ることを職業としていた人のことである。

一山《ひとやま》越《こ》す この「一山」は、困難のピークを山にたとえたもの。困難を一つ乗り越えて、一段落することをいう。

一《ひと》節《よ》切《ぎり》 「一節切尺八」ともいう。長さ一尺一寸(約三十四㌢)ほどの短いまっすぐな竹製の縦笛。単に*尺八と呼ばれていたが、のちに普通の尺八は竹の節が三つ以上なのに対して、一節切は節が一つであることから別にされた。室町時代中期、中国から渡来したものと伝えられる。音量が劣り、歌口・指孔が小さく、技法的に困難なため、元禄時代以後は衰えた。

一《ひと》夜《よ》妻《づま》 ただ一晩だけ関係をもった女性、また遊女のこと。「妻」に「夫」(男)を当てる例もある。また、七夕《たなばた》の織女星のこと。一年間に七夕の日にしか牽牛《けんぎゅう》星に会えないことから。

独《ひと》り歩《ある》き 「一人歩き」とも書く。自分の力で、人の助けを借りることなく歩くこと。また、他人の援助を受けず、自分の力だけで生活や仕事をすること。子供や老人が介助なく自分の力で歩くことにもいう。「*独立独歩」ともいう。「*独り立ち」「*一本立ち」も同じ意味。

独《ひと》り合点《がてん》 「合点」は和歌・連歌《れんが》から出たことばで、承知した・納得したの意。独り合点は自分だけでうなずくこと、自分だけがわかったつもりでいること。「独りのみこみ」ともいう。

一人口《ひとりぐち》は食《く》えぬが二人口《ふたりぐち》は食《く》える 「一人口」は一人で生計をたてること。一人で生活するよりも、夫婦で生活したほうがむだがはぶけ、かえって生計が立てやすいことをいう。

独《ひと》り芝居《しばい》 「一人芝居」とも書く。一人の役者がすべての役を演ずる芝居。また、他の思惑をかえりみないで、一人で事を進めること。あるいは、相手がいないのに、自分一人で感情をたかぶらせて行動すること。類句に「*独り舞台」「*ワン・マンショウ」がある。

独《ひと》り相撲《ずもう》 「一人相撲」とも書く。もとは精霊を相手とする愛媛県大三島の大山祇《おおやまづみ》神社の御田植祭りの神事芸能だったが、やがて宗教性がうすれ、大道芸となった。転じて、自分一人で意気込み意地を張り、結果として何も得られないこと。また、相手との力量の差が非常にありすぎて勝負にならないこと。

独《ひと》り立《だ》ち 独立すること。他人の力を借りずに自分で事を進めること、自分の力で仕事や生活をすることをいう。「*一本立ち」「*独り歩き」も同じ意味。

独《ひと》り舞台《ぶたい》 「一人舞台」とも書く。ただ一人の役者が演ずる舞台。転じて、多勢の人の中で、一人だけ際立って目立つこと。また、一人で思い通りに行動することのたとえ。類句に「*独り芝居」「*ワンマン・ショウ」がある。

独《ひと》り善《よ》がり 自分一人だけがよいと思い込み、他人の意見をかえりみようとしないこと。独善。「独り善がりの人笑わせ」は、自分一人がよいと思い込んでも、他人から見れば冷やかに笑われるようなばかげた行いや愚かなさまをいう。

氷山《ひょうざん》の一角《いっかく》 氷山の海面上に出ている部分は、海面下の七〜八分の一である。海面下に隠れた部分の方がはるかに大きいことから、明るみに出た物事は、全体のほんのわずかな部分に過ぎないことをたとえる。

貧者《ひんじゃ》の一灯《いっとう》 「長者の万灯より」に続くことば。「貧者」は貧しい人、貧乏な人。神仏に供える灯明で、金持ちが儀礼的に一万の灯明を供えるより、貧者が精一杯苦労してやっとささげる真心のこもった一灯のほうが尊く功徳《くどく》があり、はるかに価値があるというたとえ。仏が祇園精舎《ぎおんしょうじゃ》に帰るとき、王は道にたくさんの灯篭を飾ったが、貧女は一灯の油が買えず、自分の髪の毛を売って一灯を献じた。そのとき突風が吹き、王の灯篭はすべて消えたが、貧女の一灯だけは消えず、仏の足を照らした故事。「貧女の一灯」ともいう。

ファースト・インプレッション first impression 第一印象。相手から最初に受けた感じのこと。最近では、自動車雑誌などの新車・新製品などの紹介記事のこととしても用いられる。

ファースト・ネーム first name 西洋の人名などでは「クリスチャン・ネーム」「洗礼名」ともいう。姓名のうち名のこと。これで呼び合うのは親しい間柄を示すもの。

ファースト・フード　fastfood　店頭で注文すると、即時に提供される手軽な食品の総称。ハンバーガー、フライド・チキン、ホットドックなどが代表的だが、にぎり寿司や牛丼、立ち食いそばなどもある。一九五〇年代、アメリカでフランチャイズ・システムを中心とするチェーンの飲食業が成長し、日本には昭和四十年代に導入された。銀座三越の中に開店したハンバーガーのマクドナルドが始まりとされる。

ファースト・レディー　first lady　「トップ・レディー」ともいう。大統領・首相・元首など、その国の首相級の夫人のことや、ある分野の第一線で活躍している女性の第一人者のことをいう。とくにアメリカの大統領夫人を指すことが多い。アメリカの大統領夫人は大統領を助け、社交的な行事や児童や福祉関係の行事などに参加したり、議会指導者の夫人たちとも交流して、大統領の仕事を円滑に進めることによる。

ベスト・ワン　best one　「ナンバー・ワン」ともいう。ある部門やグループで、最良・最優秀のもの、第一位・第一人者に当たるもの。同様に十位までに入るもの。

真一文字《まいちもんじ》　漢字の「一」のように真っ直ぐなことから、わき目をふらず、ひたすら真っ直ぐに突き進むこと。また、一直線のこと。

無《む》一《いち》物《もつ》　仏教語では「物」を「もつ」と読むが、俗に「むいちぶつ」ともいう。何一つないこと、何も持っていないこと。仏教でいう「本来無一物」のことで、存在するものは本来すべて空《くう》であり、自分のものとして執着すべきものは何もないこと。転じて、一切のものから解き放され、自由自在の境地になること。

娘《むすめ》一人《ひとり》に婿八人《むこはちにん》　一人の娘に対して、婿になりたい男が八人もいること。転じて、一つの物事に対して希望する者が大勢いることのたとえ。「娘三人に婿十人」ともいう。

胸《むね》に一物《いちもつ》　⇩　腹《はら》に一物《いちもつ》

唯一神道《ゆいいつしんとう》　吉田神道・卜部《うらべ》神道・元本宗源神道《げんぽんそうげんしんとう》ともいう。神道の一流派。戦国時代、京都吉田神社の神官吉田（卜部）兼倶《かねとも》が家学を大成して唱道した。平安時代以来の本地垂迹《ほんじすいじゃく》説にもとづく両部《りょうぶ》神道は、日本は仏教国になるべき国土だとするが、神道の神々の役割をどう説明するかで、本地垂迹説・神仏習合説が考え出された。天照大神は盧舎那仏《びるしゃなぶつ》（大日如来）と同体、仏教伝来前に姿を変えて正式な仏教布教の下ごしらえをしていた。これに対して、唯一なる神をあがめることを主張した。

ローマは一日《いちにち》して成《な》らず　偉大なローマ帝国が、長い間にわたる努力によって建設されたように、どのような事業も努力せずに、また短い期間で簡単に完成するものではないという教え。

ワン・クッション　one cushion　和製英語。直接的な影響やショックを和らげるために、間を設けて一段階置くこと。相手に直接言うより、間に人を介したほうが物事がスムーズに運ぶ場合「ワン・クッション置く」という使い方をする。

ワン・クール　one（英語）＋cours（仏語）　ラジオやテレビなどの長期連続番組の一区切りの単位。ふつう、週一回の三か月分、十三回をいう。

ワン・サイド・ゲーム　one sided game　「ワン・サイド」は「一方的な」という意。サッカーやバレーボールなどで、一方が終始圧倒的な優位を続けて終わる試合。スポーツでなく日常の出来事で、圧倒的に優位な状況をたとえて使うこともある。

ワン・ステップ　one step　四分の二拍子の音楽に合わせて踊る社交ダンス。また、一歩・一段落の意味があり、物事を進める第一歩の意味で使われる。

ワン・タッチ　one touch　和製英語。いちど手で触れれば済むような、扱い方が簡単な装置・器具・調理などの方法。たとえば、スイッチやボタンを一回押すだけで作動することをいう。物事がわずかな時間や労力で済む場合のたとえとして使われることがある。

ワン・ツー・パンチ one two punch　ボクシングで右手でパンチを入れ、すかさず続けて左手で鋭いパンチを打つ、左・右交互にパンチを加える攻撃方法。相手に続けて打撃を与えることのたとえにも使われる。

ワン・パターン one pattern　和製英語。言動や思考・行動などがいつも同じで、変化や新鮮味がないこと。また、一つの型にはまって変わりばえしないことをいい、そういう人を評するときに、ややさげすんだニュアンスで使うことがある。

ワン・ピース one-pice　「ワン・ピース・ドレス」one-pice dressの略。婦人や女児用の洋服で、見頃とスカートの上下が一続きになったもの。十九世紀後期まですべてワン・ピース式で、ウエストなどの切替えは紐《ひも》や隠しフックなどで留めていた。見頃とスカートの上下が二つに分かれているものを「ツー・ピース」（two pice）という。十九世紀後半以降、スポーツ服として取り入れられた。

ワンポイント one point　一地点・一点の意から、一か所だけを他から際立たせることをいう。「ワン・ポイント・リリーフ」（one＋point＋relief）は和製英語で、野球の途中のつなぎの投手のこと。「ワン・ポイント・ルック」（one point look）はドレス・ブラウス・ジーンズ・Tシャツなど、胸や背中などに、一か所だけ刺しゅうやプリントを付けること。またその刺しゅうやプリントをいう。

ワン・マン one-man　一人だけ、個人の意から、他人の意見や批判をかえりみず、自分の思うままに振る舞う人。独裁者やわがままを通す人のたとえで、「ワンマン社長」のように使う。「ワン・マン・コントロール」（one-man control）は、機械や機構を一人の操作で自由に動かすこと。「ワン・マン・チーム」（one-man team）は、野球などでずば抜けた一人の選手が全体を動かすチーム。「ワン・マン・カー」（one-man car）運転手が車掌の仕事も兼務する電車や路線バスのこと。

ワン・マン・ショー one-man show　和製英語。一人のスターを中心に盛りたてて演じられるショー。類句に「独り芝居」*がある。また、一人の人が中心となって会議やスポーツの競技をリードすること。「今日の会議は彼のワン・マン・ショーだった」のように使う。

ワン・ルーム・マンション one room mansion
「ワン・ルーム・システム・マンション」の略。ワン・ルームは「一DK」*のことで、居間・台所・寝室を兼ね、トイレ・浴室*だけ別にした間取りのマンション。学生・単身者や単身赴任向けの住居や事務所などに利用される。

二・双・相・並・両・ツー

相合《あいあ》い傘《がさ》
「あいがさ」ともいう。「相合い」はものごとを一緒にすること、または共同する意。一本の傘を二人でさすこと。多くは男女で、それも恋人同志が多いことから、「相合い傘」は相思相愛の仲のことをいう。傘の絵に恋人同士やうわさのカップルの名前を並べて書いた落書でひやかしたりする。

相生《あいおい》の松《まつ》
兵庫県高砂《たかさご》市の高砂神社の境内の松は、黒松と赤松が自然に合わさって生えている。松は長寿を示すめでたい木とされている。そして黒と赤は、男と女にたとえられ、長寿と夫婦の相愛のシンボルとして愛され、世阿弥《ぜあみ》作の謡曲「高砂」となり、それが他の邦楽の諸作品ともなって、今日でも婚礼の席で演じられる。一九三一（昭和六）年赤松は枯れてしまった。

相《あい》　性《しょう》
「合性」とも書く。中国の陰陽五行説で男女の生まれた年の干支《えと》を五行にあて、二人の縁が合うこと。そこから仕事や共同生活をする上で互いに性格が合うことをいう。「気が合う」「ウマが合う」も同じ意味。

相対尽《あいたいず》く
当事者がお互いに合意の上で物事を行うこと。第三者をまじえず、当事者の間で相談の上でする直接交渉のこと。「納得ずく」とほぼ同意。

相槌《あいづち》を打《う》つ
「相槌」はむかし鍛冶屋《かじや》で、親方の打つ槌の合間に、弟子が槌を入れること。転じて、相手の話に関心を示すために調子を合わせること。

相手変《あいてか》われど主変《ぬしか》わらず 相手をする人は次々と変わっても、当の自分は常に同じことを繰り返していること。状態の変化にいつも同じことを繰り返すこと。趣味に入れ込んでいる人をからかったことば。「相手変われど手前変わらず」ともいう。

相弟子《あいでし》 同じ師匠や親方・先生について、芸術や技術・武術などをともに学んだり、修業したりする仲間。「兄弟弟子」「同門」などともいう。

相乗《あいの》り 車・タクシーなどに一緒に乗ることや、馬術で二人で馬を並べて乗ること。他人と共同で物事や事業を行うことのたとえにも用いる。

青二才《あおにさい》 年が若くて経験の乏しい青年を軽蔑または卑しめていうことば。「青」は前髪を剃り落とした跡が青く若々しいことから、未熟なこと。「二才」は魚のボラなどの稚魚。

イスラム教二大宗派《きょうにだいしゅうは》 イスラム教の代々のカリフ(教祖マホメットの後継者)を正統派と認める多数派のスンニー派と、アリー(第四代正統カリフ)の子孫のみを最高指導者と考える異端派で少数派のシーア派をいう。シーア派はイランなどイスラム教徒の約一割。

色《いろ》と欲《よく》の二筋道《ふたすじみち》 「二筋道」は二つの方向に分かれた道の意。女の容色と財産の両方とも手に入れようと、二またかけて女を誘惑することから、色欲と物欲との両方を満たそうとすること。

瓜《うり》二《ふた》つ 二つに割った瓜の切り口は、形がそっくりなことから、顔かたちがよく似ていることをいう。「あの兄弟はほんとに瓜二つでよく似ている」などと使う。

教育二法《きょういくにほう》 「義務教育諸学校における教育の政治的中立の確保に関する臨時措置法」「教育公務員特例法の一部を改正する法律」の二つをいう。一九五四(昭和二十九)年六月に公布施行されたもの。教員の政治活動抑制をねらった内容。第二次大戦後の諸改革で教育体系も、日教組中心の平和や個人の自主性尊重の教育が展開されるのを、戦後日本国家としての再建をはかる政府は重大視して、この法律を成立させた。実際に発動はなかったが、以後の教員の社会的・政治的活動に大きく制限が課せられた。

キリスト教二大異端《きょうにだいいたん》 ワルド派とカタリ派をいう。ワルド派は十二世紀後半リヨンの商人ワルドが始めた派、「リヨンの貧者」ともいい、一一八四年異端宣告を受ける。カタリ派は十一〜十三世紀西欧に広がった。イタリアではパタレニ、南仏ではアルビジョウとも呼ぶ。十二世紀以来カトリック教会では絶滅の努力対象とされた。

琴瑟相和す《きんしつあいわ》 「琴」は小型の、「瑟」は大型の琴。合奏したとき琴と瑟との調べがよく調和していることから、夫婦の呼吸がよく合っていること。仲むつまじいことのたとえ。

喧嘩両成敗《けんかりょうせいばい》 喧嘩や争いをした者は、喧嘩自体が悪いとし、その理非を問わず、どちらにも罪があるとして、両方とも同じように処罰すること。また、両方を処罰するのでなく、争いをどちらの主張も認めない形で落着させるときにも使われる。戦国時代の今川氏親《うじちか》の定めた法律『今川仮名目録』の中の「喧嘩に及ぶ輩《やから》は、理非を論ぜず、両方ともに死罪に行うべきなり」など、中世・近世の裁判で実際に行われた。喧嘩といっても、個人の仲たがいや口論ではなく、武力行使を伴う私闘・戦闘のこと。

国士無双《こくしむそう》 「国士」は国家を背負って立つほどの人物、「無双」は二人といないほど優れた人物をいうこと。一国内で並ぶ者のいないほど優れていること。『史記』淮陰侯伝《わいいんこうでん》＊にあることば。似たことばに「天下無双」「海内無双《かいだい》」がある。

沙羅双樹《さらそうじゅ》 「沙羅」は梵語シャーラ（俗語形サーラ）に漢字を当てたもの。インド原産の常緑高木の名。釈迦が祇園精舎《ぎおんしょうじゃ》で入滅したとき寝姿の床の四方に、この木が二本ずつ（双樹）あった。そして一本が枯れ、一本は生き残ったが、鶴の羽のように白くなった伝説により、仏教では聖樹とされた。美しく香りの高い沙羅双樹も必ず枯れることから、栄えたものは必ず衰退する栄枯盛衰の道理のたとえとして用いられた。『平家物語』の冒頭に「祇園精舎の鐘《かね》の声、諸行無常の響きあり、沙羅双樹の花の色、聖者必衰の理《ことわり》をあらわす」とある。

遮二無二《しゃにむに》 「遮二」は二をさえぎるで、一つのことだけに熱中すること。「無二」は二つとないこと。前後の見さかいもなく、あることにがむしゃらに突き進むさまをいう。

週休二日制《しゅうきゅうふつかせい》 労働基準法では、週一回の休日が義務づけられているが、一週間のうちに定められた就労の義務のない休日が二日あること。欧米では完全週休二日制は全産業の七十〜八十%に達しているが、日本でもそれに合わせるように政府が指導し、一九八九(平成元)年一月、役所などの公共機関、銀行や郵便局などの金融機関が土曜休日の完全週休二日制に踏み切った。しかし全企業が採用するまでには至っていない。

栴檀《せんだん》は双葉《ふたば》より芳《かんば》し センダンは東南アジア原産の白檀《びゃくだん》のことで、材質が堅く芳香があり、仏壇や仏具に用いられる。「双葉」は種から芽が出たとき初めてつける二枚の葉。センダンは発芽したときからよい香りがすることから、のちに偉大な人物となる人は、幼いときからキラリと光るものがあるというたとえ。

双肩《そうけん》にかかる 「双肩」は左右両方の肩で、荷物を担ぐ意から、責任・任務・負担・期待などを一身に負い、引き受けること。「双肩に担う」ともいう。

双十節《そうじゅうせつ》 中華人民共和国は「辛亥《しんがい》革命記念日」という。十月十日の中華民国の建国記念日。一九一一年十月十日(宣統三年、旧暦辛亥八月十九日)国民党による辛亥革命の発端の日で、武昌《ぶしょう》(武漢)に革命軍が清《しん》朝を打倒するために挙兵して蜂起したのを記念する日。この結果、孫文が臨時大総統に就任して共和制を確立した。翌年一月一日南京《なんきん》で、中華民国が成立した。その中華民国の誕生も合わせて祝う日。十月十日と十が二つ重なるため、双十節という。

双生児《そうせいじ》 ⇩ 一卵性双生児《いちらんせいそうせいじ》

双胴船《そうどうせん》 同じ型の二隻の船を、間隔をあけて平行に並べ、船体上に甲板をおいて結びつけた船。甲板の幅が広く、横方向の安定がよく、広い作業甲板を必要とするのに適し、普通の船より客室などを高く積み重ねることができることから、客船・カーフェリーなどに広く用いられる。「カタマラン船」ともいう。インド、南太平洋などでは筏《いかだ》の総称である。日本では、一九六〇(昭和三十五)年に建造された箱根芦ノ湖の遊覧船くらかけ丸を最初とする。

双頭《そうとう》の鷲《わし》 欧州で紋章に使われた二つの頭の鷲。古代より、鷲は飛行の速さ、視力の鋭さなど力の象徴として百鳥の王と考えられ、バビロニア、インドでは最高神の象徴とされた。その鷲が二つの頭をもつことから、支配者・権力者の象徴に当てられ、ローマ帝国、神聖ローマ帝国でも象徴とされた。ローマ帝国が東西に分裂、東の流れは十五世紀末モスクワのイワン三世がビザンツ皇帝の姪《めい》と結婚し、その紋章をも継承したとして、ロシア皇帝の紋章となった。西はドイツに移る。しだいに皇帝以外でも使用する例が増し、帝冠・剣などに組み合わせて紋章化された。

双発機《そうはつき》 エンジンを主翼の左右に一基ずつ備えた飛行機。「双発」は二個の発動機のこと。発動機が一つの飛行機は「単発機」という。

双璧《そうへき》 二つ並んだ一対の宝玉（璧）の意から、両方ともに優劣がないすぐれた人物や、美しいもののたとえ。「双」は一対で、「完璧」はきずのない申し分ない玉の意。唐の李延寿の『北史』陸凱《りくがい》伝の中で、後魏の官吏陸凱の子で兄の暐《い》と弟恭之《きょうし》の兄弟が、ともに優れていることを、洛陽の長官賈禎《かてい》が評していったことば。「連璧」「双珠」「双龍」「双鳳《そうほう》」ともいう。

第二《だいに》インターナショナル ⇩ 第一《だいいち》インターナショナル

第二回選挙《だいにかいせんきょ》 ⇩ 第一回選挙《だいいっかいせんきょ》

第二革命《だいにかくめい》 ⇩ 第一革命《だいいちかくめい》

第二議会《だいにぎかい》 ⇩ 第一議会《だいいちぎかい》

第二共和制《だいにきょうわせい》 ⇩ 第一共和制《だいいちきょうわせい》

第二組合《だいにくみあい》 ある企業の従来の労働組合（第一組合）で、組合の組織運営や運動方針に対する不満、組合幹部の派閥対立、対立する上部組織や政党など他団体の介入、使用者による一部組合指導者の組合分裂工作など、単位組合の中で意見対立が生じ、労働争議などを契機に、集団的に脱退した一部の組合員が第一組合に対抗して、同一企業内に別の組合を結成して独自の活動をすること。多くは従来の組合より柔軟路線をとる。

第二芸術《だいにげいじゅつ》 一九四六（昭和二十一）年、桑原武夫が雑誌『世界』十一月号に発表した「第二芸術―現代俳句について」で提起した現代俳句否定論。小説・近代劇を芸術とするなら、俳句は前近代的・遊戯的なものである。十七文字短詩文学型では、複雑化した近代社会の思想・感情・現実を表現できず、同好者や愛好者だけが特殊世界の中で楽しむ芸術に過ぎないという理由から「第二芸術」と極《き》めつけたこと。

第二次護憲運動《だいにじごけんうんどう》 ⇩ 第一次護憲運動《だいいちじごけんうんどう》

第二次国共合作《だいにじこっきょうがっさく》 ⇩ 第一次国共合作《だいいちじこっきょうがっさく》

第二次産業《だいにじさんぎょう》 ⇩ 第一次産業《だいいちじさんぎょう》

第二次集団《だいにじしゅうだん》 ⇩ 第一次集団《だいいちじしゅうだん》

第二種郵便物《だいにしゅゆうびんぶつ》 ⇩ 第一種郵便物《だいいっしゅゆうびんぶつ》

第二次世界大戦《だいにじせかいたいせん》 独（ドイツ）・伊（イタリア）・日本を中心とした枢軸国と、英・仏・米などの連合国との間での世界規模の戦争。一九三九年九月独のポーランド侵略に対して英・仏の宣戦で始まる。初めは独の優勢で四〇年四月デンマークとノルウェーからベルギーとオランダを降し、六月仏も降伏、英をも空襲した。同月伊は独側について参戦する。翌年六月独はソ連と宣戦、十二月に極東で日本も独側から米・英などと開戦して、戦争が全世界に波及した。枢軸国側の優勢は長続きせず、四二年六月日本がミッドウェー海戦で敗れ、独も十一月からソ連の反攻や米英の北アフリカ上陸作戦で劣勢となり、四三年九月伊が降伏。四四年六月の連合軍のノルマンディ上陸からパリ解放。四五年四月ベルリンにソ連軍が突入してヒトラーが自殺、五月七日に独降伏。極東では四月米軍の沖縄上陸、八月広島・長崎への原子爆弾投下、ソ連の日本への参戦で、十四日日本のポツダム宣言受諾、翌十五日天皇自身の終戦詔勅放送で終結した。⇩第一次世界大戦

第二次日韓協約《だいにじにっかんきょうやく》 ⇩ 第一次日韓協約《だいいちじにっかんきょうやく》

第二次農地改革《だいにじのうちかいかく》 ⇩ 第一次農地改革《だいいちじのうちかいかく》

第二帝政《だいにていせい》 ⇩ 第一帝政《だいいちていせい》

第二《だいに》の性《せい》 Le deuxième sexe フランスの女流小説家・思想家ボーヴォワールの作品の一。一九四九年に発表された女性論で、第一部「事実と神話」、第二部「体験論」からなり、生理的条件・現状から男性に従属すべきであるとする男性本位の女性論に対して反駁《はんばく》。女性のしいては人間の自由な姿を示唆《しさ》する。「人は女に生まれない、女になるのだ」は有名。

忠臣《ちゅうしん》は二君《にくん》に仕《つか》えず　真心こめて仕える忠義な家来（臣下）は、一度ある主君に仕えた以上、どんなことがあっても他の主君に使えるようなことはしない意。中国の司馬遷《しばせん》の『史記』田単伝《でんたんでん》の中で、戦国時代燕《えん》の軍が斉《せい》に侵入したとき、燕側は斉の王蠋《おうちょく》の名声を聞き、燕の大将にならないかとさそったが、王蠋は「忠臣は二君に事《つか》えず、貞女は二夫を更《か》えず」といって断ったという故事による。また「二君に仕えず」「貞女は二夫に見《まみ》えず」ともいう。

ツー・ショット　two＋shot　和製英語。男女が二人でいること。「アベック(avec 仏語)」ともいう。有料電話サービスで、知らない男女が直接交渉してデートに及ぶような風俗営業のこと。

ツー・トーン・カラー　two tone color　ツー・トーンは二色調の意で、ツー・トーン・カラーは服装や自動車・電車の車体などで、二種類の色彩の違う、特に濃淡または明暗などの調和のよい色の取り合わせのこと。

ツー・ピース　⇩ ワン・ピース

貞女《ていじょ》は二夫《にふ》に見《まみ》えず　⇩ 忠臣《ちゅうしん》は二君《にくん》に仕《つか》えず

天下無双《てんかむそう》　「ぶそう」ともいう。「天下」は全世界、「無双」は並ぶ者がない意。全世界に二人といないほど優れている人。中国の司馬遷《しばせん》の『史記』李《り》将軍伝の中の前漢の時代、公孫昆邪《こうそんこんや》が李広を評した故事による。同じ司馬遷の『史記』淮陰侯伝《わいいんこうでん》の中の前漢の蕭何《しょうか》が漢王劉邦《りゅうほう》に向かって韓信《かんしん》を評した故事の「*国士無双」も同意。「古今無双」ともいい、「天下第一」の句もある。

天《てん》は二物《にぶつ》を与《あた》えず　「天」は天にいる神、造物主。人間を作った神は、長所となる才能を二つも与えるはずがないという意味で、どんな人でも長所を幾つもそなえていることはないという意。

二上《にあが》り新内《しんない》　「二上り」は三味線の基本的な調弦の仕方で、二の糸（弦）を二律（一音）高めること。「二上り新内」は幕末に江戸で流行した俗曲の一種。伴奏の三味線の調子が二上りであり、哀切さが節回しになるので、「新内節」（浄瑠璃《じょうるり》の一派）に似たことからこの名がついた。歌詞は男女の愛情を主題として、門付《かどづけ》や女太夫《おんなだゆう》などの語るのがもっぱらで、素人は習うのをためらい、家庭には入らなかったという。

二《に》・一《いち》スト　一九四七(昭和二十二)年二月一日に予定されていたゼネラルストライキ。一九四六年からの激しいインフレーションによる実質賃金の低下による労働者の不満、民主的諸権利の拡大などを背景に、全国官公庁共同闘争委員会を中心に全国労働組合共同闘争委員会が加わり、一月十八日に二月一日のゼネストを宣言したが、連合軍最高指令官によって禁止命令が出されたため不発に終わった。

二《に》・二六《にいろく》事件《じけん》　一九三六(昭和十一)年二月二十六日、思想家北一輝《いっき》の影響を受け、武力による国内改革を企図した皇道派青年将校らによるクデーター。内大臣斎藤実《まこと》・前蔵相高橋是清《これきよ》・陸軍教育総監渡辺錠太郎《じょうたろう》を殺害し、侍従長鈴木貫太郎に重傷を負わせ、東京の麹《こうじ》町一帯を歩兵第一・第三連隊、近衛歩兵第三連隊の約千五百人で占拠した。戒厳令が公布され、反乱軍と規定されて、二十九日帰順したので武力鎮圧はなかった。そのため岡田啓介内閣は倒れ、軍閥の政治的発言がさらに強化されることになった。

二《に》院《いん》制《せい》　⇩一院制《いちいんせい》

二《に》階《かい》から目薬《めぐすり》　二階から階下の人に目薬をさそうとしても、うまく入らないことから、物事が思うようにならず、非常にまだるこかったり、ほとんど効果が上がらなかったり、回りくどくおぼつかないことのたとえ。京いろはカルタにも加えられていて、上方の諧謔《かいぎゃく》の傑作といわれている。「天井から目薬」「遠火《とおび》で手をあげる」などともいう。

二《に》科《か》会《かい》　美術団体の一。一九一四(大正三)年十月に結成。石井柏亭《はくてい》・津田青楓《せいふう》らの印象派以後の新傾向をめざす洋画家の団体。一九〇七(明治四十)年に美術界の諸流派の対立・反目に共通の場を与え美術振興にと、文部省美術展覧会(文展)が、政府が主宰するいわゆる官展として開設され美術界の主流となった。日本画(第一部)は新派と旧派の二科に分けられているのにならい、新傾向の作品が不利な審査結果とならないよう、洋画部も二科に分けることを主張したがいれられず、そのメンバーが在野で独立するために結成された。同時に第一回展を開き、洋画界に多くの話題を残した。その後再々分裂もしたが、本体は今日も活動している。

二月革命《にがつかくめい》 ◎フランスで、フランス革命の反動として成立したルイ・フィリップを国王とする七月王政を倒した革命。一八三〇年成立の七月王政は国王ルイ・フィリップ統治下に、銀行家ら上層ブルジョアが主体で、中小産業資本家・小市民・労働者らは不満を積もらせていた。一八四八年、凶作で食料品値上がり、失業者増加などの経済危機が政治的危機に広がり、政府の選挙制度改革拒否・反政府運動弾圧などに、パリ民衆が二月二十二日に蜂起、二十四日パリ占領。ルイ・フィリップを退位させ、七月王政が倒れ、第二共和制が成立。影響は全欧州に及びウィーン体制が崩壊した。しかしフランスでは政治の主導権争いが激化し、ついにブルジョア共和派と社会主義者・労働者間の対立は、一八五二年ルイ・ナポレオンのクーデター・帝政樹立を許した。
◎ロシアでは、一九一七年二月（ロシア暦の三月）十一日首都ペトログラードの、第一次大戦即時停止、パンの要求、帝政打倒の政治ストが軍隊にも及び、騒乱となって達成した。ロシア帝政を倒し、臨時政府と労働者・兵士代表ソヴィエトの二重政権を産み出した革命。

二月正月《にがつしょうがつ》 新暦の正月には秋の収穫の作業がまだあるため、一月遅れて二月一日を正月として祝うこと。また厄年の人がこの日に仮に一つ年をとって厄をのがれるという意味でも行われた。「二月の小松」「二度正月」「二月年」「重ね正月」などともいう。

二眼《にがん》レフ ⇩ 一眼《いちがん》レフ

二期会《にきかい》 声楽家団体。一九五二（昭和二十七）年、柴田睦陸《むつむ》・中山悌一《ていいち》らを発起人として結成。活発な公演活動・演奏活動をし、新人育成にも力を入れる。二期会とは「同じ道を歩んだ諸先輩の偉業を継ぐ次の世代の者」という意味から名づけられた。

二級河川《にきゅうかせん》 ⇩ 一級河川《いっきゅうかせん》

二弦琴《にげんきん》 ⇩ 一弦琴《いちげんきん》

二元放送《にげんほうそう》 一つの番組の中で、二つの放送局や場所から同時に取材をして行う放送。たとえば、重大な裁判の判決の際、放送局のスタジオとスタジオ外の裁判所や、関係ある地方との中継による報道企画などを指す。

二元論《にげんろん》 哲学で、世界が相互に還元不可能な二つの統一されることのない、独立した根本原理の対立を認め、そこからすべての宇宙の事象を説明する立場。光と闇、天と地、善と悪などの神話的・宗教的二元論と、精神と物質を宇宙の二根本原理として二つの実体を認めたデカルトの物心二元論、プラトンの現象（感性）界とイデア界などが代表的。＊一元論および多元論に対立する語。

二国間取引《にこくかんとりひき》 産油国と工業国との間で行われる取引で、工業国は原油購入と引き替えに産油国への輸出を協定するもの。この方式は貿易の固定化を引き起こす可能性があるため、国際的に賛否が論じられている。

二コ四《にこよん》 日雇い労働者の俗称の一つ。一九四九(昭和二十四)年、国の失業対策事業で公共職業安定所に登録された日雇い労働者の一日の賃金が二四〇円（百円札二枚を二コ、十円札四枚をヨン）であったことから、「ニコヨン」といった。その後、日給は上がったが、この事業の労働者の俗称として「ニコ四」が固定化してしまった。

二酸化炭素《にさんかたんそ》 ⇩一酸化炭素《いっさんかたんそ》

二シーズン制《にシーズンせい》 その年度を前期・後期の二つのシーズンに分ける方式を採用した制度。たとえば一九七三(昭和四十八)年、プロ野球のパシフィック・リーグがオールスターゲームを境に二シーズンとし、各期の優勝チームが年間の優勝と、日本シリーズ出場をかけて年度優勝戦を行った。しかし、現在はセントラル・リーグと同様一シーズン制に戻っている。

二次エネルギー《にじエネルギー》 ⇩一次《いちじ》エネルギー

二次感染《にじかんせん》 「一次感染」は病原体が人の体内に侵入し、増殖して発病すること。「二次感染」は一次感染である病原菌に感染して、抵抗力が低下して免疫力が弱っている人が、別の病原菌に感染すること。たとえば、病院に入院して手術には成功したが、入院中、術後の治療で、病室の不衛生などによって、悪性のウィルスに感染して重症になることなど。

二字口《にじぐち》 相撲の土俵で力士が土俵に登る所。土俵の外俵と蛇《じゃ》の目の砂を含む徳俵《とくだわら》のあたりをいう。一九三〇(昭和五)年まで、土俵の俵が二重になっていたとき、この徳俵のあたりが「二」の字に見えるので呼ばれた。

二《に》次《じ》元《げん》 「次元」はわれわれが認識している空間で、「一次元」は直線の長さのみの広がりで、時間的空間のこと。「二次元」は長さ(縦)と幅(横)だけの広がりで、平面的空間のこと。「三次元」は前後・左右・上下の三つの方向の広がりで、長さ(縦)と幅(横)に厚さ(高さ)を加えた広がりで、立体的空間のこと。「四次元」は空間の三次元にさらに一次元の時間を合わせ、われわれが認識している空間を越えた異次元的空間のこと。

二重価《にじゅうか》格《かく》 物価統制政策の上で、同一商品に二種類以上の公定価格をつけ、異なった買い手に別々の価格で販売する、その価格。たとえば*二重米価制では、食糧管理法で生産者からの政府の買い上げ価格と、消費者に供給する価格の差の意。一般商品では、現金正価と売買の際の値引きした価格の実勢価格や、輸出促進のために設けた国内販売向け価格と輸出価格などもいう。一九六九(昭和四十五)年、消費者団体による家電メーカーへの二重価格解消運動などがある。

二重課《にじゅうか》税《ぜい》 同一の課税対象に対して、重複して二度以上課税されること。法人の所得に対して法人税を課税し、さらにその所得の配当の個人配当に対して所得税を課する場合など。特に多国籍企業などの場合、所得をあげた国で課税され、資本の帰属国でも課税される。そのため、国際間の二重課税を防止するために租税条約が結ばれる。

二重《にじゅう》構造《こうぞう》 日本経済特有の構造的な特徴。近代的な大企業と他方に零細な小企業が併存していて、両者間の資本規模・労働生産性・賃金・労働条件などに大きな格差が見られる。それが並存して相互の補完的な関係によって成り立っていること。これは単に工業面のみでなく、工業と商業、工業と農水産業間にも見られる。

二重《にじゅう》国籍《こくせき》 「重《じゅう》国籍」ともいう。同一個人が同時に二つ以上の国籍をもつこと。全く国籍がないのが無国籍。国際法は各国の国籍法は伝統・政策などに従い自由に定めるとしているのでこの差が生じる。二重であれば権利は二つの国に持つが、兵役などの義務も同じになる。無であれば、国家の保護はない。個人が一か国の国籍を持つことが望ましいとされる。

二重人格《にじゅうじんかく》「多重人格」ともいう。同一の人間が二つ以上の異なった性格や人格をもち、交替に異なる人格が現れ、場合によっては長期にわたって一方の人格を持続し、別人のように行動する。ある時期から全く違った性格に変わり、また元に戻るが、その間平素の人格の意識は失っていて、その間は他方の人格については全く覚えていないような健忘状態に陥り、それを繰り返す。心理学では統一する人格の力を失って二つに分裂し、前後矛盾するヒステリー的な人格障害のことをいう。

二重生活《にじゅうせいかつ》同一の人間が職業や風俗・習慣など全く異なる二つの生活を営むこと。また、生活様式で、和洋の両方の生活様式を併存させる生活や、外見は和風の建物に洋間を設けることや、仕事上で単身赴任して家族が二か所に別れて住む場合などにもいう。

二《に》**重**《じゅう》**奏**《そう》「二重奏」は二つの楽器が均等の比重をもつ二つの音域を演奏すること。たとえば、バイオリンとヴィオラやピアノなどの異なる楽器と、同じ楽器ですることもある。楽器ではなく、二人の歌手による重奏を「二重唱」という。「デュエット」「デュオ」ともいう。「三重奏」は室内楽の一つで、ピアノ・バイオリン・チェロの組み合わせのピアノ三重奏のように、三人の奏者が三種類の独奏楽器で重奏するもの。「トリオ」ともいう。楽器の組み合わせの数によって「四《し》重奏」（カルテット）、「五重奏」も行われる。

二重帳簿《にじゅうちょうぼ》金銭の出納や取引などで、外部に経理の実情を隠す目的で、実態を記入した帳簿ではなく偽りの帳簿を作成すること。またその帳簿。たとえば、納税対策など。

二《に》**重**《じゅう》**橋**《ばし》皇居内にある橋の一つで、正面から入って最初に渡る鉄橋の俗称。この名称は江戸時代の木橋が、堀から架橋の位置がかなり高かったため、技術上の制約から、下方にまず橋脚を立てて橋《はし》桁《げた》を一つ作った上に、さらにその上に橋を重ねた二段作りになっていることによる。また、一般の城は、防衛上からまず一つの橋を渡り、さらに二の橋を渡らないと城内に到達できないという構造をさすともいう。皇居の現二重橋は、一八八三（明治十六）年、皇居の正門として使っていた元江戸城の西之丸下乗《げじょう》橋を鉄橋に改め、名称は二重橋をとどめ、現在のものは一九六四（昭和三十九）年新宮殿造営の際に架け替えられたもの。

二重米価制《にじゅうべいかせい》 生産者米価と消費者米価の二種類の米価をもつ米価の管理制度。一九四二（昭和十七）年の食糧管理法の制定により生じた方法で、生産者から政府が買い上げる米価と、消費者へ配給される米価とが異なる二本立て米価のこと。⇩二重価格

二畳紀《にじょうき》 「ペルム紀」ともいう。古生代の六つの紀のうち、最後の地質時代にあたる古生代石炭紀と、中生代三畳紀の間の、今から約二億八九〇〇万年前から約二億四七〇〇万年くらいの期間。二畳紀はドイツ語の「ダイナス＝二つの層」の訳語。この時期は動物では両生類の全盛期、植物では松柏・イチョウなどが現れ、三葉虫・紡錘虫類などの大半が絶滅した。

「三畳紀」は中生代を三分したときの最初の時代にあたる約二億四七〇〇万年から二億一二〇〇万年くらいの期間。アンモナイト・トリゴニアやソテツ・シダが栄えた。「トリアス紀」ともいう。

二親等《にしんとう》 ⇩一親等《いっしんとう》

二進法《にしんほう》 数字用語。記数法の一つ。0と1の二つの数字だけであらゆる実数（整数）を表す方式。日常使われている数え方は、0～9の十の数字を使って、一つの位が10集まるたびに上の位に進む「十進法」。「二進法」は0と1で位を上げて進む方式。たとえば十進法の1は二進法1、2は10、3は16、4は100、五は101……、8は1000……、10は1010となる。十進法で表した数字を二進法に転記する場合は、2で何回も割って、その余りを1の位から並べる。各位の数が1から0のどちらかの二つの状態で表すことができるため、二進法を応用してコンピューターの計算に利用されている。

二世の契り《にせのちぎり》 夫婦になること。「二世」は仏教で、前世・現世・来世のうち、現世と来世の意。この世（今生《こんじょう》）とあの世（後世《ごしょう》）。男女が結ばれるのは現世だけの縁ではなく、来世まで二世にわたって

続くということによる。「二世の縁」「二世の語らい」「二世の固め」「夫婦は二世」ともいう。

二束三文《にそくさんもん》　「二足」とも書く。江戸時代初期、イグサで編んだ見ばえのしない草鞋《わらじ》を金剛草鞋といい、二足で三文の安値で売られていたことから、量が多くて値段が極めて安いことのたとえとなった。品物をまとめて安く投げ売りするときに用いられ、「捨て値」のことにもいう。『きのふはけふの物語』の中の能楽師の金剛大夫は、三十文の高い芝居銭をとって、勧進能《かんじんのう》を開いたことに当てた狂歌で、金剛大夫と安物の草履の金剛草鞋とをひっかけて、二足三文の草鞋と同音の金剛が三十文もの銭をとるなら、金剛大夫ではなく、高価な履物の雪駄《せった》を名乗って雪駄大夫にしたらいいとしゃれている。

二足《にそく》の草鞋《わらじ》　「草鞋」は生業の意。同一の人がいちどに二足の履物は不必要であるように、両立しない相反する二つの異なった職業や立場を同時に兼ねることをいう。また複数の仕事をすること。江戸時代に、博徒《ばくと》などがお上《かみ》から十手を預かって、博徒を取り締まる役人の捕吏《ほり》を同時に兼ねたような矛盾をいうたとえ。「二足の草鞋を履く」また「履けぬ」という。

二大政党《にだいせいとう》　「二大政党制」ともいう。ツー・パーティ・システムのこと。議会制を行う国で、政権を担当する能力のある二つの巨大政党の間で、選挙で勝利した政党が与党として政権を担当し、敗北した政党は野党となり、政権交代を行う政党政治。イギリスのかつての保守党と自由党、現在の保守党と労働党やアメリカの共和党と民主党、日本の戦前の政友会と民政党など。長所は政権交代がスムーズに行われるため、政局が安定する点、短所は二つの政党だけでは国民の意志が反映できない点。小党分立制・多党制に対する語。

二段目《にだんめ》　浄瑠璃《じょうるり》や芝居・文章などの区切りの第二番目の部分。また大相撲の力士の階級の一つで、番付の二段目の地位のことで、十両と幕下のこと。なお、幕内の下は、十両―幕下―三段目―序二段―序ノ口の順である。「三段目」は浄瑠璃では区切りの三番目で、男女の情事を演じる濡れ場の段。

二進《にっち》も三進《さっち》も　そろばんで割り算の「二進一十《にしんいんじゅ》」「三進一十」から出た語で、二または三を同じ二と三で割ると割り切れて商一が立つ意から、計算のやりくりができない、どうにもこうにもうまくいかないことのたとえ。「二進も三進も行かない」といい、どうにも金銭のやりくりがつかないこと。また、窮地に追い込まれて身動きがとれない状態をいう。

二八《にっぱち》　二月と八月のこと。二月と八月は、一年中でもっとも商売のふるわない月という。一年の暮・正月やお盆はお金を使うので、その翌月には現金がなく購買意欲が落ち、一年中でもっとも商売のやりくりの苦しい月とされる。また「二八月は荒れ右衛門《うえもん》」といって、この月には強風が吹くことにたとえて、不景気な月のことをいう。川柳に「質屋の蔵も荒れるなり」とあり質流れが多いという。「二八の冬枯れ夏枯れ」「霜枯れ三月《みつき》」ともいう。

二《に》DK《ディケイ》　⇩　一DK《いちディケイ》

二度《にど》あることは三度《さんど》ある　同じようなことが二度続けて起こったとき、必ずもう一度同じようなことが繰り返して起こらないとはいえない。物事は反復して繰り返されることがあるたとえ。特に悪いことが連続して起こりがちなので、注意を怠るなという意味で使われることが多い。

二当一落《にとういちらく》　二百万円なら当選し、百万円台では落選の意。一九四九（昭和二十四）年一月の衆議院総選挙の際にいわれ、以来、単位を変えて選挙のたびに口の端《は》にのぼる。

二《に》等《とう》兵《へい》　⇩　一等兵《いっとうへい》

二《に》刀《とう》流《りゅう》　剣術の一流派。「二刀」は大刀と小刀、単に大小ともいう。その大刀と小刀を左右の手に持って戦うもの。宮本武蔵の編み出した「二天《にてん》一流」が有名。左と右の両方を使うということから、酒も甘味も好きな人、男女両性に興味を持つ向きをもいう。「*両刀遣い」も同意。

二度《にど》のお勤《つと》め　一度やめた職業や職場に再び就くこと。とくに以前、遊女だった女性が再びその仕事に就くことをいった。また、一度使ったものを再び役立てることにもいう。

二兎《にと》を追《お》う者《もの》は一兎《いっと》を得《え》ず　二羽の兎《うさぎ》を同時に捕らえようとすると、二羽がそれぞれ勝手な方向に逃げるため、両方を追い切れずに結局一羽も捕らえられない。そのことから、欲張って二つの物事をしようとすると、どちらも失敗して中途半端に終わるというたとえ。ローマのことわざで、ヨーロッパに伝わったものという。類句に「心は二つ身は一つ」「虻蜂《あぶはち》取らず」、反対語として「*一石二鳥」「*一挙両得」がある。

二人三脚《ににんさんきゃく》　運動競技の一つで、二人一組になり、横に並んで肩を組み、それぞれの内側の足首をひもで縛って、二人で三本の脚となり走るもの。そこから、二人が一致協力して一つの物事にあたることのたとえ。

二《に》の足《あし》を踏《ふ》む　二の足は歩き出したときの第二歩目のこと。歩き始めるとき、一歩目は踏み出したが、二歩目の足を出ししぶって足踏みをすることから、物事をしようとしてもなかなか決心がつかず、思い切って進めないこと。また、尻込みをしたり、ためらうこと、躊躇《ちゅうちょ》するたとえ。近松門左衛門『国《こく》性爺合戦《せんやがっせん》』の中に「二の足になる」の用例がある。

二《に》の腕《うで》　「腕」は肩から手首の間のこと。肘《ひじ》で折れ曲がるが、その上の方を上腕《じょうわん》、それから下が前腕。この肩から肘の間の上腕部が「二の腕」で「上膊《じょうはく》」ともいう。そこから自分の腕の代わりになってくれる人、信頼できる相方《あいかた》のたとえとなる。

二《に》の句《く》が継《つ》げない　「二の句」は次にいい出すことば。本来は雅楽《ががく》の朗詠で、詩句を三段に分けて歌うときの二段目の句を「二の句」という。朗詠は各段ともにまず独唱してから合唱(斉唱)する。二の句は高音を用いるため、一の句から続けて歌うと息切れして、二の句を続けるのが難しいことから、相手の話に驚いたりあきれたりして、反論の言葉がなかなか続かないことのたとえにいう。「*二の矢が継げない」も同じ意。

二《に》の膳《ぜん》　⇩一《いち》の膳《ぜん》

二《に》の酉《とり》　⇩一《いち》の酉《とり》

二《に》の舞《まい》　人のあとから出てその人のまねをすることから、他の人がした失敗を繰り返すことをいう。語源は舞楽の「安摩《あま》」の番舞《つがいまい》にあり、*壱越《いちこ》調《つ》の舞曲の「安摩」を二人の舞人が舞い、それに続いて老翁・老婆が登場して「安摩」をまねして舞うが、うまくできずにこっけいな場面となる。それから「二の舞を踏む」「二の舞を演ずる」という。

二《に》の丸《まる》 城の一区画。「丸」以外に「曲輪《くるわ》」「廓《くるわ・かく》」の語も当てる。城は敵を防ぐための施設で、臨時に設営するものからやがて恒久的なものとなり、領主の権威を示すものとなった。本丸が中心となり、戦闘のときの司令部であり、ふだんは政庁、領主の居館とした。二の丸は本丸に隣接して設けられ、本丸の防衛や本丸に事故があったときの代わりに当てた。「三の丸」は本丸・二の丸の外郭にその防御に設営され、三の丸までを設けるのが一般であった。

二《に》の矢《や》が継《つ》げない 二の矢は最初の矢でしとめられず、つづいて射る二度目の矢のことから、二度目に打つ手がない、再びやる力がないことのたとえ。商売などに失敗して、再び立て直すにも資金的に続かないときなどに用いられる。「*二の句が継げない」ともいう。

二《に》杯《はい》酢《ず》 調味用加減酢の一種。酢と醤油をまぜたもの。魚のなます・酢の物などに用いる。調合量は一般に等量で、塩と甘味料で調節する。酒を加えたものが*三杯酢。

二《に》八《はち》蕎《そ》麦《ば》 そば粉八とつなぎにうどん粉二の割合で打つそばで、そばの定式であった。そばの嗜好《しこう》が一般化して来て、高級を自慢する業者があらわれ、手打ちとか御膳《ごぜん》そばとか新しい工夫をして売出し、一般的呼び名の二八は低級かのようになって来た。また寛政期頃のもり・かけが十六文だったので、低級なそばが単に二八と略称されたという説もある。

二《に》番《ばん》煎《せん》じ 茶や薬を煎じたとき、最初に煎じたものを「一番煎じ」という。そのあと、茶や薬を入れ替えずにそのままもう一度煎じたものを「二番煎じ」という。そこから繰り返しで新鮮味のないことのたとえ。

二《に》番《ばん》出《だ》し ⇩ 一番出《いちばんだ》し

二《に》番《ばん》抵《てい》当《とう》 ⇩ 一番抵当《いちばんていとう》

二《に》部《ぶ》合《がっ》唱《しょう》 「二部合唱」はソプラノ、テナーの高音部とアルト、バスの低音部に分かれて歌う合唱。「三部合唱」は二部合唱に、メゾソプラノ、バリトンの中音部を加えて歌う合唱。女声合唱・

男声合唱・混声合唱などがある。

二部授業《にぶじゅぎょう》 「二部教授」ともいう。小中学校などで、児童・生徒の数に対して教室や教員が不足しているとき、一人の教員が一度に二学級を担当するか、全部もしくは一部の児童・生徒を二組に分けて、前後に一組が終わってから次の一組を授業する。ふつうは授業を御前・午後に分けて行う。

二本差し《にほんざし》 ◎武士の俗称。武士は大小二振《ふたふり》の刀を腰に差すことから。◎相撲では諸差しのこと。両手を相手の脇に指し込む技をいう。◎焼豆腐・豆腐田楽《でんがく》のこと。豆腐に二本の串を刺して焼いたことから。「二本差しが怖くて焼豆腐は食えぬ」は、大小を差して侍風を吹かす武士どもに、町人の負けてたまるかの意気込みを表したもの。

二枚鑑札《にまいかんさつ》 一人で二つの業務や資格などを兼ねること。江戸時代に別々の業務として、それぞれに契約書または証文を雇用者を通じて入れたが、兼業のとき、さらにそれを承知する証文をその組合に入れたという。たとえば、芸妓《げいぎ》と娼妓《しょうぎ》を兼ねること。

二枚腰《にまいごし》 相撲・柔道などで、ねばり強く、崩れない腰のこと。一度腰が折れたように見えても立ち直り、また盛り返すほど勝負強いことのたとえ。

二枚舌《にまいじた》 一つのことを二通りにいう、前後で矛盾したことを平気でいう、嘘をつくこと。まるで二枚の舌があるようだという意。仏教では十悪の一つの「両舌《りょうぜつ》」、また「一口《いっこう》両舌」ともいう。

二枚目《にまいめ》 美男子、または美男子役を得意とする俳優。もとは江戸時代に、歌舞伎の劇場に掲げた看板や宣伝用の辻番付のうち、右から二番目に書かれる役柄の役者。筆頭の座頭《ざがしら》の次に恋愛や情事などを演ずる和事師《わごとし》の美男役者であった。現在は歌舞伎のみならず、広く一般に美男子・色男の代名詞となった。顔を白粉《おしろい》で美しく化粧するところから「白塗り」ともいった。 ⇩三枚目

二毛作《にもうさく》 ⇩一毛作《いちもうさく》

二卵性双生児《にらんせいそうせいじ》 ⇩一卵性双生児《いちらんせいそうせいじ》

二律背反《にりつはいはん》 哲学や論理学で、矛盾・対立する二つの命題が同じ前提の上に成り立つというこ

と。「Antinomie（アンチノミー）」の訳で、ギリシア語で法律の条文につじつまがあわないところを指摘することばによる。たとえばカントが「世界は有限である」「世界は無限である」という矛盾した命題で、理性だけで世界全体の根本的問題を解決しようとしても、必然的に陥る理性自身の矛盾を解いている。

武士《ぶし》に二言《にごん》はない 「二言」は一度いったことをいい改める意。いったん約束をしたことは必ず守るという自分の立場を強調することば。武士は信義を第一とするので、自分が一度いったことや約束ごとに責任を持ち、決して取り消したりしないことを信条としたことによる。「武士の一言金鉄の如《ごと》し」「男子の一言金鉄の如《ごと》し」ともいう。

二《ふた》重《え》瞼《まぶた》 「一重瞼」はまぶたに横ひだがなく、一重であること。「二重瞼」はまぶたが二重のひだになっているもの。白色人種や黒色人種のほとんどは二重瞼で、日本人を含む黄色人種では二重瞼は少なく、一重瞼の方が多い。

二《ふた》（双）子《ご》 ⇩ 一卵性双生児《いちらんせいそうせいじ》

二《ふた》心《ごころ》 二通りの心の意で、見かけは主君や味方についているが、実は裏切りをたくらんでいる心。ふつう「二心を抱く」と使う。なお、同時に二方に思いを寄せる心、浮気心についてもいう。

二言目《ふたことめ》には 「二言」は二つのことば、または重ねていうこと。何かというと、すぐ口にする決まり文句や、口癖になっていることばをいうさま。相手を非難するニュアンスがある。

二《ふた》筋《すじ》道《みち》 ⇩ 色《いろ》と欲《よく》との二筋道《ふたすじみち》

二《ふた》つと無《な》い 同じものが二つはないことから、誰一のものでかけがえのないこと、匹敵するものがほかにはないこと。唯一のもの、あるいはこの上もないことを強調したことば。⇩ 唯一無二

二《ふた》つ返事《へんじ》 「はい、はい」と気軽に重ねて承諾の返事をすること。ためらうことなく物事を引き受けることの意。

二《ふた》つ目《め》 歌舞伎の第二番目の狂言、または第二幕目。また、落語家の格付けでは、前座《ぜんざ》の一つ上、最高位の真打ちの前の身分。江戸時代から明治へかけては、前座→二つ目→三つ目→四つ目→中入

り前→中入り後→膝がわり→真打ちの格付けがあったが、現在は前座→二つ目→真打ちの三つの格付けだけになった。

二股膏薬《ふたまたごうやく》 はっきりとした自分の意見を持たず、対立する勢力のどちらにもついたりして、節操がなく態度が一定しないこと。またその人。「二股」はもとは一つのものが先で二つに分かれることから、同時に二つの目的や手だてをとげようとする意。「二股膏薬」は、内股《うちまた》に張った膏薬が左右のどちらの股にもくっつくこと。「内股膏薬」「二股をかける」ともいう。類句に「*両天秤《てんびん》を掛ける」がある。

無二念打払令《むにねんうちはらいれい》 「異国船打払令」のこと。一八二五（文政八）年、徳川幕府が、清《しん》とオランダ船以外の外国船は、見つけしだい撃退することを命じた外国船取扱令。寛政年間ころからロシア、イギリス船の来航が多くなり、一八〇八（文化五）年、英軍艦フェートン号がオランダ船捕獲の目的で長崎に不法侵入し、薪水・食糧を強要した事件や、英国捕鯨船員の乱暴など不祥事が続いたことによる。一八四二（天保十三）年、不徹底だったため廃止され、緩和策が取られるようになった。

両建預金《りょうだてよきん》 拘束預金の一つ。金融機関が貸出しを行う場合、強制的に担保として貸付金の一部を定期預金など拘束性の強い預金をすることを条件にすること。顧客は借入金に対して本来支払わないでいい、借入金利も支払わなければならない。また、先物取引で、同一の人が同一銘柄、同一限月《げんげつ》(決算取引の売り建てと、買い建ての両方たてておくこと。

両手に花《りょうてにはな》 「両手」は左右両方の手のこと。梅と桜などの美しい花を両手で持つことから二つの良い物、美しい物を一人で独占する意。一人の男性が左右に二人の美人を独り占めしているときなどに用いられる。

両天秤を掛ける《りょうてんびんをかける》 二つの物の軽重を比較することから、対立する勢力間に立ってどちら側につくか両方を観測すること。また自分に損がないように図ること。「天秤」は物の重さを量る秤《はかり》の一種。竿《さお》の両端に計る物と分銅をつけて、竿の中央を支点として物と分銅が均等になることで計量する。両天秤を掛けるのは、進退などで態度をはっきりさせない日和見《ひよりみ》的なようすを表すことが多い。「二股《ふたまた》をかける」「二*股膏薬」ともいう。

両刀遣《りょうとうづか》い　「両刀」は二刀流*と同意。二つの相反する物事や分野を使いこなすこと。俗に、酒と甘味の両方を好む人、男女両性を愛する人をいう。

両統迭立《りょうとうてつりつ》　鎌倉時代後半の皇室の皇位継承の方法。後嵯峨《ごさが》天皇（第八十八代）は一二四六（寛元四）年に譲位、上皇となって四歳の第三皇子の後深草《ごふかくさ》天皇を即位させ、自身の院政下に置いた。上皇は寵愛《ちょうあい》した皇子を亀山天皇として一二五九（元正元）年に皇位につけ、さらにその血統に皇位を継承させようとした。兄で退位させられた後深草上皇が反対し、皇室領荘園をめぐる対立も加わり、皇室・公卿は二分して争うことになった。後深草側は仙洞《せんとう》（上皇の御所）が持明院《じみょういん》であったので持明院統。亀山側は系統の後宇多《ごうだ》上皇が大覚寺《だいかくじ》に住まわれたので大覚寺統という。

鎌倉幕府が介入して両統勢力均衡の形をはかり、後宇多天皇が皇太子は持明院統から立て（伏見天皇）、以後両統から交代に皇位を継承させた。形として両統迭立は成立するが、両統の対立は解消することなく、ルール確立に文保《ぶんぽう》の和談（一三一七年）も成立するが、大覚寺統の後醍醐天皇（第九十六代）が建武中興を起こして迭立は破れた。

両刃《りょうば》の剣《けん》　「両刃」は両側に刃のあること、またその刃物。刀身の両面に刃が研ぎ出してあると便利で役に立つようだが、使い方を誤まると害も大きくなることのたとえ。「諸刃《もろば》の剣」ともいう。

両毛《りょうもう》地方《ちほう》　上毛国《かみつけのくに》・下毛国《しもつけのくに》をいう。のちの上野国《こうづけのくに》・下野国《しもつけのくに》の併称。上野国は群馬県南東部、下野国は栃木県南西部をさす。もとは東山道《とうさんどう》の毛国《けぬのくに》だったが、のちに上毛野・那須・下毛野の三国に分けられて、それぞれに国造《くにのみやつこ》が置かれた。大化改新（六四五年）の改正で上毛・下毛国となって、中央から国司が派遣された。

両雄並《りょうゆうなら》び立《た》たず　力が同等の英雄がいれば、必ずどちらかが勝つまで勝負の決着がつかないことから、二人の実力者が並び立つことはないたとえ。司馬遷《しばせん》の『史記』酈生《れいせい》、陸賈伝《りくかでん》の中で、楚《そ》の項羽《こうう》と漢の劉邦《りゅうほう》の争いの結果についての予測を楚に仕えていた学者酈生の故事による。

和戦両様《わせんりょうよう》の構《かま》え　「和戦」は平和か戦うかの意。平和にも戦争にも、両方に備えた準備をすること。また、両極端のどちらになっても対応できる準備を整えること。

三

阿弥陀三尊《あみださんぞん》　⇩三尊仏《さんぞんぶつ》

アルプスの三大北壁《さんだいほくへき》　アルプスはヨーロッパの屋根といわれ、イタリア、フランス、スイス、ドイツ、オーストリアの国境に連なる山脈で、平均高度二五〇〇メートル、最高峰モンブランは四八一〇メートル。その中で中部アルプスのアイガー（三九七〇メートル）、マッターホルン（四四七八メートル）、グランドジョラス（四二〇五メートル）の三山。その北側は、直立して登頂にきわめて困難とされ、多くの犠牲者を出したため「三大北壁」と呼ばれ、それを征服することはアルピニストの勲章といわれる。

囲碁三大《いごさんだい》タイトル　囲碁界でもっとも重要とされる名人戦・本因坊《ほんいんぼう》戦・棋聖《きせい》戦の三つをいう。この一つでも獲得すれば一流の棋士とみなされる。三大タイトルを独占した人は一九八一〜八四（昭和五六〜五九）年に獲得した趙治勲《ジョソンフン》ただ一人。十段戦・天元《てんげん》戦・王座戦・碁聖戦は三大タイトルの次に重要なタイトル戦。

石《いし》の上《うえ》にも三年《さんねん》　何事も辛抱強く根気よく勤めることが大切と、短気を戒しめたことば。冷たい石の上に三年も座り続けていれば石も暖まる。辛くてもがまんし続ければ、必ず成功するという意。三年は物事を辛抱強く続ける期間として、よくことわざに使われている。類句の「首振り三年コロ八年」は尺八の演奏についていう。⇩桃栗三年柿八年

維新《いしん》の三傑《さんけつ》　大久保利通《としみち》・木戸孝允《たかよし》・西郷隆盛の三人をいい、薩長連合や倒幕運動に指導的役割を果たした。倒幕後は新政府の中枢として、版籍奉還・廃藩置県などを推進、中央集権国家の確立に大きな足跡を残した。⇩三傑

居候《いそうろう》三杯目《さんばいめ》にはそっと出《だ》し

江戸の川柳。「居候」は他人の家に世話になり、寄食すること、またその人。宿泊代・食費を納めるわけでもなく、かといって家事の手伝いもろくにせず、ぶらぶらと時を過ごしているため、ご飯のおかわりも三杯目になると、そっと茶碗を差し出すほど、遠慮しがちになること。逆に「居候泰然として五杯食い」という句もある。

犬《いぬ》は三日《みっか》飼《か》えば三年《さんねん》恩《おん》を忘《わす》れぬ

犬のようなけものさえ主人の恩を長く忘れないのだから、ましてや人間は恩知らずではいけないの意。

丑三《うしみ》つ時《どき》

昔の十二支による時間の計り方では、子《ね》を起点に一日を十二に分け、二時間を一刻とする。「丑三つ」は、ほぼ今の午前二時から二時三十分までに相当する。よく「草木も眠る丑三つ時……」などといわれる。

売家《うりいえ》と唐様《からよう》で書《か》く三代目《さんだいめ》

江戸の川柳。富家の運命を言い当てている。「唐様」は、日本風の書体の和様に対して、中国風の書体の意。初代が苦労して築き上げた地位・財産を二代目は守り抜くが、三代目になると生活に不自由がないので、道楽にふけって財産を使いはたして、家を売るはめとなり、習い覚えた唐様の字で「売り家」の張り紙を書いていることを皮肉ったもの。唐様が書けるのは少しは学問のある人物とされていたから、唐様の書かれた張り紙を見れば、いかに仕事をおろそかにしていたかがわかることと、学んだことを生かす機会がこれしかないことを皮肉っている。逆に「三代続けば末代続く」ともいう。

江戸三座《えどさんざ》

「三芝居」ともいう。江戸時代の江戸市中で芝居（歌舞伎）の興行を公認された三劇場（芝居小屋）。中村座・市村座・森田座。中村座（堺町、中央区日本橋人形町）は、江戸歌舞伎の始祖猿若《さるわか》（中村）勘三郎が一六二四（寛永元）年に創業。市村座（葺屋《ふきや》町、中央区堀留）は、初め村山座、一六三四（寛永十一）年大坂堺から市村羽左衛門《うざえもん》が下って公認を受けた。森田座（木挽《こびき》町、中央区銀座）は、森田勘《かん》弥《や》が一六六〇（万治三）年に創立。ほかに山村座があったが一七一四（正徳四）年、絵島事件で断絶した。

この三座を本櫓《ほんやぐら》といい、事故があると控《ひかえ》櫓の都座・河原崎座・桐座が興行した。三座の周辺は人形芝居・浄瑠璃・曲芸などが興行して歓楽街が形成されていた。天保改革で三座ともに市中から浅草猿若町に移転を命ぜられ、一八四一（天保十二）年浅草寺・新吉原と一大歓楽街となったが、明治維新で三座制は廃止となり、自由な興行となり再び興行地は都心に戻った。

江戸《えど》三大《さんだい》火事《かじ》　江戸では火事が多発したが、特に被害が大きかった三件をいう。〔明暦の大火〕一六五七（明暦三）年一月十八日午後二時ごろ、本郷丸山本妙寺から出火し、江戸の大半を焼き、焼死者十万を越し、創設期の江戸の景観が一掃された。この火事を「振袖火事」とも呼ぶのは、一枚の紫縮緬《ちりめん》の振袖をめぐる因縁咄《いんねんばなし》による。その振袖に手を通した三人の娘が三年連続同じ日に、同年齢で亡くなったため、厄払いに焼却すると、風にあおられて舞い上がって本堂に火が移ったと伝えるところによる。

〔目黒行人坂《ぎょうにんざか》の大火〕一七七二（明和九）年二月二十九日昼過ぎ、目黒行人坂大円寺の納所《なっしょ》坊主真秀の放火による出火。目黒から新吉原まで江戸の三分の一に及び、今日までの延焼距離の最長とされる。

〔牛町《うしまち》火事〕一八〇六（文化三）年三月四日芝牛町から出火、芝から神田・下谷・浅草まで十二万戸以上を焼失した。

江戸《えど》三大《さんだい》飢饉《ききん》　江戸時代の被害が大きかった三つの飢饉。〔享保《きょうほう》の飢饉〕一七三二（享保十七）年、西日本一帯が長雨とイナゴあるいはウンカの大量発生を受けて大凶作となり、多数の餓死者を出し、全国的な米価高騰は翌年正月に江戸市中で初めて富商宅の打毀《うちこわ》しも発生した。

〔天明《てんめい》の飢饉〕一七八二〜八七（天明二〜七）年。この期間は全国的に天候不順で、冷害が続き海流異変があり、浅間山大噴火（天明三年七月）が加わった東北地方の被害は甚大で収穫皆無も少なくなく、疫病も流行して、農村は荒廃し無人の村もでき、食人の記録さえ残った。農村・都市ともに一揆《いっき》・打毀しが発生したという。

〔天保《てんぽう》の飢饉〕一八三三〜三九（天保四〜七）年、この期間は全国的に冷害が続き、まず一八三三年東北では三分作以下で収穫皆無の所もあり、関東も同じであった。一八三六・三七年は北陸・九州・四国を除く全国に被害が及び、農村の疲弊《ひへい》はもちろん、都市にも深刻な社会問題が生じ、一揆・打毀しも発生、大坂では「大塩平八郎の乱」も起きた。

江戸三大事件《えどさんだいじけん》　江戸時代に起こった事件で社会的な影響が大きく、後世まで記憶され、小説化・劇化されたりして語りつがれたもの。〔慶安事件〕一六五一（慶安四）年、浪人由井正雪《ゆいしょうせつ》・丸橋忠弥らが浪人救済を目標に、江戸・駿府《すんぷ》などで騒乱を起こそうとしたが、事前に発覚したもの。「由井正雪の乱」ともいう。〔赤穂《あこう》浪士事件〕一七〇三（元禄十五）年、赤穂浪士大石良雄らの同志四十七士が吉良義央《きらよしなか》（上野介《こうずけのすけ》）を襲って、主君浅野長矩《ながのり》の仇を討った。「忠臣蔵」の名で有名。〔天一坊《てんいちぼう》事件〕山伏《やまぶし》天一坊が八代将軍吉宗の落胤《らくいん》（貴人の妻以外の子）を自称して世を騒がせ、一七二九（享保十四）年に処刑された。「大岡政談」などに脚色された。

江戸三大道場《えどさんだいどうじょう》　幕末の江戸で有名だった剣術指南道場。〔玄武館《げんぶかん》〕北辰《ほくしん》一刀流開祖千葉周作の道場。神田お玉ヶ池にあり、教授の仕方が上手で進歩的、経営の才もあり、門弟三千を数えたという。〔練兵館〕神道無念流斎藤弥九郎の道場。九段下堀留川俎《まないた》橋辺にあり、門弟に維新の功臣木戸孝允《たかよし》・伊藤博文・品川弥次郎らがいたことでも有名。〔士学館〕鏡心明智流桃井春蔵の道場。南八丁堀蜊《あさり》河岸にあった。道場主は「三剣士」とも呼ばれ、位の桃井、技の千葉、力の斎藤と評された。

江戸三大祭《えどさんだいまつり》　⇩三大祭《さんだいまつり》

江戸三天神《えどさんてんじん》　⇩三天神《さんてんじん》

江戸三美人《えどさんびじん》　明和（一七六四〜七二）頃の江戸市中で評判だった看板娘たち。平賀源内などが優劣を論じたり、歌舞伎芝居の脚本や鈴木春信の錦絵のモデルとして取り上げられた。「笠森《かさもり》お仙」は谷中《やなか》の笠森稲荷境内の水茶屋鎰《かぎ》屋の給仕、「柳屋お藤」は浅草観音裏の楊枝《ようじ》店、「蔦《つた》屋お芳《よし》」は浅草二十軒茶屋。この三人をいう。「明和三美人」ともいう。特に有名なのは笠森お仙で「向こう横町のお稲荷さん……」と手鞠《てまり》歌にも歌われている。
また、喜多川歌麿《うたまろ》の作品のモデルとして浅草寺随身《せんそうじずいしん》門前の茶屋「難波《なにわ》屋おきた」、両国薬研堀《やげんぼり》の茶見世の「高島屋おひさ」、芸者「富本豊雛《とみもととよひな》」の三人を「寛政三美人」という。

江戸時代《えどじだい》の三明君《さんめいくん》 江戸時代、奥州の名藩主三人。弘前藩の津軽信明《のぶあき》は、天明の大飢饉の救済と当時の藩内整備の手腕。白河藩の松平定信は、天明の飢饉で領内餓死者なしという藩政のよさと、中央政界での寛政の改革のときの老中としての手腕。米沢藩の上杉治憲《はるのり》（鷹山《ようざん》）は、財政改革などの成果。それぞれ困難な時期の藩政を見事に克服したことを評価されたもの。

女三人寄《おんなさんにんよ》れば姦《かしま》しい 「姦」の字はかまびすしい・やかましい・悪人等の意味がある。「女」の字を三つ合わせて「かしましい」とも読むことから、女性はもともとおしゃべり好きなので、三人寄ったらおしゃべりが始まって大変やかましいさまをいう。

女《おんな》は三界《さんがい》に家《いえ》なし 仏教で「三界」は全世界の意。女性の生涯は「三従」といわれ、生涯を三期に分け、その各期での心得として、若いときには父に従い、嫁入りしては夫に従い、老いては子に従い子の家に住むことから、広い世間でどこにも安住できる家がないとする。これは人は過去と現在と未来の三つの世界（三界）を持つものであるとし、三従を三界に当てて、男尊女卑の倫理観を説いたことば。

駆《か》けつけ三杯《さんばい》 酒の席に遅れてきた者が罰として、たて続けに酒を三杯を飲まされること。由来は平安時代、酒好きな公家《くげ》の世界ではなにかにつけ酒宴を開き、その際にもろもろの作法やしきたりを作り、遅刻者に一座に盃の交換が五回（五巡）になった人にかけるのが「一遅《いっち》」、七巡以後は「二遅」、十巡以後は「三遅」などと杯数の異なる罰杯が科され、「三遅」が酒宴の代名詞となった。この一種の「一気飲み」が現在の酒席に生き続けて使われている。「今入り三杯」「遅れ三杯」ともいう。

寛政三美人《かんせいさんびじん》 ⇩ 江戸三美人《えどさんびじん》

寛政《かんせい》の三奇人《さんきじん》 三人のすぐれた人、あるいは奇行・奇言の人の意で、寛政（一七八九～一八〇一）時代の林子平《しへい》・高山彦九郎・蒲生君平《がもうくんぺい》の三人。林子平は著書『海国兵談』により禁固され、高山彦九郎は京都三条大橋で皇居を拝し、蒲生君平は御陵を調査し『山陵志』を著して有名。

宮中三殿《きゅうちゅうさんでん》 宮中で神祇《じんぎ》上の主要な三つの建物。賢所《かしこどころ》・皇霊殿・神殿（前の八神殿）をいう。正月の元始祭・皇霊祭・神殿祭・神嘗《かんなめ》祭・新嘗《にいなめ》祭・先帝祭などの皇室祭祀を行うところ。皇居内苑の吹上御苑の南部、中央に賢所（天照大神《あまてらすおおみかみ》の御霊代《みたましろ》の神鏡を祭る）、西方に皇霊殿（神武天皇以来の天皇・皇后・皇親方を祭る）、東方に神殿（天皇を守護する皇霊産霊神《かみむすびのかみ》など八柱《やはしら》の神々〈八神〉と天神地祇《てんじんちぎ》を祭る）が建つ。

京都三大祭《きょうとさんだいまつり》 ⇩ 三大祭《さんだいまつり》

首振《くびふ》り三年《さんねん》コロ八年《はちねん》 何事もその事の究極を究めるのには、長い修業が必要であるというたとえ。尺八を吹いて音が出るようになるのには、まず首を振りながら三年かかり、コロコロとよい音色が出せるような腕前に上達するには、それから八年が必要という意。類句に「石の上にも三年」*「桃栗三年柿八年」*がある。

護憲三派《ごけんさんぱ》 一九二四（大正十三）年、清浦奎吾《きようらけいご》内閣を倒す、第二次護憲運動を行った立憲政友会・憲政会・革新倶楽部《くらぶ》の連合体のこと。清浦内閣が普選（二十五歳以上の独立生計を営む男子に選挙権を与える）に不徹底な対応をしたのに対し倒閣運動に立ち成功し、次の加藤高明《たかあき》内閣を連合で組閣した。「護憲三派内閣」とも呼ぶ。

上野三碑《こうずけさんぴ》 ⇩ 三碑《さんぴ》

御三家《ごさんけ》 「三家」はもともと家門の誉れ高い家柄を指したが、江戸時代に敬称の「御」の字をつけた。「御三家」といえば、徳川将軍家（宗家）に後継ぎを欠くときに、養子を選ぶ家柄、家康の直接の血を引く三家系で、姓も徳川を名乗った。尾張藩・家（藩祖は義直、家康の第九男）、紀伊藩・家（藩祖は頼宣、家康の第十男）、水戸藩・家（藩祖は頼房、家康の第十一男）をいう。

現代でも、それぞれの分野で並ぶものとして、三人または三者を示すときに用いられる。歌謡界のご三家は、一九六〇年代の橋幸夫・西郷輝彦・舟木一夫、一九七〇年代は西条秀樹・野口五郎・郷ひろみ。公営ギャンブルは競馬・競輪・競艇。⇩三人娘

後三年《ごさんねん》の役《えき》 一〇八三(永保三)年から八七(寛治元)年にかけて、源義家が奥州清原氏を鎮定した戦い。*前九年《ぜんくねん》の役後、清原武則は鎮守府将軍として奥州地方を制していたが、真衡《さねひら》の代に至って家衡・清衡が内紛を起こした。真衡の没後には家衡と清衡が争い、陸奥守《むつのかみ》として下向した義家は、清衡の請いに応じて家衡と対抗した。叔父武衡と組んで金沢柵にこもる家衡を、義家は一時苦境に陥りながらも攻め落とし、清衡方の勝利に終わった。これにより、源氏は東国における確固とした勢力基盤を築き上げた。

再三再四《さいさんさいし》 ⇩一再《いっさい》ならず

財産三分法《ざいさんさんぶんほう》 財産を現金預金・不動産・株券に分けて運用すること。利殖をはかりながらも、すべてが損になることがないように意図したもの。

三《さん》悪《あく》 「三悪道」の略。仏教用語で、殺生と盗みと淫欲の三つの罪をいう。『左氏伝』では三つの悪いことは、暴・虐・頗。また、政治上の三つの悪いことは、ふつうは汚職・貧乏・暴力で、一九五七(昭和三十二)年五月に岸信介首相が伊勢参宮後に追放したいと語った。「交通三悪」は、酒酔い運転・スピード違反・無免許運転。

三《さん》悪《あく》道《どう》 「さんなくどう」「さんまくどう」とも読み、「三悪」「三悪趣」ともいう。仏教用語で、悪行を行った衆生《しゅじょう》のおもむく三つの道、地獄道・餓鬼道・畜生道をいう。地獄道は上品《じょうぼん》の十悪業を、餓鬼道は中品の十悪業を、畜生道は下品の十悪業を、それぞれ行った衆生のおもむくところとされる。

三《さん》阿《あ》弥《み》 室町時代、阿弥号を持った父子三代の画家。能阿弥、その子の芸阿弥、能阿弥の孫の相阿弥をいう。将軍足利義満の同朋衆《どうぼうしゅう》(諸芸能の特技で仕え、阿弥の号を名乗った)の一家で、唐絵《からえ》(中国の絵画とそれを模倣した日本人の作品)にすぐれたほか、唐物(中国製品)の鑑定家としても一流であった。

三《さん》・一五《いちご》事件《じけん》 一九二八(昭和三)年三月十五日の明け方に全国的規模で行われた日本共産党員などの大検挙事件。当時の田中義一内閣は、第

一回普通選挙の中で進出してきた日本共産党が『赤旗《せっき》』を創刊し、公然と活動してきたことに脅威を感じ、治安維持法違反の容疑で党員などを検挙した。この打撃は甚大で、共産党は以後第二次大戦の敗戦にいたるまでその活動を封じられた。

三《さん》・一運動《いちうんどう》 「万歳《ばんざい》事件」ともいう。一九一九(大正八)年三月一日から始められた朝鮮民族の独立運動。当時日本の統治下にあった朝鮮民族は、ロシア革命や民族自決主義など世界の動きに勇気づけられ、京城で独立宣言を発表、民衆は「独立万歳」を叫び大示威運動を展開し全国的規模にまで波及したが、日本側は軍隊や警察を出動させてこれを鎮圧した。しかし、これを契機として上海《シャンハイ》に亡命した人々は、李承《イスン》晩《マン》を大統領として大韓民国臨時政府をつくり独立活動を続けた。

三《さん》院《いん》制《せい》 一八七一(明治四)年、太政官《だじょうかん》制を改正して設置された正院(内閣に相当、太政・左・右大臣と参議で構成)、左院(立法機関、正院の諮問に応じる)、右院(行政の諮問機関、各省の卿・大輔《たいふ》で構成)。この下に八省が置かれ、中央集権の官僚政府の基礎となった。

三LDK《さんエルディケイ》 ⇩ 一DK《いちディケイ》

三《さん》猿《えん》 他人の欠点は見ない、悪口は聞かない、過ちを言わないという警句。俗に「さんざる」ともいう。「みざる・きかざる・いわざる」とい い換えて「ざる」を目・耳・口をふさいだ三匹の猿で表現した。また一匹であらわしたものもある。室町時代末から、庚申侍《こうしんまち》に釈迦・文殊・観音などを祭るようになったが、その一つに山王権現《さんのうごんげん》があり、その神使が猿で、庚申と結ぶことになった。三猿の意味も『孔子家語《けご》』の三緘《さんかん》、天台の三諦によるというが不詳で一匹や二匹の庚申塔もみられる。この日を身をつつしむ日と考えての造形かもしれない。

江戸時代に至って山王から青面金剛・帝釈天《たいしゃくてん》にかわっても、猿は引き続いて信仰され、三猿は「庚申さん」ともいわれ、東京柴又帝釈天の土製三猿は名物となっている。『譬喩尽《ひゆづくし》』の「三つの猿より思わざるがよし」の句は三猿以上に思わざる、すなわち、心に妄念《もうねん》を起こさないことが最も大切であるという意。

三貨《さんか》 江戸時代の貨幣の総称。金・銀・銭（銅貨）で、金は両、銀は匁《もんめ》、銭は文《もん》を単位として、交換比率は一六〇九（慶長十四）年、金一両＝銀五十匁＝銭四貫（四千文）と決めたが、一七〇〇（元禄十三）年、金一両＝銀六十匁に改定した。しかし実際は時々で変動している。

三回忌《さんかいき》 ⇩一回忌《いっかいき》

三蓋松《さんがいまつ》 「三階松」とも記す。枝葉が笠を三つ重ねたように三層に重さなった松。その形を図案化した紋所の名、三蓋松を側面から見た形である。

三蓋松文

三角関係《さんかくかんけい》 三者の間の関係。多くは三人の男女が関わり合う恋愛問題のこと。もつれた恋愛関係をいう場合に用いられる。

三角筋《さんかくきん》 肩から上腕の上部にかけてふくらみをつけている三角形の筋。肩甲骨・鎖骨《さこつ》と上腕骨とを結んでいる。

三角州《さんかくす》 河川の運搬してきた土砂が、河口に堆積してできた扇形の陸地。ギリシア文字のデルタの形に似ているところから「デルタ」ともいう。

三角測量《さんかくそくりょう》 測量法の一種。互いに遠く離れた各地点を頂点とする一個または数個の三角形を想定し、各頂角を計測し、三角法による計算で各角と各辺の関係を決定するという測量法。少数の基線があれば角観測のみによって相対位置が得られること。また、隣接三角点の見通しがありさえすれば、その間の地形には左右されないことなどの利点がある。

三角大福《さんかくだいふく》 一九七二（昭和四十七）年六月の佐藤栄作首相引退後、次期政権担当候補であった四人の政治家の称。つまり、三木武夫・田中角栄・大平正芳・福田赳夫《たけお》の四人の名前の一字ずつをとってこのように称した。七月初めの自民党大会で、田中角栄が福田赳夫を押さえて総裁の地位についた。その後、三木・福田・大平の順で首相になった。

三角点《さんかくてん》 *三角測量において、三角網をつくる各頂点。また、各頂点に設置されている方形の花崗岩《かこうがん》などの標識。

三《さん》角《かく》波《なみ》　峰のとがった三角形の形になった波。強風が吹くときに波がぶつかり合って生ずる。絶壁や防波堤からの反射波と入射波とが重なり合うときにも生ずる。

三角縁神獣鏡《さんかくぶちしんじゅうきょう》　古代の銅鏡で縁の断面が三角形で、神と獣の模様が刻まれているもの。この様式のものは同じ鋳型による同笵鏡《どうはんきょう》が多い。それが近畿地方に多く出土するが、『魏志倭人伝《ぎしわじんでん》』の景初三(二三九)年に、邪馬台国《やまたいこく》の女王卑弥呼《ひみこ》に銅鏡百枚を与えた記事があり、同四年の鏡銘の鏡の出土は、邪馬台国論争の論点として重視されている。

三角縁神獣鏡

三月革命《さんがつかくめい》　◈一八四八年三月、ドイツ、オーストリア各地で起こった民主主義的革命。フランス二月革命の影響をうけて、三月十三日首都ウィーンで暴動が起こり、メッテルリッヒは辞職してイギリスに亡命。同十八日には首都ベルリンに革命が起こり、五月には憲法制定国民議会がフランクフルトで召集された。しかし、十月にはウィーン、十一月にはベルリンで反革命工作が展開され、一八四九年五月までには、各地の騒動も鎮圧された。◈一九一七年三月、ロシアの労働者・兵士らがツァーリの専制政治を倒した革命をいう。ロシア暦の二月に起こったところから「二月革命」ともいう。ロシア革命。

三月事件《さんがつじけん》　一九三一(昭和六)年三月、国家改造のために軍部独裁政権樹立を目ざしたクーデター計画。陸軍の中堅将校橋本欣五郎・長勇ら桜会の幹部らが中心となって企図されたが、実行直前首相を予定された宇垣一成にためらいが生じ、中止され未遂に終わった。

三月庭訓《さんがつていきん》　「庭訓」は室町初期に成った『庭訓往来』のこと。作者は玄恵《げんね》と伝え、一月から十二月までの手紙の模範文例を集めた本。この『庭訓往来』にしたがって一月から勉強をはじめたが、三月ごろには飽きてやめてしまうこと。それから勉強などが長続きしないことをたとえていう。同じ意味の句に「三月庭訓公冶長《こうやちょう》論語」「三月庭訓須磨源氏」がある。『論語』は公冶長のあたりで、『源氏物語』は須磨のあたりで投げ出してしまうことをいう。

三月堂《さんがつどう》　奈良市東大寺法華堂の別称。毎年陰暦三月には法華会《え》が行われるところからこの名がある。七三三（天平五）年に良弁《ろうべん》が建立したものと伝えられている。堂内には本尊の不空羂索《けんさく》観音像をはじめとして、日光菩薩《ぼさつ》・月光《がっこう》菩薩・帝釈天・四天王像・梵天像・執《しゅ》金剛神像など奈良時代の名彫刻が多数安置されている。

三箇日《さんがにち》　正月の元旦・二日・三日をいう。この三日間は年始の祝日として、年賀の挨拶にまわり、雑煮を祝い、訪問客には屠蘇《とそ》をすすめる。

三箇津《さんがのつ》　「日本の三津《さんしん》」ともいう。近世初期までの対外航路の要港。①坊津《ぼうのつ》は、薩摩半島南端で遣唐使船の出港地であった。②博多津（那《な》ノ津とも）は、福岡市で朝鮮半島・中国との窓口として栄えた。③安濃津《あのつ》は、伊勢湾で三重県津市、室町幕府の対明貿易の要港であったが、一四九八（明応七）年の大地震の被災から、堺津・大坂湾にかえられた。
主要な港を三港（津）合わせる例も多い。江戸時代に三都と同義語として、江戸・京都・大坂の三都市の称ともした。⇩三大貿易港

三柄大名《さんがらだいみょう》　江戸時代の大名で前田の高柄（禄高が最高）、島津の家柄（源頼朝の末裔）、伊達の国柄（国が富んでいる）は他に抜きん出たという。

三関《さんかん》　三つの関所の意。◎古代、都の防備のために設置されたものは、奈良時代から平安初期ごろは鈴鹿（伊勢＝三重県）、不破《ふわ》（美濃＝岐阜県）、愛発《あらち》（越前＝福井県）をさし、平安中期以後は、愛発に代わって逢坂《おうさか》（近江＝滋賀県）となった。また、鈴鹿・不破・近江の勢多《せた》をもいう。◎上代に奥州の蝦《え》

夷《ぞ》に備えて設置された三関は、勿来《なこそ》（磐城《いわき》＝福島県）、白河（岩代＝福島県）、念珠《ねず》（羽前《うぜん》＝山形県）。

三韓《さんかん》　古代朝鮮半島南部の韓族の国家。馬《ば》韓・辰《しん》韓・弁《べん》韓の総称。高麗《こうらい》の統一後にも朝鮮半島の総称として三韓が用いられた。のちに朝鮮三国時代の新羅《しらぎ》・百済《くだら》・高句麗《こうくり》も『日本書紀』では三韓の字を当てていて、読みは「みつからくに」としている。

三冠王《さんかんおう》　一人が主要な賞を三つ獲得し、名誉を独占すること。プロ野球では首位打者・ホームラン王・打点王の打撃部門の三タイトルをいう。スキーは滑降・回転・大回転の三種目。競馬では皐月《さつき》賞・日本ダービー（東京優駿）・菊花賞の制覇。将棋は名人・王将・棋聖の位につくこと。⇩三冠馬・五冠王

三寒四温《さんかんしおん》　冬の天候が三日ほど寒い日が続いたあとに、四日ほど温暖な日が続くことで、中国の華北・東北・朝鮮で見られる周期的な気温変化。日本でも、シベリア高気圧の影響で、晩秋や冬季・初春に見られる。今日では、特に春先の気温の変化についていわれることが多い。この気象が続くことは、その季節の天候が順調であることを示す。それは世の中が順調であることでもあるという。

三管四職《さんかんししき》　室町幕府の重要な職名。三管は管領《かんれい》（将軍の補佐役で政務の総括）に任ぜられる有力守護大名の細川・斯波《しば》・畠山の三氏で、足利氏の一族。四職は侍所《さむらいどころ》の所司《しょし》（京都の警備と刑事訴訟を担当する役所の長官、管領に次ぐ重職）に任ぜられる山名・赤松・一色《いっしき》・京極《きょうごく》の四氏。それぞれ交替で補せられたのでこの呼称となった。応仁の乱以後は名目化してのちに欠職となった。

三冠馬《さんかんば》　競馬の本場イギリスでは、五大クラシックレース中の二千ギニー、ダービー、セントレジャーの三レースで優勝した馬をいう。日本もそれにならい、皐月賞・日本ダービー（東京優駿）・菊花賞を制した四才馬をいう。一九四一（昭和十六）年のセントライトと、六四（昭和三十九）・六五年のシンザン、八三（昭和五十八）年ミスターシービー、八四年シンボリルドルフ、九四（平成六）年ナリタブライアンが達成している。「五冠馬」はそれに天皇賞・有馬記念（四才馬に限定されないレース）をも制した馬で、シ

ンザンが六四・六五年に連覇したのみである。⇩五大クラシックレース

三跪九拝《さんききゅうはい》　中国の清朝の敬礼の法。「跪」はひざまずくこと。三度ひざまずき、九度拝する。「三跪九叩《こう》」ともいい、九度頭を地につけて拝する。

三騎射《さんきしゃ》　「騎射」は馬に乗って弓を射ること。笠懸《かさがけ》・流鏑馬《やぶさめ》・犬追物《いぬおうもの》をいう。笠懸は馬を走らせながら笠を的にして射る。流鏑馬は同様に馬を走らせながら三つの的を射る。犬追物は二十一尋《ひろ》の縄を輪にした円形の馬場に犬を放ち射る。

三教《さんきょう》　三つの教え、また三つの宗教の意。中国では、儒教・道教・仏教をいう。中国思想の根幹として対立抗争・融合を繰り返した。古くは「孔釈三教」と称し、あるいは「道仏二教」と称していたが、三教と併称するようになったのは六朝《りくちょう》時代以後といわれる。日本では、平安時代の仏教・儒教・道教。織豊《しょくほう》時代の神道・儒教・仏教、明治時代の神道（教派）・仏教・キリスト教をいう。

三卿《さんきょう》　江戸時代、徳川将軍家の親族であった三家。田安・一橋・清水の三家をいう。卿というのは、諸省の卿に任じられるのを例としたため。徳川宗家に事があったとき後継者は御三家*から選ぶ決まりであったが、御三家は、中期になると将軍家との関係が疎遠になったので、新しい血縁を別にたてた。いずれも将軍の庶子を祖としている。

三経義疏《さんぎょうぎしょ》　三経典に対する注釈書。『上宮御製疏《じょうぐうぎょせいそ》』ともいう。『勝鬘《しょうまん》経義疏』『維摩《ゆいま》経義疏』『法華《ほけ》経義疏』のこと。聖徳太子撰と伝えられているが、疑われている。

三行広告《さんぎょうこうこく》　新聞の広告欄に出る広告のうち、求人・案内・尋ね人など、最低必要限の情報だけを盛り込んだ三行程度の広告をいう。

三業地《さんぎょうち》　密接に関係ある三業種の集まった地域。三業とは料理屋・待合・芸者屋をいう。「二業地」は芸者屋と料理飲食店の営業を許可された地域。

三曲《さんきょく》　邦楽用語で、三種の楽器による合奏をいう。三楽器は、箏《そう》・三味線・胡弓《こきゅう》（または一節切《ひとよぎり》）。明治以後は、胡弓に代わって尺八が多く使われる。なお、楽器を順次奏する芸尽くしをもいうと

ころから「阿古屋の琴責め」を「阿古屋の三曲」ともいう。

また、重要で格式の高い三つの曲の意。雅楽の琵琶の秘曲、流泉・啄木・楊貴操。平曲は剣の巻・宗論・鏡の沙汰。能、初瀬六代・東口下・西口下。箏曲は四季の曲・扇の曲・雲井の曲。連歌用語では、一句の初（五）・中（七）・末（五）の修辞・措辞をいう。また耳（古歌、本説に通じて寄合とする）・心（付号のとりなしと作為）・詞（表現・修辞）の三つをいう。それぞれ重要な秘事とされる。

三《さん》軍《ぐん》 軍隊の編成方法。中国周代の兵制で、諸侯の所有した上軍・中軍・下軍各一万二千五百人ずつ、合計三万七千五百人の軍隊の総称。転じて大軍・全軍の意にも用いる。また、軍の先降・中堅・後拒の称、あるいは左翼・中軍・右翼の称。現在は陸軍・海軍・空軍の総称として使われる。

三《さん》家《け》 ⇩ 御三家《ごさんけ》

三《さん》K《ケイ》 一般には労働条件の悪い職業のことをいい、危険・汚ない・きつい、各語の頭文字のKをとったもの。これを例にいろいろな職種の特徴を表現するものが考案された。「三K赤字」は、昭和五十年代に赤字の膨大な国家の扱う事業の三つ、国鉄（現在JR）、食管会計（米価）、政府管掌健康保健。観点をかえて、業績のいい中小企業群で、環境と管理・健康と医療・冠婚葬祭。新入社員や総合職志望女性の配属希望先の企画・公報・国際は「新三K職場」などともいう。

三《さん》傑《けつ》 同時代、同一系統中における三人のすぐれた人物をいう場合に用いられる。また事物の上位三つの称にもいう。◎漢の高祖の三人の功臣＝張良・蕭何・韓信。前漢の創業に顕著な手腕を発揮した。◎三国時代、蜀の昭烈帝（劉備）の臣＝諸葛亮（孔明）・関羽・張飛。◎大塔宮護良親王＝赤松則祐・平賀三郎・村上義光。◎徳川家康の三家臣＝本多忠勝・榊原康政・井伊直政。いずれも徳川幕府創業期に功のあった武将。◎博多の三傑＝島井宗室・神谷宗湛《そうたん》・大賀九郎左衛門。いずれも近世初期、博多に本拠を持った大商人。◎山崎闇斎《あんさい》門下＝佐藤直方・浅見絅斎《けいさい》・三宅尚斎。いずれも江戸時代中期の儒者で「崎門三傑」とも呼ばれる。◎幕末＝大島圭介・小栗上野介・榎本武揚《たけあき》。いずれも幕臣で、幕末に西欧文化をとり入れ、幕府勢力を挽回しようと努力した、幕末三傑人。◈画家＝狩野元信・土佐光信・僧雪舟。◈犯罪の動機＝痴情・怨恨・カネ。⇩維新の三傑

三《さん》絃《げん》 「三弦」とも書く。中国の弦楽器の一。「三絃子」とも。円形に近い胴に蛇皮《じゃび》を張り、三筋の弦を右手の爪で弾く。沖縄の三線もその類。また、*三味線の異称。雅楽に用いる三種の弦楽器の和琴《わごん》・琵琶・箏《そう》をいう。

三《さん》剣《けん》士《し》 ⇩江戸《えど》三大《さんだい》道場《どうじょう》

三《さん》原《げん》色《しょく》 適当に混合すれば、すべての色を表すことのできる、基となる三色。ふつう絵具では赤・黄・青の三色をいう。光では赤・緑・青紫をいう。印刷インクでは黄・マゼンタ（青味を帯びた紅色）・シアン（緑がかった青）。

三権分立《さんけんぶんりつ》 国家権力の濫用を防ぐため、三権（立法・司法・行政）に権力を分け、それぞれ独立の組織とし、相互間の抑制と均衡によって国民の政治的自由を保障しようという近代民主主義の根本原理。十八世紀のイギリス、フランスで広く主張され、モンテスキューの『法の精神』は有名である。近代憲法に多大な影響を与え、アメリカ合衆国の憲法は最も多くこれを実現した。

三号雑誌《さんごうざっし》 新雑誌を創刊しても、売行きが伸びず短期間で廃刊してしまうこと。またその雑誌。短期間を「三号」目と表現したもの。

三公社五現業《さんこうしゃごげんぎょう》 「三公社」は日本国有鉄道・日本専売公社・日本電信電話公社の三つの公共企業体。「五現業」は郵政省の郵便関係事業、農林省の国有林野業、大蔵省の紙幣等の印刷事業、大蔵省の造幣事業、通産省のアルコール専売事業の五つの官庁の事業。その職員は業務の公共性から、公共企業体等労働関係法で団結権・団交権を認められるが、争議権が認められず、賃金紛争などは公共企業体等労働委員会（公労委）のあっせん・調停・仲裁で処理される。現在では三公社はすべて民営化され、国鉄はＪＲ、専売公社はＪＴ、電信電話はＮＴＴとなった。その他、アルコール産業はエネルギー産業技術総合開発機構に移管された。

三国一《さんごくいち》の花嫁《はなよめ》　三国は日本・唐土（中国）・天竺《てんじく》（インド）の三か国で、中世までの日本人の世界観を表したもの。インド以西の地理的知識をもたなかったので、世界はこれらの三国で形成されているとされた。「三国一」はその三国の中で、つまり世界で最もすぐれていることの意。婚礼の席などにおいて、花嫁をほめるのに用いることば。

三国干渉《さんごくかんしょう》　日清戦争後に日本は、一八九五（明治二十八）年四月に遼東半島・台湾・澎湖《ぼうこ》島の割譲、長沙・重慶・蘇州《そしゅう》・杭州の開市・開港、賠償金二億円などの条件で、清国と講和条約を締結した。下関条約である。これに対してロシア、フランス、ドイツ三か国が遼東半島の割譲に反対して、日本に清国への返還を勧告してきたこと。

三列強を相手に戦う力がない日本は、五月に勧告受諾の止むなきに至った。以後日本国内では「臥薪嘗胆《がしんしょうたん》」の合言葉のもとに軍備を増強、ロシアへの報復を期して、これが日露戦争の遠因となり、他方ヨーロッパ諸国は中国分割を進展させる結果となった。

三国協商《さんごくきょうしょう》　第一次世界大戦前から大戦中にかけての、イギリス、フランス、ロシアのドイツに対する同盟関係。一八九一年の露仏同盟、一九〇四年の英仏協商によっておのずから生まれた関係で、特定の条文による規定があるわけではない。一九一七年のロシア革命によりロシアが離脱したことにより解消した。

三国時代《さんごくじだい》　◎中国で、後漢の滅亡後、魏《ぎ》・蜀《しょく》・呉《ご》の三国が鼎立《ていりつ》した時代。二二〇年曹操《そうそう》の子曹丕《そうひ》が洛陽を都として魏を建国したのにはじまり、以後劉備《りゅうび》が成都を都として蜀を建国、一方孫権は建業（南京）を都として呉を建国し、二八〇年晋《しん》が統一するまで三国が対立、抗争をつづけた。この時代を舞台にした明《みん》初の羅貫中作の小説『三国志演義』は愛読者が多い。

◎朝鮮で、新羅《しらぎ》・高句麗《こうくり》・百済《くだら》の三国が鼎立した時代（四世紀中頃～六六八）。高句麗が朝鮮の北部を支配し、百済は西南部、新羅は東南部をそれぞれ領有し互いに抗争した。新羅が唐と結んで、六六〇年百済を、六六八年高句麗を滅ぼし半島統一をなしとげるまで続いた。

三国同盟《さんごくどうめい》 ◎一八八二年ドイツ、オーストリア、イタリアの三国間に締結された軍事同盟。八七年・九一年・一九〇二年の三回にわたり更新され、英・仏・露の*三国協商との対立を生み、第一次世界大戦に発展した。その際一九一五年にイタリアは英・仏連合国側に参戦し廃棄された。◎一九四〇（昭和十五）年日本、ドイツ、イタリアの三国間に締結された政治的・軍事的・経済的相互援助を目的として成立した同盟。これにより対英米関係は悪化し、以後第二次世界大戦へと進展した。四三年イタリアが降伏して離脱し、四五年のドイツの降伏により消滅した。

三五《さんご》**の十八**《じゅうはち》**（算合**《さんあ》**わず）** 数が合わない、勘定が合っていないことから、計画や予想が外れたことをいう。三と五の積は十五であるのにそれが十八と外れた。計算が合わない、数が合わないことで、見込み違いになったことを理解させ、また理解したことを示すことば。

三顧《さんこ》**の礼**《れい》 君主や目上の人が、ある人を特別に信任・優遇すること。中国蜀《しょく》の劉備《りゅうび》が諸葛孔明の庵《いおり》を三度も訪れ、ついに軍師として招いた故事（『文選』出師表）からいう。ふつう「三顧の礼を尽くす」「三顧の礼をもって迎える」と使う。

三《さん》**斎**《さい》**市**《いち》 一か月に三回開かれた定期市。二の日・七の日などがあり、場所によって異なる。中世の市は三斎市が多かった。現在その日がそのまま四日市・五日市などの地名として残っている。「六斎市」は、商品の増加・流通経済の発達で市の開催日を月に六度にしたことをいう。

三《さん》**才**《さい》**女**《じょ》 「才女」は才子に対して、文才のある女性をいう。◎平安時代の和歌にすぐれた三人の女性＝紀貫之女・伊勢大輔・小式部内侍の三人のこと。◎県門三才女は、江戸時代の賀茂真淵門の三人の女流歌人＝油谷倭文子《ゆやしずこ》・鵜殿余野子《よのこ》・進藤筑波子《つくばこ》の三人。「県門」とは真淵の家号「県居《あがたい》」から取ったもの。

三下《さんさ》**がり** *三味線の調弦法の一。本調子の第三弦を一全音（二律）を下げたもの。または二上がりの第一弦を一全音上げて作るものもある。この調子で演奏すると、非常に落ちついた調子となり、沈んだ、しんみりとした美しい雰囲気が出る。長唄・小唄に多く用いられた。

三《さん》山《ざん》 信仰される寺社や、地域を代表する山々（山岳信仰に関するものが多い）を三つ集めたものの総称。〔熊野三山〕熊野本宮・熊野新宮・熊野那智の三神社の総称。熊野三社・三熊野とも。〔大和三山〕奈良県の畝傍《うねび》山・香具山・耳成《みみなし》（梨）山。〔出羽三山〕山形県の月山《がっさん》・湯殿山・羽黒山。〔近江三山〕滋賀県の比良山・霊仙山・綿向《わたむき》山。〔上毛《じょうもう》三山〕群馬県の赤城山・妙義山・榛名《はるな》山。〔白馬三山〕長野県の白馬岳・杓子岳・鑓《やり》ヶ岳。〔白根三山〕山梨・長野・静岡三県の北岳・間ノ岳・農鳥岳。〔立山三山〕富山県の雄山・別山・浄土岳は信仰登山者に、雄山・真砂岳・別山は登山者にいわれる。〔沖縄本島〕統一以前の山北・中山・山南の三小国。これは山名ではないが、同音であるのでここに記載した。〔アルプス三山〕アイガー、ユングフラウ、メンヒの三山。

三三九度《さんさんくど》 「三献《さんこん》の儀」ともいう。祝言などの献杯の礼。三つ組の盃で三度ずつ三回酒盃をやりとりすること。婚礼のときに夫婦の契りのしるしに新郎・新婦の間で行う。平安時代の公卿《くげ》の饗応にあった「式三献」の礼が、武家社会を経て庶民の婚礼の形式として定着したもの。

三三五五《さんさんごご》 あちらに三人、こちらに五人というように、少人数があちらこちらにいたり、歩いたりしているさま。また、人や家などがここかしこに散らばっているさま。

三《さん》子《し》 三人・三人の子・第三番目の子・三男のこと。また、中国で代表的な老荘思想家＝老子・荘子・列子、代表的な儒家＝孟子・荀子《じゅんし》・楊子。日本では源頼義の三人の子供＝八幡太郎義家・加茂次郎義綱・新羅三郎義光をいう。

三《さん》C《シイ》 昭和三十年代に各家庭で持ちたい品目の*代表として、テレビ(白黒)・電気洗濯機・電気冷蔵庫を「三種の神器」といった。四十年代にはこれがカー（自家用車）・クーラー・カラーテレビとなり、頭文字のCから三C時代に入ったといった。その後に四十三年ごろから新三Cとしてセントラルヒーティング・クッカー（電子レンジ）・コテージ（別荘）の組合わせが加わった。

三色紙《さんしきし》　古筆の色紙のなかで特に尊重すべき三作品。古筆は平安時代から鎌倉時代にかけて書かれた、和様の仮名のすぐれた作品をいう。伝小野道風「継色紙《つぎしきし》」、伝紀貫之「寸松庵色紙《すんしょうあんしきし》」、伝藤原行成「升色紙《ますしきし》」のこと。

三次元《さんじげん》 ⇩ 二次元《にじげん》

三下《さんした》**（奴**《やっこ》**）**　「奴」は略されることが多い。博徒《ばくと》・職人仲間で下っ端の者のこと。中間《ちゅうげん》・子分・子方《こがた》をあざけったことば。武士の最下級の者は三両一人扶持《ぶち》の俸給であったところから「＊三一侍《さんぴんざむらい》」とあざけって称されたが、さらにそれより下という意。

三尺《さんじゃく》**（帯**《おび》**）**　兵児《へこ》帯のこと。江戸時代に始まった帯の一種。綿布を三尺の長さに切っただけの簡単な帯。大工・佐官・職人・船頭らが用いた。のち、もっと長くして子供用などにした。寸法は曲尺《かね》ではなく鯨《くじら》尺で、一尺は三十七・九センチ。

三尺下《さんじゃくさ》**がって師**《し》**の影**《かげ》**踏**《ふ》**まず**　先生にしたがって歩くとき、弟子は先生の影を踏まないようにしなければならない。師を敬い師弟間の礼儀を保つ心がけを説いたことば。もとは仏教の作法で師僧にしたがって歩く場合の心得。

三社奉幣《さんしゃほうへい》　三社は朝廷の崇敬の篤《あつ》い神社で、伊勢神宮・石清水《いわしみず》八幡宮・賀茂神社。賀茂の代わりに春日大社を数えることもある。各社に国家有事の際、特に朝廷が奉幣使を遣わして幣《ぬさ》を奉り、解決を願うのが例とされた。

三社祭《さんじゃまつり》　東京浅草に鎮座する浅草神社の祭礼。「三社」は祭神の土師真中知《はじのまなち》・檜前浜《ひのさきのはま》成《なり》・檜前竹（武）成の三人を祭神とし、三社といったことによる。この三人が浅草寺の観音像を漁撈中に網にかけたという。同社は浅草一円の総鎮守であり、また徳川幕府の崇敬社でもあった。三社明神社・三社権現社とも呼ばれた。江戸時代には三月十七日・十八日に行われていたが、明治以降は五月の同日に行われており、＊江戸三大祭の一。大祭には拍板《びんざさら》を使う舞が行われ、無形文化財に指定されている。

〔歌舞伎舞踊の曲名〕清元所作事。二世瀬川如皐《じょこう》作詩、二世清元延寿太夫作曲。二世藤間勘十郎・松本五郎市振付。本命題「弥生の花浅草祭」。一八三二（天保三）年三月、江戸中村座で初演された。

三《さん》舟《しゅう》 幕末の多難な状況の中で活躍した幕臣で号に舟の字のつく三人。高橋泥舟《でいしゅう》（通称精一）・山岡鉄舟（通称鉄太郎）・勝海舟（通称麟太郎）をいう。海舟・鉄舟は江戸城を無血開城し、江戸市中の混乱を救った中心人物。泥舟は講武所教授で、鉄舟はその妹婿《むこ》。
また、三そうの舟の意で、平安時代、詩・和歌・管弦に長じた者をそれぞれに分乗させた「三《み》つの舟《ふね》」を連ねて宴を催した。それから詩歌管弦などの分野にも才を兼ね備えた逸材のことを「三舟の才」「三船《さんせん》の才」という。

三州味噌《さんしゅうみそ》 「三州」は三か国のこと。たとえば加賀・越中・能登などの総称。また三河国の異称で、現愛知県東部。「三州味噌」は三州岡崎地方に産するもので、「八丁味噌」ともいい、豆味噌の濃い赤色で濃厚な味、長期の貯蔵ができる。

三重苦《さんじゅうく》 目が見えない、耳が聞こえない、口がきけないの三つの障害を合わせもつこと。アメリカのヘレン・ケラー（一八八〇～一九六八）女史は、自らの三重苦を乗り越え、身体障害者の教育・社会施設改善のために尽くしたことで著名。

三重奏《さんじゅうそう》 ⇩二重奏《にじゅうそう》

三種の神器《さんしゅのじんぎ》 古代より皇位のしるしとして、相伝された三種の神宝。八咫鏡《やたのかがみ》・草薙剣《くさなぎのつるぎ》（天叢雲剣《あめのむらくものつるぎ》）・八坂瓊曲玉《やさかにのまがたま》。それらの由来は『日本書紀』などにみえ、これを伝えない天皇は正統の天皇ではないとされた。八咫鏡は伊勢神宮の内宮の、剣は熱田神宮の御神体で、曲玉は宮中の賢所《かしこどころ》に奉安されているといわれる。「三種の三祇《さんぎ》」「三種の神宝」ともいう。
また、家庭生活や社会生活などで貴重なもの三種類のたとえにもいう。古くは電気洗濯機・電気冷蔵庫・白黒テレビで、昭和三十年代から急に普及した電化製品。新しくは、昭和四十年代にはカラーテレビ・クーラー・乗用車をいう。これらはいずれも頭文字にCがつくところから「三C*」とも呼ばれ「新三種の神器」ともいう。戦後のサラリーマンでは、オメガの腕時計・

ロンソンのライター・パーカーの万年筆のこと。

三旬《さんじゅん》　「旬」は十日間のこと。各月の上旬・中旬・下旬の三区分のこと。それから三十日間・一か月・三十年間にも当てる。

三条河原《さんじょうがわら》　⇩六条河原《ろくじょうがわら》

三畳紀《さんじょうき》　⇩二畳紀《にじょうき》

三職《さんしょく》　律令官制の太政大臣《だいじょう》・左右《さう》大臣・参議の総称。明治政府の最初の官制にもあり、一八六七（慶応三）年王政復古の大号令で総裁・議定《ぎじょう》・参与が創設されたが、一八六九（明治二）年太政《だじょう》官制の再興で廃官となった。

三色旗《さんしょくき》　三色に染めわけた旗のこと。特に、フランスの国旗をいう。一七八九年七月十七日ラファイエットがパリ国民防衛軍の記章に、ブルボン王家の白の両側に赤・青を付したリボンを使用。これが革命の象徴となり、共和国の国旗となった。

三審制度《さんしんせいど》　単に「三審制」ともいう。同一事件の裁判の手続きで、法律上等級の異なる裁判所で三度くりかえして裁判を行う制度。第一審（地方裁判所）、控訴審（高等裁判所）、上告審（最高裁判所）というような三審制が、裁判の公正を保障するのに最も効果的であるとするもの。

「三」を「参」と書く「参審制度」は、一般市民が裁判官と合議体を構成し裁判する制度をいい、この市民を参審員という。司法に対する市民参加の一形態でドイツで創始された。アメリカはこの制度を採用しており、陪審制度という。

三親等《さんしんとう》　⇩一親等《いっしんとう》

三竦み《さんすくみ》　三者が互いに牽制しあって、動きがとれない状態のこと。カエルはヘビを、ヘビはナメクジを、ナメクジはカエルをそれぞれ恐れ、三者ともすくむたとえから転じていうことば。遊びのグー・チョキ・パー、拳の庄屋・狐・狩人（鉄砲）。

三助《さんすけ》　江戸時代、寛政年間（一七八九～一八〇一）に江戸昌平坂学問所に登用された三人の儒学者。柴野彦助（栗山）・尾藤良佐《よしすけ》（二州）・古賀弥助（精里）をいう。松平定信の寛政の改革の文教面・寛政異学の禁（朱子学以外の儒学の学派を禁ずる政策）を推進した。それぞれの名に「すけ」がつくところからの呼称。「寛政の三助」「寛政の三博士」「三輔《すけ》」とも。また、江戸時代、下男などの奉公人の通称。のちに銭湯で風呂をたいたり、客の体を洗ったりする男性の使用人のことをいう。

三《さん》ズ主義《しゅぎ》 現代児童の一般的傾向をいい、遊ばず・学ばず・主張せず。官僚は休まず・遅れず・働かずなどという。⇩三無主義・新三ない族

三途《さんず》の川《かわ》 「三瀬川《みつせがわ》」「葬頭《そうず》河」「さんずがわ」ともいう。「三途」は仏教用語で、亡者《もうじゃ》の行くべき三つの道。火途（猛火に焼かれる所）、血途（互いに相食《あいは》む所）、刀途（刀・剣・杖などで脅迫される所）をいう。これを三悪道*に配し、それぞれ地獄道・畜生道・餓鬼道に当てる。

「三途の川」は、人が死後に渡るとされている川。死後冥土への途中の旅で七日から二十七日までに越える。川に緩急の異なる三つの瀬があって、生前の罪業により渡る場所が異なり、川のほとりには翁と婆の鬼がいて、亡者の着物を奪うという。棺におさめる一文銭六枚を「三途の川の渡し賃」などという。

三《さん》世《ぜ》 「三際」ともいう。仏教語で過去世・現在世・未来世の総称。仏教で人の現在の一生涯を現世、出生以前を前世、命を終えて以後を来世として説明する。◈「三世不可得《ふかとく》」は、三世は事物の変遷の上に想定した概念で、事物の本体が不可思議である以上、三世という時間的概念も不可思議である。前世・未来は凡人には計り知れ得ないの意。◈「主従は三世」は「三世の契り」ともいい、主従の関係は過去・現在・未来にわたるという意。「親子は一世」「夫婦は二世」に対する語。◈父・子・孫の三代のことにもいう。

三《さん》省《せい》 孔子の愛《まな》弟子曽子《そうし》の事跡で、反省をくり返して一層の向上を計ることの大切さをいっている。『論語』学而《がくじ》篇に「吾《われ》日に吾《わ》が身を三省す、人の為に謀りて忠ならざるか（相手に誠意を尽くしただろうか）、朋友と交りて信ならざるか、習わざるを伝えしか」とある。

三世一身法《さんぜいっしんのほう》 律令制下で公地不足を打開するため、七二三（養老七）年、聖武天皇の発した開墾奨励法。新潅漑《かんがい》施設をつくって開墾した者には本人・子・孫の三世代、旧施設を利用した際は開墾者一代に限り私有を許すというもので、律令制の土地制度

の基本政策の公地制をくずし、律令制自身にも危機をまねいた。のちの七四三（天平十五）年に開墾したものは、その永久私有を認めた墾田《こんでん》永世私財法が適用された。

三跡《さんせき》 「三蹟」とも書き「書道の三賢」ともいう。古筆（平安時代から鎌倉時代にかけての書道の作品をいう）のなかで、唐風（中国風）の力強い筆跡の三筆*に対応する、かなや草書体の流麗で優雅な和様（日本風）の能書家の代表三人。小野道風《とうふう》・藤原佐理《すけまさ》・藤原行成《ゆきなり》。道風を野《や》跡、佐理を佐《さ》跡、行成を権《ごん》跡（権中納言であったことによる）と称する。

三尊仏《さんぞんぶつ》 「三尊」は仏教用語で、三宝と同じで仏・法・僧のこと。仏は悟りを開いた教えの主、法はその教えの内容、僧は教えを学修しようとする僧侶の集団。これを世の宝、尊ぶべきものとした。

「三尊仏」は単に「三尊」ともいい、寺院にまつる仏像の総称。中央の主尊（中尊とも）と左右の両脇侍《わきじ》の組合わせで、主尊により脇侍も変わる。「阿弥陀三尊」は、主尊の阿弥陀如来は西方極楽世界の教主。脇士《わきじ》の左が観音、右が勢至《せいし》菩薩《ぼさつ》。「釈迦三尊」は、主尊は釈迦如来、脇士左は文殊《もんじゅ》菩薩、右が普賢《ふげん》菩薩（古くは薬王《やくおう》・薬上）。「薬師三尊」は、主尊の薬師如来は東方浄瑠璃《じょうるり》世界の教主、脇士左は日光菩薩、右が月光《がっこう》菩薩。

三体《さんたい》 事物の特徴・表現方法を三つに分けて示したもの。◎書道・華道・絵画で真・行・草。書道では楷書（真）・行書・草書のことで、それに篆《てん》書・隷《れい》書を加えると「五体」となる。◎能楽の扮役の基本は、世阿弥《ぜあみ》の立てた風体で、老体・女体・単体。◎和歌でいう風姿は、求韻・査体・雑体。◎物質の形状では、固体・液体・気体。

三代《さんだい》 〔奥州藤原三代〕藤原清衡《きよひら》・基衡・秀衡の三代をいう。平泉を根拠地に奥州に京都の文化を移して栄華の基を開いたが、秀衡が源頼朝に対抗して滅亡した、その三代。中尊寺金色堂などが残されている。〔源氏三代〕源頼朝・頼家（頼朝の長男）・実朝（頼朝の二男）、一一九二（建久三）年、頼朝が征夷大将軍になり鎌倉幕府を開き、以来実朝まで頼朝の血統が将軍になったが、頼朝の妻北条正子の実家北条氏が政治の実権を握り、三代目実朝で血統が絶えた。

三大仇討《さんだいあだう》ち 仇討ちの代表的な例で、芝居・小説などの好題材となるもの。〔曽我兄弟（富士の裾野）〕一一九三（建久四）年、曽我十郎祐成《すけなり》と五郎時致《ときむね》の兄弟が、父河津祐泰《すけやす》の仇工藤祐経《すけつね》を十八年の苦心の末に、富士の裾野の狩場で討ち果たした。能・歌舞伎に「曽我物」として取り上げられている。〔伊賀越え〕一六三四（寛永十一）年、伊賀上野で岡山藩士渡辺数馬が弟の仇河合又五郎を討った。数馬の姉婿《むこ》荒木又衛門が助太刀して、三十六人斬りをしたと伝える。〔赤穂《あこう》浪士の討入り〕一七〇三（元禄十五）年、赤穂浪士四十七人*が、旧主浅野内匠頭長矩《たくみのかみながのり》の仇吉良上野介《きらこうずのすけ》義央《よしなか》を討ったもの。「忠臣蔵」として名高い。

三大稲荷《さんだいいなり》 稲荷神社のなかの大社三社の総称。稲荷神社は、農業神倉稲魂神《うかのみたまのかみ》をまつる神社で、狐《きつね》をお使いとする。伏見稲荷（京都市）、豊川稲荷（愛知県豊川市）、祐徳《ゆうとく》稲荷（佐賀県鹿島市）の三社。豊川稲荷にかえて茨城県笠間市の笠間稲荷、岡山市の高松最上《もがみ》稲荷とする例もある。なかでも伏見稲荷は全国三万の稲荷社の総本社。単に稲荷神社・お稲荷さんといえば伏見稲荷を指し、祭神として倉稲魂命と猿田《さるた》彦命《ひこのみこと》・大宮売命《おおみやのめのみこと》の三柱をまつる。七一一（和銅四）年、秦公《はたのきみ》伊呂具《いろく》が鎮守神として創始した。

三大胃病《さんだいいびょう》 胃の病気で主要なもの。胃ガン・胃炎・胃潰瘍《いかいよう》。日本人はその食習慣によって、胃の負担を大きくしがちで、この三疾患にかかる人が多い。

三大栄養素《さんだいえいようそ》 人間にとって最も重要な三つの栄養素のことで、炭水化物・脂肪・たんぱく質をいう。

三大お家騒動《さんだいいえそうどう》 浄瑠璃・歌舞伎などの好題材とされた三つの大名家のお家騒動。伊達《だて》騒動（仙台藩・原田甲斐、一六七一〈寛文十一〉年）、加賀騒動（金沢藩・大槻伝蔵、一七五七〈宝暦七〉年）、黒田騒動（福岡藩・栗山大膳、一六三二〈寛永九〉年）をいう。

三《さん》大《たい》家《か》 ある分野において特にすぐれた三人をいう。〔儒者三大家〕祇園《ぎおん》南海・新井白石・梁田蛻巌《やなだぜいがん》。江戸中期に活躍した儒者で、南海・蛻巌はともに詩文にすぐれ、白石は将軍家宣《いえのぶ》に仕え、幕政を補佐した政治家。

〔蘭学三大家〕青木昆陽・前野良沢・杉田玄白。ともに江戸を中心に活躍した蘭学者。

〔西洋医方三大家〕戸塚静海・伊東玄朴・坪井信道《しんどう》。江戸末期の蘭方医。静海・玄朴はシーボルトに蘭学医を学び、一八五七（安政四）年、江戸神田お玉が池に種痘所を開設した。

〔文章三大家〕幕末＝三浦梅園・広瀬淡窓《たんそう》・帆足万里《ばんり》。明治＝川田甕江《おうこう》・重野成斎《しげのせいさい》・三島中洲。ともに名文家とされ、帝国大学教授を歴任、文学博士。川田・重野は貴族院議員にもなる。三島は二松学舎を創立。

〔狂歌三大家〕四方赤良《よものあから》・朱楽菅公《あけらかんこう》・唐衣橘洲《からころもきっしゅう》。江戸時代の狂歌の名人で、明和・天明時代の最盛期のリーダー。

三大河《さんたいが》 昔から日本を代表するとされた河川で、兄弟に擬《ぎ》された名前がつけられている。関東の利根川＝坂東《ばんどう》太郎、九州の筑後川＝筑紫次郎、四国の吉野川＝四国三郎。⇩日本十大河川

三大改革《さんだいかいかく》 江戸幕府の体制強化のために行った改革で、それぞれ実施の年号を付し、享保・寛政・天保の改革と称す。享保は、八代将軍吉宗を中心とし、一七一六〜四五（享保元〜延享二）年。寛政は、松平定信を中心とし、一七八七〜九三（天明七〜寛政五）年。天保は、水野忠邦を中心として、一八四一（天保十二）年から二年半。それぞれ財政の建て直し、綱紀の粛清などを目的として行われたが、結果は満足できるものではなかった。

三大合戦《さんだいかっせん》 徳川家の天下制覇に重要な戦闘をいう。姉川《あねがわ》の合戦・三方《みかた》ヶ原の合戦・長篠《ながしの》の合戦の三つの合戦。姉川の合戦は、一五七〇（元亀元）年六月二十八日織田・徳川連合軍が、浅井・朝倉連合軍を近江国姉川流域で破った戦い。三方ヶ原の合戦は、一五七二（元亀三）年十二月徳川家康と武田信玄が遠江《とおとうみ》国三方ヶ原で対戦した戦いで、徳川方が敗戦。長篠の合戦は、一五七五（天正三）年五月織田・徳川連合軍が武田勝頼を三河国設楽《しだら》原において、鉄砲隊で破った。

三大歌舞伎《さんだいかぶき》 歌舞伎狂言の三大傑作とされるもの。
〔菅原伝授手習鑑《すがわらでんじゅてならいかがみ》〕浄瑠璃《じょうるり》、時代物、竹田出雲・並木千柳・三好松洛・竹田小出雲作、一七四六（延享三）年大坂竹本座初演。〔義経千本桜〕浄瑠

璃、時代物、武田出雲・三好松洛・並木千柳作、一七四七年竹本座初演。〔仮名手本《かなでほん》忠臣蔵〕浄瑠璃、時代物、竹田出雲・三好松洛・並木千柳作、一七四八（寛延元）年竹本座初演。

三大奇祭《さんだいきさい》 富士浅間《せんげん》神社の火祭（山梨県富士吉田、八月二十六日）、大井神社の帯祭（静岡県島田、十月十三〜十五日）、国府宮の裸祭（愛知県稲沢、旧暦一月三日）の三つの祭をいう。一説に京都広隆寺の牛祭（十月一日）、あるいは諏訪大社の御柱《おんばしら》祭を入れるものもある。

三大義務《さんだいぎむ》 日本国民は国家からいろいろの権利を保証されているが、一方では果たすべき義務もある。納税・勤労・教育の三つ。

三代格式《さんだいきゃくしき》 平安時代、嵯峨・清和・醍醐《だいご》三天皇の時代に定められた格式。八〇二（弘仁十二）年の「弘仁格式」、八六九（貞観十二）年の「貞観《じょうがん》格式」、九〇七（延喜七）年の「延喜《えんぎ》格式」のこと。律令制国家は基本法典である律・令（刑法・民法・行政法）と、その実施の部分修正の格《きゃく》、運用細則としての式との両者が相まって運用され維持される。奈良朝も七代を経て、律令制にもゆるみが目立ち、桓武《かんむ》天皇以来もろもろの改革が実施され、弘仁格式はその一つとして、大宝律令以後随時発布・施行されていた格式を整理し、施政の便に当てるために編纂されたもの。以後、貞観・延喜の両格式が新たに発布された分を集めて編纂された。「延喜式」はほぼ全容を伝えるが、他は散逸して逸文を見るにすぎない。なお、三代の格式についてはこれを分類整理した『類聚《るいじゅう》三代格』によってその内容を知ることができる。

三大橋《さんだいきょう》 平安・中世では、宇治橋（山城＝京都）、山崎橋（山城）、勢多《せた》橋（近江＝滋賀県）の三つの大橋をいう。山崎橋廃橋後は淀《よど》の大橋を加えていう。「三所大橋」ともいう。京都に入るのに重要な三路線に掛かった橋。江戸では、両国橋・千住（手）橋・六郷橋。大坂では、天満《てんま》橋・天神橋・難波橋。

三大財閥《さんだいざいばつ》 三井財閥・三菱財閥・住友財閥をいう。三井家は江戸初期の豪商三井高利を始祖とし、明治以後は三井合名会社を本拠として金融業・重化学工業などにコンツェルンを形成。三菱は岩崎弥太郎が創業し、岩崎一族によって支配された。一八八五（明治十八）年共同運輸と合併した日本郵船を本拠とし、海運業界を支配した。住友は江戸初期から産銅業によって発展し、一六九〇（元禄三）年に別子《べっし》銅山を発見して日本最大の産銅業者として栄えた。明治以後は金融業を中心として一大コンツェルンを形成。これに金融業安田善次郎家の安田財閥を加えて「四大財閥」という。第二次世界大戦後、これらの財閥は財閥解体指令により解体された。

三大寺《さんだいじ》 飛鳥時代から奈良時代に栄えた寺。三寺とも寺名に変遷が多い。元興寺《がんごうじ》（飛鳥寺・安居院・本元興寺・法興寺とも）、大安寺《だいあんじ》（南大寺・大寺などとも）、川原寺《かわらでら》（河原寺・弘福寺とも）の三寺でいずれも奈良県にある。

三大事件《さんだいじけん》 *江戸三大事件は、由井正雪《ゆいしょうせつ》らの慶安事件、赤穂《あこう》浪士事件、山伏の天一坊《てんいちぼう》による天一坊事件をいう。現代の三代事件はいずれも鉄道にかかわり、一九四九（昭和二十四）年の七月五日・同十五日・八月十七日に起こった下山事件・松川事件・三*鷹事件。いずれも、当時の国鉄の人員整理と関わる事件といわれる。

三大事件建白運動《さんだいじけんけんぱくうんどう》 一八八七（明治二十）年十月、自由民権派が、言論集会の自由・地租軽減・外交政策の挽回の三項目を内容として、政府に要求する建白書を元老院に提出した。これは井上馨《かおる》の提示した条約改正案を屈辱外交として非難していたもので、国民的規模の反政府運動に展開するのには成功したが、政府は保安条例を発布し、中心分子追放・逮捕・投獄を行ったため、自由民権運動は以後消滅した。

三大疾患《さんだいしっかん》 現代の日本で発生率が高く根治することが困難とされる病気。ガン・心臓病・精神病。アルコール中毒を加えて「四大疾患」とする例もある。⇩三大成人病

三大集《さんだいしゅう》 『古今和歌集』『後撰《ごせん》和歌集』『拾遺《しゅうい》和歌集』の三勅撰集の総称。勅撰和歌集中特に代表的なものとされ、他の勅撰集より研究された。古くは『万葉集』を勅撰集と考えて、『万葉・古今・後撰』をさして称した。また二条家では、『千載《せんざい》・新勅撰・続千載』を「三代集」という。

三大宗教《さんだいしゅうきょう》 仏教・キリスト教・イスラム教のこと。世界的な組織をもち信者の数も圧倒的に多い三つの大きな宗教。

三大人種《さんだいじんしゅ》 人類を生物学的・遺伝学的に区分した分類のこと。文化的要素（国籍・言語・宗教・習慣など）による分類とは関係がない。人類の特徴を遺伝的・整理的・病理的・心理的、加えて生化学的な面から観察し区分する。その特徴は皮膚の色・頭髪の毛の形・頭形・身長・鼻形・蒙古皺《もうこしわ》など。

その平均的な特徴からユーカソイド（白色・白人種）、モンゴロイド（黄色・黄人種）、ニグロイド（黒色・黒人種）の三大人種としたが、それに属さないものが存在し、その主とされるのがオーストラロイド（オーストラリア人種）で、それをあわせて「四大人種」とする例がある。

三大新聞《さんだいしんぶん》 現在日本で経営規模が大きく発行部数の多い新聞社。朝日・読売・毎日の三新聞。サンケイと日本経済を加えて「五大新聞」ともいう。明治時代の東京では、東京日日・郵便報知・読売。

三大成人病《さんだいせいじんびょう》 日本で成人病で死亡率の高いもの。脳卒中・ガン・心臓病。これらの疾患はいずれも老年期に多く、かつ死亡率も高いところからいう。⇩三大疾患

三大七夕《さんだいたなばた》 仙台（宮城県）、尾張一ノ宮（愛知県安城市）、平塚（神奈川県）の七夕祭をいう。七夕祭は本来は七月七日に行われるものだが、今日では八月に行われるものが多い。仙台の七夕祭は、東北三大祭の一つとしてとりわけ名高い。

三大鳥居《さんだいとりい》 関東にある石造りの神明式のもので、江戸時代初期に建てられた名鳥居のこと。伊豆美《いずみ》神社（東京都狛江市和泉）、鶴岡八幡宮（神奈川県鎌倉市）、日光東照宮（栃木県日光市）。

三大《さんだい》**ネットワーク** アメリカ全土に放送をもち、アメリカ放送業界を支配する三社。アメリカ放送会社ABC（American Broadcasting Companies）、コロンビア放送会社CBS（Columbia Broadcasting System Inc.）、ナショナル放送会社NBC（National Broadcasting Company）。日本でおなじみのCNN（Cable News Network）はニュースだ

けを放送する有線テレビ局。

三大発明《さんだいはつめい》 ルネサンス期における火薬・羅針盤・活版印刷術の発明、ないしは実用化。以後の西欧を優位とさせ、世界に大きな影響を及ぼした。

三《さん》題《だい》噺《ばなし》 落語の一種で、寄席《よせ》で聴衆から任意に三つの題を求め、それを織り込んで即席に一席の落語にするもの。文化年間（一八〇四～一八）に初代三笑亭可笑が創始したという。

三大《さんだい》秘境《ひきょう》 五箇山《ごかやま》（富山県）、祖谷《いや》（徳島県）、五《ご》家荘《かのしょう》（熊本県）。いずれも、古くは人が足を踏み入れたことがほとんどなく、世間には知られなかった土地。平家の落人《おちうど》部落と目されている。五箇山は合掌造りで有名で、一九九五（平成七）年世界文化遺産に指定された。

三大《さんだい》悲劇詩人《ひげきしじん》 古代ギリシアのアイスキュロス、ソフォクレス、エウリピデスの三人。紀元前五～四世紀に活躍し、壮大な構想で人間の原罪・宿命観にもとづく悲劇の世界を描きあげた。アイスキュロス（前五二五～四五六）の代表作『アガメムノン』は、宗教的で壮大な作風。ソフォクレス（前四九六～四〇六）の代表作『オイデュプス』は、対話形式で人間性を浮き彫りにした作風。エウリピデス（前四八〇～四〇六）の代表作『メディア』は、神話に新解釈を加え、人間的な写実主義の作風。

三大《さんだい》美林《びりん》 木曽のヒノキ、秋田の杉林、青森のヒバ林の総称。ともに長い樹齢の天然林などが広範囲に成長しており、すばらしい景観を見せる。青森の代わりに和歌山の吉野杉を当てる例もある。

三《さん》大《だい》仏《ぶつ》 日本の代表的な三つの大仏。古くは、大和国（奈良県）の東大寺、河内国（大阪府）の大平寺、近江国（滋賀県）の関寺の三寺にある大仏。後世では、奈良の東大寺、鎌倉の高徳院、京都の方広寺、また飛鳥（奈良県）の安居院《あんごいん》、高岡（富山県大仏寺）の大仏。

三大《さんだい》舞踊《ぶよう》 歌舞伎舞踊で重要視される三題。『関の扉《と》』『六歌仙』『娘道成寺《どうじょうじ》』をいう。『関の扉』は本名題『積恋雪 関扉《つもるこいゆきのせきのと》』で一七八四（天明四）年、江戸桐座初演。『六歌仙』は六歌仙の歌人を主題としたもので、「化粧六歌仙」「六歌仙 容 彩《すがたのいろどり》」などがある。『娘道成寺』は本名題「京鹿子《きょうがのこ》娘道成寺」で一七五三（宝暦三）年、江戸中村座初演。

三大貿易港《さんだいぼうえきこう》 日本の主要貿易港。貿易取扱量が特に多いことから選ばれた。横浜港（神奈川県）、神戸港（兵庫県）、東京港（東京都）。⇩三箇津《さんがのつ》

三大祭《さんだいまつり》 〔日本三大祭〕は、京都賀茂神社の葵《あおい》祭（五月十五日）、大阪の天満《てんまん》天神祭（七月二十五日）、東京の日枝《ひえ》神社の山王祭（六月十五日）。また葵祭、住吉南祭（大阪住吉大神、七月二十一日）、くんち（長崎諏訪神社、十月七・八・九日）とする説もある。

〔京都三大祭〕は、葵祭、祇園《ぎおん》祭（八坂神社、七月十七日・二十四日）、時代祭（平安神宮、十月二十三日）。〔江戸三大祭〕は、天下祭ともいう日枝神社の山王祭（六月十五日）、神田明神の例大祭（五月十五日）、深川富岡八幡の祭（八月十四日・十五日）。富岡八幡の代わりに根津権現の祭（九月二十一日）、浅草神社の三社祭（五月十七日・十八日）を数えるものもある。〔東北三大祭〕は、ねぶた（青森県）、竿灯《かんとう》まつり（秋田県）、仙台七夕《たなばた》（宮城県）。那覇では、大綱引き・泊ハーリー・じゅり馬。

三大祭囃子《さんだいまつりばやし》 祇園《ぎおん》（七月一〜二十九日、京都の八坂神社の祭礼）、神田（五月十五日、神田明神の祭礼）、佐倉（七月十〜十二日、千葉県佐原市八坂神社の祇園祭）の三つの祭囃子をいう。また秋田県の角館飾山囃子《かくのだてかざりやま》を加えることもある。

三大御船祭《さんだいみふねまつり》 茨城県鹿島の御船祭（鹿島神宮の御神幸祭、十二年ごとの九月二日）、厳《いつ》島《しま》管弦祭（広島県厳島神社、旧暦六月十七日の船祭）、塩釜港祭（宮城県塩釜神社、八月五日）。祭礼に船を使った渡船・巡航が有名なもの。

三大門《さんだいもん》 平安京の外郭の諸門のうちの三つの大きな門をいう。羅生《らじょう》門・朱雀《すざく》門・応天《おうてん》門。羅生門は平安京の正門で、中央道路の朱雀大路の最南端にあたる。延暦《えんりゃく》年間、平安京造営時に造られ、八一六（弘仁七）年八月、大風で倒れ一度再建された。朱雀門は大内裏南面の正門で、羅生門に相対する門。七九四（延暦十三）年、大内裏造営時の建造を初めとする。応天門は大内裏八省院南面の正門で、朱雀門の北に位置する。八六六（貞観八）年、伴善男《とものよしお》の放火により消失したことは有名である。

三《さん》大《たい》洋《よう》 太平洋・大西洋・インド洋の総称。「五大洋」はこれに南極洋・北極洋を加えたもの。「七つの海」は南極海・北極海・インド洋・南太平洋・北太平洋・南大西洋・北大西洋の七大海を合わせ、転じて世界の海の総称。

三《さん》大《たい》陸《りく》 アジア大陸・アフリカ大陸・アメリカ大陸の総称。「*五大陸」はオーストラリアとヨーロッパの二大陸を加え、「五大州」ともいう。⇩六大州

三大霊場《さんだいれいじょう》 日本で神仏の霊験あらたかな地とされる三か所。恐山《おそれざん》円通寺(青森県)、立山(富山県)、出羽立石寺《りっしゃくじ》(山形県)をいう。恐山は死火山で異様な景観は地獄を連想し、慈覚大師円仁開基の円通寺があり、巫女《いたこ》の口寄せにより霊の声を聞けるので有名。立山は『万葉集』にも山の神とあり、広義には雄《お》山・浄土山・大汝《おおなんじ》山全体をいうが、狭く雄山神社鎮座の雄山とする。『古今物語』にも立山の地獄の亡霊の話がある。立石寺は山寺《やまでら》ともいい、円仁開山、高弟安慧を開祖とし、円仁の入定窟《にゅうじょうくつ》があり、大師の霊所として尊信されている。

三《さん》嘆《たん》 ⇩三不如意《さんふにょい》

三《さん》段《だん》目《め》 ⇩二段目《にだんめ》

三段八つ割《さんだんやつわり》 略して「さんやつ」ともいう。新聞の第一面の記事の下三段分を、縦に八つに割った形の出版広告のサイズ。書籍の広告として特有のもので、読書人に親しまれている。その同じ場所に雑誌を広告する場合は、六つに割るので「三段六つ割」略して「三六《さんむ》つ」という。

三段論法《さんだんろんぽう》 論理学の推論形式の一。定言的・仮言的・選言的に分かれているが、ふつうには定言的三段論法をさす。大前提・小前提の二前提と一個の結論から成立する推理。たとえば、人間は死ぬ(大前提)、ソクラテスは人間である(小前提)、ゆえにソクラテスは死ぬ(結論)は、その古典的な一例である。

三《さん》ちゃん農業《のうぎょう》 「三ちゃん」とは、かあちゃん・じいちゃん・ばあちゃん。つまり主婦と老人が主体となって営まれる農業のこと。昭和三十年代の後半になると、高度経済成長により青壮年層の農業労働力が、就職や出稼ぎで農業から離れたため起きた現象。さらにかあちゃんもパートタイマーと

して通うようになって「二ちゃん農業」となった所もある。そういう社会状況の象徴として使われることもある。

三DK《さんディケイ》　⇩　一DK《いちディケイ》

三天神《さんてんじん》　国内で代表的な天満宮社の三社のことで、北野（京都）、天満《てんまん》（大阪）、亀戸《かめいど》（東京）の三天神。天満宮（天神社）は菅原道真《みちざね》を祭神とする学問の神社。また、北野・太宰府《だざいふ》（福岡）・防府《ほうふ》（山口）とするものもある。江戸では、亀戸天神（東京都江東区）、湯島天神（文京区）、平河天神（千代田区）をいう。

三都《さんと》　三つの都・都市。江戸時代の主要三都市は、江戸・京都・大坂。徳川幕府の直轄地で、江戸は将軍の居城がある政治都市。京都は皇室・公家《くげ》が住み、王城の地として伝統文化の中心地。大坂は経済都市。

三等重役《さんとうじゅうやく》　肩書きは重役であっても、実力が伴わない会社役員のこと。一九五一（昭和二十六）年に発刊された源氏鶏太の小説『三等重役』からひろまったことば。

三当四落《さんとうしらく》　大学受験生の間に用いられていることば。ナポレオンの故知にならって三時間の睡眠なら大学に合格可能だが、四時間の場合は不合格となるという。激烈な大学受験を象徴している。

三頭政治《さんとうせいじ》　三人の有力者が鼎立《ていりつ》して行う政治。寡頭《かとう》政治の一形態で、古代ローマの例が有名である。〔第一次〕前六〇年のカエサル（シーザー）、クラッスス、ポンペイウスの三人が行ったもの。前五三年のクラッススの戦死により解消。〔第二次〕オクタヴィアヌス、アントニウス、レピドゥスが三人委員に任命されて生まれた体制。前三六年レピドゥスが脱落し、ついでオクタヴィアヌスがアントニウスを破り、元首制が生まれた。

三道楽《さんどうらく》　酒・女色・賭博の三つの道楽。「飲む・打つ・買う」ともいい、口調がいいので道楽の代表として挙げられる。

三度笠《さんどがさ》　江戸時代に多くの旅人が用いた菅笠《すげがさ》の一種。はじめは浅く作り、のち顔まで隠れるほど深く作られた。*三度飛脚が使いはじめたのでこの名が生まれた。

三年寄《さんとしより》 江戸時代、江戸の町年寄を世襲した三家。樽屋《たるや》（一七九〇〈寛政二〉年から樽と改姓）、奈良屋（一八三四〈天保五〉年から館《たち》と改姓）、喜多村の三家で、徳川家康が江戸入城のとき、由緒の高いこれらの三家に江戸町年寄の職をあたえた。江戸各町名主の上に位置し、町奉行の町触《まちぶれ》の取次、名主の進退、株仲間の願書の受理、諸税などの収納、訴訟関係、上水の関係など広範な事務を掌握していた。

三度尋《さんどたず》ねて人《ひと》を疑《うたが》え 思い違いや見落としはよくあることだから、むやみに人を疑わず何度もさがしたうえで疑っても遅くはないという戒め。

三度飛脚《さんどびきゃく》 江戸時代、毎月三度、定期的に二の日に江戸と京都・大坂間を八日間で到着した町飛脚（民営の郵便制度）をいう。早便は六日で到着したので「定六《じょうろく》」と呼んだ。

三度目《さんどめ》の正直《しょうじき》 勝負や占いなどで、はじめの一二回はあてにはならないが、三回目ともなれば確実である。「三度目の定《じょう》の目」ともいう。「三度目が大事」として、三度目の失敗は許されないとか、遊里で三回同じ相手を指名して馴染《なじ》みの客として処遇されるなど三度目が重視された。

三《さん》ない運動《うんどう》 悪書追放のスローガン。読まない・見せない・売らない。一九六四（昭和三十九）年八月、東京都の「青少年の健全なる育成に関する条例」制定の頃、民間の母親団体などが警視庁に協力し、悪書追放の運動をすすめたときのもの。

オートバイ規制では、バイクを買わない・乗らない・免許を取らない。高校生のバイク規制のスローガンで、運転事故防止・暴走族化予防に、多くの学校は生徒をこれで規制した。暴走族化の減少、モータリゼーションの普及、十六歳で運転免許取得可能への矛盾など問題は多い。

三女房《さんにょうぼう》 歌舞伎の女房の役で最も難役とさるもの。「吃又《どもまた》」の又平のお徳、「廿四孝」の慈悲蔵のお種、「腰越状」の五斗兵衛の関女《せきじょ》。女房役は貞淑な役柄であるが、この三人は特殊な環境下にあって強い個性を表現する。お徳は夫がことばが不自由なのを補って多弁、お種は狂気を見せ、関女は鉄砲を手に頼朝暗殺に向かう。

三如来《さんにょらい》 釈迦《しゃか》・薬師《やくし》・阿弥陀《あみだ》の三如来像の代表作で、いずれも天竺《てんじく》伝来と伝えられるもの。釈迦如来（清凉寺、京都市嵯峨）、薬師如来（因幡《いなば》薬師、平等寺因幡堂、京都市松原通烏丸）、阿弥陀如来（善光寺、長野市）。

三人官女《さんにんかんじょ》 雛《ひな》人形の中で、官女（宮使えをする女房）の姿の三体一組のもの。ふつう内裏《だいり》雛の下、第二段目に飾る。向かって右から長柄・三方・銚子を手にして並ぶ。

三人旅《さんにんたび》の一人《ひとり》乞食《こじき》 三人で同じ事をするときに、その中の一人が窮乏する、または一人が仲間はずれにされる。二人対一人の対立が生じ、仲間割れしやすいことが多いという意。

三人寄《さんにんよ》れば文殊《もんじゅ》の知恵《ちえ》 凡人でも三人寄って知恵を出し合えば、文殊菩薩《ぼさつ》の指図のようなすぐれた知恵が生まれてくるものだというたとえ。文殊菩薩（または曼殊《まんじゅ》菩薩）は妙徳・妙吉祥の意味で、知恵をつかさどる菩薩であり、普賢《ふげん》菩薩とともに釈迦如来の脇侍《わきじ》である。

三年鳴《さんねんな》かず飛《と》ばず または「三年飛ばず鳴かず」ともいう。三年もの間、鳴かず、飛びもしないでいる。何もせず過ごしているように見えるが、それは他日雄飛する機会を待って雌伏《しふく》しているさまを示していることをいう。

三人娘《さんにんむすめ》 三人の同業・同時期の女性を組み合わせること。その時期・場を印象づける試み。たとえば戦後の歌謡界では、次のような人たちがいわれた。〔初代〕美空ひばり・江利チエミ・雪村いずみ。〔二代目〕中尾ミエ・伊東ゆかり・園まり。〔三代目〕天地《あまち》真理・小柳ルミ子・南沙織。〔四代目〕花の中三トリオ＝森昌子・桜田淳子・山口百恵。⇩御三家

三《さん》の膳《ぜん》 ⇩一《いち》の膳《ぜん》

三《さん》の酉《とり》 ⇩一《いち》の酉《とり》

三《さん》の丸《まる》 ⇩二《に》の丸《まる》

三拝九拝《さんぱいきゅうはい》 三拝は中国の礼法で、酒宴のときに主人が客側に三回礼拝し、客はこれに一拝を返す。また中国の仏教でも身・口・意に敬意を示す三礼拝がある。さらに九拝を重ねるのは、幾度も礼拝して深い敬意を表すこと。そこから人に物事を頼む

ときに、何度もおじぎをするのを形容する。

三杯酢《さんばいず》 ⇩ 二杯酢《にはいず》

三羽烏《さんばがらす》 同門、ある分野・部門で三人のすぐれた人を総称することばで、日常よくつかわれる。かつて松竹映画の男性スターで、佐分利信・佐野周二・上原謙の三人がこう呼ばれた。

三番叟《さんばそう》 ◈能楽の祝言曲。三番目に舞う翁《おきな》の意。式三番《しきさんば》において、第一に千歳《せんざい》が舞い、第二に翁が舞い、三番目に狂言方が黒式の面をつけてつとめる老人の舞。大蔵流では三番三。◈歌舞伎舞踊では、式三番のうち、三番叟を中心として構成するもので、序幕の前に祝儀として舞うもの。「三番叟物」として発達し、晒《さらし》三番・雛鶴《ひなづる》三番・種蒔《たねまき》三番・舌出《しただし》三番などの種目がある。

三八式歩兵銃《さんぱちしきほへいじゅう》 一九〇五（明治三十八）年に採用されたわが国の歩兵銃で、採用した年次により命名された。第二次世界大戦まで、日本陸軍の主要銃として使用された。

三八幡宮《さんはちまんぐう》 「日本三大八幡」ともいう。石清水《いわしみず》八幡宮（京都府八幡市）、宇佐八幡宮（大分県宇佐市）、筥崎《はこざき》八幡宮（福岡県福岡市）の総称。石清水は男山八幡ともいわれ、歴代朝廷の崇敬があつく、伊勢・賀茂二社とともに三社の一つに数えられる。宇佐は全国八幡宮の総本社。⇩ 八幡宮

三婆《さんばばあ》 歌舞伎の老女の役のうち、最も至難とされるもの三役。「盛綱陣屋」の微妙《みみょう》、「菅原伝授手習鑑」の覚寿《かくじゅ》、「廿四孝」の越路。いずれも時代物の人物で、気位が高く、男まさり。息子たち、ひいては一族の命運を決める役柄である。⇩ 三女房・三姫

三バン《さんばん》 選挙で当選するために必要とされる三要素。ジバン（地盤）、カンバン（看板＝肩書）、カバン（鞄＝金）をいう。

三半規管《さんはんきかん》 脊椎動物の内耳（耳の最深部）にある器官。内耳の迷路の後部を構成する半円形の管（半規管）三個をいい、平衡感覚をつかさどる。

三番勝負《さんばんしょうぶ》 ⇩ 一番勝負《いちばんしょうぶ》

三碑《さんぴ》 有名な三つの古碑。大和朝廷の東国経営を伝えるものとして重要な史料となるもの。〔日本三古碑〕下野《しもつけ》那須国造碑（栃木県那須郡笠石神社、七〇〇〈文武四〉年）、上野《こうずけ》多胡《たこ》碑（群馬県多野

郡吉井町、七一一〈和銅四〉年)、陸前多賀城碑(宮城県多賀城跡、七二四〈神亀元〉年)。〔上野三碑〕多胡碑、山の上碑(高崎市山名町、六八一〈天武九〉年)、金井沢碑(高崎市山名町、七二六〈神亀三〉年)。

三彦山《さんひこさん》 「彦」の字がつく三つの山。福岡県の英《ひ》彦《こ》山、新潟県の弥《や》彦《ひこ》山、兵庫県の雪彦《せっひこ》山。英彦は「えひこ」「えいげんざん」とも呼び、英彦山権現をまつる英彦山派の修験道の大道場。弥彦も弥彦神社をまつり、諸祭事でにぎわう。雪彦も修験道に関係あるが、全山石英粗岩からなるので、ロッククライミングの練習に適することで有名。

三美神《さんびしん》 絵画理論で、ルネサンスのユマニストの恩恵施与論を、ルーベンスが作品に表現した。恩恵の三行為の「与える・受ける・礼を返す」の各行為を、ギリシア神話の三美神＝ヘラ、アテネ、アフロディテに当てて画いたこと。

三筆《さんぴつ》 書道・絵画史上すぐれた三人の総称。特に古筆(平安時代から鎌倉時代の書道の作品)の唐様《からよう》(唐風・中国風)の力強い筆跡の代表とされる能筆家のことを指す。嵯峨天皇・空海・橘逸勢《はやなり》。「寛永の三筆」は近衛信尹《のぶただ》・本阿弥《ほんあみ》光悦・松花堂《しょうかどう》昭乗。

⇩三跡

三姫《さんひめ》 歌舞伎の時代物のお姫様の役(赤姫)のうち難役とされるもの。「廿四孝」の八重垣姫、「金閣寺」の雪姫、「鎌倉三代記」の時姫。単に可憐であるというのではなく、美しさ・気品を保ちながら、難しい状況下に恋を貫く厳しさを役柄に問われる。八重垣姫の狐火《きつねび》、雪姫の爪先鼠《つまさきねずみ》という奇跡さえ見せねばならない。⇩三女房・三婆《さんばばあ》

三拍子揃う《さんびょうしそろ》 三つの必要条件がすべて揃うということから、すべての条件が備わる、完全に備わること。◎三拍子は、能楽で三つのものの調子が合うこと。楽器の吹奏は指・口・息。打物《うちもの》の小鼓《こつづみ》・大鼓・太鼓《たいこ》(または笛)。◎舞楽の演技の手・足・腰、演奏速度と発想の序・破・急。◎音楽で三拍で一単位の拍子、通常第一拍を強迫とし、二・三拍は弱弱とする。

三一《さんぴん》 ◎双六《すごろく》などで、三の目と一の目とが出ること。◎「三一侍《ざむらい》」「三一奴《やっこ》」の略で、江戸時代、身分の低い侍・若党などを卑しんでいう語。

一年の扶持《ふち》が三両と一人扶持であったところからいう。
⇩三下奴

三部合唱《さんぶがっしょう》 ⇩二部合唱《にぶがっしょう》

三奉行《さんぶぎょう》 ◎江戸幕府の重要な役職の三種類。寺社奉行＝譜代《ふだい》大名から選び、寺社・寺社領の行政・司法担当、町奉行＝旗本から選び、江戸府内の行政・司法・警察を管轄、勘定奉行＝旗本から選び、幕府領の財政・民政を担当。◎軍《いくさ》（戦闘）のときの三奉行は、大目付《おおめつけ》・旗奉行・槍奉行。◎岡崎（または三河）の三奉行は、本多作左衛門重次・高力与左衛清長・天野三郎兵衛康景。いずれも徳川家康の家臣で、一五六五（永禄八）年初めて奉行職を設けたときの拝命者。主として民生を担当した。「仏高力鬼作左どちらへんなし三郎兵衛」と評された。それが後の江戸町奉行につながる。

三部作《さんぶさく》 小説などで三部に分かれながら、互いに主題が連絡を保つ一つの作品をいう。ダンテの地獄編・煉獄《れんごく》編・天国編から成る『神曲』の類。絵画や音楽などでもいわれる。

三幅対《さんぷくつい》 掛物の三幅で一対となるような図柄のもののこと。三つ揃えて一組となるもの。

三不如意《さんふにょい》 思うにまかせないもの三つ。平安末期の世相を後白河法皇が嘆いたことばから。賀茂川の水、双六の賽《さい》、山法師（延暦寺の僧兵。再々強訴した）のこと。「三嘆」ともいう。

三遍回《さんべんまわ》**って煙草**《たばこ》**にしょ** 江戸時代の都市の町は両端に木戸を設け、夜間に木戸を閉ざして防犯に当たった。江戸市街では雇われた木戸番が夜間の通行、町内の防火、時を知らせるなどの役割を負っていた。町内の夜回りを三回見回って異状ないことを確めてから、ひと休みして煙草を一服する。転じて急がず念を入れて、よく調べて仕事に手落ちがないようにという戒め。江戸いろはがるたの一句。

三平汁《さんぺいじる》 塩ジャケの頭の薄切りに、ジャガイモ・大根などを加えた酒粕汁のこと。元来は糠《ぬか》漬けニシンを用いた北海道の郷土料理。江戸時代に松前藩の斎藤三平が創案したので、名づけられたという。

三弁天《さんべんてん》　近江（滋賀県）の竹生《ちくぶ》島、安芸《あき》（広島県）の宮島、相模《さがみ》（神奈川県）の江ノ島。いずれも弁財天信仰で全国に著名なもの。弁才天はインドの河の神で、梵天の妃となる。音楽・弁才・財福・知恵の徳を持ち、吉祥天とともに信仰者が多い。

三方《さんぼう》　神仏または貴人へ物を供したり、儀式に物をのせるのに用いる器具。方形の折敷《おしき》の前と左右に穴のあいた台のついたもの。多くはヒノキの白木で造るが、のちには漆塗りにしたものもある。

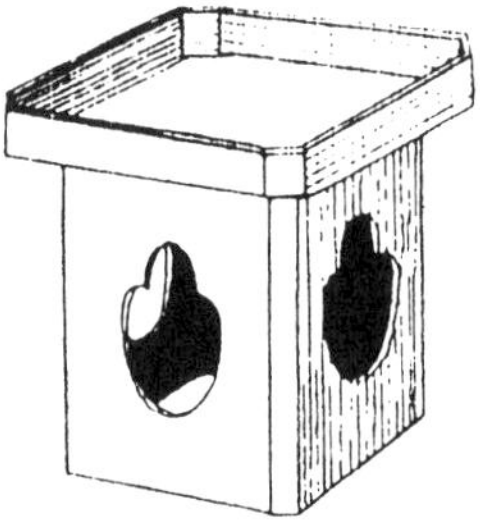

三　方

三宝荒神《さんぽうこうじん》　荒神は荒びすさぶ神の意で、仏・法・僧の三宝を守護するという神。宝冠をいただき*三面六臂《ろっぴ》で、怒りの相を示す。火は清浄で不浄をはらうという俗信から火の神にあて、近世以後、民間では竈《かまど》神として台所にまつる。

三《さん》**浦**《ぽ》**の乱**《らん》　朝鮮の李《り》朝の世宗の時（一四一九～五〇）に定められた、日本と通商を行う朝鮮の三つの港。乃而浦《ないじ》・富山浦《ふざん》・塩浦《えん》の三港をいう。一時国交は断絶し、一五一二年乃而のみで貿易を再開した。朝鮮政府は日本の通交の便のために倭館を設けて、日本人が居住し貿易に従事した。一五一〇（永正七）年、日本人の暴動事件がこの三浦で起こった。

三本《さんぼん》**の矢**《や》　「三矢《みつや》の教え」ともいう。戦国武将で一代で中国地方十か国の領主となった毛利元就《もとなり》が、三人の子に心を合わせて家を守るように教えるのに、一本の矢は折れやすいが、三本をまとめれば容易に折れないことを例にした。

三昧《さんまい》　仏教語で、雑念を捨てて精神を一つに集中すること。心を平等に保つので「等持」ともいう。他のことばに付して、そのことに熱中するようすを強調する。その際は濁音化して「ざんまい」という。「贅沢《ぜいたく》三昧」は、無益なおごりに浸るさまをいう。「読書三昧」は、他を顧りみないでひたすら本を読みふけること。

三枚《さんまい》**におろす**　魚の料理法の一つ。頭部・尾部を切り落とし、上身・下身・中骨の三つの部分に切り分ける。これを三枚におろすといい、上身だけを切り離すのを「二枚におろす」という。

三枚目《さんまいめ》 演劇用語で、道化役に扮する俳優、またその役柄のこと。番付あるいは看板の右から三枚目に、この役柄専門の俳優の名が書かれたところからいう。転じて、滑稽なことを言ったり、したりする人をもいう。道化者。また、相撲の番付で、前頭の三番目のこと。⇩二枚目

三位一体《さんみいったい》 キリスト教の教理。創造主としての父なる神と、神の子として世に現れたキリストと、信仰経験に顕示された精霊なる神とは、唯一の神の三つの姿として現れたものであるとする説。それから、三つの要素が結びついてあたかも一つのようであること、あるいは三者が心を合わせて一つになることにもいう。

三民主義《さんみんしゅぎ》 中国の孫文の提唱した政治思想。民族主義・民権主義・民生主義の三つの主義を総合したもの。民族の平等、政治的地位の平等、経済的地位の平等を意味する。孫文は中国民主主義革命の初期の指導者で一九〇五年にこの主義を中国同盟会の綱領として提唱してから、中国国民党の政策綱領となった。

三無主義《さんむしゅぎ》 現代の世相を表現することばで、無気力・無関心・無責任の三つ。「四無主義」はこれに無感動を加える。一九七〇(昭和四十五)年ごろから高校生気質をいっていたが、一九八〇年の日教組の研究集会で不作法を加え「五無主義」になった。⇩三ズ主義・新三ない族

三面記事《さんめんきじ》 新聞の社会記事。社会の雑事を扱ったもの、雑報。新聞が四面で構成されていた頃、第三面が社会面であったところからいう。

三面六臂《さんめんろっぴ》 ⇩八面六臂《はちめんろっぴ》

三文文士《さんもんぶんし》 売れない小説ばかり書いている作家をさげすんでいうことば。「文士」は文筆を業とする人をいうが、主に小説家をさす。「三文」は江戸時代の一文銭三枚のこと。それが三枚という物の値はごく安く、極めて価値がない低いこと。

三役《さんやく》 三つの主要な役を一組にしたもの、またその役にある人。◎村方では、江戸時代、代官・郡奉行の下にいて、村政に当たった村役人。名主(庄屋・乙名《おとな》等とも)、組頭(年寄・肝煎《きもいり》・長百姓《おさ》等

とも)、百姓代《だい》(組百姓・横目等とも)。◎課役では、江戸時代、公領に賦課された三つの付加税。伝馬《てんま》宿入用米・六尺給米・蔵前入用金。◎相撲では、大関・関脇・小結。◎茶道では、亭主・上客・詰。◎能楽では、ワキ方・狂言方・囃子《はやし》方。シテ方に対していう。◎自由民主党では、幹事長・政調会長・総務会長。◎労働組合では、委員長・副委員長・書記長。

三《さん》厄《やく》日《び》 農家の厄日。*八朔《はっさく》(陰暦八月一日)・*二百十日・*二百二十日のこと。この時期は稲の結実期なのに、台風が多く稲作に被害が多いところからいわれる。

三《さん》要《よう》素《そ》 各分野の構成に必要な三つの要素。音=音色・高さ・強さ。色=色相・明度・彩度。音楽=リズム・メロディ・ハーモニー。生産=土地・労働・資本。

三《さん》欲《よく》 ◎君子が一般民衆に欲求する三つのもの=求・禁・令をいう。中国の『管子』にあることば。◎仏教用語では、常に生じてきて人が脱することが難しい欲望=飲食欲・睡眠欲・淫欲、または形貌欲・姿態欲・細触欲。

三陸地方《さんりくちほう》 「陸」の字がつく陸前(宮城・岩手県)、陸中(岩手・秋田県)、陸奥《むつ》(青森・岩手県)の総称。特に宮城・岩手・青森県の太平洋側をさし、リアス式海岸で良港が多い。三陸沖は魚の宝庫だが、一方地震・津波も多い地域。

三里塚闘争《さんりづかとうそう》 成田空港(新東京国際空港)建設反対運動のこと。三里塚は千葉県成田市南東端にあり、古くは佐倉七牧の香取牧で、宮内庁の御料牧場もあり、耕作にも適した地であった。一九六六(昭和四十一)年成田国際空港の敷地と指定され、以来反対闘争で世界に知られた。空港建設は地元の合意を得られぬうちに一期工事に着手、地元農民は反対同盟を結成し強く抵抗し、新左翼党派との共闘となり、二期工事は未着工のまま今日に至っている。その間に一九七一年警官四人、一九七七年に反対派側二人の死者を出している。

三《さん》隣《りん》亡《ぼう》 民間暦で凶日の一。正・四・七・十月は亥《い》の日、二・五・八・十一は寅《とら》の日、三・六・九・十二月は午《うま》の日をいう。これらの日に建築を行えば火災を招き、近隣三軒をも焼き亡ぼすといわれる。また、毎月の亥・寅・午の日をも三隣亡に数える所もある。

三割自治《さんわりじち》　地方自治が中央政府の厳しい制約下に行われている状態を示すことば。租税総額に占める国税と地方税の割合が、地方税が三十%台しかなく、自治体が行う事務の七割方が、国の事務の委任（機関委任事務）によることをいう。

舌先三寸《したさきさんずん》　舌先は舌のことからことばの意。三寸は寸法としては短い、一寸《ちょっと》の意。その場しのぎの・場当たり・実意のない・実行性を伴わないこと。またはそのような態度。内実の伴わないという意味で、舌先三寸で、人をまるめ込むなどという。「三寸舌を掉《ふる》う」は、『史記』淮陰侯伝《わいいんこうでん》にあることばで、雄弁をふるうこと。

三味線《しゃみせん》　「さみせん」とも、また「三絃」ともいう。和楽器の一。棹《さお》と胴と三本の弦からなる日本の伝統的な弦楽器。棹の太さにより、太棹（義太夫など）、中棹（地唄《じうた》・常磐津《ときわず》・清元《きよもと》など）、細棹（長唄・小唄など）がある。基本の調弦を本調子といい、一と二の糸が四度、二と三が五度の音程である。他の調弦法に*二上がり、三下がりなどがある。中国の蛇皮《じゃび》線が沖縄を経て、永禄年間（一五五八～七〇）に大坂の堺港に輸入され、琵琶法師たちによって種々改良されたという。

三味線を弾く《しゃみせんをひく》　相手の言うことに適当に合わせて応対したり、また、調子のよいことを言って相手をごまかすことをいう。

三論宗《さんろんしゅう》　南都六宗の一つ。『中論』『十二門論』『百論』の三論を聖典として宗をたてる。もともとインドでおこり、中国を経て六二五（推古天皇三十三）年に、高麗《こうらい》の僧慧潅《えかん》によってわが国に伝えられた。法隆寺の智蔵、大安寺の道慈が入唐して宗旨を修めて以後、宗として名をたて発展した。

釈迦三尊《しゃかさんぞん》　⇩　三尊仏《さんぞんぶつ》

主従は三世《しゅじゅうはさんぜ》　⇩　三世《さんぜ》

書道の三聖人《しょどうのさんせいじん》　⇩　三筆《さんぴつ》

新三ない族《しんさんないぞく》　最近の中学生の意識調査の結果から次の三つをいう。規範感覚がない・人間関係がない・達成意欲がない。一九八〇年代に*三無主義（無気力・無関心・無責任）が高校生気質として認識されたが、一九九〇年代になり同じ項目を使い中学生の意識調査を行った結果で、より無気力化が進んだと観察された。⇩三ズ主義

贅沢三昧《ぜいたくざんまい》 ⇩ 三昧《さんまい》

世界三大漁場《せかいさんだいぎょじょう》 世界で漁獲量の豊富な三か所の漁場。日本の金華山沖、北米東海岸ニューファンドランド島付近、北欧の北海（ノルウェー近海）。またはヨーロッパ一帯、北米大西洋岸北部一帯と太平洋岸北部一帯をいう。「四大漁場」は北米東海岸・日本近海（オホーツク海）・北海・アラスカ近海。

世界三大高山《せかいさんだいこうざん》 世界の十大高山とすると、すべてがヒマラヤ周辺の山々になるので、六大州のベスト3を掲げる。〔アジア〕①チョモランマ（エベレスト）八八四八メートル（ヒマラヤ山脈）、②K２八六一一メートル（カラコルム）、③カンチェンジュンガ八五八六メートル（ヒマラヤ）。〔ヨーロッパ〕①モンブラン四八〇七メートル（仏・伊）、②モンテローザ四六三四メートル（伊・スイス）、③ドム四五四五メートル（スイス）。〔アフリカ〕①キリマンジャロ五八九五メートル（タンザニア）、②ケニヤ五二〇〇メートル（ケニヤ）、③ルウェンゾリ五一一〇メートル（ウガンダ・ザイール）。〔北アメリカ〕①マッキンリー六一九四メートル（アメリカ）、②ローガン五九五一メートル（カナダ）、③シトラルペテトル五六一〇メートル（メキシコ）。〔南アメリカ〕①アコンカグア六九六〇メートル（アルゼンチン）、②オーホスデルサラド六九〇八メートル（アルゼンチン・チリ）、③ボネテ六八七二メートル（アルゼンチン）。〔オセアニア・南極〕①ビンソンマシフ五一四〇メートル（南極）、②カルストン・ピラミッド五〇三〇メートル（インドネシア）、③ウイルヘルム四五〇九メートル（パプアニューギニア）。⇩日本十大高山

世界の三聖人《せかいのさんせいじん》 「三聖」ともいう。知・徳ともに優れて後人に師として崇敬される人物。釈迦・孔子・キリストが一般的である。四聖《しせい》・四聖人は、それにソクラテスかムハンマド（マホメット）を加える。

世界の三大珍味《せかいのさんだいちんみ》 キャビア＝塩漬けにしたチョウザメの卵。ロシア産が珍味、フォア

ーグラ＝ガチョウのふとらせた肝臓、トリュフ＝フランス特産のキノコの一種、フランス松露《しょうろ》の三つ。

第三《だいさん》インターナショナル ⇩ 第一《だいいち》インターナショナル

第三革命《だいさんかくめい》 ⇩ 第一革命《だいいちかくめい》

第三紀《だいさんき》 ⇩ 第四紀《だいよんき》

第三議会《だいさんぎかい》 ⇩ 第一議会《だいいちぎかい》

第三共和制《だいさんきょうわせい》 ⇩ 第一共和制《だいいちきょうわせい》

第三国人《だいさんごくじん》 当事国以外の国の人、第三国の人。それから第二次世界大戦直後の占領時代に、在日朝鮮人・中国人に対する呼称。朝鮮・台湾はかつて日本の統治下にあり、日本人としては、占領国人と称するには抵抗があり、一般外国人とは区別してこのように呼んだ。

第三次産業《だいさんじさんぎょう》 ⇩ 第一次産業《だいいちじさんぎょう》

第三次日韓協約《だいさんじにっかんきょうやく》 ⇩ 第一次日韓協約《だいいちじにっかんきょうやく》

第三者割当増資《だいさんしゃわりあてぞうし》 株式会社の増資で新株発行に際し、一般募集する時価発行に対して、発行会社と縁故関係にある役員・従業員・関係金融機関・取引先企業など、特定の者に引受権を与えること。資本提携や財務内容の改善、株主の構成の改善策に実施する。

第三種郵便物《だいさんしゅゆうびんぶつ》 ⇩ 第一種郵便物《だいいっしゅゆうびんぶつ》

第三勢力《だいさんせいりょく》 対立する二つの勢力の外に立つ第三の中立的勢力。一九四七年フランスでの組閣に際して、レオン・ブルムが中間勢力をこのように称したことば。一九六一年ソ連がアメリカのU2型スパイ機を打ち落とした事件をきっかけに、米・ソ関係が緊張したとき、中立諸国が四大陸から二十五か国集まり、ベオグラード会議を開き、参加国間の複雑な問題を越えて、非同盟主義を原則に作成した平和アピールを米ソ両国に手交した。これを第三勢力会議・非同盟会議という。

第三世界《だいさんせかい》 第二次世界大戦以後、アジア・アフリカ・ラテンアメリカ（中南米）などの発展途上国のことをいう。アメリカ・西欧・日本などの西側資本主義国家の第一世界、ソ連・中国・ベトナム・キューバ等の社会主義国家の第二世界に対する呼称。

第三《だいさん》セクター 地方公共団体や国と民間企業との共同出資で設立した、地域開発や都市建設を目的とする企業体。本来は、国や地方公共団体が行うべき事業（公共セクター）に、民間部分（民間セクター）の資金や能力などを導入して、官民共同で行うところからいう。その典型として旧国鉄の特定地方線を第三セクター方式へと転換をはかる地方線が少なくなかった。

第三帝国《だいさんていこく》　ナチス時代のドイツを指す。神聖ローマ帝国を第一帝国（九六二年から一八〇八年）とし、普仏戦争後のホーエンツォレルン家が皇帝として君臨した時代を第二帝国（一八七一〜一九一八年）、特に前半はビスマルクが活躍したので、「ビスマルク帝国」ともいう。それに続く帝国の意で、ナチス統治下のドイツ。一九三三年一月成立し、四五年第二次世界大戦の敗北により解体した。

第三の新人《だいさんのしんじん》　戦後派作家のうち、一九五二・五三（昭和二十七・八）年頃から文壇に登場した新しい作家達をいうことば。安岡章太郎・吉行淳之介・遠藤周作らがいる。戦後すぐ認められた椎名麟三《りんぞう》・武田泰淳・福永武彦らを一次戦後派、やや遅れて登場の安部公房・井上光晴らを二次前後派というのに対していう。私小説の手法を用いる独自の作風が共通した特色である。

第三身分《だいさんみぶん》　tiers état　アンシャン・レジーム（旧制度、フランス革命で打破された）のフランスにおける身分制度のうち、町人・職人・農民など平民の呼称。第一身分の僧侶、第二身分の貴族に対する呼称。フランス封建社会の身分階層で、第一身分僧侶、第二身分の貴族につぐもので、非特権階級をさす。中世では都市ブルジョワジーを意味し、フランス革命時には平民一般を意味していた。

大犯三箇状《だいぼんさんかじょう》　鎌倉時代、幕府が守護に与えた三種の権限。守護が配下の御家人の大番催促（交代で京都の守護に当たること）、謀叛《むほん》人、殺害人の検断（検察と断罪のこと）の三つをいう。

茶道三千家《ちゃどうさんせんけ》　茶道の家元で、茶道の大成者千利休（宗易《そうえき》）の血縁者の立てた家の総称。表《おもて》千家＝千利休の女婿《むすめむこ》の少庵の子宗旦《そうたん》の三男千宗左（江岑《こうしん》）が祖、裏千家＝宗旦の四男宗室（仙叟《せんそう》）、武者小路《むしゃこうじ》千家＝宗旦の次男宗守（一翁《いちおう》）の三家をいう。

朝三暮四《ちょうさんぼし》　全体を考えないで、目先のことにこだわること。また、相手をだます謀《はか》り事を用いて人を愚弄《ぐろう》すること。宋の狙公《そこう》が、飼っている猿の餌を節約しようとして、ドングリの実を朝三つ夕方四つやるといったら、猿はたいそう怒ったので朝四つ夕方三つやるといったら、皆大喜びをしたという故事（『荘子』斉物論）。

唐三彩《とうさんさい》　中国の唐代に焼かれた緑・黄・藍、または白・黄・緑の三色の陶器をいう。主として貴族の葬礼のための作品で、墓陵に副葬された。壺・盤・盌《わん》から男女の人物像、馬やラクダなど各種の明器（副葬品）で、貴族の趣味・生活が現代に伝えられる。則天武后《そくてんぶこう》（在位六九〇～七〇五年）頃から安禄山《あんろくざん》の乱（七五六年）までに制作された。

東北三大祭《とうほくさんだいまつり》　⇩三大祭《さんだいまつり》

読書三昧《どくしょざんまい》　⇩三昧《さんまい》

南無三《なむさん》　「南無三宝《さんぼう》」を縮めたもので、仏・法・僧の三宝に帰依《きえ》随順することを表明することば。俗語では、失敗に気がついたときや、不意な出来事に驚いたときなどの叫び声で、「あっ」とか「しまった」という感じを表現するときに使われる。

肉弾三勇士《にくだんさんゆうし》　「爆弾三勇士」とも。一九三二（昭和七）年二月二十三日の上海《シャンハイ》事変の際、破壊筒（爆薬を仕込んだ筒）もろとも自爆して敵陣への通路を開いた三人、江下武二・北川丞・作江伊之助の工兵一等兵。これ以後、日本軍の戦術に兵士の犠牲で戦果を得ようとする傾向があらわれ、特攻隊を編成するまでになった。

日本三奇橋《にほんさんききょう》　架橋の工法の特殊さで有名な三つの橋。山口県岩国川の錦帯《きんたい》橋、山梨県桂川の猿橋、富山県黒部川の愛本《あいもと》橋をいう。一説に愛本橋の代わりに、栃木県大谷川の日光の神橋、徳島県の蔓《つる》橋を入れる。

日本三急潮《にほんさんきゅうちょう》　流れの激しい三つの海峡。鳴門の渦潮、早鞆《はやとも》の瀬戸（関門海峡）、井の浦瀬戸（長崎県大村湾口）をいう。⇩日本三大潮流

日本三急流《にほんさんきゅうりゅう》　流れの大きく激しいことで、有名な三河川。山形県の最上《もがみ》川、静岡県の富士川、熊本県の球磨《くま》川をいう。

日本三景《にほんさんけい》 単に「三景」、また「三勝」ともいう。日本で最もすぐれた景観三か所として古くから言い伝えられるもの。安芸《あき》の宮島（広島県宮島、厳島《いつくしま》神社）、丹後の天《あま》の橋立（京都府北部）、陸前の松島（宮城県中部）。

日本三古湯《にほんさんことう》 昔から有名な温泉で、歴史や文学作品にも名をとどめたもの。愛媛県の道後《どうご》温泉、兵庫県の有馬《ありま》温泉、和歌山県白浜の湯崎温泉。

日本三古碑《にほんさんこひ》 ⇩三碑《さんぴ》

日本三釈迦《にほんさんしゃか》 清凉寺《せいりょうじ》式の釈迦如来像を安置する古寺。奝然《ちょうねん》が中国から将来して、京都嵯峨の清凉寺に安置した釈迦如来像は独特の立像で、その様式の像を清凉寺式という。清凉寺と西大寺《さいだいじ》（奈良市）、法来寺釈迦堂（山形市）。

日本三大黒天《にほんさんだいこくてん》 代表的大黒天像を安置している三社。出雲大社（島根県）、大神《おおみわ》神社（奈良県三輪山）、日吉大社西本宮（滋賀県）。大黒天は仏教で三宝《さんぽう》を守護し、飲食をつかさどる神。また戦闘・福徳神として形像もいろいろある。寺院の厨房《ちゅうぼう》に祭られ「大黒柱」の名を生み、大黒と大国から大国主命《おおくにぬしのみこと》に擬され、*七福神にも入れられている。

日本三大潮流《にほんさんだいちょうりゅう》 海流の早いことで、難所として有名な海峡（海門）の三か所。瀬戸内海の阿波の鳴門、千葉県銚子の口、愛知県渥美半島の伊良湖渡合《とごう》。⇩日本三急潮

日本三大不動《にほんさんだいふどう》 「不動」は不動明王の略。五大明王・八大明王の主尊で、大日如来が一切の悪魔・煩悩《ぼんのう》を降すために変化して忿怒《ふんど》の相になったという。成田不動（千葉県成田、新勝寺）、目黒不動（東京都目黒区、竜泉寺）、木原不動（熊本県益城郡、長寿寺）の三つ。

日本三大祭《にほんさんだいまつり》 ⇩三大祭《さんだいまつり》

日本三名園《にほんさんめいえん》 江戸時代の庭園を代表するもの。①後楽園（岡山市）は、岡山藩主池田綱政が別荘として築造。一七〇〇（元禄十二）年に完成し、中国宋の范仲淹《はんちゅうえん》『岳陽楼記』の「先憂後楽」により命名。遠州流の回遊式庭園の典型。②兼六園（金沢市）は、別名四時総宜園《しじそうぎえん》。一八一九（文政二）年、加賀藩主前田斉広《なりなが》が築造した回遊庭園。園名は松平定信（楽翁）が中国宋の李格非が『洛陽名園記』に名園の条件とし

て、宏大・幽邃《すい》・人力・蒼古・水泉・眺望をあげたすべてを兼ね備えていると、兼六と命名した。③偕楽《かいらく》園(水戸市)は、水戸藩主徳川斉昭《なりあき》が一八四三(天保十四)年に、『孟子』の「古之人興民偕楽」の趣旨で民と偕《とも》に楽しむを実行するために建設、日本の公園の始まりという。斉昭が園内に梅林を営み、梅の名所としても有名となった。

日本三名鐘《にほんさんめいしょう》　日本の代表的な三つの梵鐘《ぼんしょう》(つりがね)。奈良の三井寺《みいでら》、京都の宇治平等院、京都の神護寺《じんごじ》のものをいう。三井寺は*「近江八景」に「三井の晩鐘」とあり音色のよさで有名。平等院は藤原時代の作で形のよさ。神護寺は八七五(貞観十七)年の銘で有名(橘広相の詞、菅原是善の銘、藤原敏行の書)。

日本三名鳥《にほんさんめいちょう》　わが国で古くから愛玩されている三種の鳥。いずれも鳴き声が美しく、形状もすばらしく人々から愛された。コマドリ・ウグイス・オオルリをいう。

日本三薬師《にほんさんやくし》　薬師如来《にょらい》は、薬師瑠璃光《るりこう》如来とか大医《だいい》王仏《おうぶつ》とも呼ばれ、東方瑠璃光世界の教主で、人間の病苦をいやし、内面の苦悩を除くなど、十二の誓願をたてた如来。その霊験をうたわれる薬師如来をまつる三寺。日向《ひなた》薬師(神奈川県伊勢原市、宝城坊)、峯《みね》薬師(愛知県鳳来寺町、鳳来寺)、柴折《しばおれ》薬師(高知県長岡郡大豊村、豊楽寺《ぶらくじ》)。また、医王寺(石川県薬師町)などとすることもある。

盗《ぬす》っ人《と》にも三分《さんぶ》の理《り》　盗人でも自分の盗みを正当化するのに、何か理由づけをするものである。どんなことにでも、それなりの理屈は何とかつけられる。それから屁《へ》理屈をいうことに通じる。

俳諧《はいかい》の三聖人《さんせいじん》　*和歌の三聖人にならって、連歌《れんが》から新文学として俳諧への道を開いた次の三人。飯尾宗祇《そうぎ》は連歌師で、全国に連歌を広めた。荒木田守武《あらきだもりたけ》は連歌師で、連歌から俳諧が独立する機運を呼び起こした。山崎宗鑑《そうかん》は、俳諧の祖とされ、俳諧連歌の興隆に貢献し、連歌から俳諧の独立する素地を作ったとされる。

早起《はやお》きは三文《さんもん》の徳《とく》　朝早く起きると健康にもいいし、何かしらいいことがある。人は僅かなものでも常に積み上げていく心掛けを大切にすべきだという意。三文は江戸時代の貨幣の一文銭三枚で、ごく僅かな金額、価値が低いこと。

非《ひ》核三原則《かくさんげんそく》 核兵器は、作らず・持たず・持ち込ませず。自由民主党や日本政府の核問題に関する原則で、一九六八（昭和四十三）年一月の国会で、佐藤栄作首相が証明して以来忠実に守って来たと信じられてきた。それにより佐藤元首相は七四年ノーベル平和賞を受賞した。しかし八一（昭和五十六）年五月ライシャワー元駐日米大使の「ライシャワー発言」により、米軍による核兵器の持ち込みが示唆され、原則の実施が疑問視されることになった。

文久三年《ぶんきゅうさんねん》の政変《せいへん》 ⇩ 八月十八日《はちがつじゅうはちにち》の政変《せいへん》

文明《ぶんめい》の三大源流《さんだいげんりゅう》 メソポタミア（ティグリス・ユーフラティス川）、エジプト（ナイル川）、中国（黄河）。いずれも大河の流域で定着農耕が発達し、生産の余剰ができ、古代都市国家の祭政一致が行われた。「四大源流」はインドのインダス川を加える。

平安《へいあん》の三大橋《さんだいきょう》 ⇩ 三大橋《さんだいきょう》

仏《ほとけ》の顔《かお》も三度《さんど》 「仏の顔も三度撫《な》ずれば腹立つる」の略。忍耐には限度があるということのたとえ。いかに柔和な人でも無法なことをたびたびされれば、ついには怒るものだということ。京都のいろはがるたの一句。

三池争議《みいけそうぎ》 三井三池鉱山で闘われた大争議。石炭から石油へのエネルギー政策の転換により一九五九（昭和三十四）年十二月の三池労組の千二百人の指名解雇を発端として、無期限ストへと発展、総評も全面的支援体制をとる。が第二組合も誕生、中労委が斡旋に入り、翌六〇年の十一月一日、双方が平和宣言を発表して終結した。石炭産業斜陽化の第一歩となった。

三方《みかた》ヶ原《はら》の戦《たたか》い 一五七二（元亀三）年十二月二十二日、遠江《とおとうみ》国（静岡県）三方ヶ原での武田信玄と徳川家康との戦い。家康は織田信長からの援軍を得て交戦したが大敗し、浜松城に敗走した。家康一代の難戦といわれたもの。

三河万歳《みかわまんざい》 愛知県西尾市や旧西三河地方を根拠地とする万歳。江戸時代、正月に太夫《たゆう》と鼓《つづみ》を打つ才蔵《さいぞう》とで、家々を回って祝言を述べ、滑稽な言葉のやりとりをして舞い、祝儀をもらう。三河の発祥ということで徳川家に優遇され、万才作太夫らが正月に江戸城中で祝言するのが例であった。

三行半《みくだりはん》　「三下半」とも書く。江戸時代、庶民の離縁状の俗称。夫から妻へか、妻の父兄へ出した。離縁する旨と再婚はさしつかえない旨を簡略に記すと、三行半になるところからいう。転じて、離縁することをもいう。ほかに結婚時の証文が七行、別れるときはこれを二つに裂くからという。

三毛猫《みけねこ》　毛並みが白・黒・茶の三色からなる猫。伴性遺伝から雌しか生まれない。まれに雄が生まれても繁殖能力がないのが普通であるが、雄は希少性から船霊様《ふなだま》と呼ばれて、航海安全の守り本尊として船乗りに愛された。

三鷹事件《みたかじけん》　一九四九（昭和二十四）年七月十五日、中央線三鷹駅構内で、無人電車が暴走脱線し、死傷者十数人を出した事件。当時は国鉄の人員整理に反対する共産党・国鉄労組の闘争が激化したときで、共同謀議による計画的犯行であると宣伝され、十二名が起訴された。結局、五五（昭和三十）年の最高裁で、竹内景助の単独犯行と判決された。三鷹は東京都中部の衛星都市で、戦後住宅地化が著しい所。江戸時代、将軍が鷹狩りをしたお鷹場だったのを略して、御鷹から三鷹になった。

三日天下《みっかてんか》　極めて短い栄耀栄華《えいようえいが》のこと。一五八二（天正十）年六月二日に京都の本能寺で明智光秀が主君織田信長を殺し、天下を手中にした。しかし羽柴秀吉の毛利氏との和睦と帰軍が予想外に早く、十分な備えができないまま、十三日山崎の戦いで敗れ、山城の小栗栖《おぐるす》で農民に殺された。僅かな期間しか天下を保てなかったことからこういわれる。

三日にあげず《みっか》　「三日」はごく短期間のこと。「あげず」は間をあけず、または間を置かずの意味で、しばしば・しげしげ・しょっちゅう。「三日にあげず通いつめる」などという。

三ヶ日人骨《みっかびじんこつ》　「三ヶ日人」とも。縄文人より古い日本人の祖先の一。一九五九（昭和三十四）年に静岡県引佐《いなさ》郡三ヶ日町の石灰岩採石場から、洪積世末期の地層で発見された人骨。その二年前に愛知県豊橋市牛川町の同地層で縄文人以前と推定される人骨が発見され「牛川人」と命名されている。三ヶ日人は頭骨の断片があることで重要視される。

三日坊主《みっかぼうず》　あきやすく、何をしても永続きしないこと。またそういう人をあざけっていうことば。三日は日数の少ないことのたとえ。出家して僧侶になるのは尊い行いであり、祖先から末代まで一族の者が救われるといわれるが、反面その修行戒律は厳しく、頭をそって入山したものの、すぐ耐えられなくなり還俗《げんぞく》してしまう、いわゆる三日坊主であることから。

三日《みっか》見《み》ぬ間《ま》の桜《さくら》　桜の花はたった三日見ない間につぼみであったのが満開になってしまい、すぐに散ってしまうことから、世の中の移り変わりの激しいことのたとえ。江戸時代中期の俳人大島蓼太《りょうた》の句に「世の中は三日見ぬ間の桜かな」がある。

三具足《みつぐそく》　「三具」とも。仏前に供える供養具で、香炉《こうろ》・燭台《しょくだい》・華瓶《けびょう》をいう。「五《ご》具足」は燭台と華瓶の一対を二つずつと、それに香炉とで五具足になるとする。

三《み》つ子《ご》の魂《たましい》　百《ひゃく》まで　幼少期の性格は成人になっても変わることがない。極端にいえば持って生まれた性質は一生変わらない。「三つ子」は三歳の子、幼少の子供を指し、「魂」は性格や性向のこと、「百」は百歳・高齢者の意味。人の行動の基礎となる性格は幼いころに作られるということから、幼児の教育の重要性を説いている。「雀《すずめ》百まで踊り忘れず」も同義。

三揃《みつぞろ》い　三つの品が組み合わされて一揃いになって実用に供されていること、またその物。男性の洋服で上衣《うわぎ》・チョッキ・ズボンをいうことが多い。

三《み》つ巴《どもえ》　三者がからみ合って対立すること、三つのものが入り乱れていること。また紋所の一つ。三つ巴は、巴を三つ組み合わせて尾を同方向に巡らせたもの。

三葉葵《みつばあおい》　紋所の一つ。円形の中にアオイの葉を三枚入れて、葉の先端が円の中心で出合う

三つ巴文

ようにしたもの。徳川氏の紋所として有名。

三《み》つ指《ゆび》を突《つ》く　「三つ指」は三本の指。特に親指・人さし指・中指。その三本の指をかるく床につけて、丁寧に礼をすることをいう。「慇懃《いんぎん》三つ指」は、礼儀作法の正しいこと。「小笠原流の三つ指」は、小笠原流の作法通り、婦人が三つ指をついておじぎをすること。また、かたくるしい礼儀作法をいう。「三つ指目八分」は、三つ指をつくことと、物をささげる時に、両手を目の高さより少し低目の所まで上げるという正しい作法をいう。

向《む》う三軒《さんげん》両《りょう》隣《どなり》　自分の家の向かい側にある三軒の家と、左右にある二軒の家の意で、ふだん親しく交際する近所の家のことをいう。

胸《むね》三寸《さんずん》に納《おさ》める　「胸」は「胸が痛む」「胸が一杯」などと感情や感動を感じる部分のことで、そこから人の内面を意味する。「三寸」は胸の中心部ほどの意。そこに納めるとは、胸の中に納めて顔色やことばに表さないこと。事情をよく承知していても、心に秘めて口外しないことをいう。

室町幕府《むろまちばくふ》の三管領《さんかんれい》　⇩　三管四職《さんかんししき》

明治《めいじ》三大名優《さんだいめいゆう》　明治時代、名優とされた三人の歌舞伎俳優。九世市川団十郎・六世尾上菊五郎・初世市川左団次をいう。団十郎は技倆《ぎりょう》絶妙と評され、「活歴《かつれき》」という新史劇を創始。菊五郎は世話物《せわもの》に長じ、団十郎と団菊時代を形成する。左団次は新作を得意とし、一方明治座を創設し、経営者としての手腕も示した。

孟母《もうぼ》三遷《さんせん》の教《おし》え　「孟母」は孟子の母、「三遷」は住まいを三回移ること。孟子の母は初め墓地の近くに住んでいたが、孟子が葬式のまねをして遊ぶので、市場の近くに引っ越した。今度は商売のまねをするので、ついに学校のそばに引越した。そこで孟子が礼儀作法のまねごとをするので、初めて安心したという。子供の教育のためによい環境を選ぶことの大切さを示す故事（『烈女伝』）。

桃栗《ももくり》三年《さんねん》柿《かき》八年《はちねん》　何事も熟練するにはそれ相応の年数を必要とするという意。桃と栗は芽が出てから三年、柿は八年たってやっと実が結ぶことにたとえている。類句に「石の上にも三年*」「首振り三年コロ八年*」がある。

薬師三尊《やくしさんぞん》 ⇩ 三尊仏《さんぞんぶつ》

労働三法《ろうどうさんぽう》 労働法規の中心となる三つの法律。労働基準法・労働組合法・労働関係調整法。労働基準法は憲法の二十七条二項「賃金、就業時間、休息その他勤労条件に関する基準は法律でこれを定める」の具体化、一九四七(昭和二十二)年成立。労働組合法は憲法二十八条「勤労者の団結する権利及び団体交渉その他の団体行動をする権利はこれを保障する」を具体的にしたもので、四七年に成立。労働関係調整法は労働委員会が労働争議の予防・解決に労使に対して斡旋《あっせん》や調停、仲裁する規定、四六年に成立。

和歌《わか》の三聖人《さんせいじん》 和歌の名手で、聖人として尊敬されている三人、柿本人麻呂・山部赤人《やまべのあかひと》・衣通姫《そとおりひめ》。ともに『万葉集』の代表歌人で、歌聖・和歌二聖といわれる人麻呂と赤人に、和歌に長じて和歌の浦の玉津島神社にまつられる衣通姫を加えた。和歌の守護神として神格化され「和歌三神」とも称する。三神には住吉大明神・玉津島明神・柿本人麻呂などの説もある。⇩ 俳諧の三聖人

四

四阿《あずまや》 「東屋」「阿舎」とも書く。「阿」は庇《ひさし》・棟《むね》の意。屋根を四方に葺《ふき》おろした家。また柱だけの小さな建物で、庭園などに休憩所や展望所として設けられる。

ゴルフの世界《せかい》四大《よんだい》競技《きょうぎ》 四大トーナメントのこと。ゴルフ界の最高水準の国際競技会の総称。全英オープン・全米オープン・全米プロ(PGA)・マスターズ。同シーズンでこの四大会に全部に優勝した例はない。一九三〇年球聖ボビー・ジョーンズが達成して、グランドスラマーと称されたことになっているが、当時は全英・全米のそれぞれがアマとプロであって、ルールが今日と異なっていた。

財界四団体《ざいかいよんだんたい》 「経済四団体」ともいう。経営者の組織する四つの団体の総称。それぞれ目的・構成などは異なるが、重要な問題については共同声明を出すなどの活動を行う。経済団体連合会(経団

連)、日本商工会議所(日商)、日本経営者団体連盟(日経連)、経済同友会 (同友会)。

シェークスピアの四大悲劇《よんだいひげき》 イギリスの劇作家シェークスピアの代表作とされる作品。「ハムレット」「オセロー」「マクベス」「リア王」。

四海兄弟《しかいけいてい》 天下の人々は、すべて自分と同一の人類で分けへだてがないこと。兄弟のごとく親しくあるべきであるとの意。孔子の『論語』顔淵の「四海之内皆兄弟也」による。「四海同胞」ともいう。

四海波《しかいなみ》 天下または国の内外が平和であることを祝うことば。謡曲「高砂《たかさご》」の一節で「四海波静かにて国も治まる時つ風」の小謡があり、婚礼や祝賀の席で謡われるもの。

四角四面《しかくしめん》 至極《しごく》真面目で堅苦しいこと。四角は礼儀正しい厳格なたとえで、四面は四角と対《つい》に用い堅さを強調している。四角形は四つの頂点をもち、四つの直線に囲まれた平面形で規則的で角張った感じを受けがちであることから。「四角張る」は、ことさらに堅苦しく真面目な態度をとること。

四箇国条約《しかこくじょうやく》 「よんかこく」ともいう。一九二一(大正十)年ワシントン会議で調印された日・英・米・仏の四か国間の条約。太平洋地域における領土・権益の相互尊重、問題の平和的解決を約定し、日本の進出に歯止めをかけたもの。これによって日英同盟は消滅した。

四月馬鹿《しがつばか》 「エイプリル・フール April fool」の訳語。四月一日に限っては人をかついでもかまわないとし、かつがれた人を四月馬鹿という。「万愚節 All fools day」とも。第二次大戦後、日本でも行われたが、あまり普及しなかった。起源はキリストが生前ユダヤ人に愚弄されたことを忘れないための行事で、命日がこの季節だからとする説と、インドの揶揄《やゆ》節を起源 (仏教徒が三月末の一週間菩薩《ぼさつ》の行《ぎょう》という苦行をするが、それが終わると凡人に返ってしまうのを戒めるもの) とする説がある。

四気質《しきしつ》 人の性格の分類。各個人の性質・感情などの特質を四分したもの。西洋古代医学の二大巨人の一人ガレヌスが行った分類で、人体に存在する四体液 (血液・粘液・胆汁・黒胆汁) の過多で気質が形成されるという。体液病理学での四性論で、十九世紀後半に心理学的な性格類型が進められても信じる人が多い。

多血質は物事に感激しやすいが持続力は短い、性急で忍耐力不足。粘液質は情緒性には弱く遅い、鈍感で不活発・保守的な傾向であるが、事に着手すれば意志が強く忍耐力が強い。胆汁質は沈着で冷静、興奮・激怒することは少ない、忍耐強く意志は強固、それが謙虚さを欠き慈悲心を欠く。黒胆汁（憂うつ）質は細かいことを誇大に受け取り、過大な心労をし、人を信じられず、そのため自身が気力に乏しく性格を暗くしている。

四苦八苦《しくはっく》　あらゆる苦しみ、非常に苦しいことをいう。仏教用語で、苦しみの原因である四苦は生・老・病・死の四つ。それに愛別離苦・怨憎会《おんぞうえ》苦《く》・求不得苦《ぐふとっく》・五陰盛苦《ごおんじょうく》を加えたもの。

四君子《しくんし》　中国や日本で君子の気品がある植物として、文人画の画題に取り上げられた四種。梅・菊・蘭・竹。

四公六民《しこうろくみん》　江戸時代の税率（年貢率）のこと。田畑に対する本租または正税で、収穫量の四割を上納し、残り六割を農家の保有とする制度。享保年間（一七一六〜三五）以後は天領（幕府直轄地）で「五公五民」にしたといわれるが確証がなく、地方での高低もあった。最高「八公二民」の例もある。

四国連合艦隊《しこくれんごうかんたい》　幕末に長州藩が攘夷《じょうい》を実行しようと、下関海峡通過の外国船を砲撃するのでその報復のため、英・仏・米・蘭（オランダ）四国の軍艦が連合して、一八六四（元治元）年八月に下関の長州藩砲台を攻撃、占領した。この結果、長州藩は開国を認めざるを得なくなり、日本の時流は転換して行く。

四国三郎《しこくさぶろう》　⇩三大河《さんたいが》

四国地方《しこくちほう》　*五畿七道の一つ南海道で紀伊と淡路を除き、四か国で一島を形成する地域の総称。阿波国（徳島県）、讃岐《さぬき》国（香川県）、伊予国（愛媛県）、土佐国（高知県）。

四股名《しこな》　「醜名《しこな》」の当て字。力士の名乗りのこと。出身地や師匠の名から一字をもらい、下に川・山・海などの字をつけることが例。戦国時代末頃に浪人の職業相撲集団ができて興行を行い、それぞれが強そうな名乗りをしたのが始まりという。「四股」は相撲界で足のこと。また四股を踏むこと。「醜《しこ》の御楯《みたて》」の醜を語源とし、強いという意味。四股を踏む動作は股《また》を開き、両足を交互にあげて地を踏み、強さを誇示する。そして対戦の準備運動とする。

四職《ししき》 ⇩三管四職《さんかんししき》

四重奏《しじゅうそう》 四種の楽器による合奏。洋楽のクラシック部門では、弦楽四重奏＝バイオリン二・ビオラ一・チェロ一、ピアノ四重奏＝ピアノ・バイオリン・ビオラ・チェロなどがあり、ジャズでは一般にピアノ・ベース・ドラムに木管か金管その他の楽器が加わる。邦楽では、現代邦楽の分野で、尺八が一・箏《そう》二・十七弦琴一などの形態がある。

四条派《しじょうは》 江戸中期にはじまる日本画の流派。「四条流」ともいう。松村月渓（呉春）を創始とし、月渓が京都四条に住んでいたことによる称。月渓は与謝蕪村《よさぶそん》に学び、円山《まるやま》応挙の影響を受けている。円山派に写生を基礎とした叙情味を加えた。門下には弟の松村景文・岡本豊彦らが名高い。現代日本画の基礎にもなっている。

四条流《しじょうりゅう》 日本料理の一流派。左大臣藤原魚名《うおな》の玄孫《やしゃご》にあたる藤原山蔭《やまかげ》を祖（包丁の祖とも）としており、その家系を同じくする四条家が家元となり今日に至っている。多数の奥義・秘伝が伝わり、日本料理の本流という。また、築山技法の一流派にもいい、後嵯峨天皇より始まるという。日本画の「四*条派」をさすこともある。

四書五経《ししょごきょう》 儒教の基本教典の総称。四書は『大学』『中庸』『論語』『孟子』。「四子書」ともいう。五経は儒教の経書《けいしょ》五種。ふつう六経のうち、亡びた『楽経《がっけい》』を除いた『易経《えききょう》』『書経』『詩経』『礼記《らいき》』『春秋』。『春秋』を『左伝《さでん》』か『穀梁伝《こくりょうでん》』とする説もある。

四神《しじん》 中国で神々を四季に配したもの。句芒《こうほう》＝春、祝融《しゅくゆう》＝夏、蓐収《じょくしゅう》＝秋、玄冥《げんめい》＝冬。また、四方の守護神・四方の星座にもいう。青龍＝東、白虎＝西、朱雀《すざく》＝南、玄武＝北、これは「四獣」ともいう。

四神鏡《しじんきょう》　中国の古鏡の一。四神＝青龍・白虎・朱雀・玄武を飾りとして描いてあることから名づけられた。前漢から後漢にかけて作られ、日本では古墳出土例が多い。

四声《しせい》　「ししょう」ともいう。漢字の声調（韻）四種。平声《ひょうしょう》・上《じょう》声・去《きょ》声・入《にっ》声。中国語は単音で諸物の区別が表現しにくく、発音の強弱などで区別するために行った区分。北京を中心とする中国北部の標準の公用語の北京官話では、上平声・下平声・上声・去声。漢字では平声に属する字を平字、他を仄字と分け、合わせて平仄《ひょうそく》という。

四姓《しせい》　◎日本を代表する源・平・藤・橘の四つの姓。平安時代以後この四氏が政治の中心であったので、室町時代から全国の諸氏が血縁上の関係の有無にかかわらず、四姓のどれかを唱えることが慣例となり、明治初期まで続けられた。
◎インドの四階級の身分制度（カースト制度）。「ししょう」とも。宗教・種族・職業に関連して規定される。バラモン（婆羅門、僧侶階級）、クシャトリア（刹帝利、士族階級）、バイシャ（吠舎、農工商の庶民階級）、スードラ（首陀羅、奴隷階級）。インド社会にはこの四階級からも除外されるアウト・カーストと呼ばれる不可触賤民《ふかしょくせんみん》が多数おり、実際にはカーストを細分化したジャーティと呼ばれるサブ・カーストによって社会が規制されている。

四則算法《しそくさんぽう》　「四則」「四則算」とも。算術の基本演算のことで、加法（加え算・足し算）、減法（引算）、乗法（掛算）、除法（割算）をいう。

四大奇書《しだいきしょ》　「奇書」はめったにない本、題材・表現・装丁など他にない特徴をもったもの。〔中国明《みん》代の四大小説〕『水滸伝《すいこでん》』（作者不詳）、羅漢中著『三国志演義』、呉承恩著『西遊記』、『金瓶梅《きんぺいばい》』（作者不詳）。以前は先代四大奇書として『水滸伝』『三国志演義』『西廂記《さいそうき》』（王実甫・関漢卿作の戯曲）、『琵琶記』（高明作の戯曲）をいった。
〔江戸時代の小説〕中国にならって選んだもので、曲亭《きょくてい》馬琴『南総里見八犬伝』、十返舎一九《じっぺんしゃいっく》『東海道中膝《ひざ》栗毛』、式亭三馬『浮世風呂』、柳亭種彦『偐紫《にせむらさき》田舎源氏』。

四通八達《しつうはったつ》　道路・交通・通信が発達して、*四方八方（広範囲の意）に通じていること。「四方」は東西南北、「八達」は八方に通じていること。八方は四方と四維《い》（隅《ぐう》）＝北東・北西・南東・南西を合わせ、方々・周囲全般のこと。

四手《しで》　神前に供える幣帛《へいはく》の一。注連縄《しめなわ》などにつけて垂らすもの。昔は木綿《ゆう》を用いたが、のちに紙となる。植物では、カバノキ科の落葉高木を総称していう。アカシデ・イヌシデなどの総称。

四天王《してんのう》　仏教用語。世界の中心にそびえる高山で、頂上に帝釈天《たいしゃくてん》が座すという須弥山《しゅみせん》で、中腹の主。帝釈天に仕え、仏法・仏教帰依者《きえ》を守護する。仏像となり須弥壇の四隅に配置される。東に持国《じこく》天、西に広目《こうもく》天、南に増長《ぞうちょう》天、北に多聞《たもん》天。四天・四大天王とも。そこから四人のすぐれた門弟・臣下、ある部門で技量がすぐれている四人をいう。たとえば、平安中期の武将源頼光《らいこう》の四天王は、渡辺綱・坂田金時・碓《うす》井《い》貞光・卜部《うらべ》季武。

四天王寺式《してんのうじしき》　寺院建築の堂宇の配置の一。大阪の四天王寺を代表とする百済《くだら》様式の七堂伽《が》藍《らん》の配置で、最古の形式という。東大門を正門に、中門・塔・金堂・講堂を一直線に建てる。

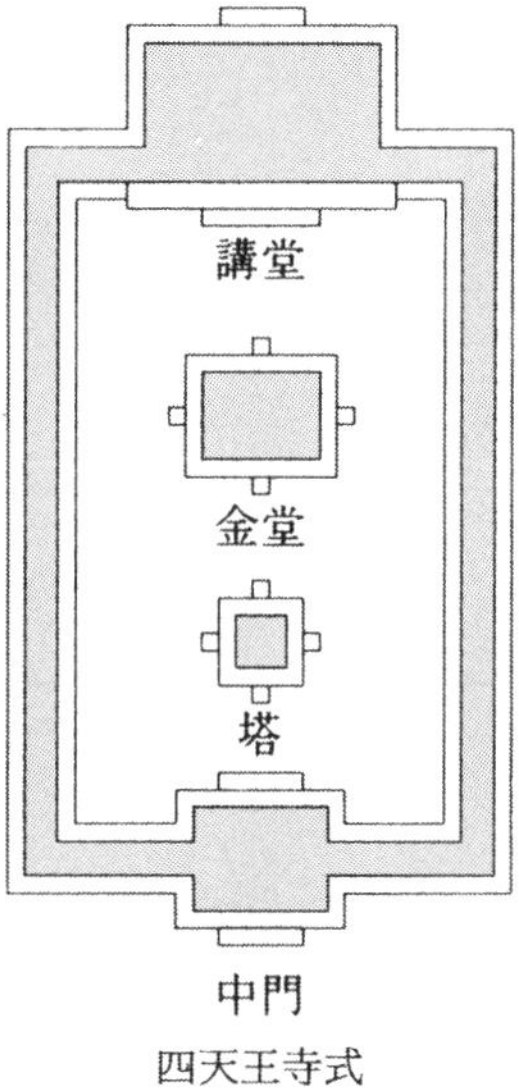

四天王寺式

四等官《しとうかん》　律令制の諸官庁の幹部の職制で、すべて四階級制であって、長官《かみ》（事務の統轄者）、次官《すけ》（長官の補佐役）、判官《じょう》（一般事務をする）、主典《さかん》（書記役）をいう。各役所で読み方は同じで、役割もほぼ同じであったが、当てる字は役所によって異なっていた。国司《こくし》では守《かみ》・介《すけ》・掾《じょう》・目《さかん》。八省は卿・輔・丞・録。

四斗樽《しとだる》　日本酒を四斗詰める樽。通常は菰《こも》で包むので、「菰かぶり」ともいう。今日では、祝い事の折の鏡割りに用いられることが多い。一斗は約十八リットル。

四《し》の五《ご》の言《い》う　なんのかんのと文句を言うこと、とやかく言うこと。「四の五の」が「言う」にかかり、ぐずぐず・うるさく文句や不平を言うさまを示すことになる。「四の五も（のも）」で下に否定の語が来れば、何かに言う必要なし。「四も五も」ではいらぬにかかり、前と同じに何も言う必要ない・問答無用。「食わぬ」にかければどんな手も食わない・一筋縄では行かない意。賽《さい》賭博から出たことばか、江戸時代の文芸作品に使われることが多い。

四拍子《しびょうし》　能楽などのお囃子《はやし》で四種類の楽器。笛・小鼓《こつづみ》・大鼓・太鼓《たいこ》のこと。また、洋楽で一小節が四拍からなり、最強・弱・中強・弱のアクセントをくり返す拍子の形。「よんびょうし」とも。

四部合唱《しぶがっしょう》　四つの声部から成る合唱。男女両声、女声部はソプラノとアルト、男声部はテナーにバスからなる混声四部合唱を指すことが多い。

四福音書《しふくいんしょ》　新約聖書の中でイエス・キリストの生涯と教えを記録した「マタイ伝」「マルコ伝」「ルカ伝」「ヨハネ伝」をいう。

四分六《しぶろく》　四分は十分の四、六は十分の六、一方が四で他方が六の割合。この割合での分割法や混合の方法のこと。「四分六で分ける」などと使う。同じように「五分五分」はちょうど半分、「七分三分（略して七三）」は七対三の割合。

四分五裂《しぶんごれつ》　物事がちりぢりばらばらになること。そのため秩序や統一がなくなること。

四方拝《しほうはい》　一月一日（元旦）に行われる宮廷行事。古くは寅《とら》の刻（午前四時頃）に天皇が清涼殿《りょうでん》の東庭に出御され（現在は神嘉殿《しんかでん》南庭）、皇大神宮・豊受《とようけ》大神宮・天神地祇《ちぎ》・天地四方・山陵を拝して、宝祚《ほうそ》（天皇の位）の無窮・天下太平・万民安寧を祈る儀式。

四方八方《しほうはっぽう》　周囲すべての方向、あらゆる方面。四方は東西南北、八方はそれに四維《い》（隅《ぐう》）の北東・北西・南東・南西を加えたもの。そこですべての方向のことになる。類句に「四通八達」*がある。

四木三草《しぼくさんそう》　江戸時代の米・麦以外の有用植物の総称。幕府や諸藩が栽培を奨励し、藩営専売の対象ともされた。一七二六（享保十一）年、幕府は新田検地条例を出すまでは、これを栽培する畑は上々畑か上畑に石盛《こくも》り(税率の査定)をしていた。「四木」は桑・漆・茶・コウゾ、「三草」は麻・藍《あい》・ベニバナが一般であるが、木綿《もめん》・麻・藍、木綿・麻・エゴマとするなど地方差がある。出羽・陸奥《むつ》のベニバナ、阿波の藍、山城の茶、会津の漆などの特産化が生まれた。

四本柱《しほんばしら》 相撲の土俵の四隅の四本の柱。各柱に一色ずつ、四色の布が巻かれ、四季・四方・四神*を表した。青は東・春・青龍、白は西・秋・虎、赤は夏・南・朱雀《すざく》、黒は北・冬・玄武。現在の大相撲は一九五二(昭和二十七)年から、観客が見やすいように柱を廃止して、屋根を天井からつるし、その四隅に房を下げている。検査役は柱の傍に座っていたのでその異名になっていた。現在は土表下に着座している。

四民《しみん》 士農工商のこと。江戸時代の身分構成をいう。武士を最上位にして農民と職人が続き、最下位を商人層とした。農本思想と儒教思想にもとづく区別。ほかに公家《くげ》・僧侶や賤民も存在するが、四民は国民の意とされた。

四民平等《しみんびょうどう》 明治新政府が当初掲げた旧来からの身分制度の手直し策。一八六九(明治二)年、華族・士族の二身分、翌年農工商を総合して平民とし、苗字を許し、華士族との通婚・職業移転の自由を認め、七一年に残されていた被差別民を平民同様たるべき事としたが、結果としては新たに皇族・華族・士族、そして平民という新階級制度をつくるにとどまった。

四面楚歌《しめんそか》 敵中に孤立していること。まわりがすべて反対者で味方がいないことのたとえ。楚の項羽《こうう》が漢の高祖に包囲されたとき、漢軍が楚の歌を歌ったのを聞き、楚人が漢軍に下ったかと戦意を失ったという故事による。

四六時中《しろくじちゅう》 四と六を掛けると二十四になることから、一日中、二十四時間、始終・いつもの意。昔は昼夜をそれぞれ六等分したので「二六時中」といったが、今日ではあまり使われない。

四六判《しろくばん》 書籍のサイズ(判型)の一つ。横十二・六センチ=四寸、縦十八・八センチ=六寸、JIS規格のB6判(十二・八×十八・二センチ)に近い。明治期に洋紙の原紙の寸法の一つとして、横二尺四寸・縦三尺六寸が作られ、それを三十二折りして本に仕上げた大きさ。

四六駢儷体《しろくべんれいたい》　漢文の文体の一。四字と六字の句を対句として用いる文体。中国では六朝《りくちょう》から唐にかけて主流を占め、日本も影響を受け平安時代には漢文はこれによった。「四六」「四六文」ともいう。

書歌画詩の四聖《しょかがしのしせい》　昔、日本の知識人たる者が教養として備えるべき技芸が、書道・和歌・画法・漢詩であり、各部門で第一人者として崇敬すべき人の総称。書聖＝空海、歌聖＝柿本人麻呂、画聖＝雪舟、詩聖＝菅原道真。

世界の四聖《せかいのしせい》　⇩　世界の三聖人《せかいのさんせいじん》

世界四大漁場《せかいよんだいぎょじょう》　⇩　世界三大漁場《せかいさんだいぎょじょう》

第四紀《だいよんき》　⇩　第三紀《だいさんき》

第四議会《だいよんぎかい》　⇩　第一議会《だいいちぎかい》

第四共和制《だいよんきょうわせい》　⇩　第一共和制《だいいちきょうわせい》

第四種郵便物《だいよんしゅゆうびんぶつ》　⇩　第一種郵便物《だいいっしゅゆうびんぶつ》

第四世代《だいよんせだい》　コンピュータの技術の発達段階を示すことば。第一世代(真空管使用)、第二世代(トランジスター使用)、第三世代(集積回路)に次ぐもので、LSI(大規模集積回路)を使用する。電子回路部品の小型軽量化が進み、さらにVLSI(超大規模集積回路)からULSI(超超大規模集積回路)の時代に進んでいく。

テニスの四大選手権大会《よんだいせんしゅけんたいかい》　テニス界で最も権威のあるトーナメントの総称。全英(ウィンブルドン)・全米・全仏・全豪。この四大会に世界各国から男女選手が優勝を競うが、同年内に四大タイトル全部を制することを、トランプとブリッジから、グランド・スラム(全勝)という。

日本四大絵巻《にほんよんだいえまき》　絵巻物中の傑作とされるもの四点。「源氏物語絵巻」は、伝藤原隆能画・藤原伊房ら筆。四巻現存、徳川美術館・五島美術館蔵。「信貴山《しぎさん》縁起」は、伝鳥羽僧正作、信貴山寺蔵、三巻。「伴《ばん》大納言絵詞《えことば》」は、伝土佐光長画・藤原教長筆、出光美術館蔵、三巻。「鳥獣戯画《ぎが》」は、伝鳥羽僧正作、栂尾《とがのお》高山寺蔵、四巻。

藤原四家《ふじわらしけ》　藤原氏は大化改新に功があった中臣鎌足《なかとみのかまたり》が、天智天皇から藤原朝臣《あそん》の姓を賜り改姓。文武《もんむ》天皇は鎌足の次男不比等《ふびと》にのみ藤原姓を認め、その子四人を祖とする四家が創設された。南家《なんけ》（祖武《む》智麻呂《ちまろ》）、北家《ほっけ》（祖房前《ふささき》）、式家《しきけ》（祖宇合《うまかい》）、京家《きょうけ》（祖麻《ま》呂《ろ》）。平安時代以降北家が隆盛となり、摂関政治で国政を左右した。のちに武家に実権を握られても、摂関の職は近世にも同じ血統の五摂家が独占するのを例とした。

文明《ぶんめい》の四大源流《よんだいげんりゅう》 ⇩ 文明《ぶんめい》の三大源流《さんだいげんりゅう》

大和《やまと》四座《しざ》 大和国（奈良県）で春日神社などに奉仕して、祭礼のとき神前に芸を奉納した猿楽の諸座。［結城座《ゆうき》］のち観世、春日神社に奉仕、観阿《かんあ》弥清次《みきよつぐ》・世阿弥元清《ぜあみもときよ》父子が出た。［宝生座《ほうじょう》］もとは外《と》山《び》座、世阿弥の弟蓮阿弥が祖。［金剛座《こんごう》］もと坂戸座、法隆寺に奉仕、金剛善覚が中興した。［金春座《こんぱる》］もと円《え》満井《まい》座・竹田座、世阿弥の女婿《むすめむこ》金春禅竹《こんぱるぜんちく》が確立。同じように、近江の日吉《ひえ》神社に奉仕した「近江三座」などの例がある。

四《よ》次《じ》元《げん》 ⇩ 二次元《にじげん》

四《よ》畳《じょう》半《はん》 日本家屋の座敷形の一。一間半四方の広さで畳を四枚半敷く。また、茶室の根本とされる形式で、村田珠光《じゅこう》の時代に考案され、千利休時代に確立され、真の座敷として扱われる。

四《よ》つ切《ぎ》り 「四つ」「四つ切り判」ともいう。写真の印画紙の全紙判の四分の一のサイズ。二九〇×二四〇ミリ。「六《む》つ切り」は二四〇×一九〇ミリ、「八《や》つ切り」は二〇七×一五五ミリ。

四《よ》つ手網《であみ》 漁網の一つ。方形状の網の四隅を竹などで張り、四角のざるのようにし、水底に沈め頃合いをみて引き上げる。略して「四つ手」ともいう。

四《よ》つに組《く》む 相撲用語。四つ身に組むこと。互いにからだを密着して組み合う。この体勢で取るのを「四つ相撲」という。右手を下手に差し合うのが「右四つ」、左手が下手の「左四つ」である。これから他の競技でも、両者が正面からぶつかり合うような勝負や、対決にもいうようになった。

四《よ》人《にん》組《ぐみ》 一九六六年五月から七六年十月まで、中国全土に毛沢東の発意と権威で推進されたプロレタリア文化大革命（文革）の中心人物で、江《こう》青《せい》（毛沢東夫人）・王洪文《おうこうぶん》・張春橋《ちょうしゅんきょう》・姚文元《ようぶんげん》の四人をいう。毛沢東の側近として、中国の政治・社会・思想に一時的にせよ大影響を与えた。七六年九月毛沢東が死亡すると、同十月華国鋒《かこくほう》により逮捕され、処刑された。

四《よ》方《も》山《やま》話《ばなし》 四方山は四方の山々。諸地方・世の中の意からさまざまなこと、種々雑多のことになる。気軽な話、世間話のことをいう。

四《よん》・一六《いちろく》事件《じけん》 「しいちろく」ともいう。一九二九（昭和四）年四月十六日未明に全国的に行われた日本共産党員に対する検挙。前年の＊三・一五事件に続くもので、合わせて八百人以上もの検挙者が出て、起訴者二百九十五人を出し、これらにより首脳部を失った共産党は壊滅的な打撃を受けた。

四《よん》Ｈ《エッチ》クラブ 農村の青少年によって構成された団体。農村青少年クラブ。生活の改善、技術の改良を目的とした。アメリカで一九一四年に創始されたのを模倣して、一九四八（昭和二十三）年以後普及したが、十数年後には廃れてしまった。四Ｈは頭＝head、手＝hand、心＝heart、健康＝health。

四《よん》欠《か》く 財産をふやし、蓄財をするための四か条。義理を欠き・恥をかき・人情を欠き・見栄を欠くこと。

四箇国条約《よんかこくじょうやく》 ⇩ 四箇国条約《しかこくじょうやく》

四《よん》親《しん》等《とう》 ⇩ 一親等《いっしんとう》

四大衛星《よんだいえいせい》 木星の衛星のうち大きなイオ、ユーロパ、ガニメデ、カリストの四個をいう。衛星は惑星のまわりを公転（周期的に規則正しく運行すること）する天体。たとえば地球では月。木星には十六個が知られ、未確認も数個存在するといわれる。一六一〇年ガリレオが自作の望遠鏡で発見し観測したもので、衛星の公転の観測のはじめで、コペルニクスの天動説の有力な根拠になった。

四大公害裁判《よんだいこうがいさいばん》 公害患者・遺族などが公害発生源を相手に起こした裁判で、その後の訴訟に大きな影響を与えたもの。一九七一（昭和四十六）年九月二十九日結審の新潟水俣《みなまた》病訴訟（被告、昭和電工）。同年六月三十日・八月九日結審の富山イタイイタイ病訴訟（被告、三井金属鉱業）。七二年七月二十四日結審の四日市訴訟（被告、四日市石油コンビナート六社）。同年十月結審の熊本水俣病訴訟（被告、チッソ）。

四大工業地帯《よんだいこうぎょうちたい》 日本の主要工業地帯の総称。三大工業地帯の京浜・阪神・中京に北九州を加えたものをいう。

四大財閥《よんだいざいばつ》 ⇩ 三大財閥《さんだいざいばつ》

四大疾患《よんだいしっかん》 ⇩ 三大疾患《さんだいしっかん》

四大宗教《よんだいしゅうきょう》の四聖経《しせいきょう》 世界四大宗教のそれぞれの基本教典。仏教の大蔵経、*儒教の四書、キリスト教の聖書、イスラム教のコーラン。

四大重賞《よんだいじゅうしょう》レース 日本中央競馬会主催のレースで特に賞金額が高く、ファンに注目されるレース。「クラシック・レース」ともいう。日本ダービー（東京優駿）・天皇賞・菊花賞・有馬記念。重賞レース（競走）は開催される競走中の最高の格のもので、平馬戦《へいばせん》（一般競走）、特別戦（レースに名前がつき平場戦よりも賞金が高い）、その上の格が重賞競走でレースの名前と第○回の回数がつき、優勝馬の名が記録される。そのなかでもグレード制があり、GⅠ〜GⅢの格付けをして、最高のGⅠレースは、中央競馬年間レース数三千四百のうちの十九、つまり○・六％しかない。

四大証券《よんだいしょうけん》 日本の大手証券会社の野村・日興・大和・山一の四社。証券市場のシェアの大半を占め、影響力が強い。「四社」「大手四社」「大証券」とも。この四社の相場観や売買の影響で、株式相場が左右されることがあり、それを「四社相場」といった。このうちの山一は一九九七（平成九）年十一月に、巨額の簿外債務が原因で経営が破綻《はたん》し、自主廃業を発表、翌年三月に営業を停止した。

四大人種《よんだいじんしゅ》 ⇩ 三大人種《さんだいじんしゅ》

四無主義《よんむしゅぎ》 ⇩ 三無主義《さんむしゅぎ》

五

アメリカの五大湖《ごだいこ》 北アメリカ東部、カナダとアメリカ合衆国の国境、セントローレンス川水系に連なる五つの湖。観光の名所であるとともに、水力を利用して周辺に五大湖沿岸工業地帯を形成している。スペリオル湖・ミシガン湖・ヒューロン湖・エリー湖・オンタリオ湖。エリー湖とオンタリオ湖の落差は百メートルもあり、ナイアガラの滝で有名。⇩世界十大湖沼

安政《あんせい》の五箇国条約《ごかこくじょうやく》　「安政仮条約」ともいう。江戸幕府が一八五八（安政五）年に欧米五か国と結んだ通商条約。同年六月、日米修好通商条約を調印、それを追ってロシア・オランダ・英・仏とほぼ同内容の条約を結ぶ。箱館・兵庫・長崎・横浜・新潟の五港を開港、江戸・大坂を開市、領事駐在などを決め、翌年七月実施とした。領事裁判権・協定関税率制度などを規定した不平等な内容であった。勅許がなく調印したので仮条約と呼び、尊攘《そんじょう》運動の激化を呼び安政の大獄の原因となった。明治政府は対等を求めて努力したが、解決は一九一一（明治四十四）年までかかった。

囲碁《いご》の五冠王《ごかんおう》　⇩五冠王《ごかんおう》

陰陽五行《いんようごぎょう》　古代中国の宇宙観。万物は陰と陽の二気で生じ、木・火・土・金《ごん》・水の五元素で構成されるとして、あらゆる事象がこの構成素間の関係によって生ずるものと説明する五行説が展開される。行は運行の意味。これに基づく学問、さらには方術が陰陽道《おんようどう》。

学校《がっこう》の五日制《いつかせい》　学校の授業日を週五日間として、土・日曜日を休むこと。*週休二日制の普及で学校教育も家庭に合わせる必要があり、教員の休日の確保も避けられない。文部省も公立学校で一九九二（平成四）年九月から毎月第二土曜日を休日とし、平成七年度からは第二・第四土曜日が休日とされ、翌年の中央教育審議会答申に完全実施が打ち出された。が、実施には現制度のままでは土曜日四時間の授業時間を他の曜日で消化すれば、学童の時間的ゆとりが減るし、学外の休日対応態勢が未整備で、塾に通う日が増すだけにならないか、私立学校は歩調を合わさないのではないかなど、問題が山積みしているので、広く生涯学習の面と合わせて検討が行われている。

狩野派五家《かのうはごけ》　日本画の狩野派の画家で、江戸幕府の御用絵師を世襲する家系で、とくに最高位とされる奥絵師を職とした五家。宗家の始祖狩野

安信《やすのぶ》は拝領した家敷地が中橋、尚信《なおのぶ》は木挽町、探幽《たんゆう》が鍛冶橋、洞雲《とううん》（益信）が駿河台、随川《ずいせん》（岑信《みねのぶ》）が浜町。それぞれの家敷地名が家格を示す代名詞とされた。

鎌倉五山《かまくらござん》 ⇩五山《ござん》

京都五山《きょうとござん》 ⇩五山《ござん》

近代五種《きんだいごしゅ》 オリンピックの種目の一つ。軍人のための競技として組み合わされたものが一般化した。馬術競技（野外騎乗）、フェンシング（エペ）、射撃（ピストル）、水泳（自由形三百メートル競泳）、陸上競技（クロス・カントリー四千メートル）を一人の選手が競技して得点数を競う。

五・一五事件《ごいちごじけん》 一九三二（昭和七）年五月十五日に、国家改造を目的とした海軍青年将校が中心となって起こしたクーデター未遂事件。首相官邸などを襲撃、犬養毅首相を暗殺した。

五衛府《ごえふ》 宮城警護を主な役目とする役所。令制の衛門・左右衛士・左右兵衛の五衛府をいったが、八一一（弘仁二）年、左右近衛・左右兵衛・左右衛門の六衛府に改正。諸門を警備、京中の巡検・追捕《ついぶ》、車駕の警衛などを分担したが、検非違使《けびいし》が弘仁年間（八一〇～八二三）に新設されて、京都の治安維持のほか、訴訟・裁判までも行うに至ったので、衛府は実権を失った。

五右衛門風呂《ごえもんぶろ》 五右衛門は戦国時代の盗賊、石川五右衛門のことで、一五九四（文禄三）年京都三条河原で釜煎《かまい》りにされたという。講釈・戯曲の好材料となった人物。その五右衛門を処刑したのと同じ形式の釜からの命名。風呂桶は鉄の釜を使っていて、直接下で薪を焚いて沸かす風呂で、底板がふた代わりに浮かせてあり、それを踏んで沈ませて入浴する。西日本に多かった。

五街道《ごかいどう》 江戸時代、江戸日本橋を起点とする主要な幹線道路。東海道*・中山道*・日光街道*・奥州街道*・甲州街道*をいう。「七《しち》街道」は五街道に、水戸街道（道中）と佐倉道中を加えたもの。水戸街道は江戸から松戸・我孫子《あびこ》の各宿を経由し水戸までで、千住・松戸間を水戸佐倉街道といった。佐倉道中は江戸から千住・新宿・小岩等を経由して佐倉まで。⇩五畿七道

五《ご》箇条《かじょう》の誓文《せいもん》　一八六八（慶応四）年三月十四日、明治天皇が京都御所南殿で公家《くげ》・大名・百官を率いて天地神明に誓って発表した維新政府の基本方針。「五箇条の御誓文」ともいう。「一、広く会議を興《おこ》し万機公論《ばんきこうろん》に決すべし。一、上下心を一にして盛に経綸《けいりん》を行ふべし。一、官武一途《いっと》庶民に至る迄《まで》各其《その》志を遂げ人心をして倦《うま》ざらしめんことを要す。一、旧来の陋習《ろうしゅう》を破り天地の公道に基くべし。一、知識を世界に求め大に皇基を振起すべし」の五か条である。

五《ご》箇所《かしょ》商人《しょうにん》　江戸時代に糸割符商法（特定の商人に仲間を作らせ、輸入生糸を一括購入・販売をさせる制度）によって、生糸貿易を独占した京都・堺・長崎・大坂・江戸の商人。当初は京都・堺・長崎の三か所商人だけであったが、一六三一（寛永八）年江戸と大坂の商人を加えた。

五《ご》月《がっ》祭《さい》　◎毎年五月一日に行われる古来からのローマのお花祭。現在は労働者階級の団結を誇示する国際的な祝日で、通称メーデー。◎東京大学・本郷キャンパスで例年五月に催される文化祭。第一回が一九二三（大正十二）年で、正式名称となったのが一九三六（昭和十一）年。

五《ご》月《がつ》人形《にんぎょう》　「武者人形」ともいう。五月五日端午の節句に飾る人形。端午の「端」は初めを意味する。五月初めの五の日に男児の節句として祝う行事で、昔は武家のお祝いとして、菖蒲《しょうぶ》やヨモギを門口にさして邪気を払い、のぼりや兜《かぶと》を立て並べる外飾りが、今日は庶民の室内飾りとなった。和漢の歴史上の人物や物語の主人公、鍾馗《しょうき》・鎮西八郎為朝《ためとも》・金《きん》時《とき》などが加わった。

五《ご》月《がつ》幟《のぼり》　「さつきのぼり」ともいう。五月五日の端午の節句に男児の成長を祝うために立てるもの。宮中の行事から武家の行事として盛んに祝われ、門口に菖蒲・ヨモギをさして邪気を払い、幟・旗指物を立てるなどの武家飾りを玄関前に立て並べた。これに対して町人たちは鯉《こい》幟を立てる習慣を持った。鯉は滝をも登るといい出世魚とされ、縁起を願って五月の青空にひるがえさせた。人形は内飾りとなったが、幟は事情が許せば外に立てられている。

五《ご》月《がつ》病《びょう》　新入生・新人社員などが入学・入社後一か月の五月頃、しばしば現れる無気力な状態になってしまう症状。一九六八（昭和四十三）年頃からマスコミに登場するようになった。過酷な受験戦争を突破した解放感や、大教室でのマスプロ教育、果ては教育制度や社会のあり方まで、その原因の根は深い。また昭和五十年代になると新入社員にも現れはじめ、解放から緊張への転換によるもので、新入学生とは逆の要因が考えられ、幼時から過保護に育った大卒者は、研修中に自殺したり、セールスその他の業務が辛くてノイローゼになったりするケースが年々増加しているという。

五家宝《ごかぼう》 埼玉県熊谷の名物の菓子。餅米をせいろで蒸し、砂糖と水飴を蜜《みつ》で包んで棒状にして、青黄粉でまぶし、輪切りにしたもの。享保年間（一七一六〜三六）に上野国《こうずけのくに》五箇村の人が作り、五穀を材料とするところから命名された。

五感《ごかん》 身体の五つの器官（五官）、眼・耳・鼻・舌・皮膚によって生ずる視・聴・嗅・味・触の五つの感覚をいう。「六感」はこれに知を加えて、人の持つ六種の感覚をいう。単に「六感」といえば知覚をさす。「第六感」は理屈では説明できないが、物事の本質を鋭く感じとる心の働きのこと。直感。

五冠王《ごかんおう》 各分野の主要なタイトルの五つ。それをすべて獲得した人。将棋では、王将戦・名人戦・十段戦・王位戦・棋聖戦。一九九六（平成八）年に羽生善治名人は、龍王戦・王座戦にも優勝して、初の七冠王に輝いた。囲碁では、名人戦・棋聖戦・本因坊戦・十段戦・天元戦。⇩三冠王

五冠馬《ごかんば》 ⇩三冠馬《さんかんば》

五畿七道《ごきしちどう》 「五畿」は、畿内の五か国。山城・大和・河内・和泉・摂津国で、古代から日本の行政上の中心地域。現在の近畿地方中央部。はじめ四畿であったが和泉が河内から分かれた。「五畿内」ともいう。税のうち調《ちょう》の半納、庸《よう》の免除の優遇措置がとられ、政治の中心として諸般に先進性を保った。

「七道」は、五畿以外の諸国を七区画に分けて、都からの道路を設けて各地の経営に当たった。東海道・東山道・南海道・北陸道・山陰道・山陽道・西海道。のちに北海道が加わり、「八道」とも呼ぶ。⇩五街道

五経博士《ごきょうはかせ》 百済《くだら》の官職名。五経は儒教（学）の『易経・詩経・書経・春秋・礼記』。主要な経

典で儒教そのものを示す意となり、博士はもとは宮廷の儀礼・故実をつかさどった職で、中国の漢が儒学を国学としたので五経の博士も設けた。四～五世紀に王《わ》仁《に》が応神天皇のときに菟道稚郎子《うじのわきいらつこ》に『論語』や『*千字《せんじ》文《もん》』を教えた。六世紀中頃の欽明天皇のころには、交替で来日し儒教を講じるのが例となった。易・暦・医博士も来日している。

五《ご》刑《けい》　「五種の刑」「五罪」ともいう。五種の刑罰。古代中国では墨《いれずみ》・劓《はなそぎ》・剕《あしきり》・宮（男子の去勢、女子陰部の縫合）・大辟《くびきり》とされていたが、隋《ずい》・唐の時代からは笞《ち》（むち打ち）・杖《じょう》（つえ打ち）・徒《ず》（懲役）・流《る》（追放）・死（死刑）と定められ、日本も律令制でこれに従った。現代では死刑・無期徒刑・有期徒刑・拘留・罰金をいう。

五《ご》家《け》七《しち》宗《しゅう》　中国の仏教の禅宗集団七派の総称。達《だる》磨《ま》を開祖とする禅宗は唐代に、南宗と北宗に分かれた。その南宗は、青原行思《せいげんぎょうし》の系統から洞《とう》山良价《ざんりょうかい》と弟子の曹山本寂《そうざんほんじゃく》の曹洞宗、雲門分偃《ぶんえん》の雲門宗、法眼文益《ほうがんぶんえき》の法眼宗の三家が成立、南岳懐譲《えじょう》の系統より為山霊祐《いさんれいゆう》と弟子の仰山慧寂《ぎょうざんえじゃく》の潙仰宗《いぎょうしゅう》、臨済義玄《ぎげん》の臨済宗の二家が成立し、これらを合わせて五家という。宋代になって、臨済宗が慈明楚円《じみょうそえん》の弟子の黄龍慧南《こうりゅうえなん》と楊岐方会《ようぎほうえ》の系統に分かれ、黄龍宗・楊岐宗となり、五家を加えて「五家七宗」という。

五《ご》弦《げん》琴《きん》　⇩　一弦琴《いちげんきん》

五《ご》公《こう》五《ご》民《みん》　⇩　四公六民《しこうろくみん》

五《ご》穀《こく》　穀類の総称。また五種の代表的穀物。国により、出典により諸説がある。中国では、黍《しょく》（もちきび）・稷《しょく》（たかきび）・菽《しゅく》（まめ）・麦・稲。また麻・黍・稷・麦・豆（周礼）が一般的。黍・稷・麻・麦・菽（大礼）とも。日本では、米・麦・粟《あわ》・黍《きび》・大豆、また稲・大小麦・大小豆『本朝食鑑』が一般的。『日本書紀』は粟・稗《ひえ》・麦・豆・稲。『和名抄』は黍・稷・菽・麦・稲。

「八穀」は中国の主要な穀物類。五穀に三種類加えたもの。黍・稷・稲・粱・禾・麻・菽・麦。または稲・黍・大麦・小麦・大豆・小豆・粟・麻。

五胡十六国《ごこじゅうろっこく》　中国で晋末から南北朝時代（四世紀初めから五世紀半ば）にかけて華北で興亡した五胡＝匈奴《きょうど》・鮮卑《せんぴ》・羯《けつ》・氐《てい》・羌《きょう》の五民族

と、漢民族が興した十六の王朝＝前趙・夏・北涼（以上匈奴）、後趙（羯）、前燕・後燕・南燕・西秦・南涼（以上鮮卑）、前秦・成漢・後涼（以下氐）、後秦（羌）、前涼・西涼・北燕（以上漢人）。

五言絶句《ごごんぜっく》 漢詩の形式の一。五言（字）四句、全二十字の詩。句数に制限のない古詩に対する近体詩。起句・承句・転句・結句の構成をとる。六朝《りくちょう》の民歌に始まり、唐代に至って形が定まり流行した。

五言律詩《ごごんりっし》 漢詩の形式の一。五言で八句の詩。七言の場合は「七言律詩」という。唐代に始まった近体詩の一。一定の規則で韻律を整える定型詩。五言・七言ともに二句を一聯《れん》として、四聯で起承転結とする。各聯は順に起聯・頷《がん》聯・頸《けい》聯・尾聯といい、頷・頸には対句を使い、各聯で相対する位置の字はたがいに平仄《ひょうそく》を変えるもの。

五山《ござん》 禅宗の臨済宗での最高の寺格をもつ寺院。インドの五精舎（給孤独園精舎・鷲嶺《わしのみね》の精舎・獼猴《びこう》江の精舎・菴羅《あんら》樹園精舎・竹林精舎）にならった中国の制度が日本にも伝わった。〔京都五山〕霊亀山天龍寺・万年山相国寺・東山建仁寺・慧日山東福寺・京城山（九重山）万寿寺。南禅寺・大徳寺は京都五山の上に置いた。〔鎌倉五山〕巨福山建長寺・瑞鹿山円覚寺・亀谷山寿福寺・金峰山浄智寺・稲荷山浄妙寺。京都・鎌倉の五山を合わせて、「五山十刹《じっさつ》」という。

五三《ごさん》の桐《きり》 紋所の一。豊臣家の家紋で有名。桐の葉三枚の上に桐花を組み合わせたもの。また、歌舞伎狂言で原名題「楼門五三桐」初世並木五瓶作（一七七八〈安永七〉年）大坂角の芝居小川吉太郎座初演の異称でも有名で、主人公石川五右衛門の京都南禅寺楼門の名場面が親しまれている。

五山版《ござんばん》 鎌倉時代末期から室町時代にかけて、*京都五山の寺院・僧侶が刊行した、中国・朝鮮本の覆刻を主とした古版本。禅籍・禅僧の語録から詩文集・経典類まで多彩で、日本の刊行物にはじめて仏教書以外の分野が扱われた。

五山文学《ござんぶんがく》 鎌倉末期から室町時代に禅宗の僧の間で、行われた漢文学。禅宗のための法語・偈《げ》の類にはじまり、詩文・評論など広範な作品を残し、同時期に流行した水墨画とともに、後世に及ぼした影響は大きい。禅宗の中心が京都・鎌倉の大禅宗寺院の総称の五山*であったことからこの呼称が生まれた。

五《ご》・四運動《しうんどう》　一九一九年五月四日、パリ講和会議で日本の対華二十一か条解消要求が拒否されたことから、北京の大学生の抗議デモが発生、これを契機に中国全土に排日と反帝国主義の愛国運動が広がり、日本人と日本商品の排斥運動が展開され、軍閥政府も親日派要人の罷免とヴェルサイユ講和条約の調印拒否を約束する。

五《ご》　色《しき》　五種の色。五行思想を配し、方角・季節を示す。仏教でも基本の色とする。青＝木・東・春、赤＝火・南・夏、黄＝土・中央・土用、白＝金・西・秋、黒＝水・北・冬。「五采《ごさい》」とも。多くの種類、多種多様のたとえともなった。

五色揚《ごしきあ》げ　いろいろの野菜を油で揚げた精進揚げの一つ。五色は青・黄・赤・白・黒の色彩の総称。「五菜」ともいう。「五色」は多数の色どりや物を取り合わすことから、多様さを表すことばとして用いられる。

五色《ごしき》の賎《せん》　律令制下に当時の最下層の身分と規定された五つの等級。朝廷・豪族の雑役に使う労働力とされ、良民（人）や他色の賎民間の婚姻が禁じられた。陵戸《りょうこ》・官戸《かんこ》・家人《けにん》・公奴婢《くぬひ》・私《し》奴婢をいう。

五《ご》七《しち》調《ちょう》　日本の韻文に用いる音数律の一形式。五音節の句のあとに、七音説の句を続けたものを一つの単位として、その調子を繰り返すもの。上代歌謡や『万葉集』において主流をなしていた。特に長歌はこの調子のものが多い。短歌では二句切れ、四句切れが多く、七五調に比較して素朴で力強く荘重な調べとなる。『古今和歌集』以降は七五調*に変化してゆく。

五指《ごし》に余《あま》る　五指は手の指の総称。数を数える基礎とされる。優れたものを選んでいくときに、五つ（指の数）より多く該当するものが多数あることをいう。

五《ご》　爵《しゃく》　「五等爵」とも。貴族などの上位の階級を五段階に分けて順序を付したもの。上位から公爵・侯爵・伯爵・子爵・男爵の順。中国古代の殷《いん》の時代に存在し、次の周朝でも行われたという。日本では一八八四（明治十七）年の授爵に関する勅令で、華族法十条に定められ、公家・大名・維新の功臣などにこの五等の爵を当てて、社会的地位を定め、相当の年金を支給した。一九四七（昭和二十二）年に廃止された。

五重塔《ごじゅうのとう》　寺院建築で塔は釈迦の舎利《しゃり》（骨）を安置する場所で、それが五層のものが五重塔。もっとも高層のものは京都東寺《とうじ》の五五・七メートル。国宝が八塔現存している。幸田露伴の同名の小説は、一八九一・九二（明治二十四・二十五）年の新聞「国会」に連載。谷中《やなか》感応寺の五重塔建立を舞台に、腕前は抜群でも世渡りの下手な大工のっそり十兵衛を主人公に彼の苦労と執念を描写している。

五種競技《ごしゅきょうぎ》　◈Pentathlon のこと。混成陸上競技の一つ。オリンピックでは女子だけの種目となっている。一人で五種目の競技を行い、総得点を競う。〔男子競技〕走幅跳・槍投・百メートル競争・円盤投・千五百メートル競争。一日で実施する。〔女子競技〕八十メートルハードル・砲丸投・走高飛（以上第一日）、走幅跳・二百メートル競争（以上第二日）。二日間で行う。◈古代ギリシアのオリンピックで行われた競技。幅跳・槍投・円盤投・短距離競争・格闘。

五親等《ごしんとう》　⇩一親等《いっしんとう》

五星紅旗《ごせいこうき》　中華人民共和国の国旗。横長の長方形で、紅色の地の左上に五つの黄星（五稜星）があり、星のうち一つが大きく、人民政治協商会議と中国共産党を表し、四つの小さな星は労働者・農民・知識階級・愛国的資本家を象徴している。一九四九年九月制定。

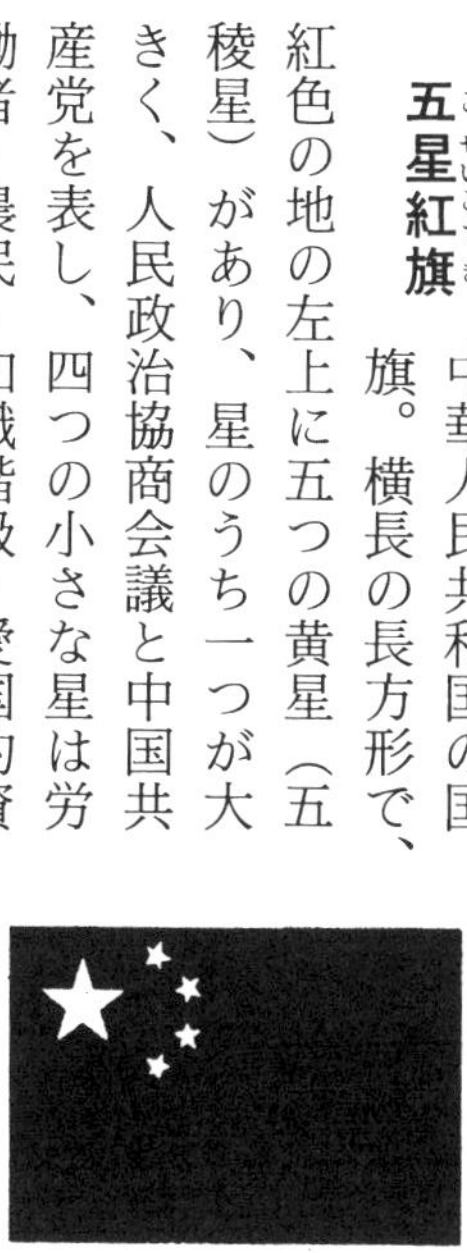
五星紅旗

五節会《ごせちえ》　奈良時代以降、宮中で催される節日《せちにち》や公式行事のある日の宴会で特に重視された日。元旦＝正月元日、白馬《あおうま》＝正月七日、踏歌《とうか》＝正月十六日、端午《たんご》＝五月五日、豊明《とよのあかり》＝新嘗《にいなめ》祭翌日の辰《たつ》の日。民間の年中行事（五節句など）にも影響を与えた。節日は季節の変わり目を祝う日で、主な日は元旦・白馬・踏歌・端午・相撲《すまい》（七月二十六～九日）・重陽《ちょうよう》（九月九日）・豊明。

五節句《ごせっく》　「節供」とも書く。節句は各季節の特定の日（節日）に、神前に食物を供え、祭りをした後にそれを食べて、神の霊力を人が身につける行事。節供《せちく》（句）は神に供する供物《くもつ》の意から、特定の日を示すことになったという。正月料理のおせち（御節）は節日の料理のことだった。節日は、地域・家などに固有のものがあるが、中国の五節句が伝わり、宮中行事から武家に、そして民間に普及して一般化し今日も行われている。人日《じんじつ》＝正月七日、上巳《じょうし》＝三月三日、五月五日＝端午、七月七日＝*七夕《たなばた》、九月九日＝重陽《ちょうよう》の五つをいう。

五摂家《ごせっけ》　藤原氏のうちで摂政・関白の官位につく、近衛《このえ》・九条・二条・一条・鷹司《たかつかさ》の五家。いずれも藤原氏の北家《ほっけ》道長流で、代々摂政と関白という最高位につき、合わせて藤原氏の長としての氏長者《うじのちょうじゃ》を兼ねる家柄である。このような家を摂関家・摂家といった。この長子相続の例が、一一八六（文治二）年源頼朝が推して、基実の子基道に代わり基実の弟兼実を摂政とし、ここで兄の家は近衛、弟は九条に分立した。九条から二条・一条、近衛から鷹司がその後に分かれ、以来明治維新までこの五家から摂政・関白が出るのが例とされた。

五線譜《ごせんふ》　五線は音楽で使用する五本の並行の線。これに音譜を記入して楽譜とする。ヨーロッパでは十世紀以来使用している。

五臓六腑《ごぞうろっぷ》　漢方医学での内臓の種別。東洋医学の古典『黄帝内経』の「素問」「霊枢」が出典。五臓は五倉《ごそう》・五内《ごだい》ともいい、心臓・肝臓・肺臓・腎《じん》臓・脾《ひ》臓。六腑は大腸・小腸・胆・胃・膀胱《ぼうこう》・三《さん》焦《しょう》。合わせて体内全体の臓器を指す。

五体《ごたい》　⇩　三体《さんたい》

五大改革指令《ごだいかいかくしれい》　第二次大戦後まもなく、連合国軍最高司令官マッカーサーが、幣原《しではら》喜重郎首相に一九四五（昭和二十）年十月に、口頭で要求した当面の社会改革の指示。婦人の開放、労働組合の助長、教育の自由主義化、圧政的諸制度の撤廃、経済の民主化の五つをいう。

五大銀行《ごだいぎんこう》　「ビック・ファイブ」とも。第二次大戦前に金融界に独占的地位を占めた銀行。三井・三菱・住友・第一・安田。明治末期ごろから有力になっていたが、一九二七（昭和二）年の金融恐慌で他の同業との格差が明確となり、巨大な金融資本で産業界を支配し、独占の中枢となった。

五大《ごだい》クラシックレース　競馬の最重要レースで明け四歳（満三歳）のサラブレッドが競う。英国では千ギニー・二千ギニー・オークス・ダービー・セントレジャー。日本では、桜花賞・皐月《さつき》賞・オークス・日本ダービー（東京優駿）・菊花賞。

五代十国《ごだいじっこく》　中国唐の滅亡から宋の建国への五十四年間（九〇六～九六〇）に、中国で興亡した諸王朝。「五代」は後梁・後唐・後晋・後漢・後周。「十国」は中原《ちゅうげん》（中国文化発祥の黄河中流の地域）以外の地方におこった国々。呉・南唐・前蜀・後蜀・閩《びん》・荊《けい》南《なん》・楚・呉越・南漢・北漢。一代で滅びた燕・岐を加えて十二国ともいう。

五大新聞《ごだいしんぶん》　⇩三大新聞《さんだいしんぶん》

五体満足《ごたいまんぞく》　健康であること、身体が健全であること。「五体」は両手・両足・頭、または頭・首・胸・手・足のことから全身をさす。その体に欠けたところや不完全なところがないことをいう。

五《ご》大《たい》洋《よう》　⇩三大洋《さんたいよう》

五《ご》大《たい》陸《りく》　「五大州」ともいう。アジア・アフリカ・アメリカ・オーストラリア・ヨーロッパの各大陸。オーストラリア大陸を除いて南・北アメリカ大陸とすることもある。⇩三大陸・六大州

五《ご》大《たい》老《ろう》　豊臣秀吉が幼少の秀頼の後見役としての*五奉行の上位においた役職。一五九七（慶長二）年頃の設置。徳川家康・前田利家・宇喜多秀家・毛利輝元・小早川隆景（死後は上杉景勝）の五人。五奉行と合わせて「十人衆」ともいう。

五W一H《ごダブリューいちエッチ》　新聞記者や報道関係者が取材するときの心得るべき基本事項。「五W」はWhen＝いつ、Where＝どこで、Who＝誰れが、What＝何を、Why なぜ、「一H」は How＝いかに。この各項目を必ず取材しなければならないとされている。

五反百姓《ごたんびゃくしょう》　反は段とも記す。五反程度の農地を所有して、自分で耕している百姓で、自立できる標準的な農家・農民のこと。一反は三百坪（約九九二㎡）。六尺三寸四方が一歩《ぶ》、十歩が一畝《せ》、十畝が一反。江戸時代中期で、一反の田の米の収穫は七斗（一斗は約十八リットル）＝一石《こく》二～三斗。成人一人の年

間消費量は約一石。一応年貢を納めて、自家消費を保てる計算となる。

五島列島《ごとうれっとう》　長崎県西部の東シナ海にある群島。中通《なかどおり》・若松島・奈留《なる》・久賀《ひさか》・福江島の五島を中心に二千もの島々が約八十キロにわたって浮かんでいる。奈留島以北を上五島、久賀島以南を下五島と呼んでいる。独特の自然景観に恵まれ、西海国立公園の中心地区に指定され、東シナ海漁業の基地でもある。

五人組《ごにんぐみ》　江戸時代庶民の隣保組織。五戸一組で、長を組頭と呼ぶ。江戸時代に入ってすぐ組織され、切支丹取締り、浪人対策など警察的な目的のため強制的に制度化し、相互監察による犯罪防止・告発をさせ、連体責任をとらせた。その上納税の負担にまで及んだ。のちには上位下達・成員の相互扶助に転じていった。祖型は古代の五保の制（律令制の維持に近隣五戸を一保として保長をおき、相互の監視から租調納入の責任を負わせた）にあり、すでに豊臣秀吉も下級武士の編成や洛中の治安維持に組織している。

また、ロシア音楽では、バラーキレフ、ボロディン、キュイ、ムソルグスキー、リムスキーコルサコフの五人をいう。

五人囃子《ごにんばやし》　三月三日桃の節句に飾る雛《ひな》人形のなかの一組。雛段の上から内裏《だいり》雛・三人官女、その次の三段目に置く楽人たちで、向かって右から謡《うたい》手《て》・笛・小鼓《こつづみ》・大鼓・太鼓《たいこ》と並ぶ。この編成は能楽と同じであることから、雛祭が能楽を式（礼）楽とする武家の行事の影響を受けたものといわれる。公家は雅楽が式楽である。また邦楽で琴・笛・三味線・太鼓・鼓の五種の楽器の合奏をいう。

五品江戸回送令《ごひんえどかいそうれい》　江戸時代末期の輸出品流通統制令。一八五九（安政六）年開港後に、日本の輸出品が産地から横浜に直送されたために、従来の江戸問屋中心の流通機構がくずれ、物価高騰を呼んだので、その対策として問屋保護と流通経済統制のために、一八六〇（万延元）年閏三月に主要輸出五品目（雑穀・水油〈菜種油〉・蠟《ろう》・呉服・生糸）は江戸問屋に集め、国内需要を考慮して横浜に出荷させた。相応の効果があったが、最大の輸出品生糸が商人と外国側の反対で成果が上がらなかった。

五風十雨《ごふうじゅうう》 気候・天候が順調なことのたとえ。五日ごとに風が吹き、十日ごとに雨が降る。それに合わせて農作物が順調に育つ。ひいては世の中が太平であること。

五奉行《ごぶぎょう》 豊臣政権下の職名。豊臣秀吉の没する直前の一五九八（慶長三）年任命され、秀吉子飼いの若手五人が選ばれて政務を担当した。秀頼の後見役としての*五大老の大大名と合わせて「十人衆」とも呼ばれた。前田玄以（公家・寺社管轄）・浅野長政・増田長盛・石田三成（一般民事・大事件の処理）・長束《なつか》正家（財務業務）の五人。

五分五分《ごぶごぶ》 ⇩ 四分六《しぶろく》

五風土記《ごふどき》 元明天皇が七一三（和銅六）年に諸国に命じて、地名の由来・地形・産物・伝説などを記した地誌を編集して、中央政府に提出させた。その現存するもの。近世に「風土記」を付した諸地方の地誌が編集されたのに対して、「古風土記」と総称される。出雲・常陸・播磨・豊後・肥前、そのうち完本に近いのは『出雲風土記』のみで、他は不完全なものである。

五榜《ごぼう》**の掲示**《けいじ》 一八六八（明治元）年三月十五日、*五か条の誓文の宣布の翌日に、旧幕府の高札（禁制・法度書《はっとがき》）を撤去して、新たに新政府が立てた五枚の制札。第一札は五倫道徳の遵守《じゅんしゅ》、第二札は徒党・強訴・逃散禁止、第三札は切支丹・邪宗門禁止で、ここまでは旧幕府のそれを継承した永世の定法。第四札は万国公法に服すること、第五札は土民の本国脱走禁止の覚書で、一時的な掲示であった。*五か条の誓文の公議政体論が姿を消し、旧幕府の民衆統制の継承を示したもの。

五味《ごみ》 食物の五種の味のこと。酸味＝すっぱい、苦味＝にがい、甘味＝あまい、辛味＝からい、鹹《かん》味＝しおからい。五味に渋味＝しぶいを加えて「六味」とする説もある。仏教用語では、『涅槃経《ねはんぎょう》』にある牛乳精製過程の五つの味。乳味・酪《らく》味・生酥《しょうそ》味・熟酥《じゅくそ》味・醍醐《だいご》味。このうちで最上とされるのは醍醐味で、何物にも代えられない、真の味わいから、楽しさや神髄の意味のことばとして用いられる。

五無主義《ごむしゅぎ》 ⇩ 三無主義《さんむしゅぎ》

五目鮨《ごもくずし》　「ばらずし」「まぜずし」とも。椎茸・かんぴょう・ニンジン・魚貝類などをあらかじめ調理しておき、すし飯とまぜたもの。器に盛ってから、上に錦糸卵・そぼろ・もみ海苔・紅ショウガなどをかける。「五目」は五種類というよりいろいろなものが混じっている意。

五目飯《ごもくめし》　炊き込み飯の一種。鶏肉・油揚げ、椎茸・かんぴょう・ニンジン・タケノコなどの野菜類、こんにゃくなどを炊き込んだ味つけ飯。別に材料を調味して煮て、醬油味の飯の炊き上がりにまぜることもある。

五欲《ごよく》　仏教用語。五境（色・声・香・味・触）から引き起こされる五つの欲。色欲・声欲・香欲・味欲・触欲のこと。五境そのものをさすこともある。「五塵《ごじん》」とも。また、財欲・色欲・飲欲・名誉欲・睡眠欲の総称。あるいは*五臓（内臓の種類）と*五味（食物の味）との組み合わせで、それぞれの臓器と味覚との関係を示す。肝は酸、心は苦、脾《ひ》は甘、肺は辛、腎《じん》は鹹《かん》。

五里霧中《ごりむちゅう》　五里四方にわたる深い霧の中にいる意から、事情や情勢が全くつかめず、先の見通しもたたず、どうしてよいかわからない状態。したがって、読み方は「ごり・むちゅう」ではなく「ごりむ・ちゅう」。『後漢書』張楷伝にある故事。

五稜郭《ごりょうかく》　現在、函館市に所在する函館奉行所庁舎で、武田斐三郎《あやさぶろう》の設計した欧州風の星形の城塞。一八五七〜六四（安政四〜元治元）年に建設。一八六八（明治元）年から翌年まで、旧幕臣榎本武揚《たけあき》らがここで官軍と抗戦した戊辰《ぼしん》戦争の終焉の地。

五輪《ごりん》　オリンピック大会旗の五つの輪。*五大陸（アジア・アフリカ・アメリカ・オーストラリア・ヨーロッパ）を象徴している。オリンピック大会の俗称にも用いられる。

五輪塔《ごりんとう》　塔婆の一形式。五大（地・水・火・風・空）を宇宙の生成の要素とする仏教思想にもとづいて、平安時代に

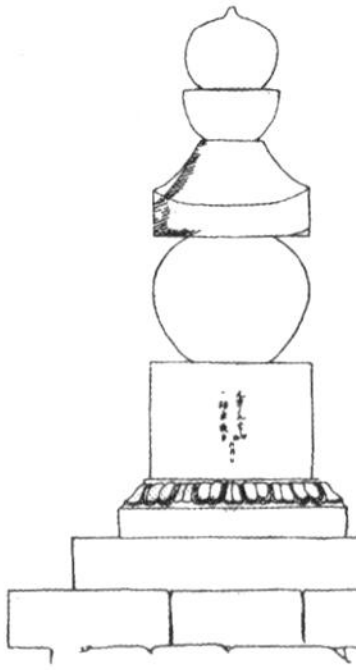
五輪塔

創始された塔。四角と円形の石を五つ重ねて作る。最上段を如意珠形（団）、次が半月、続いて三角、円・方とする。大日如来を意味して、また舎利を奉安する塔である。堂宇の落成・仏像の開眼・亡き人の追福などのための建立が、転じて墓標にも当てられた。銅製の例もある。

五月女《さおとめ》　「早乙女」とも書き、「植女《うえめ》」「そうとめ」とも。古くは、稲を植えるときに特に選ばれた乙女をいったが、のちに田植えをする娘すべてをいうようになった。転じて一般の乙女・少女の意にも用いる。「さ」は接頭語。

五月晴れ《さつきばれ》　陰暦六月の晴れ間。梅雨期の晴れ間をいう。太陽暦では五月の空の晴れわたったことをいう。仲夏の季語とされる。

五月蝿《さばえ》　「五月蝿い」と書いて「うるさい」と読み、同音・同意で「煩《うるさ》い」こと。陰暦五月頃に群がってうるさいハエのことから、群がり騒ぐことのたとえ。

五月雨《さみだれ》　「さ」は五月《さつき》のさ。「みだれ」は水垂《みだれ》のこと。陰暦五月頃に降り続く長雨、現在の六月の梅雨に当たる。そこから断続的に繰り返すことのたとえとして「五月雨式……」と使われ、「五月雨スト」などという。

儒教の五徳《じゅきょうのごとく》　儒教で説く五つの徳目。『論語』では温・良・恭・倹・譲。『中庸《ちゅうよう》』では聡明睿知《えいち》・寛裕温柔・発強剛毅・斉荘来正・文理密教。その他それぞれの立場から五事項を連ねて用いられる。婦人のそなえるべき五徳は清・貞・美・譜・胎など。

将棋の五冠王《しょうぎのごかんおう》　⇩五冠王《ごかんおう》

第五議会《だいごぎかい》　⇩第一議会《だいいちぎかい》

第五共和制《だいごきょうわせい》　⇩第一共和制《だいいちきょうわせい》

天下の五剣《てんかのごけん》　室町時代にもっとも高く評価された五振りの刀。鬼丸国綱（宮内庁御物）、大《おお》伝多光世《でんたみつよ》（前田家蔵）、童子切安綱《どうじぎり》（国宝）、三日月宗近（国宝）、珠数丸《じゅずまる》恒次（重要文化財）で、ともに現存する。

天人五衰《てんにんごすい》　単に「五衰」とも。仏教語で天人が死ぬときに表れる五種の相のこと。「大の衰」は、衣服垢穢（天人の衣裳が垢で穢《けが》れてくる）、頭上華萎（頭上の花が萎《しお》れてくる）、身体臭穢（身体から悪臭を放つようになる）、腋下汗流（両腋の下から汗が出る）、不楽本座（住んでいる極楽でさえも楽しくなくなる）。「小の五衰」は、楽声不起・身光忽滅・浴水著身・著境不捨・眼目数瞬。大の五衰が表れれば死はまぬがれないが、小ならば勝善根に会えば救われるという。

天人といえば美しく気高い存在であるのに、その天人でさえもこのように衰える。人間や人間の住むこの世が汚れて、衰えるということは仕方のないという意味で用いる。三島由紀夫の最後の作品『豊饒《ほうじょう》の海』の第四部の副題が「天人五衰」である。

日本《にほん》舞踊《ぶよう》の五大《ごだい》流派《りゅうは》　日本舞踊の諸流派で、流祖が振付師で現在でも強い影響力を持っている流派。西川流・花柳流・若柳流・藤間流・市山流。また、現在活躍が目ざましい流派では、花柳・藤間・坂東《ばんどう》・西川・若柳の五流。

能楽《のうがく》の五流《ごりゅう》　能楽の五流派。シテ（仕手）方（能の舞台に登場して主役を演ずる家格）では、観世・宝生《ほうしょう》・金春《こんぱる》・金剛・喜多。喜多流は金剛流から分かれ、豊臣家に使えたので、江戸幕府が座として認めなかったため、江戸時代は「四座一流」と呼ばれた。ワキ（脇）方（仕手の相手をする役）では、進藤・春藤・高安・福王・宝生の五流。

富士五湖《ふじごこ》　富士山の北側にある五つの湖。山中湖・河口湖・本栖《もとす》湖・西《さい》湖・精進《しょうじ》湖。いずれも富士箱根国立公園内にあり、風光明媚な所で観光客が絶えない。

平和五原則《へいわごげんそく》　一九五四年四月、中国・インド間で締結された「チベット・インド間の通商・交通協定」の前文で唱われたのが最初で、同年六月の周恩来・ネール共同声明で確認されたもの。内容は、領土・主権の相互尊重、相互不可侵、内政不干渉、平等互恵、平和的共存で、両国間のみならず国際間の原則とすべきだとし、翌五五年のアジア・アフリカ（A・A）会議の「バンドン十原則」の骨子ともなり、以後中国外交の柱となり、国際的にも有効に適用されている。

明治《めいじ》の米国遊学《べいこくゆうがく》五少女《ごしょうじょ》　「女性渡米五人組」などともいう。一八七一（明治四）年十一月十二日、文部大丞田中不二麻呂が欧米教育制度調査で、条約改正交渉使節の岩倉具視《ともみ》一行に随行するに当たって、初の女子留学生として米国に連れて行った五人。吉益亮子、津田梅子（女子英語塾、現津田塾大学を創設）、永井繁子、山川捨松《すてまつ》（陸軍大臣大山巌の後妻となり大山姓になる）、上田悌子。

モーゼ五書《ごしょ》
旧約聖書の最初の五書。「創世記」「出エジプト記」「レヴィ記」「民数記」「申命記」。モーゼの著作といわれてこう命名されたが、いくつかの資料が編纂されたものといわれる。ユダヤ教では「トーラー」と呼ぶ。

倭《わ》の五王《ごおう》
中国の史書『晋書』『宋書』などに記載されている日本の国王。四一三〜五〇二年に十三回通行していて、〃倭の五王〃として讃《さん》・珍《ちん》・済《せい》・興《こう》・武《ぶ》とある。諸天皇に比定すると讃＝仁徳か応神・履中《りちゅう》、珍＝反正《はんぜい》か仁徳、済＝允恭《いんぎょう》、興＝安康《あんこう》、武＝雄略とされる。

六

浅草六区《あさくさろっく》
東京都台東区浅草にある娯楽街。江戸時代は金龍山浅草寺の火除《ひよけ》地で「浅草たんぼ」と呼ばれていた窪地が、一八七三（明治六）年に埋めたてられ、浅草公園となった。八四年に七区に分割され、浅草寺境内の弁天池に面した地域が「浅草公園第六区」に指定され、市内随一の大衆的娯楽街となった。浅草オペラや映画館などで隆盛をきわめ、浅草文学といわれる久保田万太郎・川端康成・永井荷風らの浅草を題材とした作品にもなった。六区の全盛は明治・大正・昭和と続いたが、第二次大戦後は、都内の他地域にも繁華街がふえ、加えて交通の不便さから応時の賑わいは陰りを見せ、盛り場としては規模が小さくなった。

江戸《えど》の六地蔵《ろくじぞう》 ⇩ 六地蔵《ろくじぞう》

大相撲《おおずもう》の六場所制《ろくばしょせい》
日本相撲協会が興行する相撲興行が大相撲。そのなかで主要な興行が本場所、所属する全力士で興行し、そのときの成績で番付（地位）の上下、給料などが決められる。現在それが年間に六回あり、一月東京の初場所、三月大阪の春場所、五月東京の夏場所、七月の名古屋場所、九月東京の秋場所、十一月福岡の九州場所。

上方贅六《かみがたぜいろく》　「才六《さいろく》」が江戸風に訛《なま》ったもの。「贅」は当て字。関西人に対する蔑称で抜け目がないという意味。才六は＊双六《すごろく》で賽《さい》の目の六（さいろく）の裏目が重一《でっち》（二つの賽の目が両方とも一のこと）であることから丁稚《でっち》の音に当て、すべての小者をいう。＊青二才を罵語化していう毛才六《けざいろく》あるいは下《げ》才六の上が略されたザイロクが、江戸訛りで「ぜえろく」となったものといわれる。

兼六園《けんろくえん》　⇩　日本三名園《にほんさんめいえん》

丈六《じょうろく》　仏像の高さの標準の一つで、一丈六尺（約四・八メートル）の仏像のこと。仏（釈尊）の身長が一丈六尺あったとされたことに由来する。ただし坐像の場合にはその半分を丈六と呼び、実際には八尺ないし九尺が標準となる。

双六《すごろく》　駒と賽《さい》を使って行う室内遊戯の一種で、盤《ばん》双六と絵双六とがある。盤双六は、二人が対座し、二個の賽を木あるいは竹の筒に入れて盤の上に振り出し、出た目の数だけ棋士《きし》（あるいは駒石）を進めて勝負を競う。起源はインドで、中国を経て奈良時代以前に日本に伝来。賭《かけ》双六が盛んになり禁止令がたびたび出されるほど愛好されたが、しだいにすたれた。

絵双六は、紙面に多くの区画を描き、初めの区画を振り出し、最後を上がりといい、数人で一つの賽を振り、出た目の数だけ進め最初に上がった者が勝ち。江戸時代から主に民間で行われ、正月の子どもの遊びとなった。

総領《そうりょう》**の甚六**《じんろく》　「総領」は家を継ぐ子のこと、長男または長女。「甚六」はお人よし・おろかもの・ぼんやりの意。おっとりしていて頭の回転のにぶい人をいう。甚六とは親が死んだ後に、自然に跡目を継承する順がまわってきて禄を受けるという「順禄」を意味しており、そこから長男のことをいうようになった。総領の甚六は、長子は次子以下に比べて俊敏ではないことをいい、江戸いろはカルタにもみられる。

第六議会《だいろくぎかい》 ⇩ 第一議会《だいいちぎかい》

第六感《だいろっかん》 ⇩ 五感《ごかん》

地方六団体《ちほうろくだんたい》 地方自治に関した諸役職者の全国組織の総称。全国知事会・全国都道府県議会議長会・全国市長会・全国市議会議長会・全国町村長会・全国町村会議長会。

茶道の六宗匠《ちゃどうのろくそうしょう》 茶道界で一流派を開いた人々。また正統な伝統を継いだ人をいう。村田珠光《じゅこう》＝奈良流茶道開祖、鳥居引拙《いんせつ》＝珠光の高弟、武野紹鷗《じょうおう》＝堺流茶道開祖、千利休＝利休流茶道開祖、古田織部《おりべ》＝利休の高弟で織部流茶道開祖、小堀遠州《えんしゅう》＝遠州流茶道開祖。

徳川幕府の六奉行《とくがわばくふのろくぶぎょう》 江戸幕府で軍事行動をとるときの主要役職をいう。大目付・旗奉行・槍奉行（以上軍《いくさ》三奉行）、陣場奉行・小屋奉行・小荷駄《こにだ》奉行。平常時は陣場を普請《ふしん》、小屋を作事《さくじ》、小荷駄は勘定と呼ぶ。

南都六宗《なんとろくしゅう》 南都六宗は奈良時代に平城京（奈良）を中心に栄えていた仏教の諸宗派の総称で、三論宗・成実宗《じょうじつ》・法相宗《ほっそう》・倶舎宗《くしゃ》・華厳宗《けごん》・律宗。「南都八宗」は、平安時代における仏教諸宗派で、南都六宗に新たに将来された最澄の天台宗、空海の真言宗《しんごん》（北京二宗）を合わせた呼称。

兵六玉《ひょうろくだま》 「表六」とも書く。愚鈍な人をののしっていう語で、まぬけなどともいう。蔵六との対語で、蔵六は亀の異称。亀は首と尾・四足の六つを甲羅の中に隠して出さないので、仏教で六根（眼《げん》・耳《に》・鼻・舌・身・意の諸感覚・認識の作用を行うもの）を隠せば成仏《じょうぶつ》できるというので、亀は利巧なものとされ、表六は六根を隠せないもので愚かなことになる。兵と表は同音であり、玉は人の蔑称を語調で付したもの。

六日の菖蒲《むいかのしょうぶ》 「六日」とは五月六日のこと。五月五日は端午の節句であり、菖蒲湯などの習慣が現在も続いている。その菖蒲が五日になく、六日にあっても何にもならないことから、時機を失して役に立たない物事のたとえ。このことばの後に「十日*の菊」と続き、合わせて「六日の菖蒲十日の菊」という。

六玉川《むたまがわ》 歌の名所・歌枕として有名な全国六か所の玉川をいう。山城の井出玉川、摂津の三島玉川、近江の野路玉川、紀伊の高野玉川、武蔵の調布玉川(多摩川)、陸奥《むつ》の野田玉川を総称していう。

六《む》つ切《ぎり》 ⇩ 四《よ》つ切《ぎり》

明六社《めいろくしゃ》・明六雑誌《めいろくざっし》 「明六社」は、一八七三(明治六)年七月に森有礼《ありのり》の主唱により、西村茂樹・福沢諭吉・西周《あまね》・加藤弘之ら三十数名を同人として結成された明治維新後の西欧文化導入にかかわる啓蒙のための団体。日本学士院の基礎となった。『明六雑誌』は、明六社の機関誌で、一八七四年三月創刊。政治・教育・宗教・自然科学・経済・婦人・法律・風俗などさまざまな分野に啓蒙的役割を果たしたが、翌七五年十一月四十三号で政府の言論弾圧によって中絶し、明六社も事実上解散した。

宿六《やどろく》 宿屋の主人のことから転じて、妻が自分の夫を親しんで、または軽んじていうことば。宿屋の主人は碌《ろく》でなしが多いというところから、つまって宿六になったという。

六畜《りくちく》 「りくきゅう」「ろくちく」とも。六種の家畜のこと。中国で祭典のときに神前にいけにえに用いるものの例。馬・牛・羊・豕(豚)・犬・鶏。出典は中国古代の字書『爾雅』による。

六朝《りくちょう》 中国で漢の滅亡後に建康(南京)を都として興亡した六王朝(二二九～五八九年)、呉・東晋・宋・斉・梁・陳。また晋・宋・斉・梁・陳・隋(二六五～六一八年)とする説もある。日本の＊倭《わ》の五王から推古朝に相当し、飛鳥文化に与えた影響が強い。

六国史《りっこくし》 奈良・平安時代に勅命によって編纂された次の六つの史書。『日本書紀』『続《しょく》日本紀』『日本後紀』『続《しょく》日本後紀』『文徳《もんとく》実録』『三代実録』の総称。中国の史書にならった漢文の編年体であった。以後は勅命による編集は行われなかった。

六観音《ろくかんのん》 六道の衆生《しゅじょう》を済度する六種の観世音菩薩で、唐の道邃《どうすい》和尚が『摩訶止観《まかしかん》』の説によって定めた。千手《せんじゅ》観音・聖《しょう》観音・馬頭観音・十一面観音・准胝《じゅんでい》観音・如意輪《にょいりん》観音。真言系では不空羂索《ふくうけんさく》を准胝観音に換える。それを含めて「七観音」ともいう。

六弦琴《ろくげんきん》 ⇩ 一弦琴《いちげんきん》

六斎市《ろくさいいち》 ⇩ 三斎市《さんさいいち》

六三制《ろくさんせい》 一九四七（昭和二十二）年の教育改革によって公布された現行学校制度の通称。小学校六年、中学校三年の九年間の義務教育期間をいう。アメリカの学校系統を手本とした単線型学校体系。これに高等学校三年、大学四年をあわせて「六・三・三・四制」ともいう。また「六・三・四制」といって六・三・三制に浪人一年分を加えた名称も生まれた。

六地蔵《ろくじぞう》 ◎六道にあって衆生の苦患を救うといわれる六種の地蔵のこと。地獄道の檀陀、餓鬼道の宝珠、畜生道の宝印、修羅道の持地、人間道の除蓋障、天上道の日光を総称していう。ほかの説もある。

◎「江戸の六地蔵」は、正徳年間（一七一一～一六）に地蔵坊正元の発願による東京都内の六か所の地蔵。品川区南品川の品川寺、台東区東浅草の東禅寺、新宿区新宿の太宗寺、豊島区巣鴨の真性寺、江東区白河の霊巌寺、江東区の永代寺（現在は消滅）の各寺に安置され、江戸人の巡拝が多かった。

六尺棒《ろくしゃくぼう》 カシなどの丈夫な木でつくった六尺（約一八〇センチ）の棒のことで、罪人逮捕の際などに用いた。また荷物をになうのに使う天秤棒《てんびんぼう》の別称。

六条河原《ろくじょうがわら》 京都の賀茂川の河原で、中世の代表的刑場（死刑執行の場）のあった場所。中世に東海道とともに利用された京都への入口の渋谷越《しぶたにごえ》に通じ、葬送の場の鳥辺野《とりべの》にも近い。この往来の盛んな道沿いに刑場を設け、人々を威嚇する効果をねらった。一六〇〇（慶長五）年に石田三成の処刑後、刑場は東国への交通の要地となった三条河原に移された。

六所遠流《ろくしょおんる》 江戸時代に罪人を遠流（流罪《るざい》・島流し）の刑にするのに当てた六つの島。伊豆七島・薩摩の五島・肥後の天草・隠岐・壱岐・佐渡のこと。

六親等《ろくしんとう》 ⇩ 一親等《いっしんとう》

六大学野球《ろくだいがくやきゅう》 東京大学・早稲田大学・慶応義塾大学・法政大学・明治大学・立教大学の間で行われる野球のリーグ戦。一九二五（大正十四）年に東京六大学野球連盟が設立され、日本の野球の発展に貢献。これにならって関西六大学野球が一九二九(昭和四)年、東都大学野球が一九三一年に設立された。

六大師《ろくだいし》　弘法大師空海・伝教大師最澄・慈覚大師円仁・知証大師円珍・慈慧《じえ》大師良源・円光大師源空の六人の大師を総称していう。「大師」とは高徳の僧の尊称で、朝廷から贈られるものだが、そのほとんどが諡号《しごう》(死後のおくり名)である。大師号は六大師のほかに十七人に贈られている。その中には蓮如・親鸞・道元・一遍・隠元・日蓮なども含まれている。

六大州《ろくだいしゅう》　アジア州・アフリカ州・北アメリカ州・南アメリカ州・ヨーロッパ州・大洋州を総称していう。そこから前世界をも意味する。⇩三大陸・五大陸

六大都市《ろくだいとし》　日本の主要な都市の総称。東京・大阪・京都・名古屋・神戸・横浜の六都市を指すのが一般。しかし、地方自治法により一定の要件を備えて(人口百万人程度など)、政令指定都市になった都市(ほぼ府県並みの行政権を持ち、行政手続きが府県を経由せず国と直接に行える地位を持つ市で、現在十二市ある)に早くに指定を受けた所とすると、東京は都制という別扱いなので入れずに五大都市という場合もあり、代わりに北九州市を加える例もある。⇩百万都市

六段《ろくだん》　八橋検校《やつはしけんぎょう》が一六五〇(慶安三)年ごろ作曲の箏《そう》の名曲「六段の調べ」の略称。唄がつかず全部が楽器で演奏される、いわゆる「段もの」で、一段五二拍子の曲が六段続くことからこの名がある。歌舞伎の下座《げざ》音楽の「連獅子」「助六」などはこの曲を原拠としている。

六段目《ろくだんめ》　浄瑠璃《じょうるり》の第六段目。特に「仮名手本忠臣蔵」の勘平腹切りの段をいう。また、浄瑠璃は六段で完結することから転じて、これっきり・終末・終結の意にも用いられる。

六道《ろくどう》　「六趣」とも、一切の衆生《しゅじょう》がそれぞれの悪業によっておもむき住む六つの迷界。地獄・餓鬼・畜生・修羅《しゅら》・人間・天上の各道。六観音・六道銭・*六地蔵・六道の辻はこれに由来する。

六人制《ろくにんせい》**バレーボール**　前衛三人・後衛三人で行い、サーブは一本だけで、サーブ

権を得るごとにポジションが変わる。十五点先取で三セットを取ったチームの勝ち。バレーボールは米国のモーガンが一八九五年創案。一九四七年国際連盟も結成され、従来九人制の競技だったが、五一年六人制の規則が採用され、それが五七年東京オリンピックの正式種目に決まって、日本もそれに変わった。

六波羅探題《ろくはらたんだい》　鎌倉幕府が朝廷を監視するために置いた機関。尾張国以西の御家人《ごけにん》も統轄した。当初は六波羅守護《しゅご》と呼び、承久の乱（一二二一年）を契機に、執権北条氏の一族が当たった。六波羅は京都市東山で空也開祖の六波羅蜜寺にちなんだ地名。平清盛ら平家一門が屋敷を構えた平家政権の中心地であった。

六部《ろくぶ》　「りくぶ」とも呼び、「六十六部」の略。六十六部の法華経《ほけきょう》を書写し、全国六十六か所の霊場に納経して歩く行脚《あんぎゃ》僧のこと。白衣に手甲《てっこう》・脚絆《きゃはん》・草鞋《わらじ》で、六部笠と呼ばれる笠をかぶり、仏龕《ぶつがん》を背負い、鉦《かね》を鳴らしながら巡礼した。

六分儀《ろくぶんぎ》　航海や飛行中に自分の位置を測るための器機。太陽・星の高度を測定し、これから経度・緯度を求める。円周の六分の一（六の度）開きのある扇形の円弧があるのでこの名となった。円弧・小望遠鏡・二個の平面鏡を組み合わせた小型の器機。

六味《ろくみ》　⇩五味《ごみ》

六無斎《ろくむさい》　林子平（一七三八～九三）の号。寛政の改革で労作『海国兵談』（ロシア船の南下に対し、対外兵備が急務であることを論じた書）が出版禁止となり、印刷分は没収、板木《はんぎ》はこわされ、身柄は仙台の兄に預けとなった。それを悲しんで自作の和歌「親もなく妻なく子なく板木なし金も無ければ死にたくもなし」と詠じたのにちなむ。

六文銭《ろくもんせん》　「六連銭」ともいう。一文銭六枚を三枚ずつ二行に並べた紋所。真田家の旗印として、大坂の役での真田幸村軍の活躍で有名。

六老僧《ろくろうそう》　親鸞の六人の高弟のことで「関東六老僧」ともいう。明光・了源・源海・源誓・専海・了海をいうが、源海・専海を明空・信証とする説もある。また、日蓮の六人の高弟の総称についてもいう。日昭・日朗・日興・日向・日頂・日持。

六角堂《ろっかくどう》　六角形の堂宇のこと。著名なものは京都市中京区の頂法寺の俗称。西国三十三か所第十八番札所で、聖徳太子の創建といわれる。本堂が六角形である。寺務所を池ノ坊といい、華道の家元として知られている。

六家集《ろっかしゅう》　「りっかしゅう」とも。新古今集時代の有名歌人六人（「新六歌仙」ともいう）の私家集のこと。藤原俊成『長秋詠藻《ちょうしゅうえいそう》』、藤原良経『秋《あき》篠月清《しのげっせい》集』、慈円『拾玉《しゅうぎょく》集』、藤原定家『拾遺愚草《ぐそう》』、藤原家隆『壬二《みに》集』、西行『山家《さんか》集』。⇩六歌仙

六歌仙《ろっかせん》　平安時代初期の代表的な歌人六人。紀貫之が『古今和歌集』の仮名序の中で、「近き世にその名聞えたる人」としてあげた在原業平《ありわらのなりひら》・僧正遍昭《へんじょう》・喜撰《きせん》法師・大友黒主《くろぬし》・文屋《ふんや》康秀・小野小町。いずれの歌風も技巧的で優美であり、古今調の先駆けをなした。『古今和歌集』は、醍醐天皇の延喜五（九〇五）年に紀貫之・友則らが編さんした初の勅撰和歌集。⇩六家集

六根清浄《ろっこんしょうじょう》　「六根」は仏教用語。眼《げん》・耳《に》・鼻・舌・身・意のこと。対象に対して感覚・認識作用を行うとき、よりどころとなる作用をもつもの。各感覚器官とその能力、視覚（眼根《げんこん》）、聴覚（耳根《にこん》）、嗅覚（鼻根）、味覚（舌根）、触覚器官と触覚能力の身根に、思惟《しい》器官とその能力の意根を含わせた。「六賊《りくぞく》」とも。主観により生ずるとして「六内処《ろくないしょ》」ともいう。
「六根清浄」は、眼・耳・鼻・舌・身・意の六根が清らかになることで、人間の身心が功徳でもろもろ清浄になっていることをさす。登山行者が金剛杖を六根に擬し、「六根清浄」と唱えて登山する。神聖な山に修行し身心が清らかになることを念じ、それにより無事登山の全うを願うため。

六法全書《ろっぽうぜんしょ》　六法は現行成文法の代表。憲法・刑法・民法・商法・刑事訴訟法・民事訴訟法。これを中心に主要な法令を収録した法令集が六法全書。ある分野の主要法令集をこれにならって教育六法・交通六法などと呼ぶことがある。

六方《ろっぽう》を踏《ふ》む　歌舞伎独特の様式化された歩き方。役者が花道から揚幕に入る際の特別に誇張した所作《しょさ》。飛び六方・片手六方などがある。六方は東西南北に天地（上下）の六つの方向のことで、これ

を踏まえるという宗儀的な儀式を芸能化したといわれる。

六《ろく》六《ろく》判《ばん》　写真のフィルムのサイズ。縦横六センチ四方のネガが得られるフィルム。「シックス判」ともいう。画面寸法57ミリ×57ミリ。一般によく使われるのは35ミリフィルムで、36ミリ×24ミリのフィルム。

七

秋《あき》の七草《ななくさ》　⇩　七草《ななくさ》

色《いろ》の白《しろ》いは七難《しちなん》隠《かく》す　日本女性の美人の条件の一つは色白にあるということ。色が白ければ顔の造作、容姿の多少の難は目をつぶる。ここの「七難」は多少の欠点の意味。「日本三美人」は秋田・新潟・京都育ちの女性であり、共通点に美肌・色白があることにも示される。本来七難は仏教語で天変地異・盗難などの、現実生活に恐怖を与える諸災難を七種に例示したもの。経典により異なるが『仁王経』は、日月失度難（日月の異変）、星宿失度難（星の運行の異変）、災火難、雨水難、悪風難、亢陽難《こうよう》（たいへんな日照り）、悪賊難。

江《え》戸《ど》の時《とき》の鐘《かね》の七箇所《しちかしょ》　江戸時代、江戸で時刻を報ずる鐘を鳴らした七か所。石町三丁目、本庄（所）横川町、市谷八幡随身門の脇、芝切通、上野文殊堂前、目黒不動、赤坂田町成満寺をいう。徳川家康のときに明《あけ》六つ（午前六時）、暮《くれ》六つ（午後六時）を江戸城中で打つ太鼓によったというが、家光のとき正午を鐘で知らせたという。一六二六（寛永三）年、石町に市民のための鐘楼を作り、以来市街の発展により場所も増し、『江戸名所図会』には四谷天龍寺、浅草寺弁天山を追加して九か所としている。

江《え》戸《ど》の七組《ななくみ》肴《うお》問屋《といや》　江戸時代の江戸の魚問屋仲間の総称。日本橋四人組（本小田原町・本船町・同町横居町・安針町）・新場・本芝・芝金杉をいう。魚問屋の営業には江戸城の膳所への納魚の義務があるので、開業のときから各組で行事（役員）を選出し組合を統轄し、江戸城の膳所へ納魚を行っていたが、一七二一（享保六）年、これらを統轄して「七組肴問屋」と称した。また浦賀番所で漁船の取り調べを行わせていたので、印鑑問屋とも称した。

お七《しち》夜《や》

子供の誕生祝いの行事で、子供が生まれてから七日目の夜の祝い。平安時代の上流社会では産養《うぶやしない》といい、この日に親族・縁者が集まりお祝いをした。子供が生まれた当日から初夜・三夜・五夜・七夜・九夜の奇数日、また五十日《いそか》・百日《ももか》を祝ったが、現在は七夜だけが残り、この日に新生児の名を付ける。

親《おや》の光《ひかり》は七光《ななひかり》

子供の地位や出世に影響をあたえる、親の社会的名声や地位・功績をいう。子供にそれほどの才能や力がなくても、親のお陰で恩恵をうけることをいう。「親の七光」「親の威光」「親の光は七とこ照らす」ともいう。

京《きょう》の七口《ななくち》の関《せき》

諸国から京都に入る七つの要所。東三条口または粟田口(東海道)、伏見口(南海道)、鳥羽口(西海道)、丹波口または西七条口(山陰道)、長坂口(丹波道)、鞍馬口(北陸道)、大原口(若狭街道)の七つをいう。中世には関所(七口関)を置き通行税を徴収し、禁裏の費用に当てていた。名称・位置は時代により変化があるが、豊臣秀吉の関所撤廃後は、この七か所に固定された。

ギリシアの七賢人《しちけんじん》

古代ギリシアで前六世紀初めに模範的人物と仰がれた七人の哲学者・政治家。ミレトスのタレス、アテネのソロン、プリエネのビアス、ミュテイレネのピッタコスの四人はほぼ定説になっているが、ほかの三人は所伝により、まちまちである。一般的にはコリントの僭主《せんしゅ》のペリアンドロス、リンドスのクレオプロス、スパルタのキロンである。黄金の鼎《かなえ》がイオニア海で釣り上げられ、神託は「もっとも賢い者に与えよ」とあり、最初タレスに差し出されたが、彼は他に回し、次々に七人に回され、受ける者がなく皆でアポロン神殿に奉納と決めたという。

七《しち》回《かい》忌《き》 ⇩ 一回忌《いっかいき》

七月革命《しちがつかくめい》

一八三〇年七月、三日間パリで続いた市民革命で、王政復古以来のブルボン王朝を倒した。一八一四年ナポレオン一世退位後の王政復古下で、ルイ十八世が新憲法を発布して制限的な議会を設けて来たが、二四年シャルル十世が即位すると、議会を圧迫し、言論統制を強化した反動政策を行ったのが原因。この革命で封建的貴族政治が打破され、近代的民主主義政治へ一歩を進めた。国王はイギリスに亡命、オルレアン家のルイ・フィリップが即位し、七月王政が始まる。

七官《しちかん》の制《せい》 一八六八(慶応四)年閏四月二十一日に維新政府が、三権分立を建前とする政体書を出し、それによる中央政府機構。太政官がこれを統轄する最高官庁として以下七官を置く。議政官、行政官(後に太政官と総称)、会計官(後に大蔵省)、神祇官(神祇省の前身)、軍務官(後に兵部省)、外国官(後に外務省)、刑法官(後に刑部省)、翌年民部省を新設して八官となる。名称・機構に改訂が行われていくが、一八八五(明治十八)年内閣制度創設で廃止される。

七《しち》観《かん》音《のん》 ◎観音菩薩が衆生《しゅじょう》を救済するために姿を七相に変えたという。その各相、千手観音・馬頭観音・十一面観音・聖《しょう》観音・如意輪観音・准《じゅん》胝《でい》観音・不空羂索《ふくうけんさく》観音をいう。◎江戸時代、庶民の信仰を集めた各地にある観音様をまつった七か寺のことで「七所《しちしょ》観音」ともいう。「京都七観音」は、革堂行願寺・河崎清和院(感応寺)・吉田寺・清水寺・六角堂・六波羅蜜寺・蓮華王院。「江戸七観音」は、浅草寺・東叡山護国院・東叡山清水堂・不忍池《しのばずのいけ》弁天堂・養福寺・光源寺・護国寺。

七《しち》去《きょ》 「七出《しちしつ》」ともいう。儒教思想における、妻を離婚しうる七条件。夫の両親に従順でないこと、跡取りとなる男の子がないこと、男女関係にふしだらなこと、嫉妬深いこと、悪疾《あくへい》のあること、口数の多いこと、盗癖があることの七条件をいう。

七卿落ち《しちきょうおち》 一八六三(文久三)年、長州藩や尊攘志士と提携した尊攘《そんじょう》急進派の公卿《くぎょう》は攘夷強行・朝権奪回を主張し、討幕活動を展開し、孝明天皇の不興をかい、八月十八日、会津・薩摩藩ら公武合体派による政変にあい、尊攘急進派の七人の公家《くげ》は、地位が危なくなり、翌十九日に京都から長州藩に逃れた。三条実美《さねとみ》・三条西季知《すえとも》・東久世通禧《みちとみ》・壬生《みぶ》基修《もとなが》・四条隆謌《たかうた》・沢宣嘉《のぶよし》・錦小路頼徳《よりのり》をいう。

七《しち》絃《げん》琴《きん》 ⇩ 一絃琴《いちげんきん》

七公三民《しちこうさんみん》 ⇩ 四公六民《しこうろくみん》

七《しち》五《ご》三《さん》 児童に関する儀式で、七五三参り(七五三祝い)の意。奇数は吉数として縁起のよい数とされ、七・五・三の年齢をとる。古くは男女三歳で髪置《かみおき》の祝い、男児五歳で袴着《はかまぎ》の祝い、女児が七歳で帯解《おびとき》の祝いを正月吉日あるいは誕生日に行っていた。江戸時代に将軍徳川綱吉の子徳松君の祝儀が十一月十五日に行われて以来、男児が三歳と五歳、女児が三歳と七歳になると、この日に神社へ参拝する通過儀式が固定化した。

七五調《しちごちょう》 日本の詩歌や音韻に用いる音数律の一形式。七音節の後に五音節の句を続けたものを一つの単位として、その調子を繰り返すもの。五*七調とともに韻律の基本とされる。たとえば、「いろはにほへと　ちりぬるを／わかよたれそ　つねならむ……」という調子で、奈良時代末以降近代に至るまで、短歌・長歌・歌謡・語り物・詩などに用いられる。近代の唱歌でも「汽笛一声　新橋を／はやわが汽車は……」のように用いられている。

七言詩《しちごんし》 漢詩の形式。毎句が七字の詩。その起源は漢の武帝の柏梁台連句に始まるといわれる。が『詩経』の邶風《はいふう》の「桑中の詩」、王風の「黍離の詩」、離騒中の七言句にもとづくともいい、あるいは皇娥・白帝の二歌、荊軻の「易水歌」、項羽の「垓下歌」、漢の高祖の「大風歌」をも起源とするともいわれ、定説が出ていない。

「七言絶句《ぜっく》」は起句・承句・転句・結句、この起承転結の四句の近代詩。この形式を絶句といい、第二・四句の末字に押韻する。七絶・七言四句とも。「七言古詩」は、韻は押すが平仄《ひょうそく》や回数に制約がない。「七言律詩」は、八句の近代詩、第三・四と第五・六の句を対句とし、偶数句の末字に押韻する。七言律・七律とも。「七言排律」は、排律は律詩で長さに制限のない形式。そのほか二句の「七言二句」もある。

七三《しちさん》分《わ》け 物を分配するとき、全体を七対三に分ける分け方。「七三」ともいう。また、髪の分け方の一つで、髪を右左に七分と三分の割合に分け、そこに筋目を立てる分け方。「七三」ともいう。歌舞伎演出用語では、劇場の花道で、揚幕から七分、本舞台から三分の位置をいう。俳優が立ち止まって台詞《せりふ》を言ったり、思い入れをする。

七七日《しちしちにち》 ⇩ 初七日《しょなぬか》

七支刀《しちしとう》 「ななさやのたち」ともいう。奈良県天理市にある石上《いそのかみ》神宮所蔵の鉄剣。全長七十四・九センチ、刀身部分六十五・五センチ。まっすぐな剣身(直刀)の左右に三本ずつの枝刃が交互につけられているところから七支刀といわれる。剣の両面に金象嵌《ぞうがん》の銘文があるが損傷がはなはだしく、解読が諸説一致していない。百済《くだら》から日本に贈られたものと読まれ、四世紀後半の作。国宝。

七生報国《しちしょうほうこく》 「七生」とは仏教用語で、人界・天界に七度《ななたび》生まれ変わる意。七生報国とは七度生まれ変わって国のために尽くすこと。一三三六(建武三)年楠木正成《まさしげ》・正季《まさすえ》兄弟が足利尊氏《たかうじ》との湊川の戦いに破れ、正季の「七度生まれ変わって国に報いん」を辞世のことばに、兄弟で刺し違えたことで有名となり、国への忠誠を示すのに使われた。

七色冠《しちしょくかん》 古代において、冠の種類により朝廷での席次を示す制度。織・繡・紫・錦・青・黒・建武。冠位十三階のこと。聖徳太子によって冠位十二階の制度は始められたが、六四七(大化三)年には、冠の材料・服色とで区別する十三階が制定された。織から黒までを各大小に分け、それに建武を加えて十三階とした。翌々年錦以下を錦・山・乙とし、それをさらに上中下にし、建の大小と十九階となり、以後数次の改正があり、七〇一(大宝元)年親王四階、諸王十四階、諸臣三十階の位階制度となり、冠位の呼称がなくなった。

七食品群《しちしょくひんぐん》 栄養をとるのには、五栄養素を適当にとることが必要だ。食品には栄養素が片寄って含まれるので、栄養的な組み合わせで食事をすることが望ましい。栄養的に食品を七群に分け、バランスを考える助けとしたもの。①魚・肉製品＝たんぱく質・脂肪・鉄・ビタミンB1・ビタミンB2、②豆製品＝たんぱく質・カルシウム・鉄、③緑黄色野菜＝カロチン・ビタミンC・カルシウム、④淡色野菜・いも類＝炭水化物・ビタミンC、⑤乳・卵＝たんぱく質・カルシウム・ビタミンB2、⑥穀物＝炭水化物・ビタミンB1、⑦油脂・砂糖＝炭水化物・脂肪。

七転八倒《しちてんばっとう》 苦痛のあまり、転げまわってもだえ苦しむこと。何回か起きてはまた倒れ、結局立ち上がれないという意。中国の『朱子語録』の故事で、商が滅びるとき、七転八倒の失敗を繰り返して建て直そうと努力するが、結局崩れ落ちたことから。苦痛や困難を強調するとき「七転八倒の苦しみ」などと用いる。

七《しち》　道《どう》 ⇩ 五畿七道《ごきしちどう》

七堂伽藍《しちどうがらん》 仏教寺院で具備すべき七種の堂宇《どうう》のこと。七は悉《すべて》の意味で悉堂《しつどう》とも。中国（唐代）もしくは朝鮮から渡来した伽藍配置の様式。時代・宗派によって一定していない。奈良時代の*南都六宗では金堂・講堂・塔・食堂《じきどう》・鐘楼・経蔵・僧坊をいう。一説には、七堂伽藍の呼称は日本の禅宗が始まりとする。禅宗では法堂・仏殿・山門・厨庫（食堂・庫院）・僧堂・浴室・西浄（東司・便所）とし、必ずしも七つの数字にかかわらなかったが、のちに七か所の堂舎を数えることとなった。法隆寺はよくその七堂の整備した形式を伝えている。

七難七福《しちなんしちふく》 七難は「法華経普門品《ふもんぼん》」に説く人の上に降りかかる災難の諸相で、火難・水難・羅刹《らせつ》（悪霊の難）・刀杖《とうじょう》難（剣難のような武器の難）・鬼難（死霊の難）・枷鎖《かさ》難（牢屋に囚われる難）・怨賊《おんぞく》難（盗難）。七福は人の幸せを示すことで、寿命・有福・人望・清廉・愛敬・威光・大量をいい、徳川家康の説とも伝えられている。この人生の禍福の諸相を画材として、円山応挙が描いた三巻の絵巻が「七難七福図」で、重要文化財に指定されている。

七難八苦《しちなんはっく》 仏教語で、七難は人が避けられない七つの災害。諸説あるが『仁王経』は、日月失度難（太陽・月の異変）、星宿失度難（星の運行異変）、災火難、雨水難、悪風難、亢陽《こうよう》難（日照り）、悪賊難。八苦は人の苦悩の原因、生老病死の四苦に愛別離苦（愛するものと別れる）、怨憎会苦《おんぞうえく》（怨み憎むものに会わなければならない）、求不得苦《ぐふとっく》（求めてもなかなか得られない）、五陰盛苦《ごおんじょうく》（身体に生ずる苦痛）を加えた。二つを合わせて、人生すべての苦難をいう。戦国の武将山中鹿之助幸盛の故事で、尼子十勇士とともに尼子家の再興をはかるとき、神仏に「願わくば我に七難八苦を与えたまえ」と祈ったという。苦しみを回避せず、自ら困難に立ち向かうたとえ。

七人《しちにん》の子《こ》はなすとも女《おんな》に心《こころ》を許《ゆる》すな 女性には気を許せない

というたとえ。七人の子供まで授かったような、長年連れ添った妻であっても、女性は自我が強く、心中何を考えているのかわからない。『詩経』邶風《はいふう》・顗風《ぎふう》を出典として、大久保彦左衛門の『三河物語』、絵島基磧《きせき》作の浮世草子『世間娘容気《かたぎ》』などにも使われている。

七年戦争《しちねんせんそう》

一七五六年から六三年までの、プロシア・イギリス両国と、オーストリア・ロシア・フランス及びその盟邦との間に行われた戦争。フリードリヒ大王のすぐれた指導とロシアの離反により、プロシアはシュレジア領有を確認された。他方、その間イギリスはフランスの植民地戦争に勝ち、カナダ・インドの植民地をフランスから奪った。

七《しち》福《ふく》神《じん》

延寿・招福をもたらすとして信仰される七神。仏教の教えを根拠として、中国の*竹林《くくりん》の七賢などにならってインド・中国・日本の福神を合わせせた。一四二〇（応永二十七）年にこれをかたどった風流行列が行われたというので、古くからの信仰であろう。現在行われている大黒天＝有福、恵比寿《えびす》＝清廉、弁財天＝愛敬、毘沙門天《びしゃもん》＝威光、寿老人＝寿命、布袋《ほてい》＝大量、福禄寿＝人望は、徳川家康が天海僧上に聞いたものを絵師に画かせたものという。

瑞祥のしるしとして絵画・彫刻の題材となり、歌謡・舞踊にも扱われ、特に新年の縁起物として、枕の下に宝船に七福神の舟遊びを画き、回文の歌「なかきよのとをのりねぶりのみなめざめなみのりぶねのおとのよきかな」を添えた絵（宝船）を敷き、よき初夢を願った。

正月七草までに七福神をまつる寺社を巡拝する風習が江戸時代にでき、谷中・隅田川などが有名である。神社の祭神から大巳貴神・事代主命・厳島大明神・天穂日命・高良大明神・鹿島大明神・猿田彦大明神とする例もある。

七分積立金《しちぶつみたてきん》

江戸時代、寛政の改革で窮民救済のための低利資金の融通政策。一七九一（寛政三）年、老中松平定信が江戸の町費（町入用）の節約を命じ、倹約した金額の七割を積立て、幕府も二万両を補助して基金を作り、低利融資で増殖、その利子で窮民救済事業を行った。幕末まで継続され、明治維新で東京市に引き継がれ、養育院の設置などに当てられた。

七変化《しちへんげ》 歌舞伎舞踊の演出形式の一つ。一人の俳優が一つの題名の中で、早変わりして七種の舞踊を踊ること。犬・業平《なりひら》・老人・小童・六方・藤壺・猩々《しょうじょう》をいう。一六九七（元禄十）年十月京都万太夫座で、水木辰之助が「七化狂詩《ななばけ》」としてこの七種を演じ分けたのが始まり。以後、同趣向の変化舞踊が多数演じられ、演者も二人以上のものが現れた。長唄「越後獅子」を含む「遅桜手爾葉七字《ておくれざくらてにはのななじ》」などが有名。「七化《ななばけ》」ともいう。

七味唐辛子《しちみとうがらし》 「ななみ」、また「七色《なないろ》」とも。唐辛子に胡麻《ごま》・陳皮・芥子《けし》の実・麻の実・山椒《さんしょう》の実・菜種（または紫蘇《しそ》・青海苔《のり》）を混ぜた日本独特の香辛料。麺類・煮物・漬物・汁物などに用いられ、味覚を刺激して食欲を増進する。東京地方では七味唐辛子というが、関西では「七味蕃椒」と書いて「しちみとうがらし」と呼ぶ。寛永年間（一六二四〜四四）ころ、江戸両国の橋のたもと、薬研堀《やげんぼり》の辛子屋徳右衛門が、生唐辛子・焼き唐辛子を主材料に、六種の薬味を加えて七味唐辛子の名で売り出したのが最初といわれている。当時は肉桂《にっけい》やホオズキが混ぜられたこともある。

七曜《しちよう》 「七政」ともいう。天体の日・月と木星・火星・土星・金星・水星の五惑星を七曜といい、それらが一日ごとに交替してその日を支配するという考えに基づいて、これを各日に配当し、八日目ごとに循環させた。七日を一週とする起源は、カルディア・バビロニアにあったといわれるが、七日の周期は太陰暦の一月を四等分したことに起こるという。中国でも歳星（木）・熒惑星（火）・鎮星（土）・太白星（金）・辰星（水）の五星に日・月を加えた七つの星を暦日に当てた。日本にも宣明暦《せんみょう》以来導入された。平安時代以降、宿曜道《すくようどう》などでは人の運命と日・方角の吉凶を結びつけた。一年の各日に七曜を記載した暦を「七曜暦」という。七曜のうち、日曜日が休日となったのは一八七六（明治九）年四月からである。

七両二分《しちりょうにぶ》 江戸時代、間男《まおとこ》（人妻が夫以外の男性とこっそりと関係を結ぶこと。また、その相手の男性）の罪を犯した者が、露見したときに夫に謝罪として支払うとされた金額。「間男の相場は七両二分」などという。江戸時代姦通罪は死刑であったが、前期には男が相手の亭主に銀三百匁（金五両）を支払い、示談として斬首を免れる例があり、それが江戸後期に値上がりしてこの金額となった。

七輪《しちりん》　「七厘」とも書く。家庭で使う炊事用のコンロ。炭は銭一分もいらず銀七厘ほどで炊事ができることから七厘釜という。関西では火がすぐ起こることから、気短かの癇癖《かんぺき》がなまって「カンテキ」ともいう。元来、元禄（一六八八～一七〇四）ごろに起こった土製の小炉であったが、明治以後鉄製や練炭用のものもでき、第二次大戦中に見直され、戦後しばらく使用された。

七宝焼《しっぽうやき》　「七宝」「七珍」とも。工芸品で銀・銅などの下地に、種々の色や模様を焼きつけたもの。起源はエジプトといわれ、中国秦・漢でも作られ、奈良・平安時代に技術が伝わったが中絶し、慶長時代に平田道仁が再興した。七宝は仏教語で七種の宝石のことで、経典で異なるが『法華経』では、金・銀・瑠璃《るり》（水晶）・車渠《しゃこ》（貝の一種）・瑪瑙《めのう》・真珠・玫瑰《ばいかい》をいう。極楽浄土を飾るものである。

七五三縄《しめなわ》　「注連縄《しめなわ》」とも。神事や正月などに、清浄な地を区別するのに用いる縄。新年などの賀に用い、わざわいの神が内に入らないようにとの意。エビ・ダイダイ・昆布などをつけると歳徳神を迎える場所を示す。稲藁《わら》の新しいのを選び、特に打たず、左綯《ない》に撚《よ》り、両端は切らないでおくことが必要で適当な間隔に別の藁を七本・五本・三本と垂らし、さらに四手《しで》（もとは木綿、今は紙で作る）をはさむ。

初七日《しょなぬか》　「しょなのか」とも。人が亡くなって初めて営む法事をいう。死亡日を含めて七日目に当たる日。今日では葬儀の当日に合わせて営むことが多い。初七日のあとは「二《ふた》七日＝十四日目」「三《み》七日＝二十一日目」「四《し》七日＝二十八日目」「五七《ごしち》日＝三十五日」「七七《しちしち》日＝四十九日」と、七日目ごとに法要が行われた。このうち「四十九日」は死者の死後の運命が決まる日として、重要視された。また、四十九日の前後に香典返しを送る。四十九日のあとは「百箇《か》日」で、そのあとは「*一回（周）忌」となる。

戦国時代の七雄《せんごくじだいのしちゆう》　近世初期に日本統一をめざして競った大名。中国の春秋戦国時代に制覇を争った七雄（秦・楚・燕・斉・趙・魏・韓）を例に、織田信長・今川義元・武田信玄・毛利元就・上杉謙信・北条氏康・豊臣秀吉の七人をいう。また西国で覇を競った「坂西の七雄」は、三好長慶・大内義隆・尼子晴久・島津義久・毛利元就・大友宗麟・長宗我部元親。

男女《だんじょ》七歳《しちさい》にして席《せき》を同《おな》じうせず

男女の区別を幼少から厳しくすべきだとする教育方針。中国『礼記《らいき》』の「七年男女、不同席、不共食」により、七歳になれば男女の区別を正しくすべきだとする教え。席は蓆《むしろ》のことで、七歳ともなれば男女を意識する。男と女は成人になれば社会的に立場が分かれる。だから、もうこの年齢から一枚の蓆に並んでは座らせずに、男女の別を教えるべきだということ。

竹林《ちくりん》の七賢人《しちけんじん》

中国、三国時代魏《ぎ》の末期（三世紀半ば頃）、河南省東部一帯の竹林にしばしば集まって酒を飲み、琴を弾き、清談を行った山濤《さんとう》・嵆康《けいこう》・阮籍《げんせき》・王戎《おうじゅう》・劉伶《りゅうれい》・阮咸《げんかん》・向秀《しょうしゅう》の七人の賢者（清談家）のこと。彼らの魏の時代は、伝統的な儒教道徳が形式化し、社会に偽善が横行したので、この俗世間から逃避し、老荘思想（特に荘子）に理想を求めて反世俗的な自由な議論を試み精神の歓喜を求めた。その後も、彼らの遊びは多くの人々に模倣された。

茶道《ちゃどう》の七事式《しちじしき》

茶道の七種の式法。茶の道を極める過程でこの式法（儀式・作法）の各種の実際に体験して、心技両面の達成をはかるもの。花月・一二三《いちにさん》・廻炭《まわりずみ》・且座《さざ》・廻花《まわりばな》・茶かぶき、員《かず》（数）茶。小人数を一組として茶を楽しみながら修行をしていく形をとる。十八世紀なかばに、表千家七世如心斎宗左が弟の裏千家八世夕玄斎一橙と門弟川上不白などと合議し、大徳寺の無学宗衍《そうえん》の教えも受けて定めた。『碧巌録』の「七事随身」にちなむという。

中世《ちゅうせい》の七座《しちざ》

鎌倉・室町時代、各地の市場に設けた商工業などの七つの同業組合。絹の座・炭の座・米の座・檜物《ひもの》座（薄板加工の食器類・わっぱ）・千朶積《せんだつみ》座（薪）・相物《あいもの》座（加工海産物）・馬商座をいう。一説には、魚・米・器・塩・刀・衣・薬の座という。朝廷や貴族・社寺（本所）の保護を受けるのに、座役（上納金）を払うが、商品の製造・販売上の独占権・

関銭免除などの特権を得ていた。やがて、保護を受けることなく台頭して来た新儀商人の出現や楽市・楽座政策により廃止された。

津軽《つがる》の七《なな》つ雪《ゆき》　太宰治の作品『津軽』の前付けにあげた津軽の雪の種類。雪は気象条件により降雪・積雪のようすを変える。その時々の特徴を、こな雪・つぶ雪・わた雪・みず雪・かた雪・ざらめ雪・こおり雪と表現している。

貞門七俳仙《ていもんしちはいせん》　「貞門」とは江戸時代、松永貞徳を始祖とする俳諧の流派で、その高弟の七人。安原貞室・鶏冠《かえで》井令《いりょう》(良)徳《とく》・山本西武《さいむ》・北村季吟・高瀬梅盛《ばいせい》・野々口立圃《りゅうほ》・松江重頼をいう。のち、野々口立圃・松江重頼は離脱して一派を形成した。代表的な作品集に、『犬子《えのこ》集』『俳句発句帳』『毛吹草』『新続犬筑波集』などがある。

豊臣七人集《とよとみしちにんしゅう》　豊臣秀吉の重臣の中で、秀吉没後、一六〇〇(慶長五)年、関が原の戦いのとき、*五奉行と対立していた加藤清正を中心に徳川家康に味方し仕えた七人。浅野長政・福島正則・細川忠興・池田輝政・黒田長政・蜂須賀至鎮《よししげ》をいう。

無《な》くて七癖《ななくせ》　まったく癖がないように見える人でも、多かれ少なかれ癖をもっている。なさそうでも七つ位は癖があり、たくさんある人なら四十八も癖がある。人間に癖はつきものという意。「無くて七癖有って四十八癖」「難なくて七癖」ともいう。

七色《なないろ》の虹《にじ》　雨あがりなどに、大気中の水滴に日光があたり、屈折・反射により光の分散を生じて、太陽と反対の方向の空に見える七色の弓形の帯。虹の外側から赤・橙《だいだい》・黄・緑・青・藍・紫の七色。

七重《ななえ》の膝《ひざ》を八重《やえ》に折《お》る　「七重」とは七つ重ねること、または重なっている七つのもので、転じて多くの重なりの意。「八重に折る」は、腰を低くすることのたとえ。丁寧な上にも、さらに丁寧に嘆願したり、わびることをいう。「七重の膝を十重も折る」「七重の襞《ひだ》を八重に折る」ともいう。

七《なな》草《くさ》　「七種」とも書く。七種類の草のこと。現在は春と秋を代表する七種の組み合わせをいう。

〔春の七草〕一般に芹《せり》・薺《なずな》・御形《ごぎょう》・蘩蔞《はこべら》・仏《ほとけ》の座《ざ》・菘《すずな》・清白《すずしろ》の七種の若菜をいう。古くは平安時代より正月七日にあつものにして食する行事があり、宮中では白馬節会《あおうまのせえ》の宴が催され、後世には、江戸時代に五節供*の一つとし、諸侯が登城して将軍に祝儀を言上するのを七日正月という。

民間では六日夜から七草囃子《はやし》といって、小桶に俎板《まないた》を載せ、スズナやナズナをのせて、包丁・火箸《ひばし》・杓子・擂木《すりこぎ》・割薪でその年の干支《えと》により定められた吉祥の方角の恵方《えほう》に向《むか》っ拍子《ぴょうし》をとり「ななくさなずな唐土の鳥が日本の土地へ渡らぬ先に」とはやしたてながら菜を刻み粥《かゆ》に入れて食べた。これを「七草粥」という。七種は時代、地方によって多少の違いがある。

〔秋の七草〕萩・尾花・葛花《くず》・撫子《なでしこ》の花・女郎花《おみなえし》・藤袴・朝顔の花の七種。『万葉集』の秋の野の花を詠んだ山上憶良《おくら》の歌「萩の花尾花葛花瞿麦《なでしこ》の花女郎花また藤袴朝顔の花」にはじまる。朝顔を現在のキキョウとする説がある。春の七草が節供の食関係であるのに対し、秋の七草は秋の野に咲く愛すべき七種の草花である。

七《なな》草《くさ》粥《がゆ》 ⇩ 七草《ななくさ》

七度尋《ななたびたず》ねて人《ひと》を疑《うたが》え むやみに他人を疑ってはいけないということ。物が見あたらぬときは他人を疑いがちだが、何度も探した上で疑っても遅くない。

七転《ななころ》び八《や》起《お》き 七たび転んでも八たび起き上がることから、何度、倒れても倒れても起きあがること。何度失敗してもそれにくじけることなくやり抜くこと。達磨《だるま》大師が修行への不撓《ふとう》不屈の精神から、必ず起き上がり決して倒れない不倒翁、いわゆるだるまさん姿の画像・人形が生まれた。転じて、人の世の浮き沈みの激しいことへの対応のたとえにも用いる。「七転（顚）八起」ともいう。

七《なな》つ立《だ》ち 早朝、午前四時頃に旅行や用足しに出発すること。七つ時は現在の午前四時頃に当たる。「お江戸日本橋」の歌詞の「お江戸日本橋七つ立ち……」は、一日の行程を少しでも先にと思うと、江戸の中心部から東海道へ旅立ちする人は、出発時は真っ暗で途中まで提灯《ちょうちん》が必要で、江戸の市内外の境界の高輪の大木戸のあたりで夜が明けて来るので、提灯の火を消すのが例であったことを歌っている。

七《なな》つ道具《どうぐ》 七種類からなる道具。また、一組にして携える数種の道具。武士のは戦場で防具の基本的な装備に用いたもの。鎧《よろい》・太刀《たち》・刀・弓・矢・母衣《ほろ》・兜《かぶと》で、室町時代の故実書は「七つ物」とする。弁慶は、刀・鉞《まさかり》・薙鎌《ないがま》・熊手・撮棒《さいぼう》・首掻《くびかき》・鋸《きょ》。大名行列は、台笠・立傘・槍・長刀《なぎなた》・大鳥毛《おおとりげ》・馬印・挟《はさみ》箱《ばこ》。婦人が懐中に携帯する七つ道具は、鋏・小刀・針・耳かき・毛抜き・糸巻・爪切り、爪切りの代わりにさじとする説もある。

七《なな》つの海《うみ》 ⇩ 三大洋《さんたいよう》

七《なな》つの罪《つみ》 キリスト教において、いろいろな罪の原因となると考えられた基本的な罪の七つ。傲慢《ごうまん》（または虚栄あるいは尊大）、貪欲、邪淫（または法外かつ不義の色欲）、嫉妬、貪食（または暴食および酩酊《めいてい》）、憤怒、怠惰《たいだ》をいう。これは初期キリスト教の修道生活の考え方に由来する。

七不思議《ななふしぎ》 特定の地域などの、不思議な現象とみなされる七つの事柄の総称。「七」という数字は東西ともに聖なる感じが持たれている数字。「不思議」は不可思議のことで、ことばで表したり、心で推察できないこと。仏教では仏の悟りの境地・知恵・神通力の表現に用い、不可思議七種と教義の説明をした。それにならって説明不可能なことを集めて、時代・地域により「越後の七不思議」のようにいろいろのものが考案されている。

七日《なぬか》正月《しょうがつ》 「なのか」とも。陰暦正月七日の人日《じんじつ》（人の日）の節供をいう。古くは宮廷行事の一つで、左右馬寮の白馬を庭上に引き回し、天皇が御覧になり、群臣に宴を賜う白馬節会《あおうまのせちえ》（七日節会）が行われた。江戸時代は*五節供の一つとして、諸侯が登城して将軍に祝儀を言上した。民間では*七草を入れて炊いた粥《かゆ》を祝った。大《おお》正月（元旦から七日まで）の公式行事の終わりと考えられ、門松や松飾りをとりはらう土地が多い。

南都七大寺《なんとしちだいじ》 八世紀後半から*南都六宗の中心となった七つの大寺。南都は平城京、すなわち奈良の意。東大寺・興福寺・元興寺《がんごうじ》・大安寺・薬師寺・西大寺《さいだいじ》・法隆寺をいう。七大寺は時代により異同があり、法隆寺と唐招提寺《とうしょうだいじ》を替える、法隆寺・西大寺の代わりに弘福寺・新薬師寺を入れる説もある。七大寺の名称は大江親通の『七大寺巡礼私記』（一一四〇〈保延六〉）年に由来する。

俳諧七部集《はいかいしちぶしゅう》 松尾芭蕉《ばしょう》一代の作品の撰集中の主要な七部をいう。一六八四〜九八（貞享元〜元禄一一）年に刊行。「芭蕉七部集」ともいう。『冬の日』『春の日』『曠野《あらの》』『ひさご』『猿蓑《さるみの》』『炭俵』『続猿蓑』の総称。編集者については諸説があるが、享保期に佐久間柳居が右の七部に定めたものとみられている。刊行年月日は明らかではないが、元文頃とみられる。芭蕉の作風をつぐ人々の蕉風の経典のごとく信じられ、俳諧修行の範とされた。この七部にも一、二の出入りがあった。また『冬の日』『猿蓑』『炭俵』を特に三部集とも称した。

箱根七湯《はこねしちとう》 神奈川県箱根温泉中の古くから著名な温泉場。芦《あし》の湖を水源とする早川渓谷沿いにある七つの湯。湯本・塔の沢・堂ヶ島・宮の下・底倉・木賀《きが》・芦の湯をいう。江戸時代、将軍家への献上湯として利用され、関東一円から湯治《とうじ》客が集まり親しまれた。七湯に小涌谷《こわきだに》・強羅《ごうら》・仙石原《せんごくばら》・姥子《うばこ》を加えた箱根十一湯、仙石原を上湯・中湯・下湯に分けて箱根十三湯ともいう。

春の七草《はるのななくさ》 ⇩ 七草《ななくさ》

蕪村七部集《ぶそんしちぶしゅう》 与謝《よさ》蕪村の七部集。芭蕉などの七部集の流行を見て、書店が勝手に編集した蕪村関係の俳諧選集。一七七三〜八三（安永二〜天明三）年に刊行。『其雪影《そのゆきかげ》』『明烏《あけがらす》』『一夜四歌仙』『花鳥篇』『続一夜四歌仙』『桃李《ももすもも》』『続明烏』『五車反古《ごしゃほうぐ》』の八部が収められている。誤脱が多く、花鳥篇が一夜四歌仙と合本になっている翻刻本によったためなどで、七部ではなく都合八部集となっている。しかし、蕪村の俳風を代表しているものであると同時に、天明期の俳諧の特徴がよく示されている。

仏教七宗派《ぶっきょうしちしゅうは》 日本の中世仏教の七宗派。八宗の中から、倶舎《ぐしゃ》・成実《じょうじつ》の二宗を除き、禅宗を加えたもの。律宗・法相《ほっそう》宗・三論《さんろん》宗・華厳《けごん》宗・天台宗・真言《しんごん》宗・禅宗をいう。また別に浄土宗・成実宗・倶舎宗・浄土真宗・日蓮宗を加えて「十二宗」という。また律宗・法相宗・華厳宗・天台宗・真言宗・禅宗・浄土宗・浄土真宗・日蓮宗・臨済《りんざい》宗・曹洞《そうとう》宗・黄檗《おうばく》宗・融通念仏《ゆうずうねんぶつ》宗を「十三宗」という。また、中国の禅宗の七分派の曹洞宗・雲門宗・法眼宗《ほうげんしゅう》・潙仰《いぎょう》宗・臨済宗を五家といい、黄龍《おうりゅう》・楊岐《ようぎ》を加えて五家七宗という。

仏弟子七衆《ぶつでししちしゅう》　「七衆」「道俗七衆」「七浄衆」ともいう。仏教徒を七種に分類したもの。比《び》丘《く》・比丘尼《に》（出家して専門に修行する者で、その守るべき戒律の具足戒に従う男と女）、優婆塞《うばそく》・優婆夷《い》（在家信者の男女、その守る五種の戒律五戒〈殺生・偸盗《ちゅうとう》・邪淫・妄語《もうご》・飲酒〉を実行する人々）以上を四衆といい、それに沙弥《しゃみ》、沙弥尼（出家のうち未成年の男女）、式叉摩那《しきしゃまな》（また尼。女性で比丘尼と沙弥尼の中間、沙弥尼が比丘尼になる具足戒を受ける前の二か年間）の三者を合わせたもの。

文七元結《ぶんしちもっとい》　元結はふつう「もとゆい」といい、髪を束ね結ぶのに使う紐類のこと。もとは草の蔓《つる》や麻なども用いていたが、上流階級で組紐・紙を用いだして、庶民にも元結が普及した。紙を細くたたんだ平元結と、紙縒《こより》（水引）を用いるものがあった。「文七元結」は近世の元結の代表で、水引、紙を撚《よ》ったものが量産されて、実用品として十七世紀末ごろに普及していた。命名は文七という職人が作り出した、また材料の杉原紙の銘柄からともいう。三遊亭円朝作の落語の題となり、博打《ばくち》好きの佐官長兵衛と娘お久と、べっこう問屋の奉公人文七を主人公とする人情噺《ばなし》で、歌舞伎の舞台でも演ぜられている。

北斗七星《ほくとしちせい》　北天の大熊座に属する七つの星の中国名。「斗《と》」はひしゃくの意で、北天で斗状《とじょう》に並んでいるところからの名。斗口から天枢・天璇《せん》・天璣《き》・天権・玉衡・開陽・揺光と命名。斗柄《けんさき》の動きで時刻を計り、季節を定め、航海の指針とするなど重要な星座である。天枢星を中心に天が回るとして天子に当てる。

仏教でも重視し、日月五星の精と見なし、貪狼《どんろう》・巨《こ》門《もん》・禄存《ろくそん》・文曲《もんごく》・廉貞《れんちょう》・武曲《むごく》・破軍《はぐん》と名づけ、これをまつると天災地変を未然に防ぎうるとして、密教の北斗曼陀羅《まんだら》による北斗法の祈禱は最大の秘法という。北斗のうちの自分の本命星を供養すると年の厄を免れるといい、平安時代の宮中では元旦四方拝で、天皇自身が本命星を拝し、七度その名を唱えた。これが民間にも伝わり星供養の行事を残した。なお北斗に対して、南方にも南斗六星があり、射手座に小さい斗状星座がある。

源《みなもとの》頼朝《よりとも》七騎《しちき》落《お》ち 一一八〇（治承四）年、以仁王《もちひとおう》の平家追討の令旨《りょうじ》により旗揚げした源頼朝が、相模国石橋山で平家側の大庭《おおば》景親と戦って破れ、安房に逃れるとき、頼朝と行動を共にした七人の武士たち。田代冠者《かんじゃ》信綱・新開《しんかい》次郎忠氏・土屋三郎宗遠《むねとお》・土佐坊昌俊《しょうしゅん》・土肥次郎実平《さねひら》・土肥太郎遠《とお》平《ひら》・岡崎四郎義実《よしざね》。謡曲「七騎落」の題材となっている。

ラッキーセブン lucky seventh 野球で、一試合のうちの七回目の攻撃。幸運な七回目という意味。攻撃にとって七回ごろは球種にも慣れ、ピッチャーも疲れてくるので、攻撃しやすく、得点の機会にも恵まれることが多いところからいう。一八六〇年ごろ、サンフランシスコ・ジャイアンツが七回の攻撃で、何度も逆転劇を演じたところからいわれ始めた。アメリカでは七回になると、グランドを整備する間、ベースボール讃歌を合唱し、セブンイニング・ストレッチ体操を行う。日本の学生野球では応援合戦を行う。

利休七哲《りきゅうしちてつ》 「利休七人衆」とも。千利休の七人の高弟で、諸説がある。松屋久重の『茶道四祖伝書』（一六五二〈承応元〉年）に「七人衆」として、前田利家・蒲生氏郷《がもううじさと》・細川忠興《ただおき》・古田織部《ふるたおりべ》・牧村兵部・高山右近・芝山監物《かんもつ》。表千家四世逢源斎《ほうげんさい》宗左の『江岑夏書《こうしんげしょ》』（一六六三〈寛文三〉年）は「利休弟子衆七人衆」として前田利家を瀬田掃部《かもん》に替えている。また千利休直伝の台子《だいす》の作法を豊臣秀吉自らが伝授した「利休台子七人衆」は、羽柴秀次・蒲生氏郷・細川忠興・木村常陸介・高山右近・芝山監物・瀬田掃部。

八

当《あ》たるも八卦《はっけ》、当《あ》たらぬも八卦《はっけ》 占いは当たることもあれば、外れることもある。だから占いの結果は気にするなという意。

⇩八卦

永字八法《えいじはっぽう》 「永」の字一字にすべての文字に共通する運筆法が含まれるとする書法伝授の一。

中国後漢の蔡邕《さいゆう》が嵩山《すうざん》の石室で白衣白髪の老仙人に教えられ、王羲之《おうぎし》・虞世肖《ぐせいしょう》に伝えたという。永の字を八部分にわけ、それに名称をつけ、運筆の特徴を示した。側《そく》＝点の祖、第一画の点を打つ、勒《ろく》＝横の画の祖、第二画の横画を引く、努《ど》＝縦画の祖、第二画の縦を引く、趯《てき》＝跳の祖、第二画の縦の末をかぎ状にはねる、策《さく》＝短横画の祖、第三画の左からすくいあげる、掠《りゃく》＝撇《へつ》の祖、第三画の左下へ払う、啄《たく》＝短撇の祖、第四画の右上から打つ、磔《たく》＝捺《なつ》の祖、第五画の右下へ波状に引く。

永字八法

近江八景《おうみはっけい》 ⇩ 八景《はっけい》

大八洲《おおやしま》 「おお」は美称、「や」は多数、「洲」は島の意で、「多くの島」を意味する。「八洲」「八洲国」ともいう。日本の国のこと。神話では伊《いざ》弉諾《なぎ》・伊弉冉《いざなみ》の二神が国生みで生んだ八つの島で日本が構成されたといい、その八島のこと。『古事記』では淡路洲《あわじのしま》（淡路国）、大日本豊秋津洲《おおやまととよあきつしま》（本州）、伊予二名《ふたなの》洲（四国）、隠岐洲（隠岐国）、佐渡洲（佐渡国）、筑紫洲（九州）、壱岐洲（壱岐国）、対馬洲（対馬国）をいう。『日本書紀』では大日本豊秋津洲（本州）、伊予二名洲（四国）、筑紫洲（九州）、億岐《おき》洲（隠岐国）、佐渡洲（佐渡国）、越洲《こしの》（北陸道）、大洲（山口県屋代島か）、吉備子洲《きびのこ》（岡山県児島半島）としている。

傍目八目《おかめはちもく》 「岡目」とも書く。「傍目」はかたわら、わきの意味から対局を見ている人、第三者を指し、「八」は数が多い意味。囲碁で、対局者が次の一手を必死に考えているとき、そばの観戦者は、八手先まで冷静に読んでいる。そこから当事者より第三者の方が、物事や利害得失を冷静に判断できることのたとえ。

お八《や》つ 昔の時刻の八時《やつどき》、現在の午後二～四時頃に相当。またその時分にとる間食の一つで、今は「お三時」ともいう。子供はもちろん成人も仕事を休み茶菓をとる。発生は鎌倉時代に禅僧がとった点心《てんじん》や茶子《ちゃのこ》の間食の風習に起源を求め、特に喫茶と結んだ茶子と、江戸期の菓子の発達が結び、民間でも一般的な習慣になったものか。

金沢八景《かなざわはっけい》 ⇩ 八景《はっけい》

関東八家将《かんとうはっけしょう》 関東八将・鎌倉八家・八将・八将家・八家将とも。室町時代、関東管領《かんれい》を補佐した八豪族。応永年間(一三九四〜一四二八)に、執事上杉朝宗が将軍家の*三管四職に準じて、関東管領を将軍に擬し、上杉氏を管領とし、八氏で評定して政務に当たり、中央の侍所所司に当たるので侍所と称したこともある。千葉(下総)、小山(下野)、里見(安房)、佐竹(常陸)、小田(常陸)、結城(下総)、宇都宮(下野)、那須(下野)の八家。

関八州《かんはっしゅう》 「関東八州」「坂東《ばんどう》八州」とも。関東にある次の八つの国をいう。武蔵(東京都・神奈川県・埼玉県)、相模(神奈川県)、安房(千葉県)、上総(千葉県)、下総(千葉県・茨城県)、常陸(茨城県)、上野(群馬県)、下野(栃木県)。「関東」の呼称は、七四〇(天平十二)年十月聖武《しょうむ》天皇が平城京から伊勢へ行幸したときの記録を初見とし、律令制下では*三関《さんかん》より東を指す。愛発《あらち》の関を廃し、近江国逢坂《おうさか》の関の新設により、平安朝ではこれ以東をさしたこともあった。その後、地方開発も進み箱根以東をさす例も出た。

鎌倉幕府では、関西三十八か国と関東二十八か国として、旧例の三関以東(東国)とし、室町時代までに、鎌倉を中心とした箱根以東の八か国を呼び、伊豆・甲斐を含む場合もあった。豊臣秀吉が徳川家康に与えた関東八か国は、常陸を除き、伊豆を当てている。以後江戸時代には関東郡代という役職の支配地はこの例により、さらに甲斐・信濃・駿河・遠州などの部分を含めていた。明治以後は、この八か国とする。

口《くち》も八丁手《はっちょうて》も八丁《はっちょう》 「口八丁手八丁」ともいう。よくしゃべるが、することも達者。八丁(町)は八つの町の総称。距離ならば八丁、一丁(町)は六十間、約百九メートル。各町には大工・石工などそれぞれの町の特技である職人たちが店を持ち、その町の生活を支える飲食店などもそろい、八丁も並べばその中で大体のことができるわけで、巧者・達者なことを少し卑しむ意を含めて言っている。「八丁三所《みところ》」は、八丁(町)を三度で飛ぶほどの勢いの意。その疾走ぶりから縫い目の荒いこと、仕事の粗雑なことをいう。

尺八《しゃくはち》　縦吹きの管楽器の一つで、標準の長さが一尺八寸（約五四・五㌢）なのでこの名がある。次のような種類がある。〔雅楽尺八〕古代尺八・正倉院尺八とも。曲尺《かねじゃく》で一尺四寸四分、唐尺で一尺八寸相当。指孔は前方五・後方一。七声音階出せ、平安初期まで雅楽で使用した。〔一節切《ひとよぎり》尺八〕一尺一寸一分、前孔四・後孔一、室町中期ごろ流行の一節のもの。中国福州の禅僧蘆安《ろあん》が伝来したという。〔普化《ふけ》尺八〕普化宗の僧が使い、虚無僧《こむそう》尺八とも。それから出た琴古《きんこ》流・都山《とざん》流なども同じ。一尺八寸を標準とし、前孔四・後孔一、五声音階。法燈国師が鎌倉初めに伝え、弟子の虚竹が京都に明暗《めいあん》寺を建てたのを正統（明暗流）とする。〔新尺八〕明治末期に大倉喜八郎が考案、川本晴朗の実用化による七孔のフルートの折衷による新楽器のオークロラのこと。

船中八策《せんちゅうはっさく》　坂本龍馬起草の公議政体論による新国家構想。一八六七（慶応三）年六月、土佐藩後藤象二郎が京都にいる藩主山内容堂に大政奉還を説得に向かう。そのとき長崎からの藩船夕顔の船中で坂本が後藤に説き、同乗の長岡謙吉に起草させたというもの。それが土佐の藩論となり、以後の政局に大きな影響を与えた。幕政返上・議会開設・官制改革・外交刷新・法典制定・海軍拡張・親兵設置・幣制整備の八つ。

大八車《だいはちぐるま》　人がひく二輪の荷車。命名の由来は制作者の名前によるなど、多くの説があり判然としない。明暦大火後に車長持が禁止され、大八という者が創作させた（細井広沢・新井白石の説）。人八人に代わる意。江戸市中の運搬は牛車がもっぱらであったが、地車といって人八人がひくものもあり、「代八」といわれそれが改良され能率的な車の意に転じた（菊岡沾凉等の説）。車の輻《や》が八本ある（津村淙庵の説）。大津の町の八町で使っていた雑車、大八の車（喜多村信節の説）など。

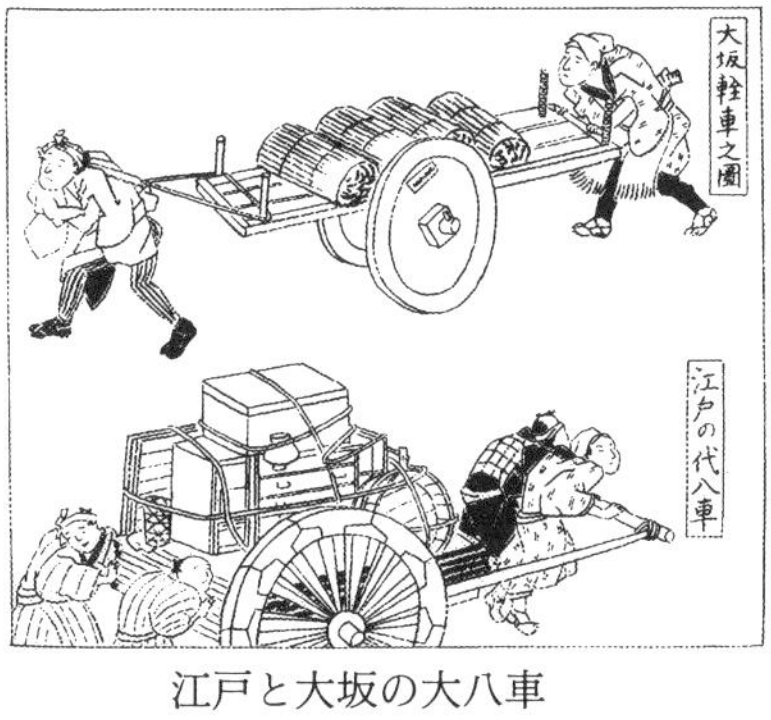

江戸と大坂の大八車

大宝律《たいほうりつ》の八虐《はちぎゃく》

「八逆」とも記す。天皇・国家・神社・尊属に関する罪で、特に重罪と指定された罪。七〇一（大宝元）年制定の大宝律に定められた。これを犯す者は国家・社会を乱すものとみなされ、大赦にも該当しなかった。謀反《むへん》・謀大逆・謀叛《むほん》・悪逆・不道・大不敬・不孝・不義の八つをいう。

大宝令《たいほうりょう》の八省《はっしょう》

七〇一（大宝元）年の大宝令で、太政官《だいじょうかん》に設けられた中央行政機構。中務省《なかつかさ》・式部省・治部省《じぶ》・民部省・兵部省《ひょうぶ》・刑部省《ぎょうぶ》・大蔵省・宮内省の八省。以来日本の官制・法制の基本となっている。

藤八拳《とうはちけん》

「藤八」「狐拳《きつね》」ともいう。江戸時代に流行した拳の一種。江戸時代末期に藤八五文《ごもん》という薬売りの振れ声（一人が藤八と呼び、他方が五文と応じ、続けて二人が奇妙な声をかける）から作られたものとも、藤八という吉原の幇間《ほうかん》が考案したともいわれる。二人でする勝負で、身振りで狐・庄屋・鉄砲の三つの型を作り、ジャンケンの要領で勝ちを決め、続けて三回取った方を勝ちとするもの。庄屋は鉄砲に勝ち、鉄砲は狐に勝ち、狐は庄屋に勝つ。

特定八疾患《とくていはちしっかん》

確実な治療方法不明の疾病《しっぺい》で、国の医療行政の枠に組み入れられ、治療法の研究と医療費の公費負担が制度化されたもの。一九七二（昭和四十七）年、制度発足当時に八疾病を指定した。それを難病とも特定八疾患とも呼んだ。以来指定は増加している。スモン病・ベーチェット病・重症筋無力症・全身性エリテマトーデス・サルコイドージス・再生不良性貧血・多発性硬化症・難治性肝炎。

入唐八家《にっとうはっけ》

「真言八家」とも。平安初期唐に留学し、密教経典や仏像などを請来して密教を広めた八人の僧。東蜜五家（真言宗）で空海（弘法大師）、慧運《えうん》（安祥寺）、宗叡《しゅうえい》（禅林寺）、常暁（小栗栖法琳寺）、円行（霊巌寺）、台蜜三家（天台宗・比叡山）で最澄（伝教大師）、円仁（慈覚大師）、円珍（智証大師）をいう。

日本八燈台《にほんはちとうだい》

安政五か国条約（一八五八〈安政五〉年締結）により五港の開港も決まり、燈台の設置も諸国公使などから要望され、幕府も英・仏に技師派遣・器材発注を行い、一八六九（明治二）年元旦に観音崎に初の洋式燈台が点灯した。その後、要望により設置が決まった次の八つの燈台。神奈川県観音崎・剣崎、千葉県野島崎、静岡県神子元島、和歌山県潮岬・樫野《かしの》崎、鹿児島県佐多岬・伊王島。

日本八景《にほんはっけい》 ⇩ 八景《はっけい》

八月十八日の政変《はちがつじゅうはちにちのせいへん》 「文久三年の政変」とも。一八六三（文久三）年八月十八日に会津・薩摩藩主体の公武合体派が、長州藩中心の尊《そん》攘《じょう》派を京都から追放。三条実美《さねとみ》ら七人の公卿が長州へ逃走する（*七卿落ち）原因となった事件。幕末のこの時期は尊攘派の勢力が急騰し、孝明天皇に攘夷親征の詔勅を出させるほどになった。この時流に抵抗を感じた天皇と公武合体派は、京都守護職の会津藩と、長州藩と対立していた薩摩藩とを提携させ、この日未明に親合体派が両藩警固下の御所に参内して、過激な主張をする尊攘派を天皇の意志に反すると決議、長州藩の京都守護職を解任、親尊攘派の七卿落ちとなり、慶応期の討幕派台頭まで公武派が主流を握った。

八逆《はちぎゃく》 ⇩ 大宝律《たいほうりつ》の八虐《はちぎゃく》

八局《はちきょく》 明治維新政府の中央官制。一八六七（慶応三）年十月十四日、王政復古の大号令により維新政府が誕生、その官制として*三職《さんしょく》（総裁・議定《ぎじょう》・参与）が創設された。翌年一月十七日それに七科を設置する。神祇《しんぎ》・内国・外国・海陸軍・会計・刑法・制度の各事務科である。さらに二月三日に総裁を首位に新設し、科を局に改称する。これも閏四月二十一日の政体書による官制改革で、三職とともに廃止され、三権分立を建前とする太政官制に移行して、七官の制になる。

八穀《はちこく》 ⇩ 五穀《ごこく》

八時間労働制《はちじかんろうどうせい》 一日の労働時間を八時間（休憩を除く）に制限する制度。通常週六日勤務するので、乗じて「週四十八時間制」ともいう。一八六六年第一*インターナショナルで提案され、各国労働者の運動の目標となっていた。一九一九年ILO（国際労働機関）第一号条約として採択されている。さらにアメリカ・フランスなど一九三〇年の大恐慌期には、週四十時間制に基づく五日労働制が立法化された。日本は戦後の労働基準法で制度化された。

八丈絹《はちじょうぎぬ》 東京都八丈島産の絹織物。主として平織で、島産の植物染料で染め、黄・茶・鳶《とび》色の三色で柄を出し、縦縞・格子縞に織る。単に八丈ともいうし、黄八丈・黒八丈・鳶八丈とも、八丈縞《じま》とも呼ぶ。なお、黒八丈は武蔵五日市の畝《うね》を表わす黒色の絹織物をさすこともあり、それは「五日市」とも呼ぶ。そのほか各地でも類似のものを生産し、生産地を冠して、米沢八丈・美濃八丈などと呼ぶ。

八大地獄《はちだいじごく》 「八熱地獄」ともいう。地獄は仏教で生前自分の行った悪業で行く地下の牢獄のこと。経典でいろいろに説くが、そのうちの代表的なもの。寒冷に苦しむ八寒*地獄との対。殺生・偸盗《ちゅうとう》・邪淫・飲酒・妄語などを行った者のおもむく、炎と熱の責苦を受ける地獄。等活《とうかつ》地獄＝地獄の獄卒に何回も切り刻まれる地獄、黒縄地獄＝獄卒に体に墨縄《こくじょう》で線をつけられ、それにそって切りさかれる、衆合《しゅうごう》地獄＝様々な苦しみが集まっている、叫喚《きょうかん》地獄＝苦しさに耐えられず泣き叫ぶ、大叫喚地獄＝叫喚地獄が強化される、焦熱《しょうねつ》地獄＝焦げいくほどに熱い、大焦熱地獄＝焦熱地獄が強化される、無間《むげん》地獄＝阿鼻《あび》ともいい絶え間なく苦しみが押し寄せる。はじめは浅くて、後になるにつれて深くなり、苦しみも増える。

八代集《はちだいしゅう》 ⇩ 二十一代集《にじゅういちだいしゅう》

八大菩薩《はちだいぼさつ》 薬師仏に付属する八体の菩薩の組み合わせ。本尊に従って仏法守護・弘法《ぐほう》などに諸役をはたすが、経典によって異説が多い。『八大菩薩経』では、文殊《もんじゅ》（妙吉祥《みょうきちじょう》）、観音（聖観自在《しょうかんじざい》）、弥勒《みろく》（慈氏《じし》）、虚空蔵《こくうぞう》、普賢《ふげん》、金剛手《こんごうじゅ》、除蓋障《じょがいしょう》、地蔵。『大妙金剛経』の説は八大明王《みょうおう》のことで、八方守護のため八大菩薩が姿を変えて出現したといわれる各明王。馬《ば》頭《とう》明王（観音《かんのん》）、大輪《だいりん》明王（弥勒《みろく》）、軍荼利《ぐんだり》（大笑）明《みょう》王《おう》（虚空蔵）、歩擲《ぶちゃく》明王（普賢《ふげん》）、降三世《ごうざぜ》明王（金剛《こんごう》手《じゅ》）、大威徳《だいいとく》明王（文殊《もんじゅ》）、不動明王（除蓋障《じょがいしょう》）、無能勝《むのうしょう》明王（地蔵）。

八の字髭《はちのじひげ》 「八の字」は漢数字の八の形、またそのような形のもの。単に「はちじ」ともいう。髭はそのような形の口髭のことで、官吏・軍人のように威厳を誇示したい性格の人に多い。「八の字眉《まゆ》」は八の字の形に眉の先が垂れ下がった形の眉。また顔をしかめたときにこのような形になった眉をいう。単に「八字」だけでも眉を指す例がある。

八八艦隊《はちはちかんたい》　一九一〇（明治四十三）年、第二次桂内閣の斎藤実海相が提唱した対米作戦用の海軍の建艦計画。一九二〇（大正九）年原内閣で予算が取れ、一九二七（昭和二）年まで継続したが、翌年のワシントン軍縮会議で中断した。戦艦八・巡洋艦八隻とそれに補助艦艇で編成する艦隊。

八《はち》部《ぶ》衆《しゅう》　「天龍八部衆」「龍神八部衆」とも。仏教で釈迦の説法を聴講する異教神たち。奈良の興福寺の脱乾漆像で有名。天（提婆《だいば》）・龍・夜叉《やしゃ》・乾闥婆《けんだつば》・阿修羅《あしゅら》・迦楼羅《かるら》・緊那羅《きんなら》・摩睺羅迦《まごらか》。

八《はち》幡《まん》宮《ぐう》　八幡大菩薩・八幡神をまつる神社。応神天皇を中座、左右に比売《ひめ》神・大帯姫《おおたらしひめ》命を配す。比売神を仲哀《ちゅうあい》天皇・玉依《たまより》姫命とすることもある。神社では稲荷・神明社とともに普遍的な信仰を受け分祀も多い。最も古いものは九州の宇佐八幡宮で、天平年中（七二九～四九）東大寺大仏建立に際し、東大寺の鎮守（手向山《たむけやま》八幡）となり中央進出をはたした。さらに平安京近く石清水《いわしみず》八幡に勧請され、朝廷の尊崇が厚く、王城鎮護の神となり伊勢神宮と並び二所宗廟とされる。皇室から分岐した清和源氏の氏神ともなって、武士の信仰を受け弓矢の神として広く全国に勧請された。鎌倉にある源頼朝の勧請した鶴岡八幡が有名である。

「八幡大菩薩」と称するのは、神仏習合観により、神に権現・天王などの称号を奉ることが起こり、仏教に守られる八幡神が生まれた。天応年中（七八一～八二）に護国霊験威力神通大菩薩、七八三（延暦二）年大自在王の四字を加えた。社殿の形式は八幡造りといい、正殿の内陣・外陣を別棟として独立させ、廊下で連結させるもので、宇佐神宮のものを典型とする。

八《はち》ミリ映画《えいが》　一九三二（昭和七）年、米国のイーストマン・コダック社が考案した幅八ミリのフィルムを使用した小型映画。五五（昭和三十）年、国産八ミリ撮影機第一号がエルモ社で誕生。六〇年代から富士写真フィルム社から八ミリフィルムと撮影機が同時発売されると、家庭でも趣味・娯楽用として広く普及したが、八〇年代に入ってビデオ撮影機が登場し、八ミリ映画は急速に人気が衰えた。

八面玲瓏《はちめんれいろう》　「八面」は八方のこと、方角四方＝東西南北と、四維＝隅、北東・北西・南東・

南西、転じて方々・あらゆる方向をいう。「玲瓏」は美しく澄みきっていること。八方のどこから見ても美しいこと。心中少しもわだかまりがないこと。誰れと付き合っても円満であり、円滑な処理をがきること。類句に「八方美人」*がある。

八面六臂《はちめんろっぴ》　「八面」は八つの顔、四方＝東西南北と、四維＝北東・北西・南東・南西のそれぞれを見る。「六臂」は六つの腕と肘《ひじ》。一人で多方面にわたって、めざましい活躍をし、数人分もの手腕や力量を発揮すること。八方に気を配り、六つの腕・肘で事に対応する。獅子奮迅の戦いをいう。信者への仏の救済が早く、隅々にまで及ぶことを、この相を持つ仏像によって示している。「三面六臂」の例もある。

八路軍《はちろぐん》　中国国民革命軍第八路軍の略称。日中戦争時の華北で活躍した中国共産党正規軍の主力。一九三七（昭和十二）年、蘆溝橋《ろこうきょう》事件に始まる日本軍による華北総攻撃は、蔣介石《しょうかいせき》の国民政府を抗戦に踏み切らせ、中国共産党が要求してきた第二次国共合作がまず軍事面から結ばれ、同八月二十二日従来の紅軍が国民政府軍事委員会の指揮下に入って、国民革命軍第八路軍という名称を与えられた。朱徳《しゅとく》を総指揮、彭徳懐《ほうとくかい》を副指揮に、華北の中共軍主力四万五千を一軍三個師団に編成したもの。一九四一〜四二年の日本軍の攻撃に耐え、抗日戦の勝利をもたらした。第二次世界大戦後の内線のとき、人民解放軍に改編された。厳格な規律のもと人民に奉仕する姿勢は、人民解放の救世と国民に親しまれた。

八寒地獄《はっかんじごく》　「八寒氷地獄《はっかんぴょうじごく》」とも。地獄は仏教で、人が死後に生前の悪業の報いとして赴く地下の牢獄。寒さで責め苦しめられる八つの地獄。頞《あ》部《た》陀《た》地獄＝寒さで体中ブツブツができる地獄、尼刺部陀《にらぶだ》地獄＝凍傷で苦しむ地獄、頞哳吒《あたた》地獄＝寒さで「あたた」と叫ぶ地獄、臛臛婆《かかば》地獄＝寒さで息がもれ震え声の地獄、虎虎婆《ここば》地獄＝寒さで口も開けない地獄、嗢鉢《うは》羅《ら》地獄＝青蓮華《しょうれんげ》の地獄、寒さで肉がさけて青蓮華の花が咲いたように見える、鉢特摩《はどま》地獄＝紅蓮華《ぐれんげ》の地獄、寒さで肉がさけ紅蓮華の花のように見える、摩訶鉢特《まかはど》摩《ま》地獄＝大紅蓮華で、鉢特摩地獄を強化した地獄。逆に、熱と焔で苦しめられる八熱地獄（八大地獄）*があると説く。

八卦《はっけ》 易の算木に表示された八種の基本型（象）。卦は掛で自然界・人事諸般の象を示し、まず総体が太極、万物は陽陰の両儀に分かれ、さらに天象の四季に表現されるような四象、各象が陰陽に二分し、八卦となり、各卦は物・人・徳・方の各面での現象を示す。八箇の算木に現れた卦で万象を占うことも八卦という。乾《けん》（☰卦象は天）、兌《だ》（☱沢）、離（☲火）、震（☳雷）、巽《そん》（☴風）、坎《かん》（☵水）、艮《ごん》（☶山）、坤《こん》（☷地）。算木を使うことを「八卦見《み》」「八卦《はっか》」ともいう。

太極	両儀	四象	八卦	物	人	徳	方	
太極	陽	春	乾☰	天	父	健	西北	老陽
			兌☱	沢	少女	説	西	少陰
		夏	離☲	火	中女	麗	南	少陰
			震☳	雷	長男	動	東	少陽
	陰	秋	巽☴	風	長女	入	東南	少陰
			坎☵	水	中男	陥	北	少陽
		冬	艮☶	山	少男	止	東北	少陽
			坤☷	地	母	順	西南	老陰

八景《はっけい》 八か所の景勝の総称。中国で洞庭湖の瀟《しょう》湘《しょう》八景を例に各地で選ばれ、絵画・詩歌がそえられている。〔日本八景〕和歌の浦（紀伊・和歌山県）、住吉浦（摂津・大阪府）、明石浦（播磨・兵庫県）、芳野山（大和・奈良県）、塩釜浦（陸奥・宮城県）、加茂川（山城・京都府）、最上川（出羽・山形県）、富士山（駿河・静岡県）。〔近江八景〕滋賀県琵琶湖の名勝を選んだもので、近衛政家の選定と伝え、日本で最も古いとされる。三井《みい》の晩鐘・石山の秋月・矢《や》橋《ばせ》の帰帆・唐崎《からさき》の夜雨《やう》・堅田《かただ》の落雁《らくがん》・粟津の晴嵐《せいらん》・比《ひ》良《ら》の暮雪・瀬田の夕照《せきしょう》。〔金沢八景〕横浜市にあり、明（中国）の僧心越がこの地の能見堂からの景色に命名したもの。洲崎晴嵐・瀬戸秋月・小泉夜雨・乙艫帰帆・平潟落雁・野島夕照・内川暮雪・称名晩鐘。

八紘一宇《はっこういちう》 「八紘」は八方、四方（東西南北）と四維＝（隅）、北東・北西・南東・南西のことから地の果てまで全方向。この全世界を天皇のもとに一つの家（一宇）のように統治すること。もともとは一国を統一するという意味だったが、第二次世界大戦中、日本の軍国主義を正当化するためのスローガンとして用いたことば。一九四〇（昭和十五）年第二次近衛文麿内閣が基本国策要綱として大東亜新秩序の建設をうたった。これは『日本書紀』にある「六合を兼ねてもって都を開き、八紘《あめのした》をおおいて宇《いえ》となす」からとったもので、一九〇三（明治三十六）年、田中智学が日本的な世界統一の原理として造語したもの。

八《はっ》朔《さく》　八月一日のこと。旧暦八月一日の贈答習俗を指す。八朔行事は田の実の節供といって、古くからあり、今も各地に種々の習俗が残っている。*二百十日ごろに当たり台風の襲来が多く、無事収穫を農家が祈念する意味から、九州では田の実の節供、東北の早場米の地帯では穂掛けの行事が行われるなどである。

この日に中国の農家が行事を行ったが、日本でも平安時代に農村で田の実（米のこと）の初収を祝い新米を贈答したのが、上層階級にも及び、鎌倉時代には、主従の間で信頼関係を確認する寄合いとして憑《たのみ》の節供となった。室町時代にもそれぞれの階級の行事を行った。江戸時代には、徳川家康が一五九〇（天正十八）年八月一日に初めて江戸城に入ったことから、武家では八朔の日を正月とともに特に重んじた行事で、大名や旗本は正装で登城し、将軍に祝辞を述べる行事が行われた。民間でも旧例を伝承した行事を続けている。

八《はっ》宗《しゅう》　⇩　南都六宗《なんとろくしゅう》

八《はっ》省《しょう》　律令制下の官制。大宝令で太政官に設けられた中央行政機構で次の八省。中務《なかつかさ》省・式部《しきぶ》省・治部《じぶ》省・民部省・兵部《ひょうぶ》省・刑部《ぎょうぶ》省・大蔵省・宮内省。一八七一（明治四）年の明治政府の官制改正で太政官に置かれた官庁は、外務省・大蔵省・兵部省・工部省・宮内省・神祇《じんぎ》省・司法省・文部省。

八《はっ》天《てん》狗《ぐ》　修験者が入る八つの霊山にすむ天狗で、特に威力が強いとされる。愛宕《あたご》山の栄術太郎坊、比良《ひら》山の次郎（良）坊、大山の伯耆《ほうき》坊、大峰山の善鬼坊、鞍馬山の僧正坊、飯縄（綱）山の三郎坊、彦山《ひこさん》の豊前《ぶぜん》坊、白峰山の相模坊をいう。天狗は山中にすむ妖怪で、もろもろの霊力を持っている。日本では仏教を、当初は山岳仏教として受け入れ、在来の自然信仰と結びついた修験者を生み、その修行者＝山伏の姿で出現（表現）される。

八頭身《はっとうしん》　身長が頭部の長さのおよそ八倍に相当すること。均整のとれた女性の理想のスタイルとされる。一九五三（昭和二十八）年にミス・ユニバース・コンテストで日本代表の伊東絹子が第三位に入選、彼女がこの比率であったので、美人の基準は八頭身ということで、流行したことば。美術的に最も美しいプロポーション（人体比例）のカノン（基準）とされて、早くはギリシア彫刻でリシッポスらの作品にこの比率が取られている。

八宝菜《はっぽうさい》　中国料理の炒めものの一つ。「八宝」とは八種の好材料の意味で、必ずしも八種に限らない。日本では五目炒め、西欧でもチャプスイとして愛好される。たとえば干しナマコ・椎茸・鶏肉・ネギ・キクラゲ・タケノコ・エビ・エンドウに、季節の野菜を炒め合わせ、塩・胡椒・醬油・酒などで味付けし、スープを加え、水溶き片栗粉を入れて濃度をつけたもの。このほかに、ハクサイ・豚肉・アワビなどを用いる。

八方睨み《はっぽうにら》　画像・彫像などの目が、どの方角から見ても、その方向をにらんでいるかのように見えること。また、そのような画像など。そこから四方八方へ目を配ることをいう。

八方美人《はっぽうびじん》　「八方」は四方＝東西南北と、四維（隅）＝北東・南東・南西・北西のことで、すべての方角。中国では「八面玲瓏《れいろう》」といい、八方美人になろうとすることを「八面討好*」という。元来は、どこから見ても非の打ちどころがない美女の意であったが、今は主に誰に対しても手落ちがなく立ち回る人を軽ろんじていうようになった。「八面美人」ともいう。

八方塞がり《はっぽうふさ》　さしさわりがあって、すべての面に行き詰まり、なすすべがない状態をいう。誰からも相手にしてもらえず、途方に暮れることのたとえ。八方は、東西南北とその四隅（四維）＝北東・北西・南東・南西を合わせ、それから全方位を表す。もともと陰陽道による占いで、どこに行こうとしても、どの方角もすべて不吉でどこにも行けないし、何をしてもうまくいかないという年回りをいうことば。「進退窮《きわ》まる」ともいう。

八方破《はっぽうやぶ》れ　どこもかしこもすき間だらけで、備えがどこにもないこと。相手に対し破れかぶれの態度をとること。八方は東西南北と北東・東南・南西・北西、すべての方角、四方と四隅（維）。相手から見て、どこからでも攻められそうだが策略があるのか、つけ入るすきがあるのか判断できず不気味でもある。そこから自由奔放な生活を表し、やけをおこしたような居直った態度を表す。「破れかぶれ」のこと。

腹八分目《はらはちぶんめ》　腹いっぱいになるまで食べず八分目ぐらいでやめておくのが、いつも健康でいられる秘訣であるとの意。食欲にまかせて満腹になるまで食べていると、必ず胃腸をこわす。だから食事は控えめにという戒め。『長阿含経《ちょうあごんきょう》』に食べ過ぎで肥満に苦しんでいるパセーナディ王を見かねた釈迦が、「食べる量を知れ、そうすれば苦しむことなく少なく、老化も遅くなり、健康で長生きできよう」と忠告した。これを素直に受け入れた王は、体型がスリムになり、健康を取り戻した。「腹八合」「腹八分に医者いらず」「腹八分に病みなし」「腹八分目卑しからず」ともいう。

坂東八平氏《ばんどうはちへいし》　「八平氏」ともいう。平安中期から鎌倉時代にかけて、関東地方に土着した桓武《かんむ》平氏の高望《たかもち》王の子良文・良茂の子孫の豪族。千葉氏・上総《かずさ》氏・秩父氏（良文の子忠頼系）・三浦氏（良茂の孫公義系）・土肥氏（良文の孫実平系）・大庭氏・梶原氏・長尾氏（良茂の孫公義の弟致成《むねなり》系）をいう。また、千葉氏・上総氏・畠山氏・三浦氏・河越氏・江戸氏・鎌倉氏・大庭氏をもさす。

額《ひたい》に八《はち》の字《じ》　不快に感じたり、疑ったり目を寄せて物を擬視したりすると、それにつれて額に八の字のしわが寄る。そこから、不愉快なことがあったり、問題が起きてむずかしい顔をしている人を「額に八の字を寄せる」と表現する。

別府八湯《べっぷはっとう》　別府市街地を中心とした八つの温泉郷。南部の別府・浜脇・観海寺・堀田の四湯、北部の亀川・柴石《しばせき》・鉄輪《かんなわ》・明礬《みょうばん》の四湯を合わせていう。『伊予国風土記』に大国主命の治療のことがあり、その後、聖武《しょうむ》天皇の代に日子三依《ひこみえ》が別府に温泉を開き、薬師堂を建てて鎮守したと伝えられている。

忘《ぼう》八《はち》 遊女屋の主人、遊蕩児のこと。孝・悌・忠・信・礼・義・廉・恥の八つの徳を忘れるという意味。『幼学須知』は「忘八」「亡八」と書いて「くるわ」と読ませる。また、亀やスッポンのことをいう。亀は成長すると母を奸するし、共食いもする不道徳な動物というのである。

胸突八丁《むなつきはっちょう》 「八丁」は富士登山で頂上まで八丁(約八七二メートル)のけわしい道。胸突八丁は山道などで傾斜が急な所、難所。転じて、物事を推し進めていく過程で、いちばん苦しくむずかしい場面をいう。

村《むら》八《はち》分《ぶ》 村民が村掟《おきて》(規則)に違反したとき、違反者への共同体の制裁の一つ。村八分ばかりでなく町八分もあった。葬式と火事以外の付き合い(交際)を断つことで、元服・婚礼・普請・病気・水害・旅行・出産・追善の八つの付き合いをいう。八分は「はっちる」「はじく」の当て字ともいい、「村はじき」ともいった。

明治《めいじ》の八局《はちきょく》 ⇩ 八局《はちきょく》

八色《やくさ》の姓《かばね》 「はっしきのせい」「八姓《はっしょう》」とも。古代の姓の制度。古代氏族が政治的・社会的地位を示すため世襲した称号。尊称・職能にちなむものなど、数十種を私称していた。国家統一が進むと姓を朝廷が下賜したり、改めたりもし、また大化改新では原則として個人の才能に応じて官を授ける建て前で、姓の政治・社会的意義を減じようとはかった。六八四(天武天皇十三)年、八姓を定め、各氏に朝廷から姓を与えて家格を整理統一し、皇親を最高とする身分制度を樹立し、それにより氏族を朝廷の統制下に置くこととしたもの。真人《まひと》・朝臣《あそみ》・宿祢《すくね》・忌寸《いみき》・道師《みちのし》・臣《おみ》・連《むらじ》・稲置《いなぎ》。

八坂瓊曲玉《やさかにのまがたま》 「八坂二勾玉」とも。*八咫鏡《やたのかがみ》・草薙剣《くさなぎのつるぎ》とともに*三種神器の一つ。天照大神が岩戸隠れのとき、玉祖命によって作られ、サカキの上枝につけて天照大神の出現を祈るのに用いられた曲玉。他の二つの神器とともに高天原《たかまがはら》から日向高千穂峰に天下るときに天照大神から瓊瓊杵命《ににぎのみこと》に授けられ、以後長く宮中に安置されて皇位継承の証《あかし》とされている。

八《や》咫《た》烏《がらす》 神武天皇の東征のとき、天照大神（『古事記』では高木大神《たかぎのおおかみ》＝高産霊神《たかむすびのかみ》）の命により、神武天皇の道案内として、紀伊熊野から大和に皇軍を先導したという烏。『古語拾遺』『姓氏録』によると、この烏は賀茂県主《あがたぬし》の祖鴨建角身命《かもたけつみのみこと》という（京都の賀茂神社の祭神）。烏が日神の使いをする信仰はアジアに広く行われ、中国の伝説では、太陽の中にいると想像された三本足の烏。また、太陽の異称。

八《や》咫《たの》鏡《かがみ》 「八尺鏡」とも。＊八坂瓊曲玉《やさかにのまがたま》・草薙剣《くさなぎのつるぎ》とともに＊三種神器の一つ。天照大神が天の岩戸に隠れたとき、石凝姥命《いしこりどめのみこと》が作り、サカキの中枝につけた鏡。天孫降臨のとき、天照大神の御魂代《みたましろ》として瓊瓊杵命《ににぎのみこと》に授けられ、以後宮中に安置されたが、崇《す》神《じん》天皇に至って、神威を恐れて大和の笠縫《かさぬい》に移し、垂《すい》仁《にん》天皇のときに、伊勢神宮の内宮に奉斎された。その模造の神鏡は宮中の賢所《かしこどころ》（内侍所）に奉安された。

八《や》つ当《あ》たり 確かな目算もなくあれこれと事を行い、偶然にある結果を得ること。まぐれあたりの意。また、腹を立てて、特に誰ということでもなく関係のない人たちや周囲の人たちに当たり散らすこと。今日では後者の意味で使われることが多い。

八《や》つ切《ぎ》り ⇩ 四《よ》つ切《ぎ》り

八《や》つ裂《ざ》き ◎ずたずたに裂くこと、寸断する意。夏目漱石の『虞美人草《ぐびじんそう》』の「我《が》は愛を八裂にする」が流行語となった。◎死刑の一つ。重罪の者に科すもので、室町末期から江戸初期に日本でも行われた。牛裂き・車裂きなど、罪人の両手両足のそれぞれに牛や車を結び、一斉に引かせてずたずたに裂くもの。『虞美人草』には「是から人間は生きながら八裂の刑を受ける様なものだ」とある。

八岐大蛇《やまたのおろち》 「八岐」とも。『古事記』『日本書紀』に記されている大蛇。素戔嗚尊《すさのおのみこと》が高天原《たかまがはら》から追われて放浪中に、出雲国簸川《ひのかわ》の上流で、大蛇の犠牲になろうとした櫛名田《くしなだ》姫を助けた。そのとき、退治した頭が八つ、尾が八つあり、真っ赤な眼をした大蛇のことで、八つの支流を持つ河川の神格化といわれる。尾から出た草薙剣《くさなぎのつるぎ》は天照大神に献上されて＊三種の神器の一つになっている。

八《や》幡《わた》の藪《やぶ》知《し》らず 千葉県市川市八幡にあった竹薮は、一度迷い込んだら絶対に出られないという伝説があり、そこを「八幡の薮知らず」と呼んでいたことから、迷ってどうにもならない状態、迷い込んで出口がわからない状態などのたとえ。

義経《よしつね》八艘《はっそう》跳《と》び　源平最後の戦い、長門（山口県）壇の浦の戦いで、平能登守教経《のりつね》は敗色濃厚となり、ならば源氏方の指揮官源義経を道連れにと必死に義経を追う。義経はそれを避けようと八艘の船に次々と跳び移って逃げたことをいう。教経は七艘まで追ったがあきらめて入水《じゅすい》して果てる。錦絵や少年読み物の画材になっていた。

九

九箇《きゅうか》国条約《こくじょうやく》　一九二二（大正十一）年二月、ワシントン会議で米・英・仏・伊・日の五か国と、ベルギー・ポルトガル・オランダ・中国を加えた九か国で締結した中国に関する条約。中国の主権尊重、各国の中国に対する門戸開放、機会均等などを規定。日本は第一次大戦で獲得した山東省の権益を返還した。しかし満洲事変以降の中国進出をこの条約違反とする国際的な非難に、一九三八（昭和十三）年ブリュッセルで九か国会議が開かれたが、日本は参加を拒否、実質的に条約を破棄した形となる。

九牛《きゅうぎゅう》の一毛《いちもう》　九頭の牛の中のたった一本の毛の意味から、多数の中のごく僅かな取るに足りないもののこと、ほんの僅かのたとえ。出典は『漢書』で、司馬遷は匈奴《きょうど》討伐に失敗した李陵をかばい、漢の武帝の怒りにふれ去勢されるという屈辱的な刑罰を受けた。そのときの気持ちを「世間では私の受刑のことなど、九牛の一毛を失うぐらいにしか感じないだろう」といったという。類句に「大海の一滴」がある。

九死《きゅうし》に一生《いっしょう》を得《う》る　「九死」は十中九まで死ぬという意味で、ほとんど死にそうになるほど危険な状態をいう。そこからもし助かった場合に「九死に一生を得る」という。中国の屈原『離騒』の「九死するといえどもそれなお未だ悔いず」による。「十死一生」「万死*に一生を得る」ともいう。

九州探題《きゅうしゅうたんだい》 室町幕府が九州と壱岐・対馬を統治するためにおいた職。軍事・警察・訴訟および渉外事務を担当した。鎌倉幕府が蒙古襲来後の九州経営のためにおいた九州探題にならい、同じ呼称を用いた。博多におかれ、足利尊氏が京都回復に失敗し九州に下り、再東上する一三三六（延元一・建武三）年に一色範氏《いっしきのりうじ》を残したのが始まり。のちに今川貞世（了俊）・渋川満頼らに替わり、しだいに南朝側を制圧し、治績を拡大した。

九州地方《きゅうしゅうちほう》 古代の行政区画で西海道の九か国二島の総称。九州島とその周辺諸島を指す。「鎮西《ちんぜい》」ともいう。筑前（福岡）、筑後（福岡）、肥前（佐賀・長崎）、肥後（熊本）、豊前《ぶぜん》（福岡・大分）、豊《ぶん》後《ご》（大分）、日向《ひゅうが》（宮崎）、大隅（鹿児島）、薩摩（鹿児島）の九か国と壱岐《いき》・対馬《つしま》の二島。明治以降、対馬・壱岐・五島列島・種子島・屋久島、奄美《あまみ》大島を含む福岡と佐賀・長崎・大分・熊本・宮崎・鹿児島の七県に分かれた。また「九州」が日本全土を指す例もある。

九星《きゅうせい》 古く中国の術数家（天文や占いの技術を研究する者）から、日本の陰陽道に伝わり、運命判断に用いる九つの星。これを五行《ごぎょう》（木火土金水）と方位・十干十二支*に配して、人の運勢や方位の吉凶を判断する。一白《いっぱく》（水星・北）、二黒《じこく》（土星・南西）、三碧《さんぺき》（木星・東）、四緑《しろく》（木星・南東）、五黄《ごおう》（土星・中央）、六白《ろっぱく》（金星・北西）、七赤《しちせき》（金星・西）、八《はっ》白《ぱく》（土星・北東）、九紫《きゅうし》（火星・南）のことをいう。また九つの星を貪狼《たんろう》・巨門・禄存・文曲・廉貞・武曲・破軍・左輔・右弼《うひつ》とする派もある。

九仞《きゅうじん》の功《こう》を一簣《いっき》に虧《か》く 九仞に及ぶほどの非常に高い築山を築き上げるにも、最後の一杯の土を欠いたのでは完成しないという意。そこから、長年の努力もたった一つの失敗によって不成功になってしまうたとえ。「仞」は中国周代の長さの単位で八尺（約一・八メートル）、「簣」は土を運ぶかごのこと。『書経』の「山を為《つく》ること九仞、功を一簣に虧く」から生まれたことば。「一簣の功」ともいう。「百日の説法屁《へ》一つ」「千日に刈った萱《かや》を一時に亡ぼす」も同じ意味。

九尺二間《くしゃくにけん》 江戸時代の庶民の標準的な住居は、間口九尺（約二・七メートル）、奥行二間（約三・六メートル）で、入口は三尺の戸が一枚だけだった。そこからごく狭く、粗末な家のたとえ。表通りには商家などが並ぶが、その裏手、いわゆる裏長屋の標準。裏長屋は一棟を間口九間に奥行き二間半、これが六軒に仕切られたもの。俗に「九尺二間の棟割長屋」というのは、この計算による。「九尺二間に戸が一枚」「九尺店《だな》」の句もある。

九字《くじ》を切《き》る　護身のための呪法《じゅほう》。「臨兵闘者皆陣列《りんぴょうとうしゃかいじんれつ》在前《ざいぜん》」の九字を唱えながら、指先で縦に四本、横五本の直線を空中に書いて念じれば、すべての災いが避けられるというまじない。この九字は中国の晋の葛洪《かっこう》の『抱朴子《ほうぼくし》』登渉篇《としょうへん》の故事。元来、中国の道教で、山に入るときの魔除けの呪文として行われ、日本でも仏教の密教や修験道に取り入れられた。歌舞伎の『勧進帳』でも演じられている。「九字は切っても十字は切れぬ」ともいう。

薬九層倍《くすりくそうばい》　一般に薬の売価は原価に比較すると、非常に高いといわれることから、暴利をむさぼるたとえとなった。「薬」のクに「九」を掛け、「九層倍」は何倍・何十倍の意。原料費や人件費を引いても、売り値はかなり吹っかけられているという。江戸時代の庶民の薬価への疑惑の表現。下に「百姓百層倍（同じく一粒の種から百倍もの収穫を得る）」をつけて用いる場合もある。「魚三層倍」「呉服五層倍」「花八層倍」などの句もある。

九寸五分《くすんごぶ》　長さ九寸五分（約二十八・五センチ）の短刀。主に敵との組み打ちのときに鎧《よろい》のすきまから差し入れて刺す鎧通しや、女性が帯に差しはさんだ懐剣の別称。鎌倉時代に始まり、戦国時代に最も流行し、短刀全般の称となった。俗語で「あいくち」ともいう。

九年面壁《くねんめんぺき》　長い年月、一つのことを忍耐強くつづけ、目的や仕事を成し遂げることのたとえ。中国禅宗の祖達磨《だるま》大師が、梁時代嵩山《すうざん》（現河南省）の少林寺で、絶壁に向かって九年の長い間、終日座禅をつづけ、悟りを開いたという、中国の『景徳伝灯録』の故事による。九年も動かなかったので、手足が退化して丸くなっただろうということから、目無し達磨のモデルとされている。「面壁九年」ともいう。

九分九厘《くぶくりん》　⇩ 十中八九《じっちゅうはっく》

九曜星《くようせい》 「九執」ともいう。月日と五星（火水木金土）の七星と、羅睺《らご》・計都《けいと》の二星のこと。仏教の暦法から起こり、陰陽家は人の生年月日に九曜星を当てて、その人の運命の吉凶を判断する。

九輪《くりん》 仏塔の頂の装飾。五重塔の上の水煙と下の請《うけ》（受）花の間、宝篋印塔《ほうきょういんとう》での請花と請花の間の九つの輪のこと。仏塔はストゥーパの音訳の卒塔婆《そとば》・塔婆《とうば》の略称。本来は仏陀の廟《びょう》。古代インドの塔上にあった貴人の標識であった傘蓋《さんがい》（チャントラ）を模したもの。

経済安定九原則《けいざいあんていきゅうげんそく》 第二次大戦後の日本経済自立のための経済政策として、一九四八（昭和二十三）年十二月に、アメリカ政府が連合国最高司令官マッカーサー元帥を通じて、日本政府に指令したもの。①財政の均衡、②徴税の強化促進、③資金貸出制限、④賃金の安定、⑤物価統制の強化、⑥貿易の為替管理の改善、⑦輸出の振興、⑧重要原料などの増産、⑨食糧供出の改善の九項目。実施に当たって総司令部は、デトロイト銀行頭取ドッジを招いて、具体的な政策を立案させ、翌年度に緊縮均衡予算を組ませ、単一為替レートの設定などを実施した。この一連の施策を「ドッジ・ライン」と呼ぶ。

前九年の役《ぜんくねんのえき》 一〇五一～六二（永承六～康平五）年、陸奥《むつ》国（青森・岩手県）北部に起こった安倍氏の反乱。俘囚《ふしゅう》の長《ちょう》（服従した蝦夷《えみし》）安倍氏は陸奥の奥六郡を領有し、勢力が強大になるにつれて朝廷に反抗して、賦貢《ふこう》（税）・徭役《ようえき》（人夫に徴発されること）を断わる。安倍頼時のときに衣川の南に進出したので、陸奥守藤原登任《なりとう》が鎮圧しようとして破れたのが始まり。朝廷の征討命令により、源頼義・義家親子が清原光頼・武則兄弟の加勢を受けて出陣し、安倍氏を滅亡させて任務を果たすが、その前段階に当たる。続く「*後三年の役」を経て終えんするまで発端から十二か年にも及んだので「奥州十二年合戦」とも呼ぶ。

十

飲酒の十徳《いんしゅのじっとく》 江戸時代の文人・画家柳沢淇園《きえん》が、一八四三（天保十四）年に刊行した随筆『雲《うん》萍《ぴょう》雑誌』の巻三で、飲酒について十の徳を解いたもの。「酒は美禄・酒は憂《うれい》の玉箒《ぼうき》、①礼を正し、②労をいとい、③憂（心配すること）をわすれ、④鬱《うつ》（心が晴れないこと）をひらき、⑤気をめぐらし、⑥病をさけ、⑦毒を解《げ》し、⑧人と親しみ、⑨縁をむすび、⑩人寿《にんじゅ》を延ぶ」。『雲萍雑誌』の柳沢淇園作を否定する説もある。
⇩酒に十の徳あり

宇治十帖《うじじゅうじょう》 『源氏物語』*五十四帖の最終部の十帖のこと。橋姫・椎本《しいがもと》・総角《あげまき》・早蕨《さわらび》・宿木《やどりぎ》・東屋《あずまや》・浮舟・蜻蛉《かげろう》・手習・夢の浮橋をいう。

孔門十哲《こうもんじってつ》 中国の春秋時代、儒教の祖孔子門下の優れた七十二人のうち、最も優れた十人の弟子。さらにまた、その長所によって四分野に分けて、「四科《しか》十哲」ともいう。『論語』先進篇によると、徳行では①顔淵《がんえん》、②閔子騫《びんしけん》、③冉伯牛《ぜんはくぎゅう》、④仲弓《ちゅうきゅう》、言語では⑤宰我《さいが》、⑥子貢《しこう》、政事では⑦冉有《ぜんゆう》、⑧季路《きろ》、文学では⑨子遊《しゆう》、⑩子夏《しか》。しかし、ほかにも曽参《そうしん》・子張《しちょう》・有若《ゆうじゃく》らの優れた弟子もいるので、唐代以後、十哲と限定することに議論があがっている。

酒《さけ》**に十**《じゅう》**の徳**《とく》**あり** 室町時代の狂言『餅酒《もちざけ》』に登場する十か条の酒の恩恵や長所。①百薬の長、②長寿を延ばす、③旅行に食あり（旅行のときの食事の代わり）、④寒気に衣あり（寒いときの衣服代わり）、⑤推参に便あり（他家への手土産）、⑥うれいを払う玉ぼうき（憂いを忘れる）、⑦位無くして貴人に交わる（身分にかかわらず貴人と交わえる）、⑧労を助く（苦労をいやす）、⑨万人和合す、⑩独居の友（一人住まいの友）。⇩飲酒の十徳

十《じっ》**戒**《かい》 「十誡」とも書く。◈モーゼの十戒は、キリスト教の『旧約聖書』出エジプト記・申命記《しんめいき》に、神ヤハウェ（エホバ）がシナイ山頂上でモーゼを通してイスラエルの民に授けたとされる十か条の戒め。二枚の石板（契約の板）に刻まれていたといわれる。①汝《なんじ》は我のほかに、何者をも神としてはならない（唯一神の礼拝）。②汝は自己のために、何の偶像を造ってはならない（偶像の禁止）。③汝は汝の神、主（ヤハウェ）の名をみだりに唱えてはならない（神名乱唱の禁止）。④安息日を覚えて、これを聖とせよ（安息日の厳守）。⑤汝の父と母を敬え（父母への尊敬）。

⑥汝は殺してはならない(殺人の禁止)。⑦汝は姦淫してはならない(姦淫の禁止)。⑧汝は盗んではならない(盗奪の禁止)。⑨汝は隣人について偽証してはならない(偽証の禁止)。⑩汝は隣人の家をむさぼってはならない(貪婪《どんらん》の禁止)。

◎小乗仏教の十戒は、悪を止めて慈悲を修行する出家(沙弥《しゃみ》・沙弥尼《に》)の守らなければならない十の規律。①生物を殺さない(不殺生)。②盗みをしない(不偸《ふちゅう》盗《とう》)。③妻以外姦淫にふけらない(不淫)。④嘘をつかない(不妄語《ふもうご》)。⑤酒を飲まない(不飲酒《ふおんじゅ》)。⑥装飾品や香などを身につけない(不塗飾香鬘《ふずじきこうまん》)。⑦歌や踊りを見聞きしない(不歌舞観聴)。⑧広く高い寝台に寝ない(不坐高広大床)。⑨午後に食事しない(不非時食《じじき》)。⑩金銀財宝を蓄えない(不蓄金銀宝《ぶちくきんごんほう》)。ほかにも大乗・小乗が共通に説く十善戒などの諸説がある。

十干十二支《じっかんじゅうにし》

略して「干支《かんし》」「えと」とも呼ぶ。中国では古代から干支を用いていたが、暦に当てて一般的になったのは前漢時代という。日本が朝鮮経由で学び、暦法として採用するのは六〇二(推古十)年という。十干(幹)の干は幹《みき》で甲《こう》(きのえ)・乙《おつ》(きのと)・丙《へい》(ひのと)・丁《てい》(ひのと)・戊《ぼ》(つちのえ)・己《き》(つちのと)・庚《こう》(かのえ)・辛《しん》(かのと)・壬《しん》(みずのえ)・癸《き》(みずのと)。十二支(辰《しん》とも)の支は枝、子《し》(ね)・丑《ちゅう》(うし)・寅《いん》(とら)・卯《ぼう》(う)・辰《しん》(たつ)・巳《し》(み)・午《ご》(うま)・未《び》(ひつじ)・申《しん》(さる)・酉《ゆう》(とり)・戌《じゅつ》(いぬ)・亥《がい》(い)の動物を当てた。

干は日に当て、一か月は上中下三旬、一旬は十日で、各日を区別する記号に甲〜癸の字を当てた。十二支は月を示し、年間の各月の満ち欠けにより季節の特徴に合う語を選び、天地の運行を説明した。例えば子《し》(ね)、元は孳《し》で茂る・新しい芽から種子に萌《もえ》だすさまの意味の字、同音で字の一部であるから同音の鼠《ねずみ》が当てられた。

十干に五行(木火土金水)の説が結びつき、陽の干は強で兄(え)甲丙戊庚壬、陰の干は弱で弟(と)乙丁己辛癸とに分け、木はきのえ(甲)・きのと(乙)、火はひのえ(丙)・ひのと(丁)とする。

十干に十二支を結びつけると、五と十二では単純に合わないので、土に丑辰未戌を、木に寅卯、火に巳午、金に申酉、水に亥子を当てた。十干と十二支を組み合わせて暦日を数えると、甲子《きのえね》の年から始め、六十一年目に再び甲子になり、還暦の祝いとなる。

また、十二支を方位に当て、北が子、東は卯、東北が丑寅《うしとら》、南は午、西が酉。時刻には真夜中が子の刻として一日に配し、昼の中心が午で、そこから正午・午前・午後のことばが生まれた。季節では春分が卯、夏至が午、秋分が酉、冬至が子。仏教にも取り入れられ十二神将の方位を象徴する。

これらの多種の要素が組み合わされ、年や日・方角などの吉凶を占うこととともなり、相性・丙午・八専・十方暮・天赫日・庚申・犯土・三伏・五墓日・三隣亡・社日・天一天上などが暦注に六曜などとともに記載される。年中行事や生活儀礼などにも及び、順序を示すのにも使われている。

十《じっ》刹《さつ》　正しくは「じっせつ」と読む。中国南宋の制度にならった禅宗の臨済宗寺院の寺格。*五山を最高位として、それに次ぐ官寺。この下に諸山がある。官寺は住持を政府が任命する制度。五山とともに鎌倉末期に始まり、室町幕府が制度化した。一三四一（暦法四・興国二）年は全国規模で定め、一三五八（延文三・正平十三）年、一三八〇（康暦二・天授六）年の改正も同様であったが、一三八六（至徳三・元中三）年からは京都と鎌倉（関東）の十刹に改めた。

〔京都十刹〕等持寺・臨川寺・真如寺・安国（北禅）寺・宝幢寺・普門寺・広覚寺・妙光寺・大徳寺・龍翔《りゅうしょう》寺をいう。

〔鎌倉十刹〕「関東十刹」ともいう。禅興（久昌）寺・瑞泉寺・東勝寺・万寿寺・大慶寺・興聖（安国）寺・東漸寺・善福寺・法泉寺・長楽寺をいう。十刹といっても必ずしも十か寺ではない。準十刹も設けられている。

十《じっ》指《し》に余《あま》る　「十指」は十本の指、多数の意にもなる。十本の指で数え切れないほど多いということで、主なものをあげていくと十以上になってしまうこと。十より多いこと。「十指を出る」ともいう。

十種競技《じっしゅきょうぎ》　男子の陸上競技混成種目の一つ。二日間で十種目の競技を行い、各種目の成績を採点表（最高千二百点）によって点数に換算し、その合計を競い合う競技。第一日目に、①百メートル競争、②走り幅跳び、③砲丸投げ、④走り高飛び、⑤四百メートル競争。

第二日目に、⑥百十メートル障害（ハードル）競争、⑦円盤投げ、⑧棒高とび、⑨槍投げ、⑩千五百メートル競争の順に行われる。一九一二（明治四十五）年、第五回ストックホルムオリンピック大会の陸上競技で初めて採用された競技。

十種雲形《じっしゅうんけい》 雲の形を出現する高度により十種類の基本型に分けたもの。巻《けん》雲・巻積雲・巻層雲・高積雲・高層雲・層積雲・層雲・乱層雲・積雲・積乱雲をいう。十九世紀末から国際的に用いられている国際雲級図。一九六五（昭和四十）年より絹雲を巻雲、絹層雲を巻層雲、絹積雲を巻積雲に改めた。「十種雲級」ともいう。

十進分類法《じっしんぶんるいほう》 数の十進法*を応用した事物の分類法。図書館で資料の整理のために使用するものが有名。代表的なものは米国のデューイが考案した「十進分類法」（略称DC）で、0総記、1哲学、2宗教、3社会科学、4語学、5自然科学、6応用科学、7美術、8文学、9歴史の順に全分野を十類に大別し、同類内を時代・地域などに綱・目以下の段階に細分した。日本でも森清がこれを参考に「日本十進分類法」（NDC）を考案、類は0総記、1哲学、2歴史、3社会科学、4自然科学、5工学、6産業、7芸術、8語学、9文学とし、綱・目などの改訂を重ねた。現在、各種の図書館がこれを採用している。

十進法《じっしんほう》 数を数えるときの代表的な記数法で、十ずつを一つに位を進めていく方法。一〜九の数を基数、一まとめにしたものを〇を使って一〇の表記とする。整数の場合は一が十個集まって十、十が十個集まって百、同様に千・万・億・兆・京《けい》……というように十ずつ集まって上の位に進む。一より小さい小数は一を十等分して〇・一、その十等分が〇・〇一、分・厘・毫《ごう》……のように十ずつ下の位に進む。人間の手の指との対応からきたといわれる。

十体《じったい》 ⇩三体《さんたい》

十中八九《じっちゅうはっく》 予想したことの起こる割合が、十のうち八か九起こることから、大部分、おおかた、ほとんど、間違いなくの意。「九部九厘」「九分通り」も同じ意。

十手《じって》　江戸時代に町奉行所の同心などの捕吏が携行した道具。十手はもっぱら捕り物道具として用いられ、敵が刀で斬ってくるのを、これで受けてはさみ、打ち捕らえる。長さ一尺五寸（約四十五センチ）前後の円形・六角形などの鉄棒の下部（手元近く）に鉤《かぎ》をつけ、柄には房紐をつけたもの。柄の房紐が町奉行の同心は朱房《しゅぶさ》、関八州取締は紫か浅葱《あさぎ》、小者は赤色のように役柄に応じて色を違えた。「実手・十当・鉄刀・鉄割」ともいう。

十悪《じゅうあく》　◈中国の隋・唐の法律で、国家社会の秩序を乱すものとして、特に重く罰せられた十種の罪。謀反・謀大逆・謀叛・悪逆・不道・大不敬・不孝・不睦・不義・内乱をいう。日本の法制上にも強い影響を与えた。

◈仏教用語では、身体動作（身）と言語表現（口）と心意作用（意）が起こす十の罪悪。殺生（生物を殺す）、偸盗《ちゅうとう》（盗む）、邪淫（姦淫する）を身体動作（身三）、両舌《りょうぜつ》（二枚舌を使う）、妄語《もうご》（嘘を言う）、悪口《あっく》（悪罵する）、綺語《きご》（駄言を弄する）を言語表現（口四）、貪欲（または慾。貪る）、瞋恚《しんい》（怒る）、邪見（邪見にふける）を心意作用（意三）という。「十悪業・十不善・十罪」ともいう。

十月革命《じゅうがつかくめい》　一九一七年十一月七日（ロシア暦十月二十五日）ロシアに起こったプロレタリア革命。同年三月（ロシア暦二月）にツァーリズムが崩壊した後（二月革命*）、ケレンスキーの臨時政府は民意を無視して第一世界大戦*を続行。首都ペトログラードでボリシェヴィキ指導下に労働者・兵士・農民の武装蜂起によって、臨時政府は一夜で倒れた。レーニンを指導者とするボリシェヴィキが政権を握り、世界初の社会主義国家が成立した。「ロシア革命」「十一月革命」ともいう。

十月事件《じゅうがつじけん》　一九三一（昭和六）年十月二十一日、日本軍の急進派が満洲事変に呼応してクーデターを計画し、未然に発覚した事件。桜会の陸軍の橋本欣五郎ら中堅将校と、大川周明ら民間右翼も加わり、若槻礼次郎首相や改造内閣の閣僚を殺害し、戒厳令下に荒木貞夫首班の軍事政権を樹立しようとしたが、事前に情報が漏れて失敗。しかし、政・財界に大きな衝撃を与え、軍部の政治進出の糸口を作った。

十語五草《じゅうごごそう》 中古文学の物語十種と五編の草子。竹取物語・宇津保物語・世継《よつぎ》物語（大鏡）・彌《いや》世継物語（散佚《さんいつ》して現存せず）・続世継物語（今鏡）・増鏡《ますかがみ》・栄花物語・狭衣《さごろも》物語・水鏡・伊勢物語の十種の物語（十語）と、徒然草・枕草子・四季物語・御餝《おかざり》の記・御湯殿の記の五草子（五草または艸）。江戸時代の高貴な家庭の嫁入り道具として棚に飾るものとされた。

十字架《じゅうじか》 罪人を磔《はりつけ》にする柱。十字の形に組み合わせた木柱。古代ローマ帝国では、罪人を釘で打ちつける刑罰に用いられた。また、イエス・キリストが万人の罪を贖《あがな》うために、十字架に磔にされたことから、キリスト教の象徴とされる。キリスト教徒は、十字架にイエス・キリストの像をつけ、尊敬・名誉・贖罪《しょくざい》・犠牲・苦難を表象して礼拝し、信仰の装具としても用いている。お祈りの前に行う儀式として、額・口・胸の所で手の指によって十字を描くことを「十字を切る」という。

十字軍《じゅうじぐん》 十一世紀末から十三世紀に、西欧キリスト教徒がイスラム教徒に占領された聖地エルサレムを奪回するために行った軍事遠征。一〇九六年ローマ法王ウルバヌス二世の提唱により、第一回十字軍を送り、以後一二七〇年まで八回行われたが、成功したのは第一回のみで聖地を回復し、エルサレム王国を立てた。以後は失敗に終わり、教会の教皇権の衰退と封建貴族の没落の原因となった。反面、市民と貨幣経済が成長、地中海の商業活動の発達、都市の発生を促し、閉ざされていた中世的世界観を拡大し、イスラム文化が西欧に多大の影響を及ぼすことになった。「十字軍」の名は出征軍人が右肩に赤い十字架を徽章としてつけたことによる。

十大財閥《じゅうだいざいばつ》 ⇩ 三大財閥《さんだいざいばつ》

十大寺《じゅうだいじ》 七九八（延暦十七）年六月十四日、桓武《かんむ》天皇が奈良を中心に定めた十の官寺（政府の保護、または監督を受けた寺）。先に定めた*南都七大寺に三寺を加えた。大安寺・薬師寺・元興寺《がんごうじ》・興福寺・法隆寺・東大寺・西大寺（以上南都七大寺）、弘福寺《ぐふくじ》・四天王寺・崇福寺。「延喜式」（九六七〈康保九〉年施行）では、奈良を中心に新薬師寺・本元興寺・東寺・西寺・唐招提寺《とうしょうだいじ》を加えて「十五大寺」とした。官寺は律令制度の崩壊とともに衰退した。

十代集《じゅうだいしゅう》 ⇩ 二十一代集《にじゅういちだいしゅう》

十大弟子《じゅうだいでし》 釈迦（仏陀《ぶっだ》または釈尊）の弟子の中で優れた十人。舎利弗《しゃりほつ》（智慧第一）、目犍連《もっけんれん》（神通第一）、摩訶迦葉《まかしょう》（頭陀《ずだ》第一）、阿那律《あなりつ》（天眼第一）、須菩提《しゅぼだい》（解空第一）、富楼那《ふるな》（説法第一）、迦旃延《かせんねん》（論議第一）、優波離《うばり》（持律第一）、羅睺羅《らごら》（密行第一）、阿《あ》難陀《なんだ》（多聞第一）。灌頂《かんじょう》などの重大な儀式のときに法具などを持って、十人が導師に従うのはこれに擬したものをいう。

十大都市《じゅうだいとし》 ⇩ 六大都市《ろくだいとし》

十段目《じゅうだんめ》 「太十《たいじゅう》」とも。浄瑠璃義太夫節《じょうるりぎだゆうぶし》の「絵本太功記」。近松柳《やなぎ》・同湖水軒・同千葉軒《せんようけん》合作の時代物、一七九九（寛政十一）年大坂豊竹座初演。明智（劇中では武智とする）光秀の謀叛《むほん》から死ぬまでの六月一日から十三日間を一日一段の十三段に脚色した十段目のこと。六月十日「尼ケ崎」の段で光秀が久吉（豊臣秀吉）と過って母親皐月《さつき》を竹槍で突き殺し、再び久吉を討とうとして過って妻操をも刺す。そこに光秀の息子十次郎が出陣先から重傷の身で敗戦の模様を伝えに帰り、父の目の前で死ぬという場面。「太功記の十段目と嬶《かかあ》の名を知らぬ者はない（この段を知らぬ者はいないということ）」とまでいわれた。

十人組《じゅうにんぐみ》 室町末期から江戸初期にかけて近隣十戸が組になって、治安維持・逃散《ちょうさん》防止のため、大名家臣団・都市・郷村の内部に連帯責任と相互監視をした自治組織。豊臣秀吉は一五九七（慶長二）年三月、辻切り、スリ・盗賊防止のために活用し、諸奉公人（侍階級）には五人組、下人《げにん》（庶民階級）には十人組を作った。徳川幕府は浪人の取締り、キリスト教禁止にこの制度を継続強化して「五人組」の組織をつくった。

十人十色《じゅうにんといろ》 世の中に誰一人として、容姿から心までまったく同じ人はいないというたとえ。十人人がいれば、その十人とも姿・顔・形が違うように、人の考え方・好み・立場や性格もそれぞれ異なる。「十人寄れば十色」「十人十腹《とはら》」「十人寄れば十国《とくに》の者」などともいう。

十人並み《じゅうにんなみ》 他の人とかわりなく、人並みのこと。容貌・才能・技量・能力・顔立ちなどが、すば抜けて良くもなく、それほど悪くもなく、普通である意。

十人両替《じゅうにんりょうがえ》　江戸時代、幕府御用を引け受けた大坂の両替商。本両替・南両替・銭両替の全仲間を統制するため、本両替仲間の行司から選任され、仲間の取締りや公金の出納などを行った十人の両替商。発足当初は天王寺屋五兵衛・新屋九右衛門・鍵屋六兵衛・坂本屋善右衛門・天王寺屋作兵衛・新屋杢右衛門・泉屋平兵衛・誉田《よだ》弥右衛門・鴻池《こうのいけ》屋喜右衛門・助松屋理兵衛をいう。一六六二（寛文二）年に創始され、七〇（寛文十）年に制度化されたが、必ずしも十人に限られず、また世襲ではなく出入りも激しかった。

十年一日《じゅうねんいちじつ》　一日を「いちにち」ともいう。十年間が一日と感じられるほど長い年月の間、ずっと同じ状態が続き、少しの進歩や変化のないこと。また、一つの仕事を根気よく勤め続けるさま。

十年一剣《じゅうねんいっけん》**を磨**《みが》**く**　一振の刀を長い間磨き続けるということから、長い年月専心してあることの技術や能力を練り、腕を磨いてその効果を発揮できる好機を待つこと。出典は唐の詩人賈島《かとう》の「剣客」という詩で、頼山陽が川中島の合戦の詩に用いてから一般的になった。

十年一昔《じゅうねんひとむかし》　十年という歳月を一応の区切りとして、身辺の変化を認識しようということ。世の中は社会や時代の流れの変化が日々あり、*十年一日のように変化のないように思っていても、十年も経過すれば「昔だなあ」と感じられる過去になってしまう意。

十分条件《じゅうぶんじょうけん》　数学の命題で、Aが成り立てばBも成り立つというときの、そのBに対するAのことをいう。このときに、Aに対するBは、Aが成立するための「必要条件」ともいう。

十勇士《じゅうゆうし》　〔尼子《あまご》十勇士〕戦国時代、山陰の雄であった尼子家の再興のために活躍した十人の武士。山中鹿之介・秋宅庵介・横道兵庫介・今川鮎介・尤道理介・寺本生死介・植田早苗介・深田泥介・薮田荊介・小倉鼠介。「十介」ともいう。〔真田《さなだ》十勇士〕真田幸村の家臣で大坂の役で活躍したと伝える。穴山小介・海野六郎・筧十蔵・霧隠才蔵・猿飛佐助・根津甚八・三好青海入道・三好伊三入道・望月六郎・由里鎌之助。

十両《じゅうりょう》　十両は一両（江戸時代の小判一枚）の十倍の意。また、相撲で力士の階級の一つ。幕下の上で幕内より下にあたる。昔は幕下上位の十枚目までのことで「十枚目」ともいう。この位から関取としての待遇を受けることができる。江戸時代に、年に十両の給金であったことからこの称で呼ばれるようになった。

蕉門十哲《しょうもんじってつ》　松尾芭蕉門下の中の優れた十人の俳人。一八三二（天保三）年刊の青々著『続俳家奇人談』の与謝蕪村筆の賛画に選ばれたのは、榎本其《き》角《かく》・服部嵐雪《らんせつ》・各務《かがみ》支考（東花坊）・森川許六・向井去来・内藤丈草・志田野坡《やば》・越智《おち》越人・立花北枝《ほくし》・杉山杉風《さんぷう》の十人。「孔門十哲*」にならったもので、十人は誰れを指すかは異論が多い。

世界十大河川《せかいじゅうだいかせん》　①ナイル川六六五〇キロ（アフリカ）、②アマゾン川六四〇〇キロ（南米）、③長江（揚子江）六三〇〇キロ（中国）、④ミシシッピー川五九七一キロ（アメリカ）、⑤エニセイ川五五四〇キロ（ロシア）、⑥黄河五四六四キロ（中国）、⑦オビ川五四一〇キロ（ロシア）、⑧ラプラタ川四八八〇キロ（南米）、⑨コンゴ川（ザイール）四七〇〇キロ（アフリカ）、⑩アムール川四四四四キロ（ロシア）。⇩日本十大河川

世界十大湖沼《せかいじゅうだいこしょう》　①カスピ海三七一〇〇〇km^2（ユーラシア）、②スペリオル湖八二三六七km^2（北米）、③ビクトリア湖六八八〇〇km^2（アフリカ）、④アラル海六六四六〇km^2（中央アジア）、⑤ヒューロン湖五九五七〇km^2（北米）、⑥ミシガン湖五八〇一六km^2（北米）、⑦タンガニーカ湖三二〇〇〇km^2（アフリカ）、⑧グレートベア湖三一七九〇km^2（カナダ）、⑨バイカル湖三一五〇〇km^2（シベリア）、⑩グレートスレーブ湖二八四四〇km^2（カナダ）。⇩アメリカの五大湖・日本十大湖沼

世界十大小説《せかいじゅうだいしょうせつ》　イギリスの作家サマセット・モームの『世界十大小説』（一九五四年刊。日本語訳は五八年、岩波新書）に上げられた次の十作品。①ヘンリー・フィールデング『トム・ジョウンズ』、②ジェイン・オースティン『高慢と偏見』、③スタンダール『赤と黒』、④バルザック『ゴリオ爺さん』、⑤チャールズ・ディケンズ『ディヴィッド・コパ

ーフィールド』、⑥フローベール『ボヴァリー夫人』、⑦ハーマン・メルヴィル『モウビー・ディック』、⑧エミリー・ブロンテ『嵐が丘』、⑨ドストエフスキー『カラマーゾフの兄弟』、⑩トルストイ『戦争と平和』。

赤《せき》十《じゅう》字《じ》　戦時に、敵味方の区別なしに傷病者を救護する目的で設立された国際的協力組織。現在では、戦時に限らず、平時の災害・疫病の予防・救助・衛生思想の普及などの人道的事業に奉仕している。万国赤十字社を本社とし、各国赤十字社を支部とする。クリミア戦争におけるナイチンゲールの看護活動に刺激された、アンリ・デュナンの救護体験に基づいた傷病兵救護対策の出版を契機に、一八六三年十月二十九日、赤十字国際委員会を創立。スイスのジュネーブに本部をおき、紋章は白地に赤十字、標語は inter caritas（戦いの中にも博愛）とした。各国に傷病者救護のための組織（各国赤十字社）の設立を呼びかけ、翌年十二か国の参加による戦時傷病者救護のための赤十字条約（ジュネーブ条約）が調印された。

千《せん》家《け》十《じっ》職《しょく》　茶道の家元三千家（表・裏・武者小路家の総称）に、特に指定された茶道具作家で各業種から各一家、十人十職のこと。各家とも同じ仕事を世襲し、家元との縁も深い家系。この称は明治中期頃からあり、中村宗哲が昭和初期に「十備会」と名づけて、作品展を開催していた。一九八〇（昭和五十五）年大阪三越が「千家十職」と命名して展観を行ったことから定着したことば。楽焼の楽吉左衛門、釜師の大西清右衛門、塗師の中村宗哲、指物《さしもの》師の駒沢利斎、金物師の中川浄益、袋物師の土田友湖、表具師の奥村吉兵衛、一閑張《いっかんばり》塗師の飛来《ひき》一閑、竹細工・柄杓《ひしゃく》師の黒田正玄、土風炉師の永楽善五郎の各家をいう。

十《とお》日《か》戎《えびす》　戎は「夷・蛭子・恵比寿」などとも書き、航海・漁業の神から、商売繁盛の神ともなり、*七福神にも加えられた。夷《えびす》神の祭りを夷講といい、正月二十日と十月二十日の二回か、正月十日・十二月八日などと日取りは各地で異なる。そのなかで特に有名なのが一月十日の大阪今宮神社、京都建仁寺前の恵比寿神社の十日戎である。

兵庫の西宮神社は「二十日戎」で、当日竹の小枝に大判小判・鯛《たい》などのおもちゃの縁起物を結んだ「吉兆《きっちょう》お笹」を売る。十日戎の大阪・京都は芸妓が「宝恵籠《ほえかご》」

で参詣して興を添える。二十日戎では京阪の商家は親しい人に振舞いをしたり、「誓文払《せいもんばらい》」として特売をする。地方でもそれぞれの祭りをするが、江戸は十一月十九日夜に翌日の夷講に使う器具・供物の市が、日本橋大伝馬町《おおでんまちょう》から通旅籠町《とおりはたごちょう》にかけて立ったのが、今日夷講から離れてもべったら市として、大根の浅漬けを売る日となっている。

十日《とおか》の菊《きく》　必要なときに間に合わないこと、時期に遅れて役に立たないことのたとえ。陰暦九月九日の菊の節供には菊を、五月五日の端午の節供には菖蒲を飾るが、その節供に一日遅れた菊と菖蒲の意。この句の前に「六日の菖蒲」*を付けて言うこともある。

十組問屋《とくみどいや》　江戸商人の荷受問屋仲間。江戸時代の江戸は最大の消費都市で、それを支えたのは全国からの物資の集荷地大坂であった。江戸から注文した物資の輸送は船便が主流で、その業務も各商人が個々に担当、海難などの処理に関係者間の紛争が絶えず、その打開にと一六九四（元禄七）年大坂屋伊兵衛の発起で、業種別に荷受問屋の十の組を作り、組で行事（役員）を選出し、行事が紛争処理をした。対する大坂でも二十四組問屋（江戸買次問屋、二十四組江戸積荷問屋仲間、二十四組買継問屋なども）を組織した。

以来もろもろの変遷があり、天保改革では株仲間解散にあったが、嘉永の諸問屋仲間再興となり幕末に至った。十組問屋は通町・内店・紙店・表店・酒店・塗物店・川岸・釘店・綿店・薬種店の各組。二十四組問屋は、綿買次積問屋・油問屋・鉄釘積問屋・木綿仕入積問屋仲間江戸組・一番組紙店・表店・塗物店・二番店紙店・内店組・明神講・通町組・瀬戸物店・薬積店・堀留組・乾物店・安永一〜九晩組。

日本十大河川《にほんじゅうだいかせん》　川の長さでは、①信濃川三六七キロ、②利根川三二二キロ、③石狩川二六八キロ、④天塩《てしお》川二五六キロ、⑤北上川二四九キロ、⑥阿武《あぶ》隈《くま》川二三九キロ、⑦最上《もがみ》川二二九キロ、⑧木曽川二二七キロ、⑨天竜川二二九キロ、⑩阿賀野川二一〇キロ。川の流域面積の広さでは、①利根川一六八四〇km²、②石狩川一四三三〇km²、③信濃川一一九〇〇km²、④北上川一〇一五〇km²、⑤木曽川九一〇〇km²、⑥十勝川九〇一〇km²、⑦淀川八二四〇km²、

⑧阿賀野川七七一㎢、⑨最上川七〇四㎢、⑩天塩《てしお》川五五九㎢。⇩世界十大河川

日本十大高山《にほんじゅうだいこうざん》 ①富士山三七七六メートル（山梨・静岡県）、②北岳三一九二メートル（山梨県）、③奥穂高岳三一九〇メートル（長野・岐阜県）、④間ノ岳三一八九メートル（山梨・静岡県）、⑤槍ケ岳三一八〇メートル（長野県）、⑥東岳三一四一メートル（静岡県）、⑦赤石岳三一二〇メートル（長野・静岡県）、⑧荒川岳三〇八三メートル（静岡県）、⑨御嶽山三〇六七メートル（岐阜・長野県）、⑩農鳥岳三〇五一メートル（山梨・静岡県）。⇩世界三大高山

日本十大湖沼《にほんじゅうだいこしょう》 ①琵琶湖六七〇・三㎢（滋賀県）、②霞ヶ浦一六七・六㎢（茨城県）、③サロマ湖一五一・九㎢（北海道）、④猪苗代湖一〇三・三㎢（福島県）、⑤中海八六・二㎢（島根・鳥取県）、⑥屈斜路湖七九・三㎢（北海道）、⑦宍道《しんじ》湖七九・一㎢（島根県）、⑧支笏《しこつ》湖七八・四㎢（北海道）、⑨洞爺《とうや》湖七〇・七㎢（北海道）、⑩浜名湖六五・〇㎢（静岡県）。⇩世界十大湖沼

ベスト・テン best ten ある部門やグループで、十位までに入る優れた人や作品。「十傑」「トップテン」ともいう。

木門十哲《もくもんじってつ》 江戸時代前期の儒者、木下順庵門下の優れた十人の弟子のこと。木門は順庵の学派の名称。新井白石・室鳩巣《むろきゅうそう》・雨森芳洲《あめのもりほうしゅう》・祇園《ぎおん》南海・榊原篁洲《こうしゅう》以上を木門の五先生と呼び、これに南部南山・松浦霞沼《かしょう》・三宅観瀾《かんらん》・服部寛斎・向井滄洲《そうしゅう》を加えて木門十哲という。「*孔門十哲」にならったもの。

十一～二十

十一面観音《じゅういちめんかんのん》 正しくは「十一面観世音菩薩」。*六(七)観音の一つ。十一の面(顔)を持ち、あらゆる方向に顔を向け、功徳《くどく》を与え、衆生《しゅじょう》の苦しみを救う力を備えた観音菩薩。*六道の一つの阿修羅《あしゅら》道を救済するもの。本面を加えて十一面か、本面以外に十一面か、その配置とか、いろいろの説があるが、一般的には頭上に十一面（頂上に如来相一面が仏果《ぶっか》、正面三面に寂静《じゃくじょう》相、右方三面に威怒《いぬ》相、左方三面に利牙《りが》出《しゅつ》現《げん》相、後方一面に笑怒《しょうぬ》相）、手に水瓶《すいびょう》・数珠《じゅず》を持つ二臂《ひ》

像が多い。

YS11《ワイエスじゅういち》

一九六二（昭和三十七）年八月三十日、戦後日本で初めて開発され初飛行したターボプロップ双発の旅客機。YSは設計した輸送機設計協会の頭文字、11は機体一号、エンジン一号で、本来は〝いちいち〟と読む。生産は政府民間共同出資の日本航空機製造会社（NAMC）。基本設計に係わったのは航研機・ゼロ戦*・隼《はやぶさ》など、戦前を代表する飛行機の設計者たち。最終的な生産数は一八二機、離陸滑走距離が短く、客席数が当時の中型機より多いのが好評で、七十六機がアメリカを含む十三か国に輸出された。

冠《かん》位十二《いじゅうに》階《かい》

六〇三（推古天皇十一）年、朝鮮三国の制度を参考に聖徳太子が制定したもの。冠の種類により朝廷内での席次を示す、日本最初の冠位制度。従来は氏姓制下の門閥が職業・地位を世襲、その特権の象徴として、独自の色の冠を着用していたのを打破して、各人の才能・功績で天皇が冠位を与えるのは、豪族を官吏（律令制下の官吏）に編成する第一歩となった。冠名は儒教から徳・仁・礼・信・義・智の徳目を当て、それを大小に分け、紫・青・赤・黄・白・黒の色を濃淡で付した。冠位は世襲防止に一代限りとし、勲功で昇進させた。

皇朝《こうちょう》十二《じゅうに》銭《せん》

「本朝十二銭」とも、奈良・平安時代に中国の青銅貨の影響を受けて、律令政府が各地で鋳造させた日本最初の十二種の貨幣。銅銭が主で金・銀貨もある。①和銅開珎《かいちん》（銀と銀貨、七〇八年）、②万年通宝、大平元宝（銀貨）と開基勝宝（金貨、七六〇年）、③神功開宝（七六五年）、④隆平永宝（七九六年）、⑤富寿神宝（八一八年）、⑥承和昌宝（八三五年）、⑦長年大宝（八四八年）、⑧饒益神宝（八五九年）、⑨貞観永宝（八七〇年）、⑩寛平大宝（八九〇年）、⑪延喜通宝（九〇七年）、⑫乾元大宝（九五八年）。

十二《じゅうに》因縁《いんねん》

「十二縁起《えんぎ》」ともいう。釈迦が悟りを開いたとき、人生の無常の変遷について考察し、衆生《しゅじょう》が前生（過去）から今生《こんじょう》（現在）、そして次の世（未来）へと三世にわたり輪廻《りんね》する因果の諸相を十二支の系列にして説いたもの。無明《むみょう》・行《ぎょう》・識・名《みょう》色《しき》・六入《ろくにゅう》・触・受・愛・取・有・生・老死。

十二音音楽《じゅうにおんおんがく》 原語でドデカフォニー dodecaphony。オーストラリアの作曲家シェーンベルクが創案した音楽技法、十二音技法で作曲した音楽。一オクターブを十二の半音（ピアノの白盤七・黒盤五）全部が等間隔に平均して用いられ、調性をもたない無調音楽の一種。十二の半音は一曲に一つずつ現れる「音列（原形）」をつくり、その逆行法（後ろから原形をたどる）、反行法（音程の上下を反対にする）、反行逆行法（以上二つの組み合わせ）の以上四つの形を組み合わせて四十八通りの音列を構成する方法。

十二支《じゅうにし》 ⇩ 十干十二支《じっかんじゅうにし》

十二指腸《じゅうにしちょう》 胃の末端の幽門に続く小腸の最初の部分。ラテン語の解剖学名で、duo-denum は十二の意味で、人の十二指腸ではその長さが十二本の指を横に並べた長さ（約二十〜三十センチ）に等しいことからこの名がつけられた。肝臓および膵臓《すいぞう》からの排出管と連絡し、肝液や膵液を分泌して、食物との混合を行い消化管やホルモンを作る働きをする。特に最初の三センチ以内の部分を十二指腸球部といい、潰瘍《かいよう》のできやすい部分として知られている。

十二使徒《じゅうにしと》 「使徒」はギリシア語でアポストロスで、派遣された者・使者の意。十二とするのは神の民のイスラエルが十二部族であったことによるという。単に「使徒」で十二使徒を意味する。イエス・キリストが福音を伝えるために選んだ弟子をいう。新約聖書のルカ「使徒行伝」等によると、①ペテロ（シモン）、②ヨハネ、③アンデレ、④セベダイの子ヤコブ、⑤ピリポ、⑥バルトロマイ、⑦マタイ、⑧トマス、⑨アルパヨの子ヤコブ、⑩タダイ、⑪シモン、⑫イスカリオテのユダ。ユダがキリストを裏切ったため、マツテヤを選んで補った。

十二宗《じゅうにしゅう》 ⇩ 仏教七宗《ぶっきょうしちしゅう》

十二神《じゅうにしん》 ギリシア神話に登場する神でオリンポス（サッサリアとマケドニアとの国境にある山）に住んだとされる神々。①ゼウス（天神・主神）、②ヘラ（ゼウスの妹で妻）、③ポセイドン（海神）、④アテネ（ゼウスの娘・知恵の女神）、⑤アポロン（ゼウスの子・太陽神）、⑥アルテミス（ゼウスの娘・月の女神）、⑦アフロディア（愛と美の女神）、⑧アレス（ゼウスの子・軍神）、⑨ヘルメス（ゼウスの子・神の使者)、⑩デメテル(大地の女神)、⑪ヘスティア(炉の女神)、⑫ヘファイストス(火の神)。仏教では*十二神将のことを指す。

十二神将《じゅうにしんしょう》　仏教徒で『薬師経』を信奉する者を守る十二夜叉《やしゃ》神将。「十二神王」などとも。薬師如来の眷属《けんぞく》、また如来の十二の大願に応じる分身として表される。十二という数から十二支と結びつけられて、昼夜十二時、各方位の守護神ともされ、甲冑《かっちゅう》を身につけ手に武器を持つ武将の像となり、頭に十二支獣をのせたり、頭を十二支獣にする例がある。宮毘羅《ぐびら》大将を子《ね》に、以下毘羯羅《びから》までに十二支を当てるのを一般とするが、宮毘羅を亥や寅にする説もある。①宮毘羅、②伐折羅《ばさら》、③迷企羅《めきら》、④安底羅《あんてら》、⑤頞儞羅《あんにら》、⑥珊底羅《さんてら》、⑦因達羅《いんだら》、⑧波夷羅《ばいら》、⑨摩虎羅《まこら》、⑩真達羅《しんだら》、⑪招杜羅《しょうとら》、⑫毘羯羅。

十二単《じゅうにひとえ》　平安時代の宮廷や女官や貴族の女性たちの正式な装束の俗称。奈良時代の朝服を継承したもので、男子の束帯《そくたい》に相当するもの。十二単は平安末期の女子が重袿《かさねうちき》と呼び、衣を多く重ねて着ることをいい、必ずしも単《ひとえ》の重ね着とは限らず、単の上に袿十二領を重ね着したのを称した例もある。単は現在の下着の意。近世の構成は、紅袴《べにはかま》の上に、唐衣《からぎぬ》・裳《も》・表着《おもてぎ》・打衣《うちぎぬ》(袿単《うちきひとえ》)・五衣《いつぎぬ》・単・緋袴《ひばかま》(後世は白小袖)・張袴《はりばかま》・襪《しとうず》・沓《くつ》を重ね、手に檜扇《ひおうぎ》(または袙扇《あこめおうぎ》)を持ち、懐に帖紙《たとうがみ》を入れた姿。十二単の名で呼ばれ始めたのは元禄ごろといわれる。

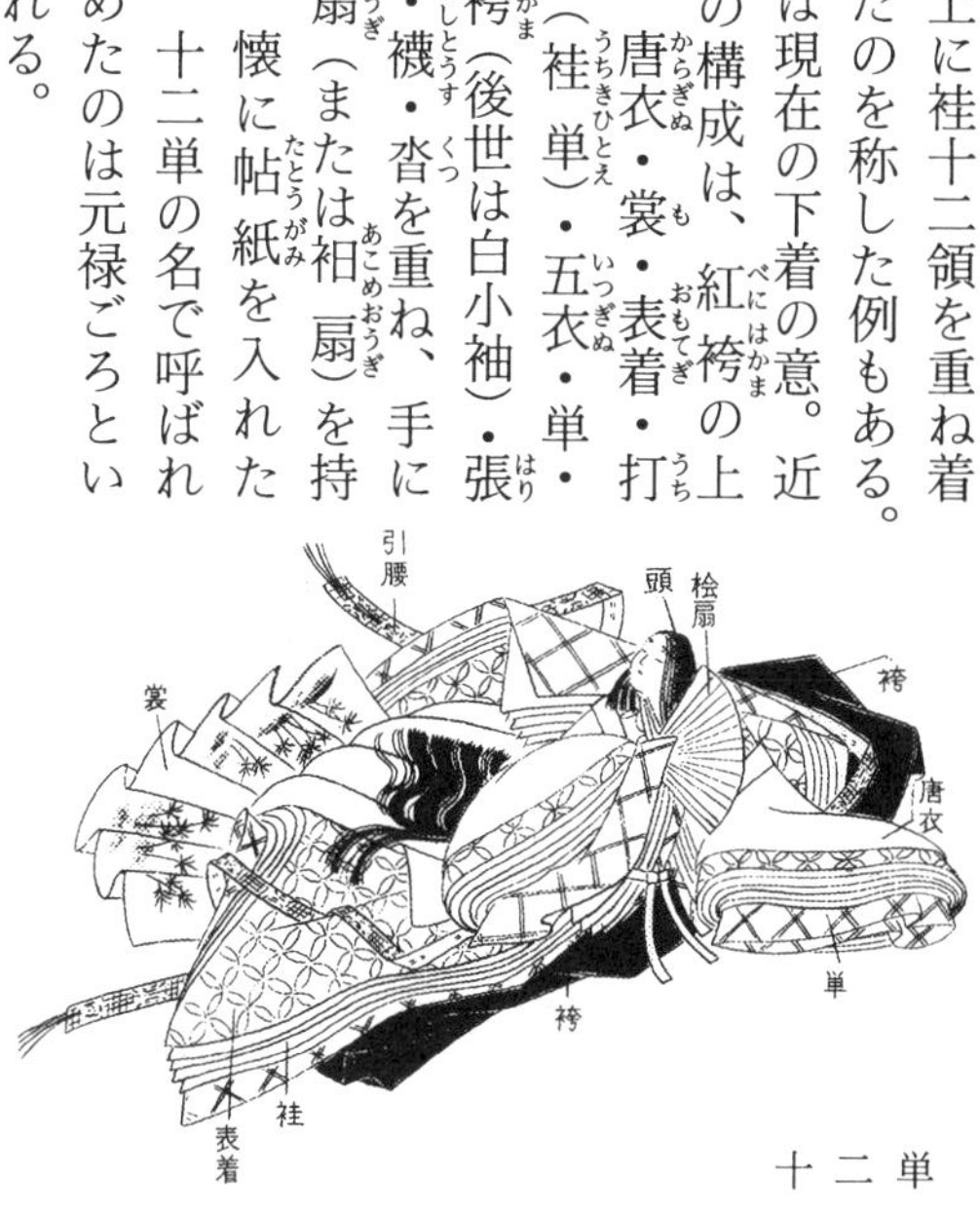

十二単

茶事十二箇月《ちゃじじゅうにかげつ》　茶道の行事。茶道の伝統行事にちなんだ茶事を十二か月各月に催していく。各月の茶事をどう奥床しいものにするか、四季の特徴を生かしながら、そのときの社会の慶弔事なども加味した、道具類・棚物扱い・茶屋の選択など、主人の趣向の見せどころであり、客の楽しみである。〔表千家の例〕正月初釜・二月節分・三月利休忌・四月春の

茶・五月初風炉・六月梅雨の茶・七月夏の茶・八月朝茶・九月秋の茶・十月名残・十一月口切り・十二月夜《よ》咄《ばなし》。

公卿《くぎょう》十三名家《じゅうさんめいか》 「十三名家」「十三家」とも。名家を「みょうけ」とも。公家《くげ》の家格の一つ。公卿は太政大臣から参議まで官職で、三位以上の位階の上級者。公家の中で五位に叙せられ、侍従・弁官を歴任して蔵人頭を兼ね、参議・中納言から大納言にまで昇進する家格をもつ諸家。日野流の①日野、②広橋、③烏丸《からすまる》、④柳原《やなぎわら》、⑤竹屋《たけや》、⑥裏松《うらまつ》。勧修寺《かんしゅうじ》流の⑦甘露寺《かんろじ》、⑧葉室《はむろ》、⑨勧修寺《かんしゅうじ》、⑩万里小路《までのこうじ》、⑪清閑寺《せいかんじ》、⑫中御門《なかみかど》、⑬坊城《ぼうじょう》をいう。ほかに日野流の勘解由小路《かでのこうじ》・日野西を含めると十五名家になる。

十三回忌《じゅうさんかいき》 ⇩ 一回忌《いっかいき》

十三階段《じゅうさんかいだん》 ヨーロッパの処刑方法の一つ絞首刑で、絞首台に登って行く階段が十三段であったことから、絞首台のことを指す。戦後、東京裁判で戦犯として東条英機らが処刑された絞首台の階段が、十三段であったことから、日本でも絞首台の異名として使われるようになった。

十三弦琴《じゅうさんげんきん》 ⇩ 一弦琴《いちげんきん》

十三宗《じゅうさんしゅう》 ⇩ 仏教七宗派《ぶっきょうしちしゅうは》

十三代集《じゅうさんだいしゅう》 ⇩ 二十一代集《にじゅういちだいしゅう》

十三七つ《じゅうさんなな》 ◎「お月さまいくつ、十三七つ、まだ年ぁ若いな」というわらべ唄から、十三夜の七つ時（四〜五時ごろ）の出てまもない月のことで、年齢が若い意。◎十四日の夜の意味で「十三ひとつ」と言っていたもので、十五夜で月が満ちる、成人する、それにはまだ年が行かないこと。◎十三と七の和が二十になるところから、二十歳をいうしゃれ。

十三門跡《じゅうさんもんぜき》 「門跡」は一門の法跡、祖師の法門を受け継ぎ宗門の教えを継承する僧。または、平安以降、皇族や上流貴族が出家して住持した寺の意。八九九（昌泰二）年、宇多上皇が仁和寺《にんなじ》に出家して法皇となり、御門跡と称してから寺格の資格に用い、法皇・入道親王が住職となる寺院も宮《みや》門跡などと称した。その主要な十三か寺の総称。①輪王寺、②妙法院、③聖《しょう》護《ご》院、④照高院、⑤青蓮《しょうれん》院、⑥三千院、⑦曼珠《まんじゅ》院、⑧毘沙門《びしゃもん》堂、⑨円満院（以上天台宗）、⑩仁和《にんな》寺、⑪大覚寺、⑫勧修《かんじゅ》寺（以上真言宗）、⑬知恩院（浄土宗）。いずれも京都に所在する。

十三夜《じゅうさんや》 陰暦の毎月の十三日の夜。特に陰暦の九月十三日の夜。この日に月見をする慣習があり、八月十五夜の芋名月・仲秋の名月に対し、豆名月・後の名月・栗名月と呼び、八月だけの月見は片月見と忌み、双方を行うのを例とした。醍醐天皇の九一九（延喜十九）年に清涼殿《せいりょう》で月見の宴が催されたのが、九月十三夜の始めとされる。ススキ・豆・栗団子・里芋を供えるのは八月と同じ。この夜には果実類を無断で採ってもよいとされた。また、樋口一葉の短編小説の名。一八九五（明治二十八）年十二月『文芸倶楽部』に発表。

十三里《じゅうさんり》 サツマイモまたは焼き芋の俗称。「栗（九里）より（四里）うまい」のしゃれで、九と四を足して十三里と称したもの。「九里四里」「十三里芋」ともいう。

神道十三派《しんとうじゅうさんぱ》 神道は神話にもとづいて自然崇拝や、人間界以外の神の世界の存在を信じる日本固有の民族信仰。一八七六（明治九）年以降、明治政府が公認し、保護した神社神道（国家神道）以外で、神道教派として認められた神道教団の十三派。①神道大教（神道・神道本局）、②黒住《くろずみ》教、③神道修成派、④出雲大社教（大社教）、⑤扶桑《ふそう》教、⑥実行教、⑦神道大成教（大成教）、⑧神習教、⑨御嶽《みたけ》教、⑩神理教、⑪禊《みそぎ》教、⑫金光《こんこう》教、⑬天理教。

禅宗十三門流《ぜんしゅうじゅうさんもんりゅう》 日本の禅宗の流派。①建仁寺、②永源寺、③建長寺、④東福寺、⑤円覚寺、⑥南禅寺、⑦大徳寺、⑧妙心寺、⑨天龍寺、⑩相国寺、⑪仏通寺（以上臨済宗）、⑫永平寺（曹洞宗）、⑬万福寺（黄檗《おうばく》宗）。

仏教十三宗《ぶっきょうじゅうさんしゅう》 ⇩ 仏教七宗派《ぶっきょうしちしゅうは》

明治十四年の政変《めいじじゅうよねんのせいへん》 一八八一（明治十四）年十月に薩長藩閥が政府から大隈重信派を追放、自派の政権を確立したこと。国会開設の時期で政府内に漸進論（伊藤博文らの薩長派）と急進論（大隈重信〈佐賀藩〉ら）の対立があった。一方反政府勢力の自由民権運動家の国会開設運動は日々盛んとなり、加えて開拓使官有物払下げ事件が政府攻撃を高めるので、政府内の薩長藩閥は大隈追放の計画を組み、明治天皇の東北・北海道巡幸帰還を待って決行。大隈を閣外に追い、一八九〇年国会開設の詔書を発布、プロシアにならった欽定憲法制による立憲制採用に踏み出した。

足利氏十五代《あしかがしじゅうごだい》 足利（室町）幕府の十五代の将軍のこと。足利氏は下野《しもつけ》国足利荘を本拠とした武家。祖は源義家の孫義康。一三三八〜一五七三（延元三・暦応一〜天正一）年に征夷大将軍になり武家政権を維持した。①尊氏《たかうじ》（法号・等持院）、②義詮《よしあきら》（宝篋院）、③義満（鹿苑院）、④義持（勝定院）、⑤義量《よしかず》（長得院）、⑥義教《よしのり》（普広院）、⑦義勝（慶雲院）、⑧義政（慈照院）、⑨義尚《よしひさ》（義熙、常徳院）、⑩義稙《よしたね》（義材・義尹、恵林院）、⑪義澄（義高、法住院）、⑫義晴（万松院）、⑬義輝（光源院）、⑭義栄《よしひで》（光徳院）、⑮義昭（義秋、霊陽院）。

十五大寺《じゅうごだいじ》 ⇩ 十大寺《じゅうだいじ》

十五日正月《じゅうごにちしょうがつ》 ⇩ 二十日正月《はつかしょうがつ》

十五日粥《じゅうごにちがゆ》 「小豆《あずき》粥」ともいう。陰暦正月十五日の朝に粥を食べる年中行事。小豆を入れたものがふつう。これを食べると邪気を除くという中国の俗信を取り入れたもので、一年中の邪気を払うものとして、望《もち》（餅《もち》）粥の御膳を供する。平安時代は米・粟・黍《きび》・稗《ひえ》・葟子《みのごめ》・胡麻《ごま》・小豆の七種を混ぜて炊いた粥も行われた。

十五年戦争《じゅうごねんせんそう》 一九三一（昭和六）年の満洲事変から三七年の日中戦争、四一（昭和十六）年の太平洋戦争の勃発、四五年の敗戦までの日本とアジア間の十五年間の戦争。従来、第二次世界大戦における日本の戦争は大東亜戦争・太平洋戦争といわれてきたが、中国・朝鮮半島・東南アジアとの関係を重視した場合、密接不可分の関連のもとに、ひと続きの戦争であるという認識から生まれた呼称。

十五夜《じゅうごや》 陰暦の毎月十五日の満月の夜のことだが、特に八月十五日を指す。この日に月見や綱引や相撲・十五夜踊りを行う慣習があり、九月十三日の夜（十三夜*）の豆名月・後の名月・栗名月に対し、仲秋の名月、芋名月と呼ぶ。宮中では酒宴を催し詩歌を詠み、民間では縁先に十五個の団子（月見団子）・芋・枝豆・柿・栗などを供え、ススキ・女郎花《おみなえし》・萩などの花を飾り月を祭る。この日に女児が月光下で針に糸を通せば、裁縫が上手になると伝えられている。月の満ち欠けを基準とする太陰暦では、満月はもっとも目立つ目印で、この日を行事に当てる例は多い。正月の小正月・七月の盆など。

十有五《じゅうゆうご》にして学《がく》を志《こころざ》す　十五歳のとき、学問を習得する志を立てること。孔子の晩年の回顧のことばで『論語』為政の「吾《われ》十有五にして学に志す（志学）。＊三十にして立つ（而立《じりつ》）。＊四十にして惑わず（不惑）。＊五十にして天命を知る（知命）。＊六十にして耳順《したが》う（耳順）。＊七十にして心の欲する所に従いて矩《のり》を超えず（従心）」による。年齢による人の成長と完成への過程を示すことばとなった。

徳川《とくがわ》氏十五代《しじゅうごだい》　徳川（江戸）幕府の代々の将軍のこと。徳川氏は初めは松平氏を称したが家康が改称した。一六〇三～一八六七（慶長八～慶応三）年の二六五年間、代々征夷大将軍として武家政権を維持した。①家康（神号・東照宮）、②秀忠（法号・台徳院）、③家光（大猷院）、④家綱（厳有院）、⑤綱吉（常憲院）、⑥家宣《いえのぶ》（文昭院）、⑦家継《いえつぐ》（有章院）、⑧吉宗（有徳院）、⑨家重（惇信院）、⑩家治《いえはる》（俊明院）、⑪家斉《いえなり》（文恭院）、⑫家慶《いえよし》（慎徳院）、⑬家定《いえさだ》（温恭院）、⑭家茂《いえもち》（昭徳院）、⑮慶喜《よしのぶ》（慎徳院）をいう。

鎌倉執権十六代《かまくらしっけんじゅうろくだい》　鎌倉幕府で将軍の権力を弱体化させ幕政の実権を握り、政務を担当する執権になった北条氏の代々の総称。北条氏の出自は伊豆国田方郡（現静岡県韮山《にらやま》町）で、源頼朝の妻政子の一族。鎌倉幕府開府の功績で幕府の重職につき、競争相手を除き、三代将軍実朝のときに幕政中心の政所《まんどころ》の別当《べっとう》（長官で執権と呼ぶ）に就任、完全に幕政を一族のものにした。いわゆる執権政治の開始。①北条時政、②義時、③泰時《やすとき》、④経時《つねとき》、⑤時頼、⑥長時、⑦政村、⑧時宗、⑨貞時、⑩師時《もろとき》、⑪宗宣《むねのぶ》、⑫熙時《ひろとき》、⑬基時、⑭高時、⑮貞顕《さだあき》、⑯守時。

十六六指《じゅうろくむさし》　碁石を用いて盤面の中央に親石（黒石）一個、周囲に十六個の子石（白石）を使用して二人で遊ぶ遊戯。親から動かし、子と子の間を狙って、線の所一つずつ動き、子の間に割り込めば両側の子をとることができ、子が四個以下だと親の勝ち、子が親を囲み動けなくすれば子の勝ち。別に親を三角形の牛部屋あるいは雪隠《せついん》に追い込んで動けないようにしても子の勝ち。

唐の時代「馬城《まさし》」という子供の遊びから変化して、日本には平安時代に渡来したもので「八道行成《やさすがり》」と呼ばれ、室町時代にかけて流行した。江戸時代の寛保年間（一七四一〜四四）のころから「武蔵坊弁慶」と呼び、親に弁慶、子は魚づくし絵を描いたものが使用され、「十六武蔵」の字が当てられるようになった。

十六羅漢《じゅうろくらかん》 羅漢は仏教で阿羅漢といい、尊敬を受けるに位にある人のこと。永くこの世の正法を守ることを誓って、多くの眷属《けんぞく》を従えて、正法護持に闘う。十六羅漢・*五百羅漢などと造像・絵画化されている。体の悪いところと同じ部分を撫でると病気が治るとされる。「おびんずる様」の①賓度羅跋囉堕闍《びんどらばらだじゃ》を始めとして、②迦諾迦伐蹉《かなかばさ》、③迦諾迦跋釐堕闍《かなかばりだじゃ》、④蘇頻陀《すびんだ》、⑤諾矩羅《なこら》、⑥跋陀羅《ばだら》、⑦迦理迦《かりか》、⑧伐闍羅弗多羅《ばじゃらぶたら》、⑨戍博迦《じはか》、⑩半吒迦《はんたか》、⑪羅怙羅《らごら》、⑫那迦犀那《ながせな》、⑬因掲陀《いんがだ》、⑭伐那婆斯《ばなばし》、⑮阿氏多《あじだ》、⑯注荼半吒迦《ちゅだはんたか》。また、釈迦の高弟舎利弗など十六人とする例もある。

名社十六社《めいしゃじゅうろくしゃ》 朝廷が雨ごい（祈雨）・止雨の祈請のとき、幣《ぬさ》を奉るために特に定めた十六の神社。伊勢神宮と近畿の著名な神社で『拾芥抄』に見える。吉田・広田・北野の三社を加えて「十九社」ともする。①伊勢神宮、②石清水《いわしみず》神社、③賀茂神社、④松尾神社、⑤平野神社、⑥稲荷神社、⑦春日神社、⑧大原野神社、⑨石上《いそのかみ》神社、⑩大和《やまと》神社、⑪大神《おおみわ》神社、⑫広瀬神社、⑬龍田《たった》神社、⑭住吉神社、⑮丹生《はぶ》神社、⑯貴船《きふね》（貴布彌）神社。

十七回忌《じゅうしちかいき》 ⇩ 一回忌《いっかいき》

十七弦琴《じゅうしちげんきん》 ⇩ 一弦琴《いちげんきん》

十七条憲法《じゅうしちじょうけんぽう》 六〇四（推古天皇十二）年四月三日、聖徳太子が中国の先例（西魏の二十四条新制・十二条新制、北周の六条詔書など）にならい制定したと伝えられる日本最初の成文法。『日本書紀』に伝える官吏や貴族の守るべき政治道徳上の心得の十七か条で、漢文で記述されたもの。思想的には儒教・仏教・道家・法家などの思想の影響が強く、天皇を中心とする中央集権的国家のめざしたもの。後世の人の偽作とする説もある。

大内裏十七殿《だいだいりじゅうしちでん》 宮城（大内裏）の中で天皇の住む一画（内裏・皇居）の中の重要な十七の御殿。①紫宸《ししん》殿、②仁寿《じじゅう》殿、③承香《しょうぎょう》殿、④常《じょう》

寧《ねい》殿、⑤貞観《じょうがん》殿、⑥春興《しゅんきょう》殿、⑦宜陽《ぎよう》殿、⑧綾綺《りょうき》殿、⑨温明《うんめい》殿、⑩麗景《れいけい》殿、⑪宣耀《せんよう》殿、⑫安福《あんぷく》殿、⑬校書《きょうしょ》殿、⑭清涼《せいりょう》殿、⑮後涼《こうりょう》殿、⑯弘徽《こき》殿、⑰登華《とうか》殿をいう。

鬼《おに》も十八番茶《じゅうはちばんちゃ》も出花《でばな》

醜い鬼でも年頃になればそれなりに美しく見える。お茶にたとえれば摘み残しの葉で作った質の劣る番茶でも、湯を注いで出したばかりの出ばなは香りも味わいも良いのと同じ。たとえ容姿が劣ったとしても、年頃になればそれ相応の美しさが備わり、人情もわかるようになるというたとえ。現在女性に当てがちであるが古くは男女の別なく用いた。「鬼も十八」ともいい、その後に「蛇も二十」「番茶も煮端」「屁屎葛《へくそかずら》も花盛り」「山茶も出花」とも続ける。「鬼も十七」ともいい、その後に「茨《いばら》も花」「番茶も出花」「山茶も出花」を続ける。

歌舞伎十八番《かぶきじゅうはちばん》

歌舞伎の名門、市川団十郎家の家の芸で、初世以来荒事《あらごと》役の当り芸十八種の狂言。七世団十郎が天保年間（一八三〇〜四四）に選定した。江戸歌舞伎に自家の伝統や家門の実績を示威したもので、他家も自家の当り芸を十八番として集成する例が続出した。また、一般にも得意な芸を十*八番（「おはこ」とも）というようになった。①「不破《ふわ》」延宝元年初演、②「暫《しばらく》」元禄十年、③「不動」元禄十年、④「象引《ぞうひき》」元禄十二年、以上元祖。⑤「嫐《うわなり》」元禄十二年、⑥「助六」正徳三年、⑦「外郎売《ういろううり》」享保三年、⑧「押戻《おしもどし》」享保十二年、⑨「矢《や》の根《ね》」享保十四年、⑩「七《なな》つ面《めん》」元文五年、⑪「毛抜」・⑫「鳴神《なるかみ》」寛保二年、⑬「関羽《かんう》」寛保二年、⑭「解脱《げだつ》」宝暦十年、以上二世。⑮「蛇柳《じゃやなぎ》」宝暦三年、⑯「鎌髯《かまひげ》」明和六年、以上四世。⑰「景清《かげきよ》」享和二年、五世。⑱「勧進帳」元禄十五年、元祖初演を七世が天保十一年再創始。

関東十八壇林《かんとうじゅうはちだんりん》

関東の浄土宗の寺院で、江戸時代に同宗僧侶の教育機関であった。談義所・談所とも称し、三世然阿のころに始まり順次に発達していったのを、徳川家康が増上寺の存応に命じて一六〇二（慶長七）年に制度化した。①増上寺（江戸芝・東京都）は一宗の総録所として緋衣《ひごろも》を許される第一位で、②光明寺（鎌倉・神奈川県）、③伝通院（江戸小石川）、④常福寺（常陸《ひたち》瓜連・茨城県）、⑤大光院

（上野《こうずけ》新田・群馬県）、⑥弘経寺（下総《しもうさ》飯沼・千葉県）以上紫衣壇林。⑦幡随院、⑧霊巌寺、⑨霊山寺（以上江戸）、⑩浄国寺（武蔵岩槻・埼玉県）、⑪大善寺（武蔵八王子・東京都）、⑫勝願寺（武蔵鴻巣・埼玉県）、⑬蓮馨寺（武蔵川越・埼玉県）、⑭大念寺（常陸江戸崎・茨城県）、⑮弘経寺（下総結城・茨城県）、⑯東漸寺（下総小金・千葉県）、⑰大巌寺（下総生実・千葉県）、⑱善導寺（上野館林・群馬県）以上十二か寺が香衣壇林。各寺院は幕府から領地を給され、僧侶を教育した。

国持十八家《くにもちじゅうはちけ》　「国持」は江戸時代の大名で国郡制の一国以上を領有する大名（本国持とも）、一国未満でも家格の高い大名を「大身《たいしん》国持」といい、本国持十家と大身国持八家をあわせて国持十八家という。①前田（加賀など三か国）、②島津（薩摩・大隅）、③毛利（周防・長門）、④池田（因幡《いなば》・伯耆《ほうき》）、⑤蜂須賀（阿波・淡路）以上は二か国、⑥黒田（筑前）、⑦浅野（安芸）、⑧池田（備前）、⑨山内（土佐）⑩伊達（仙台）、⑪細川（肥後）、⑫鍋島（佐賀）、⑬藤堂（津）、⑭有馬（久留米）、⑮佐竹（秋田）、⑯上杉（米沢）、⑰松平（出雲）、⑱松平（越前）は一国またはそれ相当をいう。「十八国王」「国持大名十八家」「国持十八番衆」ともいう。

十八大師《じゅうはちだいし》　日本で朝廷から師《し》（賜《し》）号を授けられた高徳の僧侶の代表的な例の総称。師号は諡《し》号、おくりなで死後にその人物の徳をたたえるために、帝王・公卿・徳行のあった人などに賜るもので、僧侶へのものは大師号・菩薩号・国師号などがある。天台宗では、伝教大師（最澄）、②慈覚（円仁）、③智証（円珍）、④慈慧《じえ》（良源）、⑤慈摂（真盛）、⑥慈眼（天海）。真言宗では、弘法（空海）、⑧道興（実慧）、⑨法光（真雅）、⑩本覚（益信）、⑪理源（聖宝）、⑫興教（覚《かく》鑁《ばん》）、⑬月輪（俊芿《しゅんじょう》）。真宗では、⑭見真（親鸞）、⑮慧燈《えとう》（蓮如）。曹洞宗では、⑯承陽（道元）。浄土宗では、⑰円光（源空）。融通念仏宗では、⑱聖応《しょうおう》（良忍）。

十八番《じゅうはちばん》　十八番と書いて「おはこ」ともいう。「歌*舞伎十八番」から転じて、いちばん得意とする物事・芸のこと。歌舞伎の市川団十郎家代々の得意とした演目のうち、七世団十郎が天保年間（一八三〇～四四）に十八種を選び、それにちなみ得意芸を十八番というようになり、大切なものは箱に入れてしまっておくところから、「得意芸」が「お箱」と呼ばれるようになった。

武芸十八般《ぶげいじゅうはっぱん》 武道で武器を使用する武術の十八種の総称。中国の明時代の小説『水滸《すいこ》伝《でん》』に見られ、日本では平山子龍が自国の武術から選んだ。研究者により差があるが、現在一般には①弓術、②馬、③槍、④剣、⑤水泳、⑥抜刀（居合）、⑦短刀、⑧十手、⑨手裏剣、⑩含み針、⑪薙刀《なぎなた》、⑫砲、⑬捕手、⑭柔《やわら》、⑮棒、⑯鎖鎌《くさりがま》、⑰錑《もじり》、⑱忍。これらを含め武術の諸武道全般を武芸といい、それらの総称を「武芸百般」という例がある。

十九《じゅうく》**の厄**《やく》 ⇩ 三十三《さんじゅうさん》の厄《やく》

怪人《かいじん》**二十面相**《にじゅうめんそう》 江戸川乱歩の推理小説の第一作で、一九三六（昭和十一）年、『少年倶楽部』に連載。小説の中の主人公で変装の名人の芸術的な泥棒美学の持ち主の盗賊で、名探偵明智《あけち》小五郎と小林少年らの少年探偵団との知恵比べで事件が展開していく小説。モデルはアルセーヌ・ルパンとされている。

「怪人二十一面相」は、一九八四（昭和五十九）年三月十八日、江崎グリコ社長の江崎勝久氏を誘拐した狐《きつね》目《め》をした二人組の犯人の自称。江崎社長は兵庫県西宮市の自宅で入浴中、裸のまま誘拐され、監禁された倉庫から自力で六十五時間後に脱出したが、身代金十億円と金塊百キロを強奪されたという事件。犯人は時効を迎えたが、現在も逮捕されていない。

二十後家《はたちごけ》**は立**《た》**つが三十後家**《さんじゅうごけ》**は立**《た》**たぬ** 結婚して間もなく夫に死別された二十歳代の未亡人は独身のまま通せるが、三十歳代になって夫に死別されたときは、人生経験が豊富で、性的な経験もあり、再び自身の人生をと再婚する者が多い意。「十八後家は立つが四十後家は立たぬ」「三十後家は立たぬ」ともいう。類句に*「四十後家と赤い信女の操立て」がある。

二十日戎《はつかえびす》 ⇩ 十日戎《とおかえびす》

二十日正月《はつかしょうがつ》 正月二十日に行う正月の祝いの納めの慣習。正月祝いとして食べたブリ・荒巻鮭の骨や頭にゴボウ・昆布・大豆・酒かす・大根などを入れて煮て食べたり、団子を入れた粥《かゆ》を食べる。

荒巻鮭をつるしたままで少しずつ切り取って食べると、二十日ごろに骨ばかりになっていることから、「骨正月」ともいう。地方によって、「団子正月」「二十日団子」「頭正月」「乞食正月」「麦正月」「灸正月」ともいう。なお、正月十五日を中心とする小正月は「十五日正月」ともいい、この日に小豆粥を食べて、一年中の邪気を払うという慣習がある。日本古代の暦法は満月を月の始めとしたが、唐の朔旦《さくたん》正月が普及したのに、旧例が行事上に残ったものとされる。

二十一〜三十

二十一箇条要求《にじゅういっかじょうようきゅう》　「対支二十一箇条」「対華二十一箇条要求」ともいう。第一次世界大戦中の一九一五(大正四)年、第二次大隈内閣の加藤高明外相が中華民国総統袁世凱《えんせいがい》に提出して受諾させた日本の中国における権益拡大のための二十一か条の要求。その中心は関東州租借期限、南満洲鉄道権益期限の九十九か年延長、南満洲・東部内蒙古における日本の優越性の確立、漢台萍公司の日華合弁化、中国沿岸の港湾・諸島を他国に割譲・貸与することの禁止などを求めたもの。

一月十八日に要求提出後、五月七日最後通牒を発して、同九日屈服させ、二十五日二つの条約と十三の交換公文などで要求を認めさせた。中国では五月九日を国恥記念日としてその無効・廃棄を主張し、国権回復運動を展開した。その後列強の干渉などもあって日本は一九二二(大正十一)年のワシントン会議で、山東省権益などを放棄した。

二十一代集《にじゅういちだいしゅう》　勅撰和歌集の「八代集」と「十三代集」との総称。『古今集』『後撰集』『拾遺集』『後拾遺集』『金葉集』『詞花集』『千載集』『新古今集』(以上が八代集)、『新勅撰集』『続後撰集』『続古今集』『続拾遺集』『新後撰集』『玉葉集』『続千載集』『続後拾遺集』『風雅集』『新千載集』『新拾遺集』『新後拾遺集』『新続古今集』(以上が十三代集)の諸集をさす。

二十三回忌《にじゅうさんかいき》　⇩　一回忌《いっかいき》

東京《とうきょう》（都）二十三区《にじゅうさんく》　一九四七（昭和二十二）年各区とも人口二十万人前後を基準とする二十二区が発足し、その後まもなく板橋区から練馬区が独立して二十三区。①千代田区、②中央区、③港区、④新宿区、⑤文京区、⑥台東区、⑦墨田区、⑧江東区、⑨品川区、⑩目黒区、⑪大田区、⑫世田谷区、⑬渋谷区、⑭中野区、⑮杉並区、⑯練馬区、⑰豊島区、⑱板橋区、⑲荒川区、⑳北区、㉑足立区、㉒葛飾区、㉓江戸川区。

一八六八（明治元）年明治維新で江戸が東京府となり、区制は一八七八（明治十一）年、十五区六郡が東京府に置かれ、その中の十五区が東京市とされ、一九三二（昭和七）年に新たに二十区を周辺から新設して三十五区制となった。一九四三（昭和十八）年、第二次世界大戦中に行政能率促進のために、東京都制が発布されて、府全体が都とされて、東京府と東京市が廃止された。

日光街道《にっこうかいどう》二十三次《にじゅうさんつぎ》　江戸時代の五街道*の一つで、江戸から日光までの二十三の宿場。①千住（東京都）、②草加、③越ヶ谷、④粕壁（春日部）、⑤杉戸、⑥幸手、⑦栗橋（以上埼玉県）、⑧田中、⑨古河《こが》（以上茨城県）、⑩野木、⑪間々田、⑫小山、⑬新田、⑭小金井、⑮雀宮、⑯宇都宮、⑰⑱下徳次郎、⑲中徳次郎、⑳上徳次郎、㉑大沢、㉒今市、㉓鉢石（以上栃木県）。

千住から宇都宮までは奥州街道*を兼ね、近世初期は奥州道、宇都宮から日光までが日光街道と呼ばれた。日光東照宮が完成し、日光参拝が盛んになると江戸から日光までを日光街道と呼び、街道・宿場ともに整備された。徳次郎を上・中・下に分けず「二十一次」とする説、日本橋を加えて「二十四次」という説もある。「日光道中二十三次」ともいう。

二十三夜《にじゅうさんや》　陰暦二十三日の夜、またはその夜の月待行事の意。講単位で講員が集まり、念仏を唱えたり飲食したりしながら、月の出を待ち、月を拝んで解散する。毎月が本式であったが、一・五・九・十一月に行われる例が多くなり、特に十一月（霜月）は大師講の日として重んじられている。月を見てその年の作物の豊凶を占ったり、地神《ちじん》祭をする風習もある。またこの日には鍼灸《はりきゅう》や初めての服薬を忌むところもある。この日は男だけが月待をし、女はその前日二十二夜月待をする所もある。「三夜待」「三夜供養」「三夜講」ともいう。

二十四節気《にじゅうしせっき》　陰暦上の季節の区分。太陽の黄道上の位置により定めた。五日の一候《いっこう》、三候を一気《いっき》、一年を二十四気に分ける。各気に相応する季節の特徴を示す名称（季語）をつけて季節の変化を示し、二十四節気という。①立春―太陽暦で示すと二月五日、②雨水―二月十九日、③啓蟄《けいちつ》―三月六日、④春分―三月二十一日、⑤清明―四月六日、⑥穀雨―四月二十一日、以上春。⑦立夏―五月六日、⑧小満《しょうまん》―五月二十二日、⑨芒種《ぼうしゅ》―六月六日、⑩夏至―六月二十二日、⑪小暑―七月八日、⑫大暑―七月二十三日、以上夏。⑬立秋―八月八日、⑭処暑―八月二十四日、⑮白露《はくろ》―九月九日、⑯秋分―九月二十四日、⑰寒露―十月九日、⑱霜降《そうこう》―十月二十四日、以上秋。⑲立冬―十一月八日、⑳小雪《しょうせつ》―十一月二十三日、㉑大雪―十二月八日、㉒冬至―十二月二十三日、㉔小寒―一月六日、㉕大寒―一月二十日、以上冬。

二十四組問屋《にじゅうしくみといや》　⇩　十組問屋《じっくみといや》

二十四孝《にじゅうしこう》　元代の郭居敬《かくきょけい》が中国古来からの代表的な孝子二十四人を選び、その伝記を記した教訓書の書名。①虞舜《ぐしゅん》、②漢の文帝、③曽参《そうしん》、④閔損《びんそん》、⑤仲由《ちゅうゆう》、⑥董永《とうえい》、⑦剡子《えんし》、⑧江革、⑨陸績、⑩唐夫人、⑪呉猛、⑫王祥、⑬郭巨、⑭楊香、⑮朱封昌、⑯庾黔婁《ゆけんろう》、⑰老莱子《ろうらいし》、⑱蔡順《さいじゅん》、⑲黄香、⑳姜詩《きょうし》、㉑黄褒《おうほう》、㉒丁蘭《ていらん》、㉓孟宗、㉔黄庭堅をいう。このうち、仲由・江革の代わりに張孝・田真を入れたものもある。日本でもこれを模して江戸時代に近松半二ら合作の浄瑠璃の時代物『本朝廿四孝』がつくられた（一七六六〈明和三〉年大坂竹本座で初演）。その他に井原西鶴の雑話物の『本朝廿四孝』（一六八六〈貞享三〉年刊）がある。

二十五弦琴《にじゅうごげんきん》　⇩　一弦琴《いちげんきん》

二十五の厄《にじゅうごのやく》　⇩　四十二《しじゅうに》の厄《やく》

二十五大寺《にじゅうごだいじ》　平安時代に朝廷に尊崇された大寺院。八世紀頃に南都七大寺*ができ、八世紀末に十大寺*、『延喜式』では十五大寺*ができ、さらに平安時代に十寺を加えた二十五寺の官寺の総称。①東大寺、②興福寺、③元興寺《がんごうじ》、④大安寺、⑤薬師寺、⑥西大寺、⑦法隆寺（以上南都七大寺）、⑧新薬師寺、⑨大《だい》后寺《こうじ》、⑩不退寺、⑪京法華寺、⑫超証（昇）寺、⑬唐《とう》招提寺《しょうだいじ》、⑭宗鏡《すきょう》（崇敬）寺、⑮弘福寺《ぐふくじ》（以上を十五大寺）、⑯崇福寺《そうふくじ》、⑰梵釈寺、⑱檀林寺、⑲延暦寺《えんりゃくじ》、⑳貞《じょう》観寺《がんじ》、㉑元慶寺《がんぎょうじ》、㉒仁和寺《にんなじ》、㉓醍醐寺、㉔浄福寺、㉕勧修寺《かんじゅじ》をいう。『拾芥抄』では龍興寺を加えて二十六寺と記されている。

日本《にほん》二十五勝《にじゅうごしょう》

一九二七（昭和二）年七月三日、東京日日新聞社が主催して決めた日本の景勝地。日本八景*・日本百景*も同時に選んだ。〔海岸〕①屋島（香川県）、②鞆《とも》の浦（広島県）、③若狭高浜（福井県）。〔湖沼〕④富士五湖（山梨県）、⑤琵琶湖（滋賀県）、⑥大沼（北海道）。〔山岳〕⑦立山（富山県）、⑧阿蘇山（熊本県）、⑨木曽御嶽（長野県）、⑩白馬岳（長野県）。〔河川〕⑪利根川（千葉県）、⑫球磨《くま》川（熊本県）、⑬長良川（岐阜県）。〔渓谷〕⑭瀞《とろ》八丁（和歌山県）、⑮黒部峡谷（富山県）、⑯御嶽昇仙峡（山梨県）、⑰天龍峡（長野県）。〔瀑布〕⑱那智の滝（和歌山県）、⑲養老の滝（岐阜県）、⑳袋田の滝（茨城県）。〔温泉〕㉑熱海温泉（静岡県）、㉒塩原温泉（栃木県）、㉓箱根温泉（神奈川県）。〔平原〕㉔大和平原（奈良県）、㉕日田盆地（大分県）。

日本《にほん》二十六聖人《にじゅうろくせいじん》

日本最初のキリシタン殉教者。一五九七年二月五日（慶長元年十二月十九日）豊臣秀吉の弾圧政策で捕らえられ、京都から移送されて長崎の立山で磔《はりつけ》に処刑された宣教師と日本人信徒。以後の弾圧の端緒となった。ペドロ・バプチスタなど、フランシスコ会のバテレン三人、イルマン三人、日本人信徒十七人、イエズス会のイマルン三人。一六二七年ローマ法王ウルバノ八世は二十六人を殉教福音者にあげ、一八六一年ピウス九世はフランシスコ会系二十三人を、翌年イエズス会の三人を聖人に列し、同年全世界の司教をローマに集めて列聖式を行い、二月五日を記念日として二十六聖祭と定められた。殉教の跡には記念聖堂が建つ。

①フライ・ペドロ・バプチスタ、②フライ・マルチノ・デ・アギラあるいは御昇天のマルチノ、③フライ・フランシスコ・ブランコ、④フライ・フランシスコ・デ・サン・ミゲルあるいはフランシスコ・デ・ラ・パリリヤ、⑤フライ・ゴンサロ・ガルシヤ、⑥フライ・ヘリッペ・ダス・カサスあるいはヘリッペ・ス・ヘス

ス（以上フランシスコ会士）、⑦パウロ三木、⑧ジョアン・ソアンあるいは五島のジョアン、⑨ヤコボ・キサイ（以上イエズス会士）、⑩パウロ・スズキ、⑪ガブリエル・ジュスケ、⑫ジョアン・キヌヤ、⑬トマス・ダンキ、⑭フランシスコ（京都の医者）、⑮トマス・小崎、⑯ジョアチン・サカキバラ、⑰ボナベンツラ、⑱レオ・カラスマル、⑲マルチノ・マチヤス、⑳アントニヨ、㉑ルドビコ茨木、㉒パウロ茨木、㉓ミゲル小崎、㉔ペドロ・スケシロー、㉕コメ・タケヤ、㉖フランシスコ（大工）。

二十七回忌《にじゅうしちかいき》 ⇩ 一回忌《いっかいき》

二十七年《にじゅうしちねん》**テーゼ** 通称「日本に関するテーゼ」という。二十七年テーゼは一九二七（昭和二）年七月十五日、日本共産党がコミンテルン（共産主義インターナショナル）常任執行委員会と協議して正式に採決した最初の綱領的文書。「君主制の廃止」による民主主義革命を強調し、日本帝国主義が中国との戦争に進展する日本資本主義の矛盾を分析予見して、革命の性格と共産党の任務を明確にしたもの。⇩ 三十二年テーゼ

清水港《しみずみなと》**の二十八人衆**《にじゅうはちにんしゅう》 幕末に静岡県の清水港を中心に勢力のあった博徒《ばくと》、清水次郎長一家の主要な構成員二十八の総称。「二十八人衆」ともいう。山本鉄眉『東海遊侠伝』から浪曲・講談などの演芸に脚色され、特に浪曲師広沢虎造（二代目）が完成した「清水次郎長伝」のシリーズで一般化した。①清水の次郎長、②大政、③小政、④増川の仙右衛門、⑤大瀬の半五郎、⑥森の石松、⑦法印の大五郎、⑧吉良《きら》の仁吉、⑨追分の三五郎、⑩桶屋の吉五郎（鬼吉）、⑪問屋場の大熊、⑫大野の鶴吉、⑬相模の常、⑭美保の松五郎、⑮伊達の五郎、⑯関東丑五郎、⑰田中の敬太郎、⑱辻の勝五郎、⑲舞坂の富五郎、⑳国定の金五郎、㉑寺津の勘三郎、㉒吉良の勘蔵、㉓四日市の敬太郎、㉔鳥羽の鳥羽熊、㉕清水の岡吉、㉖由井の松五郎、㉗興津の勘之助、㉘お蝶（次郎長の女房）。

二十八大名《にじゅうはちだいみょう》 後漢の二十八将にならい、日光東照宮の廟《びょう》にまつられた徳川家康の功臣二十八人の総称。①松本康忠、②酒井忠次、③井伊直政、④榊原康政、⑤大須賀康高、⑥大久保忠教、⑦伊

奈忠俊、⑧内藤家長、⑨伊奈忠政、⑩大久保忠世、⑪内藤信成、⑫酒井正親、⑬大久保忠佐、⑭米津浄忠、⑮平岩親吉、⑯奥平信昌、⑰本多忠勝、⑱鳥居元忠、⑲菅沼定盈《さだみつ》、⑳渡辺守綱、㉑岡部長成、㉒高木正順、㉓峰屋貞次、㉔服部正綱、㉕安藤直次、㉖本多康高、㉗松平伊忠、㉘水野勝成。

三十広邑《さんじゅうこうゆう》　江戸時代に三都*（江戸・京都・大坂）についでにぎわった地方都市をいう。
①奈良（大和）、②伏見（山城）、③堺（和泉）、④大津（近江）、⑤名古屋（尾張）、⑥岐阜（美濃）、⑦山田（伊勢）、⑧安濃津（伊勢）、⑨敦賀（越前）、⑩福井（越前）、⑪金沢（加賀）、⑫高田（越後）、⑬甲府（甲斐）、⑭駿府（駿河）、⑮仙台（陸奥）、⑯会津（陸奥）、⑰弘崎（出羽）、⑱水戸（常陸）、⑲和歌山（紀伊）、⑳徳島（阿波）、㉑姫路（播磨）、㉒岡山（備前）、㉓広島（安芸）、㉔萩（長門）、㉕福岡（筑前）、㉖博多（筑前）、㉗佐賀（肥前）、㉘長崎（肥前）、㉙熊本（肥後）、㉚鹿児島（薩摩）。

三十《さんじゅう》にして立《た》つ　『論語』為政に、孔子が自分の体験から、三十歳で自分の将来に関する確かな精神的な信念を持って、経済的にも独立できる見通しが立ち、社会的に責任のある立場に立ち得るようになり、世間の人から一人前として認められる意。それで三十歳を「而立《じりつ》」という。⇩吾《われ》十有五にして学に志す

三十《さんじゅう》振袖《ふりそで》四十《しじゅう》島田《しまだ》　振袖は男子の元服前の盛装であり、島田髷《まげ》は未婚女性の髪の結い方であったが、婚礼に結う風習になっていた。三十歳になっても二十歳のような振袖を着たり、四十歳になっても島田を結うことは、女性が年齢に不つり合いの若作りをする、若ごしらえをあざ笑っていうことば。「四十島田」「四十新造五十島田」ともいう。

三十石船《さんじっこくぶね》　過書船《かしょぶね》の一種。過書は関所の通行免許のことで、江戸時代に淀川の貨客輸送の船は過書奉行の支配下に入れられた。三十石船はその中の客船で、上りは一日か一夜、下りは半日か半夜で、大坂と伏見間を往復した。近畿の主要な交通手段として利用され、文芸作品に登場する。三十石船といえばこの過書船を指すこととなった。

戦国三十家《せんごくさんじゅっけ》　戦国時代の有力な三十人の武将。「戦世三十家」「三十家」ともいう。①北畠家（伊勢）、②今川家（駿河）、③武田家（甲斐）、④小笠原家・⑤村上家（以上信濃）、⑥両上杉家（扇谷〈武蔵〉・山内〈上野〉）、⑦千葉家（下総）、⑧宇都宮家（下野）、⑨里美（見）家（安房）、⑩佐竹家（常陸）、⑪大崎家・⑫蘆名《あしな》家・⑬伊達家・⑭南部家（以上陸奥）、⑮最上《もがみ》家・⑯小野寺家・⑰佐々木家（以上出羽）、⑱土岐家（美濃）、⑲武田家（若狭）、⑳畠山家（能登）、㉑細川家（摂津）、㉒赤松家（播磨）、㉓山名家（但馬）、㉔一色家（丹後）、㉕大内家（周防）、㉖細川家（阿波）、㉗大友家（豊後）、㉘菊池家（肥後）、㉙島津家（薩摩）、㉚龍造寺家（肥前）をいう。

三十日蕎麦《みそかそば》　江戸時代に毎月の末日に、その月の息災を祝って食べる蕎麦。永く幸せにそばからかき込むという縁起から、現在でも大晦日《おおみそか》に年越の蕎麦を食べて無事にすごした心祝いとして、身代が殖《ふ》え伸びる願いを込めて食べる習慣が続いている。その起源は、特に月末の晦日が夜遅くまで忙しい商家で、夜食に蕎麦を食べた習慣、胃腸のかすを流す蕎麦の効用から、旧年のけがれを落とす、関東の三長者の一人増淵民部《みんぶ》の家で、毎年除夜に雇用人たちにふるまったことからなど、さまざまな説がある。

三十路《みそじ》　三十歳・三十年のこと。三十は「みとそ」、路の「じ」は本来は接尾語。四十歳・四十年のことを「四十路《よそじ》」、五十歳・五十年のことを「五十路《いそじ》」、六十歳・六十年のことを「六十路《むそじ》」という。昔は平均寿命が短く、五十歳を迎えられるのは長寿者であった。五十路には李泌の「枕中記」に、盧生《ろせい》という者が邯鄲《かんたん》の旅宿で粟《あわ》のご飯の炊き上がりを待つ間の仮寝で、五十年の栄華の夢を見たという故事からでた「五十路の床の楽しみ（栄華）」と、人間の寿命が五十年のはかなさのことを夢にたとえていう「五十路の夢」の故事がある。

三十一～四十

三十一文字《さんじゅういちもじ》　「みそひともじ」ともいう。和歌または短歌は仮名で書くと、五七五七七の三十一文字からなることから、和歌または短歌の意。

三十二《さんじゅうに》年《ねん》テーゼ　一九三二（昭和七）年、コミンテルン西ヨーロッパ・ビューローの指導で、日本共産党が決定した「日本における情勢と日本共産党の任務に関するテーゼ」（通称「日本に関するテーゼ」）の綱領的文書のこと。当時の満洲事変勃発の情勢を分析して、日本の支配的制度の特徴は天皇制、地主的土地所有、独占的資本主義の三要素から構成されている。その改革には天皇制国家機構を粉砕することが革命運動第一の任務であるとした。当面する革命の方向は「社会主義革命への強行的転化の傾向をもつブルジョア民主主義革命である」と規定。第二次大戦終了まで革命運動の方針であった。⇩二十七年テーゼ

江戸《えど》三十三《さんじゅうさん》札所《ふだしょ》　正式には「江都《こうと》三十三所」という。江戸市内を中心にした三十三か所の観音霊場の巡礼。創始は不明だが、三十三所の巡礼は室町時代以降、庶民の観音信仰も盛んになり、一七三二（享保十七）年版『江戸砂子』の浅草寺の項に、いわゆる江戸三十三所の観音があり、時代により数種の霊場めぐりが選定されている。現在は一九七六（昭和五十一）年「昭和新撰」（左の三十三か寺）として、江戸札所会が戦災などによる移転・廃寺を補って再興したもの。

①浅草寺、②清水寺、③大観音、④回向院、⑤大安楽寺、⑥清水観音堂、⑦心城院、⑧清林寺、⑨定泉寺、⑩浄心寺、⑪円乗寺、⑫伝通院、⑬護国寺、⑭金乗院、⑮放生寺、⑯安養寺、⑰宝福寺、⑱真成院、⑲東円寺、⑳天徳寺、㉑増上寺、㉒長谷寺、㉓大円寺、㉔梅窓院、㉕魚籃《ぎょらん》寺、㉖済海寺、㉗道往寺、㉘金地院、㉙高野山別院、㉚海晏寺、㉛品川寺、㉜観音寺、㉝滝泉寺、（番外）海雲寺。

西国《さいごく》三十三《さんじゅうさん》箇所《かしょ》　近畿地方を中心に点在する三十三か所の観音霊場の巡礼地。霊場ごとに巡礼札を納めるので西国札所、または単に札所とも呼ぶ。これにならって各地に札所が設けられた。七一八（養老二）年、長谷寺開山の徳道上人が閻魔《えんま》大王のお告げにより、三十三の霊場を設定したが世人には信用されず、巡礼は発展しなかった。九八八（永延二）年、花山《かざん》法皇が性空の助けを借りて那智山などを遍歴

したことから再興され、西国札所巡礼が始まった。西国は鎌倉時代には、東国に対して大ざっぱに西方の諸国を指し、近畿地方を中心とした一帯である。⇩三十三か所の内容は巻末の付録を参照

三十三回忌《さんじゅうさんかいき》 ⇩ 一回忌《いっかいき》

三十三箇所《さんじゅうさんかしょ》 「三十三所巡礼」「三十三番札所」「三十三番」ともいう。観世音菩薩像を安置した寺院三十三所に巡礼し、三十三観音（身）にもとづく観音の功徳と冥福を得ようとするもの。各所で巡礼札を納めるので札所ともいった。最古は、七一八（養老二）年、長谷寺開山の徳道上人が閻魔大王のお告げにより、最初に三十三の霊場を設定したのが*西国三十三か所の始まり。九八八（永延二）年、花山《かざん》法皇の信仰により再興され、順番制を設けたのは園城寺《おんじょうじ》の行尊で、単に三十三か所を指した。

鎌倉時代、幕府の成立と源頼朝・源実朝の深い観音信仰から、*坂東三十三か所観音が設定され、室町時代になると、庶民の参拝が増え、*秩父三十四か所を加え、西国・坂東を合わせて*百観音巡礼も行われるようになった。江戸時代になると、いちだんと賑わい、各地に三十三か所ができ、その中に*江戸三十三所札所も含まれる。各寺で拝受する札の種類、参拝の順序が一定し、各寺の観音の功徳を歌った御詠歌を唱えながら、巡礼するようになった。

三十三観音《さんじゅうさんかんのん》 仏教で『法華経』の普門品に説かれた観世音菩薩が衆生の救済のために三十三体の姿に変えて化身するといい、そのそれぞれの名。①楊柳《ようりゅう》、②龍頭《りゅうず》、③持経《じきょう》、④円光《えんこう》、⑤遊戯《ゆげ》、⑥白衣《びゃくえ》、⑦蓮臥《れんが》、⑧滝見《ろうけん》、⑨施薬《せやく》、⑩魚籃《ぎょらん》、⑪徳王《とくおう》、⑫水月《すいがつ》、⑬一葉《いっよう》、⑭青頸《しょうきょう》（青頭《しょうず》）、⑮威徳《いとく》、⑯延命《えんめい》、⑰衆宝《しゅほう》、⑱岩戸、⑲能静《のうじょう》、⑳阿耨《あのく》、㉑阿摩提《あまだい》、㉒葉衣《ようえ》、㉓瑠璃《るり》、㉔多羅尊《たらそん》、㉕蛤蜊《こうり》、㉖六時《ろくじ》、㉗普悲、㉘馬郎婦《めろうふ》、㉙合掌、㉚一如《いちにょ》、㉛不二《ふに》、㉜持蓮、㉝灑水《しゃすい》をいう。

三十三間堂《さんじゅうさんげんどう》 京都市東山区七条大和大路にある天台宗の蓮華王院本堂をいう。南北に百二十五メートルある御堂内の内陣が三十三間あることに由来している。京都には、一一三二（天承二）年、鳥羽天皇が建立した得長寿院三十三間堂と、一一六四（長寛二）年後白河法皇の勅願を受けて平清盛が建立したものがあった。現在のものは一二六六（文永三）年後嵯峨上皇

によって再建された。国宝の湛慶《たんけい》作千手《せんじゅ》観音を中心に千一体の千手観音像を安置している。

「三十三間堂通矢《とおしや》」というのは、諸国の弓術の名手が三十三間堂で、毎年四・五月の晴天の日を選んで、本堂裏廊を南から北へ遠矢を射て的中した矢数を競ったもの。暮六つから一昼夜に矢を当て続ける。一六八六(貞享三)年、紀州藩士和佐大八郎の八一三三本が最高。これを「三十三間堂大矢数《おおやかず》」ともいう。

三十三《さんじゅうさん》の厄年《やくどし》

女性の厄年。女性に厄難の起こりやすい年は数え年の十九歳・三十三歳・三十七歳が本厄で、前後を前厄・後厄として忌み慎まなければならないとし、厄除けのため寺社に参詣するのが習慣であった。特に三十三歳は大厄といい、女性の身体の変わり目とされた。「惨々、散々(さんざん)」苦労するに通じる語呂合わせからきたとされている。

『拾芥抄』には、十二支の思想より、十三・二十五・三十七・四十九・六十一・八十五を男女いっしょの厄年としているが、中世以後、男女別の厄年になった。平安時代に、公家や武家社会で盛んに行われた。昔は厄年に子供を生むと育ちにくいとされ、いったん子供を捨てて、他人に拾ってもらって育てる習慣があった。

⇩ 四十二の厄年(男性の厄)

坂東三十三箇所《ばんどうさんじゅうさんかしょ》

関東地方の三十三か所の観世音菩薩の霊場。鎌倉時代の初期に選定された。*西国三十三か所を巡拝するのは一大事であったことから、便宜をはかって関東地方で選ばれた。将軍源頼朝の観音信仰は深く、それが設けられる元になったともいわれ、頼朝はじめ武士の参詣者が多かった。江戸時代に庶民の巡礼が盛んとなり、*秩父三十三か所(三十四か所)と、西国を巡り百か所詣《まい》りも行われた。⇩ 三十三か所の内容は巻末の付録を参照

甲州街道三十四次《こうしゅうかいどうさんじゅうよんつぎ》

「甲州道中」ともいう。江戸時代の*五街道の一つで、江戸日本橋から甲府を結ぶ。一七一六(正徳六)年四月、それまでの甲州街道を「甲州道中」と改め、現在の国道二十号(東京〜塩尻間)や中央自動車道に沿っている。①日本橋、②内藤新宿、③下高井土(下高井戸)、④上高井土(上高井戸)、⑤調布五宿、⑥国領《こくりょう》、⑦下布田《しもふだ》、⑧上布田、⑨下石原、⑩上石原、⑪府中、⑫横山(八

王子)、⑬駒木野、⑭小仏《こぼとけ》(以上武蔵国＝東京都)、⑮小原、⑯与瀬、⑰吉野、⑱関野(以上相模国＝神奈川県)、⑲上野原、⑳鶴川、㉑野田尻、㉒犬目、㉓下鳥沢、㉔上鳥沢、㉕猿橋、㉖駒橋、㉗大月、㉘下花咲、㉙上花咲、㉚白野《しらの》、㉛阿弥陀海道、㉜黒野田、㉝駒飼《こまかい》、㉞鶴瀬、㉟勝沼、㊱栗原、㊲石和《いさわ》、㊳甲府(以上甲斐国＝山梨県)の三十八次を三十四次という。

さらに甲府を経て信州下諏訪に合流する。㊴甲府柳町、㊵韮崎《にらさき》、㊶台ヶ原、㊷教来石《きょうらいし》、㊸蔦木《つたき》、㊹金沢、㊺上諏訪を加えて、合計宿場数四十五宿を「四十五次」ともいう。日本橋と甲府の代わりに下初狩、中初狩(上初狩)を入れることもある。甲府には金山があり、経済・軍事・治安上の要地として重点をおいていたが、交通量は少なかった。

秩父《ちちぶ》三十四《さんじゅうよん》箇所《かしょ》

埼玉県秩父郡にある三十四か所の観音霊場の巡礼。鎌倉時代、*西国・*坂東三十三か所が武士や修験《しゅげん》山伏・廻国修行の行脚僧《あんぎゃそう》たちによって秩父へも伝わり、一二三四(文暦元)年、性空上人など十三人の聖者が巡礼して開いたのが始まり。のちに江戸の発展により、巡礼の順序も江戸からの行程の便に合わせて変更され、数も当初は三十三だったが、西国と坂東を合わせて百観音巡礼にするため、一二番真福寺が加えられ三十四か所になった。⇩三十四か所の内容は巻末の付録参照

江戸《えど》三十六見附《さんじゅうろくみつけ》

江戸城の城門の総称。見附は城門のこと。監視の意味での見付と同意。城門には守備兵を置き通行人を監視していたことによる。実数は三十八であるがこれが通称である。①大手、②内桜田、③下乗《げじょう》、④平川(河)、⑤梅林、⑥北桔梗《きききょう》、⑦西之丸大手、⑧坂下、⑨吹上、⑩山里、⑪蓮池、⑫紅葉山、⑬竹橋、⑭清水、⑮田安、⑯半蔵、⑰外桜田、⑱馬場先、⑲和田倉、⑳雉子《きじ》橋、㉑一橋《ひとつばし》、㉒神田橋、㉓呉服橋、㉔鍛冶橋、㉕数寄屋橋、㉖日比谷、㉗山下、㉘幸橋、㉙虎、㉚赤坂、㉛喰違《くいちがい》、㉜四谷、㉝市ヶ谷、㉞牛込、㉟小石川、㊱筋違《すじかい》、㊲浅草、㊳芝口。

三十六詩仙《さんじゅうろくしせん》

江戸時代初期の文人石川丈山が*三十六歌仙にならい、漢から宗の詩人を選び、京都北山の住居内の堂の四壁に肖像画を狩野尚信に描かせ、屋号を詩仙堂とした。①蘇武、②謝霊運、

③杜審言、④李白、⑤王維、⑥高適、⑦儲《ちょ》光義、⑧韋《い》応物、⑨韓愈、⑩劉禹錫《りゅううしょう》、⑪李賀、⑫牡牧《ぼぼく》、⑬寒山、⑭林逋《りんほ》、⑮梅堯臣、⑯欧陽修、⑰黄庭堅、⑱陳与義、⑲陶潜、⑳鮑昭《ほうしょう》、㉑陳子昂《ちんすごう》、㉒杜甫、㉓孟浩然、㉔岑《しん》参《さん》、㉕王昌齢、㉖劉長卿、㉗柳宗元、㉘白居易、㉙盧《ろ》同《どう》、㉚李商隠、㉛霊徹、㉜邵雍《しょうよう》、㉞蘇軾《そしょく》、㉟陳師道、㊱魚幾、㊲蘇舜欽。

三十六俳仙《さんじゅうろくはいせん》 すぐれた俳人三十六人の称。*三十六歌仙に擬したもの。与謝蕪村《よさぶそん》の三十六俳仙図に描かれた人々。①山崎宗鑑、②荒木田守武、③松永貞徳、④松江重頼、⑤野々口立圃《りゅうほ》、⑥安原貞室、⑦西山宗因、⑧田捨女《でんすてじょ》、⑨伊藤信徳、⑩池西言水《ごんすい》、⑪上島鬼貫《おにつら》、⑫小西来山、⑬山口素堂、⑭松尾芭蕉、⑮榎本其角《きかく》、⑯服部嵐雪《らんせつ》、⑰向井去来、⑱内藤丈草、⑲各務《かがみ》支考、⑳森川許六、㉑土井北枝、㉒越智越人《えつじん》、㉓杉山杉風《さんぷう》、㉔志太野坡《しだやば》、㉕河合曽良、㉖岩田涼菟《りょうと》、㉗中川乙由《おつゆう》、㉘服部土芳《どほう》、㉙川井智月、㉚斯波園女《しばそのめ》、㉛千那《せんな》、㉜沢露川《さわろせん》、㉝仙石盧元坊《ろげんぼう》、㉞松本淡々《たんたん》、㉟和田希因、㊱早野巴人《はじん》。

三十六歌仙《さんじゅうろっかせん》 一条天皇のご在位のとき（九八〇～一〇一一）に藤原公任《きんとう》が、和歌にすぐれた三十六人を選び、各人の秀作一首をあげた。『古今集』『後撰集』の歌人が多く、『古今集』を尊重した当時の歌学思想がうかがえる。それ以前は、紀貫之が『古今集』序に人麻呂・赤人を歌仙とし、そのころ名高い六人の品評したのを、後世「*六歌仙」と称するようになり、それに模した六人単位の党・歌仙などが選ばれ、公任の三十六歌仙の選択に及ぶ。以後もこの趣向によりもろもろのものが選択されたが、選者不明の例が多い。

①柿本人麻呂、②大伴家持《やかもち》、③在原業平《ありわらのなりひら》、④猿丸大《だ》夫《ゆう》、⑤紀貫之《きのつらゆき》、⑥壬生忠岑《みぶただみね》、⑦素性《そせい》法師、⑧坂上是《さかのうえのこれ》則《のり》、⑨藤原興風《おきかぜ》、⑩源重之《しげゆき》、⑪大中臣頼基《おおなかとみのよりもと》、⑫源公《きん》忠《ただ》、⑬藤原朝忠、⑭源順《したごう》、⑮平兼盛、⑯小大君《こだいのきみ》、⑰中《なか》務《つかさ》、⑱藤原元真《もとざね》、⑲山部赤人、⑳僧正遍昭《そうじょうへんじょう》、㉑小野小町、㉒紀友則、㉓凡河内躬恒《おしこうちのみつね》、㉔伊勢、㉕藤原敏行、㉖藤原兼輔、㉗源宗于《むねゆき》、㉘斎宮女御《さいぐうにょうご》、㉙藤原敦忠、㉚藤原高光、㉛源信明《さねあきら》、㉜清原元輔《もとすけ》、㉝大中臣能宣《よしのぶ》、㉞藤原仲文、㉟藤原清正《きよただ》、㊱壬生忠見《みぶのただみ》。

三十六計《さんじゅうろっけい》逃《に》げるに如《し》かず

「三十六計（策）」は中国の古代の兵法上のいろいろなはかりごとや戦略の総称。はかりごとは数多くあるが、困ったときはあれこれ迷うよりも機会を見て逃げ出し、身を守るのが最上の策であるという意。物事の渦中にあるときは深入りせず、避けるのがいちばん良いというたとえ。中国の『南斉書』王敬則伝の故事。卑怯者をばかにして笑うことばに用いられ、「逃げるが勝ち」ともいう。

東山三十六峰《ひがしやまさんじゅうろっぽう》

京都盆地の加茂川の東につらなる南は稲荷山から、北は比叡山までの南北十二キロの三十六の峰々。三十六峰は中国の嵩山《すうざん》のことをいったが、江戸後期に文人たちがこれにならった。平安京の東側にあり、鞍部《あんぶ》は山中越(志賀越)・東海道・渋谷越・滑石越などの東国への交通路として政治的・戦略的にも重要な機能を果たした。講談の文句「東山三十六峰、草木もねむる丑三刻《うしみつどき》」で有名。

北から①比叡山、②御生《みあれ》山、③赤山《せきざん》、④修学院《しゅがくいん》山、⑤葉《は》山、⑥一乗寺《いちじょうじ》山、⑦茶山、⑧瓜生《うりゅう》山、⑨北白川山、⑩月待《つきまち》山、⑪如意《にょい》ヶ岳《がたけ》、⑫吉田山、⑬紫雲《しうん》山、⑭善気《ぜんき》山、⑮椿ヶ峰、⑯若王子《にゃくおうじ》山、⑰南禅寺《なんぜんじ》山、⑱大日山、⑲神明山、⑳粟田山、㉑花頂《かちょう》山、㉒円山《まるやま》、㉓長楽《ちょうらく》寺《じ》山、㉔双林寺《そうりんじ》山、㉕東大谷《ひがしおおたに》山、㉖高台寺《こうだいじ》山、㉗霊《りゅう》鷲山《じゅせん》、㉘鳥辺《とりべ》山、㉙清水《きよみず》山、㉚清閑寺山、㉛阿弥陀ヶ峰、㉜今熊野《いまくまの》山、㉝泉山《せんざん》、㉞恵日山《えにちさん》、㉟光明峰《こうみょうみね》、㊱稲荷山。

富嶽三十六景《ふがくさんじゅうろっけい》

幕末の浮世絵師、葛飾北斎が富士山をテーマにして描いた、浮世絵の代表的な風景版画のシリーズ。制作年は諸説あるが、一八二二・二三（文政五・六）年から一八三〇・三一（天保元・二）年ごろとされる。版元は江戸馬喰《ばくろ》町の西村永寿堂で、出版当初は三十六枚で完結する予定だったが、俗称「裏不二（裏富士）」と呼ばれる十図を加えて横大判四十六枚からなる。歌川広重はこれに対抗して「富士見三十六図」を発表した。

①凱風快晴、②甲州三坂水面、③神奈川沖浪裏、④甲州石班沢、⑤山下白雨、⑥尾州不二原、⑦上総の海路、⑧相州箱根湖水、⑨江戸日本橋、⑩東都駿台、⑪東都浅草本願寺、⑫本所立川、⑬深川万年橋下、⑭五百羅漢寺さざいどう、⑮隠田《おんでん》の水車、⑯下目黒、⑰櫟

川雪の旦、⑱御厩川岸より両国橋夕日見、⑲武陽佃島、⑳登戸浦、㉑常州牛堀、㉒東海道品川御殿山の不二、㉓武州玉川、㉔東海道保土ヶ谷、㉕相州七里浜、㉖相州江の島、㉗相州梅沢左、㉘甲州三島越、㉙駿州江尻、㉚東海道江尻田子の浦略図、㉛東海道金谷の不二、㉜遠江山中、㉝東海道吉田、㉞身延川裏不二、㉟江都駿河町三井見世略図、㊱隅田川関屋の里、㊲信州諏訪湖、㊳駿州片倉茶園の不二、㊴武州千住、㊵駿州大野新田、㊶甲州伊沢暁、㊷従千花街より眺望の不二、㊸青山円座松、㊹諸人登山、㊺相州仲原、㊻甲州犬目峠。

三十七《さんじゅうしち》の厄年《やくどし》　⇩　三十三《さんじゅうさん》の厄年《やくどし》

三十八度線《さんじゅうはちどせん》

朝鮮半島の中央部を横断する北緯三十八度線、南の大韓民国と北の朝鮮民主主義人民共和国の境界線。第二次世界大戦後に、ヤルタ協定により、ここを暫定的な境にして北側を旧ソ連が、南側をアメリカが進駐して対立し、一九四八(昭和二十三)年、冷戦激化のなかに国連の単独強行で大韓民国が成立し、北も対抗して二つの国に分かれた。一九五〇年六月二十五日、朝鮮戦争の発火点となり、一九五三年七月二十七日に休戦。

四十後家《しじゅうごけ》と赤《あか》い信女《しんにょ》の操立《みさおだ》て

四十代になっての未亡人は貞操を守り通すことがむずかしいということ。「赤い信女」は後家（未亡人）の異称で、墓碑に夫の戒名をきざむとき、妻の戒名も信女として並べてきざみ、朱色を塗りこめた風習がある。これは他家に再婚しないという約束（逆修という）の印であるが、それを守れないと揶揄《やゆ》している。類句に「*二十《はたち》後家は立つが三十後家は立たぬ」がある。

四十《しじゅう》にして惑《まど》わず

孔子の『論語』為政の故事。四十歳に達したらもう基礎ができ、心の迷いがなくなり、自分の生き方に戸惑いがなくなる意。四十は「不惑《ふわく》」という。⇩　吾《われ》十有五にして学に志す

週四十時間制《しゅうよんじゅうじかんせい》

一週間の労働時間を四十時間に制限する制度。世界恐慌期に失業反対闘争の一環としてその要求が高まり、一九三五年ＩＬＯでも週四十時間制の原則を宣言し、フランスで三六年、米国で三八年に立法化された。その後第二次世界大戦で一時挫折したが、戦後、技術革新・生産性向

上・時間短縮運動の推進によって再びクローズアップされ、六二年ＩＬＯは週四十時間の勧告を採用した。現在世界の大勢はこの方向に移行しつつある。

四十路《よそじ》 ⇩ 三十路《みそじ》

四十一～五十

四十二《しじゅうに》の厄年《やくどし》 男性の厄年。男性に起こりやすい厄年は数え年二十五歳・四十二歳・六十一歳が本厄で、それの前と後を前厄・後厄として忌み慎まなければならないとされ、厄除けのため寺社に参詣する習慣がある。特に四十二災は大厄といい、男性の身体の変わり目とされ、「死に」に通じる語呂合わせからきたとされている。陰陽道の説では、十二支の思想から十三・二十五・三十七・四十九・六十一・八十五を男女いっしょの厄年とされたが、中世以後、男女別の厄年になり、現在にいたる。昔、親が四十二歳のときに生まれた男児は親を食い殺すという言い伝えがあり、その災いを逃れるために、いったん子供を捨てて他人に拾ってもらってから育て、女児の場合はかえって吉とされた習慣があった。⇩ 三十三の厄年（女性の厄）

甲州街道《こうしゅうかいどう》四十五次《しじゅうごつぎ》 ⇩ 甲州街道《こうしゅうかいどう》三十四次《さんじゅうよんつぎ》

四十七士《しじゅうしちし》 赤穂藩主浅野内匠頭《たくみのかみ》長矩《ながのり》の敵打ちのため、吉良《きら》上野介《こうずのすけ》義央《よしなか》（邸）に討入りした四十七人の藩士のこと。一七〇一（元禄十四）年三月、恒例の勅使下向の接待役を伊達宗春とともに命ぜられた浅野長矩は、典例指南の高家筆頭吉良上野介義央と合わず、ことごとに叱責を受け、ついに十四日、江戸城中松の廊下で刃傷に及んだが、御台所御付の梶川与惣兵衛に抱き止められ、坊主関久和に刀を打ち落とされ、義央の額を傷つけただけに終わった。

長矩は田村右京大夫邸に身柄を預けられ、同夜切腹となり、領地は没収となった。一方義央は何の処分もなかった。赤穂の国元では国家老大石内蔵助《くらのすけ》良雄と大野九郎兵衛が事にあったが、喧嘩両成敗の原則を逸した処分の不当を訴え、藩主の弟大学（長広）による家名相続を願って、城引き渡し拒否の意向が強く、穏健派の大野は逃亡した。結局四月十九日開城。

この後、大石良雄を中心に対処策が練られたが、翌十五年七月十七日、大学の閉門が解かれ、浅野本家に預ける処置がきまり、家再興の望みを断たれたため、この年十二月十五日、ついに本所松坂町の吉良邸に討入り、本懐を遂げた。翌朝泉岳寺の主君の墓前に報告後、身柄は熊本藩細川家など四家に分散して拘禁され、翌年二月四日、四十七士中浅野家の直臣でなかった寺坂吉右衛門を除く全員が、切腹となった。

①大石内蔵助良雄、②吉田忠左衛門兼亮、③原惣右衛門元辰、④片岡源五右衛門高房、⑤間瀬久太夫正明、⑥小野寺十内秀和、⑦間喜兵衛光延、⑧磯貝十郎左衛門正久、⑨堀部弥兵衛金丸、⑩近松勘六行重、⑪富森助左衛門正因、⑫潮田久之丞高教、⑬早水藤左衛門満堯、⑭赤垣源蔵重賢、⑮矢田五郎右衛門則武、⑯大石瀬左衛門信清、⑰奥田孫太夫重盛（以上細川家〈肥後熊本藩〉預）、⑱大石主税《ちから》、⑲堀部安兵衛武庸、⑳中村勘助正辰、㉑菅谷半之丞政利、㉒木村岡右衛門貞行、㉓千馬三郎兵衛光忠、㉔岡野金右衛門包秀、㉕貝賀弥左衛門友信、㉖大高源吾忠雄、㉗不破数右衛門政種（以上松平家〈伊予松山〉預）、㉘岡島八十右衛門常樹、㉙吉田沢右衛門兼貞、㉚武林唯七隆重、㉛倉橋伝助武幸、㉜村松喜兵衛秀直、㉝杉野十平次次房、㉞勝田新左衛門武堯、㉟前原伴助宗房、㊱小野寺幸右衛門秀富、㊲間新六光風（以上毛利家〈長門府中〉預）、㊳間十次郎光興、㊴奥田貞右衛門行高、㊵矢頭右衛門七、㊶松村三太夫高直、㊷間瀬孫九郎正辰、㊸茅野和助常成、㊹横川勘平宗利、㊺神崎与五郎則休、㊻三村次郎左衛門包常（以上水野家〈三河岡崎〉預）。㊼寺坂吉右衛門。

山陽道《さんようどう》四十八次《しじゅうはちつぎ》

山陽道は律令制度の中の五畿七道*の一つで、大坂から下関までの八つの国（播磨・備前・備中・美作《みまさか》・備後《びんご》・安芸・周防《すおう》・長門《ながと》）を結ぶ街道。古代に京都と太宰府を結ぶ重要道路として官道に指定されていた。各宿に駅馬二十～三十疋《ひき》を常備するほど重視された。駅数は『延喜式』では五十四駅。「西の道」「吉備《きび》道」ともいった。瀬戸内海の海運が並行し、物資輸送上はいま一つであったが、交通の障害となる大河や山がないのが特徴で近世には幕府直轄の五街道*についで重視され、参勤交代や長崎に通じる西国街道と認識されていた。

①大坂（大阪府）、②尼崎、③西宮、④兵庫、⑤明

石、⑥加古川、⑦御着《ごちゃく》、⑧姫路、⑨正条、⑩有年《うね》（以上兵庫県）、⑪三つ石、⑫片上、⑬一日市《いちか》、⑭藤井、⑮岡山、⑯板倉、⑰河辺、⑱矢掛、⑲七日市（以上岡山県）、⑳神辺《かんなべ》、㉑今津、㉒尾道、㉓三原、㉔本郷、㉕西条、㉖海田《かいた》、㉗広島、㉘廿日《はつか》市、㉙玖波《くば》（以上広島県）㉚関戸、㉛玖珂《くが》、㉜高森、㉝今市、㉞呼坂、㉟久保市、㊱花岡、㊲徳山、㊳福川、㊴富海《とのみ》、㊵宮市（三田尻）、㊶小郡《おごおり》、㊷山中、㊸船木、㊹厚狭《あさ》、㊺吉田、㊻小月、㊼長府、㊽下関（赤間関）（以上山口県）。

四十八手《しじゅうはって》　相撲で勝負を決める技を〝手〟という。勝負が決まったときの手が〝決まり手〟で、その種類が四十八あるという。投げ手、掛け手、反《そ》り手、捻《ひね》り手の四種の基本技から各十二手を編み出して、四十八手といった。それに変化技を加えて裏表をいい、実数は三百手にもなるが、日本相撲協会では再々整理して、一九六〇（昭和三十五）年に七十手に統合している。これにならっていろいろな分野の技法を総称して「〇〇四十八手」という。現在の決まり手は次の通り。

①突き出し、②突き倒し、③押し出し、④押し倒し、⑤寄り切り、⑥寄り倒し、⑦浴びせ倒し、⑧下手投げ、⑨上手投げ、⑩小手投げ、⑪すくい投げ、⑫上手出し投げ、⑬下手出し投げ、⑭腰投げ、⑮首投げ、⑯一本背負い、⑰二丁投げ、⑱やぐら投げ、⑲掛け投げ、⑳つかみ投げ、㉑内掛け、㉒外掛け、㉓ちょん掛け、㉔切り返し、㉕かわず掛け、㉖蹴《け》返し、㉗蹴たぐり、㉘三所《みところ》攻め、㉙渡《わた》し込み、㉚二枚蹴り、㉛小股《こまた》すくい、㉜外小股、㉝大股、㉞褄《つま》取り、㉟足取り、㊱裾取り、㊲裾払い、㊳居反《いぞ》り、㊴襷《たすき》反り、㊵撞木《しゅもく》反り、㊶掛け反り、㊷外襷反り、㊸突き落とし、㊹巻き落とし、㊺とったり、㊻逆《さか》とったり、㊼肩すかし、㊽外無双、㊾内無双、㊿頭捻《ずぶね》り、(51)上手捻《ひね》り、(52)下手捻り、(53)網打ち、(54)さば折り、(55)はりま投げ、(56)腕《かいな》捻り、(57)合掌捻り、(58)首捻り、(59)引き落とし、(60)引っかけ、(61)はたき込み、(62)吊り出し、(63)吊り落とし、(64)送り出し、(65)送り倒し、(66)割り出し、(67)うっちゃり、(68)きめ出し、(69)きめ倒し、(70)呼び戻し。

町《まち》火消《びけし》四十八組《しじゅうはちくみ》　江戸時代、江戸市街の消防に従事した、町人が経費を負担した消防隊。従来は武家の義務であった消防に、町人も自営消防隊を打ち出し、一七一八（享保三）年大岡越前守忠相《ただすけ》が公式のものに編成した。隅田川以西の市街を区分し、いろは四十七組とし、「へ・ひ・ら」は語呂から「百・千・万」を当てた。一七三九（元文四）年これを十の番組にした。のち日本組を起こして四十八組の呼称となった。各組に頭取《とうどり》・頭《かしら》（組頭）・纏持《まといもち》・梯子《はしご》持・平人《ひらにん》・人足（土手組）で編成、鳶口《とびぐち》を主な道具にするので鳶の者・鳶と呼び、平常は建築業に従事した。火災にひるまず対応する役柄から、任侠の風を生じて、江戸っ子の典型とされている。

四十九日《しじゅうくにち》 ⇩ 初七日《しょなぬか》

五十路《いそじ》 ⇩ 三十路《みそじ》

五十歩百歩《ごじっぽひゃっぽ》 見かけ上は大変な違いがあっても、本質的には変わりなく、どちらも差がないということ。『孟子』に梁《りょう》の恵王《けいおう》が「国を治めるため政治的にも、凶作に対しても努力している。隣国は努力しないのに国民が減ることもない。わが国では国民が増えないのはなぜか」と、自身の善政を慕って人が梁になぜ集まらないのかという思い込みを孟子に尋ね、その返事に「戦場で百歩逃げた兵士を五十歩逃げた兵士が笑えるだろうか。逃げたことは同じである」と、恵王の政治も隣国と大差ないことを戦争にたとえて説明した。「五十歩をもって百歩を笑う」ともいう。

五十音《ごじゅうおん》 日本語の基本的な音節の体系。いろは四十七字の音節にヤ行のイ・エ、ワ行のウを重複させて、五十字の仮名で組織して説明する。平安時代中期に起源があるとされ、空海が中国から持ち返った悉曇《しったん》字記の十二転声から、真言宗の僧が作ったと伝える。

アイウエオ　カキクケコ　サシスセソ
タチツテト　ナニヌネノ　ハヒフヘホ
マミムメモ　ヤイ(ヰ)エ(ヱ)　ラリルレロ
ワ

五十肩《ごじゅうかた》 五十歳前後の人を襲う肩や腕の痛み。肩関節周囲炎に相当するもので、老人性の身体の変化で腱炎《けんえん》・腱鞘炎《けんしょうえん》・腱板損傷などが急性と慢性に発病する症状。腕が上に上げられず、また腕が回らないため、動作ができなくなるが、徐々に症状が軽くなるのがふつう。「五十腕」「五十手」ともいい、「四十肩に五十肩」「四十腰五十肩」ともいう。

五十《ごじゅう》にして天命《てんめい》を知《し》る　孔子の『論語』為政に、五十歳に達したとき、人間の遭遇する吉凶禍福は避けがたいものだと悟り、はじめて自らの人生について、天の与えた使命、宿命を知る意。五十歳を「知命《ちめい》」という。⇩吾《われ》十有五にして学に志す

五十回忌《ごじゅっかいき》　⇩一回忌《いっかいき》

人生五十年《じんせいごじゅうねん》　「人間五十年」ともいう。織田信長が愛誦した幸若舞《こうわかまい》の「敦盛《あつもり》」の一節に「人間五十年、下天《げてん》の内を比ぶれば、夢まぼろしの如くなり。一度生《ひとたびせい》を受け、滅せぬ者のあるべきか」による。人間の寿命は、どんな生きかたをしても、だいたい五十歳くらいの意。人間の一生のたとえ。平均寿命が短かった当時の人生観を示している。織田信長が桶狭間《おけはざま》へ出陣するときに舞った謡曲で有名となった。一五八二（天正十）年六月二日、信長は本能寺の変で自刃、享年四十九歳。

五十一〜六十

D《で》51《ごいち》　一九三六〜三九（昭和十一〜十四）年にかけて製造された国産蒸気機関車。Dは四つ（左右で八つ）の動輪（大きな車輪）で主に貨物を扱う機関車。51はテンダー（炭水車）付の蒸気機関車の意味。昭和三十年代以降は電気機関車やディーゼル機関車・電気気動車が普及して、蒸気機関車はしだいに姿を消していった。現在は観光の目玉として各地で期間限定の短区間で走っている。

東海道五十三次《とうかいどうごじゅうさんつぎ》　江戸時代の主要幹線道路（五街道*の一）。江戸日本橋から京都三条大橋までにおかれた宿駅の総称。関ヶ原の戦いに勝利した徳川家康は、戦国大名が必要に応じて設けた既存の宿駅を利用するとともに、箱根・新居に関所を設け、箱根・川崎にも宿駅を新設し、最終的にこの制度を一六〇一（慶長六）年に制定。各宿場に宿と人足・馬を常備して西国大名の参勤交代などに当てた。全行程百二

十五里二十町、当時は一日平均十里（一里は四㌔弱）を踏破したので、十三日の旅であった。各宿場で次（継）立（または次送《つぎおくり》）といって、宿ごとに人足・馬をかえて、次の宿に出発する制度になっていたので、出発・到着点は「次」としては入れていない。「五十三」という数は仏教で善財童子が発心して五十三人の善知識を歴訪して悟りに至ったという伝えがある。⇩五十三次の内容は巻末の付録を参照

「東海道《とうかいどう》五拾《ごじゅう》三次《さんつぎ》」　東海道五十三次の行程を一宿一図に描く趣向は、葛飾北斎たちに試みられているが、歌川広重が一八三三（天保四）年から刊行した浮世絵の「東海道五拾三次」保永堂版は、広重の出世作として知られている。十返舎一九『東海道中膝栗毛』がベスト・セラーになった旅行ブームの世相と相まっていた。一八三二年の幕府の八朔《はっさく》御馬献上に随行して東海道旅行をし、そのときの写生を原画として、従来の風景画様式の改革に強い影響を与えた。このシリーズが好評であったのに便乗して数作を残している。以下に、宿場名と広重画（保永堂版）の画題を示す。出発の日本橋と終着の三条大橋を入れるので、五十五となる。

①日本橋—朝の景、②品川—日の出（以上東京都）、③川崎—六郷渡舟、④神奈川—台之景、⑤保土ケ谷—新町橋、⑥戸塚—かまくら道、⑦藤沢—遊行寺、⑧平塚—縄手道、⑨大磯—虎ケ雨、⑩小田原—酒匂川、⑪箱根—湖水（以上神奈川県）、⑫三島—朝ぎり、⑬沼津—黄昏、⑭原—朝のふ二、⑮吉原—左富士、⑯蒲原—夜の雪、⑰由比—さった嶺、⑱興津—興津川、⑲江尻—三保の松、⑳府中—安倍川、㉑丸（鞠）子—名物茶屋、㉒岡部—宇津の山、㉓藤枝—人馬継立、㉔島田—駿岸、㉕金谷—大井川遠岸、㉖日坂—佐夜ノ中山、㉗掛川—秋葉山遠岸、㉘袋井—出茶屋の図、㉙見附—天龍川、㉚浜松—冬枯の景、㉛舞坂—今切の渡、㉜新居—渡舟の図、㉝白須賀—汐見阪（以上静岡県）、㉞二川—猿ケ馬場、㉟吉田—豊川橋、㊱御油—旅人留女、㊲赤坂—旅舎招婦、㊳藤川—棒鼻ノ図、㊴岡崎—矢矧の橋、㊵池鯉鮒—馬市、㊶鳴海—有松しぼり、㊷宮—熱田神事（以上愛知県）、㊸桑名—七里渡口、㊹四日市—三重川、㊺石薬師—石やくし寺、㊻庄野—白雨、㊼亀山—雪晴、㊽関—本陣早立（以上三重県）、㊾坂之下—

筆捨嶺、㊿土山－春の雨、(51)水口－名物干瓢、(52)石部－月川ノ里、(53)草津－名物立場、(54)大津－走井茶店（以上滋賀県）、(55)京－三条大橋（京都府）。

源氏《げんじ》五十四帖《ごじゅうよんじょう》　『源氏物語』は十一世紀初め（平安時代中期）に紫式部創作の、光源氏を主人公にした長編小説。女流文学作品の最高傑作とされる。五十四巻で構成され、各巻を一冊（帖）に仕立る例が多く、物語全体を総称する。

①桐壺、②帚木《ははきぎ》、③空蝉《うつせみ》、④夕顔、⑤若紫、⑥末摘《すえつむ》花《はな》、⑦紅葉賀《もみじのが》、⑧花宴《はなのえん》、⑨葵《あおい》、⑩賢木《さかき》、⑪花散里《はなちるさと》、⑫須磨、⑬明石、⑭澪標《みおつくし》、⑮蓬生《よもぎう》、⑯関屋、⑰絵合《えあわせ》、⑱松風、⑲薄雲《うすぐも》、⑳槿《あさがお》、㉑少女《おとめ》、㉒玉鬘《たまかずら》、㉓初音《はつね》、㉔胡《こ》蝶《ちょう》、㉕蛍、㉖常夏《とこなつ》、㉗篝火《かがりび》、㉘野分《のわき》、㉙行幸《みゆき》、㉚藤《ふじ》袴《ばかま》、㉛真木柱《まきばしら》、㉜梅枝《うめがえ》、㉝藤裏葉《ふじのうらば》、㉞若菜上《わかな》、㉟若菜下、㊱柏木、㊲横笛、㊳鈴虫、㊴夕霧、㊵御法《みのり》、㊶幻《まぼろし》、（番外）雲隠《くもがくれ》、㊷匂宮《におうのみや》、㊸紅梅、㊹竹河、㊺橋姫、㊻椎本《しいがもと》、㊼総角《あげまき》、㊽早蕨《さわらび》、㊾宿木《やどりぎ》、㊿東屋《あずまや》、(51)浮《うき》舟《ふね》、(52)蜻蛉《かげろう》、(53)手習、(54)夢浮橋。

この中で「雲隠」は巻名のみで文章が残っていない。橋姫以下は息子薫と匂宮を主人公とし、『宇治十帖』ともいう。

六十《ろくじゅう》にして耳《みみ》に順《したが》う　孔子の『論語』為政に、六十歳になると知識が広くなり、世間から悪口やほめことばに惑わされることもなく、何事を聞いても素直に理解することができるようになったとあり、六十歳を「耳順《じじゅん》」という。⇩ 吾《われ》十有五にして学に志す

六十《ろくじゅう》の手習《てなら》い　手習いは習字や学芸・稽古の意。十*干と十*二支を組み合わせると六十組あるので、生まれた年の干支《えと》がひと回りすると満六十歳となる。昔はこれまで生きるのは大変な長寿であり、還暦という祝いをした。その六十歳になってから、習字を習い始めるということは、年をとってから学問や芸術を勉強しても遅すぎることはないという晩学のたとえ。「手六十」は、書道は六十歳までは上達する。また書はなかなか完成がないの意。「七十の手習い」「八十の手習い」「九十の間に合う」ともいう。

六十《ろくじゅう》の厄年《やくどし》　⇩ 四十二《しじゅうに》の厄年《やくどし》

六十余州《ろくじゅうよしゅう》　日本全土のこと。古代から江戸時代まで国内を区分けした畿内七道の六十六

か国と壱岐・対馬を加えた国の数。
◎畿内道五か国＝①山城（京都）、②大和（奈良）、③河内・④和泉・⑤摂津（以上大阪）。
◎東海道十五か国＝⑥伊賀・⑦伊勢・⑧志摩（以上三重）、⑨尾張・⑩三河（以上愛知）、⑪遠江・⑫駿河（以上静岡）、⑬甲斐（山梨）、⑭伊豆（静岡）、⑮相模・⑯武蔵（以上東京・神奈川・埼玉）、⑰安房・⑱上総（以上千葉）、⑲下総（千葉・茨城）、⑳常陸（茨城）。
◎東山道八か国＝㉑近江（滋賀）、㉒美濃・㉓飛驒（以上岐阜）、㉔信濃（長野）、㉕武蔵（東京・神奈川・埼玉、七七一〈宝亀二〉年に東海道に編入）、㉖上野（群馬）、㉗下野（栃木）、㉘陸奥（福島・宮城・岩手・青森）。
◎北陸道七か国＝㉙若狭・㉚越前（以上福井）、㉛加賀（石川）、㉜越中（富山）、㉝越後（新潟）、㉞能登（石川）、㉟佐渡（新潟）。
◎山陰道八か国＝㊱丹波（京都・兵庫）、㊲丹後（京都）、㊳但馬（兵庫）、㊴因幡・㊵伯耆（以上鳥取）、㊶出雲・㊷石見・㊸隠岐（以上島根）。
◎山陽道八か国＝㊹播磨（兵庫）、㊺美作・㊻備前・㊼備中・㊽備後（以上岡山）、㊾安芸（広島）、㊿周防・(51)長門（以上山口）。
◎南海道六か国＝(52)紀伊（和歌山）、(53)淡路（兵庫）、(54)阿波（徳島）、(55)讃岐（香川）、(56)伊予（愛媛）、(57)土佐（高知）。
◎西海道九か国＝(58)筑前（福岡）、(59)筑後（福岡・佐賀）、(60)豊前（福岡・大分）、(61)豊後（大分）、(62)備前（長崎）、(63)肥後（熊本）、(64)日向（宮崎）、(65)大隅・(66)薩摩（以上鹿児島）。それに壱岐・対馬をいう。「六十余国」「六十六州」ともいう。

六十一～七十

六十一《ろくじゅういち》の祝《いわ》い

年寿や賀の長寿を祝う風習の一つ。長寿の祝いの最初は満六十歳で、生まれた歳と同じ干支《えと》（十干と十二支の組み合わせ）に戻るので「還暦」「本卦がえり」という。数え年の六十一歳。もう一度赤子に返るため、赤いチャンチャンコを着て祝う習慣もある。満七十歳は中国の杜甫の曲江の詩の「人生七十古来希《まれ》」の語句にもとづき「古《こ》希《き》」、満七十七歳の「七十七」は喜の字の草体「㐂」と書くので「喜寿《きじゅ》」、満八十は「八十」を組み合わせると「仐」になるので「仐寿《さんじゅ》」、満八十八歳は「八十八」を組み合わせると「米」になるので「米寿《べいじゅ》」、満九十歳は「九十」を組み合わせると「卆」になるので「卆寿《そつじゅ》」、満九十九歳は百から一を引くと「白」になるので「白寿《はくじゅ》」という。聖武天皇の満四十賀の祝いが始まりで、江戸時代から還暦・喜寿などの祝いが盛んに行われるようになった。

六十六部《ろくじゅうろくぶ》 ⇩ 六部《ろくぶ》

中山道《なかせんどう》六十九次《ろくじゅうきゅうつぎ》 「中仙道」とも書く。江戸時代の主要交通路の五街道*の一つ。東山道の中央部を縦貫し、江戸板橋から近江の草津に至って東海道と合流する守山まで、木曽《きそ》十一宿を含む全百三十二里（約六百九十五キロ）の六十九の宿駅。贄《にせ》川《かわ》から馬籠《まごめ》は「木曽路」「木曽街道」ともいう。東海道を表街道といい、中山道は中央部山脈の間を通過するという意味で江戸期まで中山道といい、その街道を東海道に対して裏街道、一七一六（享保元）年に中仙道とも書いていたのを中山道に改めた。浮世絵師菊川英泉と歌川広重の合同連作で、一八三五（天保六）年保永堂から出版された日本橋を含む七十次の風景版画「木曽街道六十九次続画」で応時をしのべる。⇩ 六十九次の内容は巻末付録を参照

七十《しちじゅう》にして矩《のり》を踰《こ》えず 孔子の『論語』為政のことば。七十歳に達してから自分の思うがままに行動しても道徳をふみはずすことがない。「七十歳」を「従心《じゅうしん》」という。⇩ 吾《われ》十有五にして学に志す

七十《しちじゅう》の祝《いわ》い ⇩ 六十一《ろくじゅういち》の祝《いわ》い

七十一～九十九

七十二《しちじゅうに》候《こう》 中国の昔の暦法で、陰陽暦の約五日を一候とし、三候を一気、六候を一か月として、季節の特徴を表す。二十四節気*は一年、それを七十二分して、特徴を示す名称を付したもの。

人《ひと》の噂《うわさ》も七十五日《しちじゅうごにち》

世間のうわさや評判になっても、それは一時的なもので、しばらくすると自然に忘れ去られてしまう意。「七十五日」は、初物を食べると寿命が七十五日延びるとか、産後七十五日で忌みが明けるなどと用いられ、区切りを示すもの。韓国では「人の噂も九十日」という。「よきも悪しきも七十五日」「世の取り沙汰も七十五日」「人の上も百日」ともいう。

七十七《しちじゅうしち》の祝《いわ》い ⇩ 六十一《ろくじゅういち》の祝《いわ》い

八十《はちじゅう》の祝《いわ》い ⇩ 六十一《ろくじゅういち》の祝《いわ》い

四国八十八箇所《しこくはちじゅうはちかしょ》

「八十八札所」「八十八箇所大師」などもいう。八一五（弘仁六）年、弘法大師空海の創始といわれ、四国にある弘法大師空海のゆかりの遺跡・霊場八十八か所（阿波国＝徳島県二十四か所、土佐国＝高知県十六か所、伊予国＝愛媛県二十六か所、讃岐国＝香川県二十二か所）をいう。この霊場を巡礼することを「四国遍路《へんろ》」ともいう。遍路の初めは鎌倉初期に伊予国の豪族衛門三郎が、八人の子女の急死をいたみ無常を感じ、四国霊場を二十一巡回して、生涯を閉じたのによるといわれる。

江戸時代になると、遍路が盛んになり、全国各地にもこれにならったものが設けられた。八十八の数は八十八の煩悩《ぼんのう》に耐えて断ち切り八十八の浄土を現し、八の三十五仏と「三十五仏名礼懺文」の三十五仏と「観薬王薬上二菩薩経」の五十三仏を合わせたものともいう。⇩ 八十八か所の内容は巻末の付録を参照

八十八《はちじゅうはち》の祝《いわ》い ⇩ 六十一《ろくじゅういち》の祝《いわ》い

八十八夜《はちじゅうはちや》

昔の暦法で、二十四節気*以外に、季節の目安とした雑節の一つ。太陽暦で立春（二月四〜五日ごろ）から数えて八十八日目、およそ五月二〜三日ごろの夜のこと。「八十八夜の別れ霜」という句のように、霜も恐れることなく、稲の種まきや茶摘み・養蚕など、農家が多忙になる時期をいう。「八十八」を分けて書くと「米」という字になるのが由来といわれ、季節の節目として、農家では大切にされた。

九十《きゅうじゅう》の祝《いわ》い ⇩ 六十一《ろくじゅういち》の祝《いわ》い

九十九髪《つくもがみ》

「百」の字から一を引くと「白」になるので、老女の白髪を指す。また江浦草《つくもそう》（多

年草フトイの古名）に様子が似ている説と、物の満ち足りないのを「つつ」といい、百に一つ足りない九十九を当てるなどの説がある。

百

悪妻《あくさい》は百年《ひゃくねん》の不作《ふさく》
悪い妻を持つと、一生苦労し不幸になり、さらに自分一代だけではなく、子孫の代まで影響を及ぼすから、安易に結婚相手を選ぶのではなく、くれぐれも慎重に探した方が良いという教え。「悪妻は六十年の不作」ともいい、六十年は還暦で、暦が一巡するので、一生の意味。

小倉百人一首《おぐらひゃくにんいっしゅ》 ⇩百人一首《ひゃくにんいっしゅ》

音風景百選《おとふうけいひゃくせん》
環境問題は現在騒音対策などに見られるように、音が敵視されて来た傾向がある。この発想を転換し、地域に残る音を大切にすることにより、豊かな環境を守ることを目的に一九九六（平成七）年一月から三月までの公募に応じた七百三十八件の中から、環境庁大気保全局が選定し、七月に認定書の交付を行った。⇩百選の内容は巻末の付録を参照

ここで逢《あ》ったが百年目《ひゃくねんめ》
「百年」は長い年月の意であり、人の一生のことでもある。「*百年の計」とか、「百年論定《ろんさだ》まる」（人の評価は死後長期間経過して定まる）などとも使われる。仏事では五十年忌の次が百年（回）忌で、ここまでは供養を続けるという。これで終わるということから、悪事・陰謀の露顕や、のっぴきならない折を表す。「年貢の納め時」も同じ意味。

酒《さけ》は百薬《ひゃくやく》の長《ちょう》 ⇩百薬《ひゃくやく》の長《ちょう》

小京都百選《しょうきょうとひゃくせん》
日本の歴史的な景観を代表する都市は京都。地方都市・町村で旧来からの都市景観を保持して、訪れる人々に感銘を与える所々を、京都になぞらえて小京都と呼び、旅行ブーム下に全国的に以前から定評のある場所だけではなく、新たに名乗りをあげる所が多い。それらを秋田書店一〇〇選シリーズの一冊として、宮田輝編『小京都一〇〇選』（一九七五年初版刊）が刊行された。⇩百選の内容は巻末の付録を参照

諸子百家《しょしひゃっか》 中国の春秋末期から戦国時代までの約三百年間に活躍した諸思想家とその門流。「諸子」は独自の思想を持つ学者のこと。「百家」は数の多いこと。学派分類は司馬遷《しばせん》の父、談《だん》の唱えた六家。陰陽家＝鄒衍《すうえん》、儒家＝孔子・孟子・荀子《じゅんし》、墨家《ぼくか》＝墨子、法家《ほうか》＝管仲《かんちゅう》・申不害・商鞅《しょうおう》・韓非子、名家＝恵施《えし》・公孫龍、道家＝老子・荘子・列子。以上は『史記』。『漢《かん》書《じょ》』では以上に兵家《へいか》＝孫子・呉子、縦横家《じゅうおうか》＝蘇秦《そしん》・張儀を加える。班固は『漢書』芸文志《げいもんし》に十家＝儒家・道家・陰陽家・法家・名家・墨家・縦横家・雑家・農家・小説家として一八九家、四三二四部の書をあげている。

雀《すずめ》百《ひゃく》まで踊《おど》り忘《わす》れぬ 雀は生涯飛びはねる動作をするということから、人も幼いときに身につけた癖や習慣や道楽などは、年をとっても改まりにくいということ。「三つ子の魂百まで」ともいう。

読書百遍《どくしょひゃっぺん》義《ぎ》自《おのずか》ら見《み》る 一般には「意自ら通ず」ともいう。難しい書物でも、何回も繰り返して読むと、内容が自然にわかるようになるということ。三国時代の魏《ぎ》の董遇《とうぐう》は『老子』に詳しい学者だったが、教えを受けたいという人に、自ら伝授するのではなく、まず何回も繰り返して読めば、内容も自身で理解できるとすすめた故事（『三国志』魏志・董遇伝）。「読書千遍、其の義自ら見る」「読書十遍写《しゃ》一遍」ともいう。

日本百名山《にほんひゃくめいざん》 深田久弥の山岳紀行文集『日本百名山』（新潮社、一九六四〈昭和三十九〉年刊、読売文学賞受賞）に選ばれた山々をいう。なお、世界百名山は、米人アルマンが『登山の時代』の巻末付録に選定したものを、深田久弥がそれを元にして執筆した『世界百名山』（新潮社、一九七四〈昭和四十九〉年刊）がある。⇩百名山の内容は巻末の付録を参照

日本百名水《にほんひゃくめいすい》 一九八五（昭和六十）年、環境庁が全国百か所の名水を選定し「名水百選」として発表したもの。⇩百名水の内容は巻末の付録を参照

日本百景《にほんひゃっけい》 一九二七（昭和二）年七月、東京日日新聞社が主催して決めた日本全国の景勝地。同時に日本八景*・日本二十五勝*も決められた。⇩百景の内容は巻末の付録を参照

日本名城《にほんめいじょう》　百選《ひゃくせん》　日本全国の城から構造の巧みさや逸話に富んだ百城を選んだもの。西ケ谷恭弘編著『新・日本名城一〇〇選』（秋田書店、一九九一〈平成三〉年）による。北は北海道函館の五稜郭から、九州熊本の熊本城に及ぶ。⇩百名城の内容は巻末の付録を参照

日本名瀑《にほんめいばく》　百選《ひゃくせん》　日本全国の滝のなかから、落差の大きいものだけではなく、幅が広く水流が分岐するもの、何段にも落ちるもの、水量が多いもの、滝壺に特徴があるものなど、さまざまな観点から選ばれている。グリーンルネッサンス事務局編『日本の滝一〇〇選』（講談社、一九九一〈平成三〉年）による。⇩百選の内容は巻末の付録を参照

日本名木《にほんめいぼく》　百選《ひゃくせん》　日本各地の名木百樹。読売新聞が一九八九（平成元）年に公募して、四百七十の応募のなかから選定したもの。北海道芦別市の黄金水松《みずまつ》から沖縄県西表《いりおもて》島のサキシマスオウノキまで。辻原康夫編著『日本一〇〇選旅案内』（トラベルジャーナル、一九九八〈平成十〉年）による。⇩百名木の内容は巻末の付録を参照

百害《ひゃくがい》あって一利《いちり》なし　害になる悪いことばかりで、役に立つ良いことは何一つもないこと。たばこなどの害に当てて使われる。

百《ひゃく》　姓《しょう》　古代には「ひやくせい」と呼び、一般有姓者を指し、一般人民のことであって、部民《べみん》・奴婢《ぬひ》は含まなかった。律令制下で公民制となり、公民は班田農民、それが百姓となり農業に従事する社会生産の基礎となった。荘園制下で農民は百姓・凡下《ぼんげ》・土民・地下人《じげにん》などと呼ぶが、農民即百姓となる。室町時代になると、百姓間の富の格差があらわれ名主という上層の者が出て、惣・郷という地域に勢力を持ち、自衛のために武装さえして、土一揆《つちいっき》などを決行するまでになる。それが支配者の驚異となり戦国時代には兵農分離政策により、武士か農民に分けられ、直接生産者は百姓、そして公式に姓を使えない無姓化とされた。

百姓《ひゃくしょう》と油《あぶら》は絞《しぼ》るほど出《で》る　百姓は生かさず殺さず、どうにか生活できるぐらいの生活程度に押さえ、余分は税として取り立てるという江戸時代の為政者の考え方。それを油絞りにたとえたもの。

百尺竿頭《ひゃくせきかんとう》一歩《いっぽ》を進《すす》む
「ひゃくしゃく」ともいう。「百尺竿頭」は百尺（約三十メートル）もある高い竿《さお》の先端のことで、極めて高い所の意。百尺もある高い竿先よりも、さらに一歩進めること。目標に向かって努力してある水準に達したとしても、それから上にさらに努力や工夫を重ねて向上をはかるべきだというたとえ。唐の長沙景岑《ちょうさけいしん》の『景徳伝灯録』にあることば。ある境地に達しても、そこから進歩がなければ悟りを開いたとはいえず、一歩進めて、十方世界を全身で感じなければならないという故事による。

百戦錬磨《ひゃくせんれんま》
「百戦」は百回、あるいはたびたび戦うこと、「錬磨」は練り磨く、鍛える意。たびたび戦うことによって、鍛え磨かれることから、多くの経験を積み重ねて、心身や技術などを磨くことのたとえ。中国の兵法書『孫子』の故事。類句に「*千軍万馬」がある。

百《ひゃく》敲《たた》き
笞《ち》（むち）や杖《じょう》で罪人を打つ刑罰の一つ。日本では七世紀後半、唐の法律の五刑（笞・杖・徒《ず》・流《る》・死）をまねて、大宝律令・養老律令で定められた刑罰。笞刑は細い木の枝で十〜五十、杖刑は太い木の枝で六十〜百に至る五等、両方とも臀《でん》（尻）部をたたいた。九世紀のころから律令制が公家の社会に移行して中断していたが、一七二〇（享保五）年、徳川吉宗が刑法革命を行って、江戸初期からの耳切り・鼻そぎに代えた。笞杖は箒尻《ほうきじり》（長さ約五十八センチ、太さ約九センチの竹べら二本を麻苧《まお》〈カラムシの繊維で織った布〉で包み、上をこよりで巻いたもの）で罪人の肩・背・尻を打ち、回数が五十敲（敲・軽敲）と百敲（重敲）に区別された。敲は庶民の男子のみの刑で、女子は牢屋に身柄を拘禁する過怠牢《かたいろう》の刑に換えた。

百度《ひゃくど》参《まい》り
願い事をかなえてもらうために、同じ神社や寺院に、本来は百日間続けて参詣していたが、のちに簡略化して一日で社殿・本堂の周囲、または百度石と社殿の間を百回往復して参詣すること。回数を間違えないよう小石や小枝を置いたり、神前に数取りの竹ぐしや算盤《そろばん》の形をした石で数える場合もある。平安時代、京都で社寺参りが盛んになると、貴族や市民の間に発生したという。そこから、何度も相手を尋ねて頼み込むことを「お百度を踏む」という。

百日咳《ひゃくにちぜき》 百日咳菌による喉頭炎や気管支炎を引き起こす急性伝染病の一つ。患者の過半数は三歳未満の乳幼児。患者の咳やくしゃみの空気感染でうつる。幼児がかかると死亡率が高いため、生後三か月から四十八か月の間に予防接種が行われている。

百日天下《ひゃくにちてんか》 Les Cent Jours フランスのナポレオンが一八一四年十一月に中欧諸国の連合軍に敗れて皇帝を退位し、エルバ島に流刑になっていたが、翌一五年三月二十日同島を脱出し、パリに還って帝位を復した。六月十日ワーテルローで英将ウェリントン指揮の連合軍に破れるまで、約百日であったことをいう。

百人一首《ひゃくにんいっしゅ》 ◎百首歌の一種で「百首和歌」ともいう。和歌の作品発表の形式、創作の方式の一。題を決め、また時を限って詠じ、百首を一組とする。一定の歌数で詠ずる創作方式の定数歌の一。数人で各百首、一人で詠ずるなど方法は一定せず、百人の歌人から一首の和歌を選んだもの。一般には小倉《おぐら》百人一首をさすが諸種ある。骨牌《かるた》にして歌がるたとするが、それも初めは歌貝にし貝合わせ遊びに用いられ、木札から紙札となった。◎「小倉百人一首」は「小倉山荘色紙形和歌」「嵯峨《さが》山荘色紙和歌」「ひゃくにんしゅ」ともいう。藤原定家撰、一二三五（嘉禎元）年成立。天智天皇から順徳天皇までの百人の歌人から一首を選び、定家の小倉山の山荘の障子に張る色紙に書いたと伝えるので小倉の名を冠する。⇩百人一首の内容は巻末付録を参照

百年河清《ひゃくねんかせい》を俟《ま》つ 「河」とはいつも濁っている黄河のことで、「俟つ」は期待する意。黄河の水がきれいに澄むのは千年に一度といわれているが、百年間も待ち続けても実現するか疑問であることから、いくら待っても望みは実現しないということ。望みのないものを待つたとえ。中国の『春秋左氏伝』に鄭《てい》が楚《そ》の攻撃を受けたとき、降服か同盟国晋に救いを求めるかの二派に対応が分かれ、子駟《しし》がこの周の詩のことばを引用して、晋軍の救援は当てにならないと主張した故事。単に「河清を俟つ」ともいう。

百年戦争《ひゃくねんせんそう》 一三三七〜一四五三年、英仏両国間でフランスのカペー王位継承をめぐって断続的に行われた戦争。フランス内の英領で、毛織物商工

業地帯フランドルをめぐる対立と、フランスのヴァロワ家のフィリップ六世と、イギリスのエドワード三世（母はフランスのカペー家出身）との王位継承をめぐって開戦。初めは黒太子エドワードの活躍で、英軍が優勢だったが、一四二九年、農民の娘ジャンヌ・ダルクの出現で一変し、オルレアンの包囲を破って、イギリスはカレーへ撤退し、フランスはカレーを除く全国土を回復し、イギリスと講和を結んだ。フランスは農村が荒廃し、両国は封建貴族が衰退して国王の中央集権化が進んだ。

百《ひゃく》年《ねん》の計《けい》　百年の先のことまで計算することから、目先にとらわれない将来まで見通した用意周到な計画やはかりごと。「百年の大計」「永久の計」ともいう。

百《ひゃく》年《ねん》の恋《こい》も一時《いちじ》に冷《さ》める　好きだった人への思いがけないことを見聞きしたことにより、長い間思い続けていた愛情がいっぺんに冷めてしまうこと。

百聞《ひゃくぶん》は一見《いっけん》に如《し》かず　「百聞」は幾度も耳に聞くこと、「一見」は一度見ること。他人の話を百回、あるいは幾度も繰り返して耳に聞くよりも、自分の目で実際に一回見て確認した方が確実であること。『漢書』の趙充国《ちょうじゅうこく》の伝で、前漢の宣帝が、老将軍趙充国に羌《きょう》の反乱平定計画を尋ねると、趙は実地の状況を知ることが大切といい、実際に自身で現地視察をして作戦を練り、反乱を平定したという故事。「千聞は一見に如かず」「耳聞は目見に如かず」「聞いた百よりも見た一つ」ともいう。

百《ひゃく》面《めん》相《そう》　顔の表情や声色と簡単な変装により、さまざまに人相を変えて見せる寄席《よせ》演芸の一種。江戸時代天明年間に、吉原の幇間《ほうかん》目吉が目鬘《めかつら》を使った「七変目」の座敷芸が始まり、その後江戸市中の寄席で三笑亭可上が目鬘の工夫をして「百眼《まなこ》」を、早瀬渡平が鬘や頭巾《ずきん》をつけて「七面相」を演じた。明治になり、この系統の芸を落語家初世松柳亭鶴枝が「百面相」と名づけ、手拭いを用いつけ眉毛や髭《ひげ》をつけ、恵比寿・大黒・蛸《たこ》入道などを演じた。

百《ひゃく》物《もの》語《がたり》　怪談を語る遊びの一つ。夜に数人が集まり催す怪談会。百の蠟燭《ろうそく》または行燈《あんどん》をともし、一人が一話ずつ怪談をして、一つずつ灯を消して行き、*丑《うし》三つ時（現在の午前二〜四時）ごろに百の灯が消されたときに、必ず妖怪や幽霊が出現すると伝えられる。源流は室町時代の「*百鬼夜行」で、江戸時代に狂歌師仲間が一夜に百物語の狂歌を読むのが流行し、武士の間で、練胆会として行われた。噺本《はなしぼん》や絵本の世界に妖怪趣向を取り入れた作品ができたり、落語の怪談噺を生んだ。

百薬《ひゃくやく》の長《ちょう》

「酒は百薬の長」ともいう。酒の異称。「百薬」はあらゆる薬の頭ということ。酒は適度に飲むならば、どんな薬にもまさるもので、健康をもたらしてくれること。酒をほめたことば。『漢書』に前漢の王莽《おうもう》は塩・酒・鉄などの販売を政府の専売事業としたが、物価安定の目的が大商人・地方役人の妨害で難行し、詔勅を下してそれを禁じようとした。その詔勅中に「塩は食肴の将、酒は百薬の長」とあるのによる。日本では吉田兼好の『*徒然草』の酒の害毒と良いところや、狂言「餅酒」の「酒に十の徳あり」などに登場することば。

百里《ひゃくり》を行《ゆ》く者《もの》は九十《くじゅう》を半《なか》ばとす

百里の道を行く人は、九十里来たところでやっと半分の道のりに達したと心得るべきだ。物事は終わりに近づくほど失敗や困難が多いので、最後まで気を抜かずに努力しなくてはいけないという戒め。中国の『戦国策』の秦の武王が家臣に忠告した故事。日本では徳川家康が天下統一のとき、おごりは失敗のもととして、このことばを座右銘としたのが有名。

百回忌《ひゃっかいき》 ⇩ 一回忌《いっかいき》

百科事典《ひゃっかじてん》

encyclopaedia の訳語。学術・技術・芸術・家事などの知識一切をひとまとめにして、分類別や音順などに配列した書物。ローマ時代の大プリニウスの博物誌が初めとされ、体裁・名称とも今日に近づいたのはドイツ人アルシュテットの一六三〇年刊のもので、十八世紀に欧州各国で刊行されるようになった。日本では明治以来各種の刊行があったが、一九三一（昭和六）年平凡社が「辞典」（字を解説した）とは違う、事項の知識を得るものとして「大百科事典」という名称を当て、それが現在一般化した。

百科全書《ひゃっかぜんしょ》

フランスの百科事典 Encyclopédie ou Dictionnaire raisonne des sciences, des art set des métiers. 一七五一～七二年に二十八巻、七六～七七年補遺五巻。八〇年索引二巻で完結。編集・執筆はアンシクロペディースト(百科全書派〈家〉)école encyclopédiste と呼ばれるディドロ、ダランベール、ルソー、ボルテール、モンテスキュー、チュルゴーらで、政府の弾圧下に執筆が行われ、フランス革命時の社会の啓蒙に顕著な役割を果たしたことで著名な百科事典。

百家争鳴《ひゃっかそうめい》 「百家」は多くの学者や専門家のこと。「争鳴」は多くの学者や専門家が自由に論争して、活発に意見を発表すること。一九五六年五月二日、中国の共産党宣伝部長陸定一が中華人民共和国の文芸・思想・学術などの文化政策のスローガンにして、知識人の自由な発言を呼びかけた講演の題名「百花斉放《せいほう》、百家争鳴」で有名となった。古代の*諸子百家の自由な言論活動になぞらえて毛沢東が提唱したことばともいわれる。

百貨店《ひゃっかてん》 Department store の訳語、略してデパート。衣食住に関する多種類の商品を、各部門ごとに分けて販売する大規模経営の小売店。一八五二年パリのボン・マルシェが百貨店の創始といわれる。日本では江戸時代の呉服商がルーツといわれ、一九〇四(明治三十七)年越後屋から三越呉服店に転身したのが初めで、大丸・高島屋・松阪屋など有名呉服店が相次いで百貨店へ転身した。

百箇日《ひゃっかにち》 ⇩ 初七日《しょなぬか》

百観音巡礼《ひゃっかんのんじゅんれい》 「百観音札所《ふだしょ》」ともいう。観世音菩薩像を安置した寺院の*西国三十三か所観音・*坂東三十三か所観音、*秩父三十四か所観音を合わせた百か所に巡礼し、三十三身にもとづく観音の功徳と冥福を得ようとするもの。最古は、七一八(養老二)年、長谷寺開山の徳道上人が閻魔《えんま》大王のお告げにより、三十三の霊場を設定したのが西国三十三か所の始まり、その後、坂東三十三か所、秩父三十四か所ができ、合わせて百観音巡礼といい、札の種類・順序が一定し、各札所を歌った御詠歌を唱えながら、巡礼するようになった。

百鬼夜行《ひゃっきやこう》 「夜行」は「やぎょう」ともいう。「百鬼」は多くの妖怪で、「夜行」は夜歩きの意。多くの妖怪が夜中に列をなして歩き回るという迷信から、悪人が徒党を組んで奇怪な行動をとり、わがもの顔でのさばりはびこることのたとえになった。梁《りょう》の宗《そう》懍《りん》の『荊《けい》楚《そ》歳時記』の「百鬼をしてこれを畏《おそれ》しめる」の故事。正月の夜は鬼鳥が多く、幼児の泣く声に似た、鳴き声をする産婦の化身の姑獲鳥《こかくちょう》が夜行遊女といわれ、害をなすので各家では寝床の周辺を囲ったり、戸を閉じて灯火を消してその鳥に備えたことによる。

「百鬼」と「夜行」を合わせた四字成語は、大江匡《まさ》房《ふさ》が述べた和製のことば。のちに百物語*の源流になった。陰陽家は百鬼夜行日として夜間の外出を忌む日を、正月子《ね》の日・二月午《うま》の日・三月巳《み》の日・四月戌《いぬ》の日・五月未《み》の日、六月辰《たつ》の日を当てた。

百発百中《ひゃっぱつひゃくちゅう》　射撃を百回試みて、百回とも狙った的に矢や弾丸が命中することから、計画や予想や予言などがすべて的中すること。物事が何もかも思った通り運ぶたとえ。『史記』で春秋時代の楚の弓の名手養由基《ようゆうき》が百歩離れたところから弓を射て百発全部的中した故事。「一発必中」「万に一つを失わず」「百事如意」ともいう。

百花繚乱《ひゃっかりょうらん》　「百花」はたくさんの花、「繚乱」は咲き乱れる意。たくさんの花がさまざまな色に咲き乱れ、非常に美しいことから、文化的な活動が非常に活発になり、一時期に集中してたくさんの優れた人物、業績などが次々に世に現れるたとえ。花を美人にたとえることもある。類句に「百花斉放」「百家争鳴」があり、「千紫万紅」ともいう。

武芸百般《ぶげいひゃっぱん》　⇨　武芸十八般《ぶげいじゅうはっぱん》

文武百官《ぶんぶひゃっかん》　「文」は官吏の文官（事務官）、「武」は武官（軍人）、「百官」はその全部の総称の意。「文武百寮」ともいう。「百官の名《な》ぶらり」は何も役に立たない古器や古書画・骨董品を収集する道楽をあざけっていうことば。

百夜通い《ももよがよい》　小町伝説の一。深草少将（伴善男《とものよしお》の子善《よし》佐《すけ》とする）と小野小町の恋の物語。小野小町に好意をもっている少将は小町に「百夜通ったら誠意を見せましょう」といわれ、雨の日も風の日も休まず毎日通って、あと一夜という九十九夜目に病死したという。そこからとげられない恋のたとえ。観阿弥《かんあみ》（能楽の祖）の作の謡曲「通《かよい》小町」で有名。「九十九《くじゅうく》夜《や》」ともいう。

吉原《よしわら》百《ひゃく》人《にん》斬《ぎ》り　江戸の吉原遊廓で野州生まれの次郎左衛門が遊女八ツ橋に恋したが、八ツ橋は情人がいて、それを受け入れず冷たい仕打ちで対応した。たまりかねた次郎左衛門が茶屋立花屋(橘屋とも)で八ツ橋の首を打ち落とし、居合わせた男衆・仲居たち多数を殺傷した事件。諸説があり、一六九六(元禄九)年十二月のこと、いや一七二三(享保八)年三月で被害者が即死三十八人・重軽傷九十余人。主人公は佐野の炭問屋とか名主。八ツ橋の抱え主も大兵庫屋いや中万字屋、情人は大村栄之丞とか特定の者は存在せず次郎左衛門ののぼせ上がりだった等々。

一七九七(寛政九)年、初世並木五瓶《ごへい》の脚本で歌舞伎の舞台にのぼり、後年にも諸作者が取り上げたが、一八八八(明治二十一)年、三世河竹新七作「籠釣瓶花街《かごつるべさとの》酔醒《えいざめ》」が有名である。岡本綺堂たちの作品もあり今日も上演されている。

百一〜九百九十九

百《ひゃく》八《はち》の鐘《かね》　寺で朝夕に鐘を百八回つくこと(省略して十八回のことが多い)。暁の鐘は眠りを覚まさせ、暮の鐘は目のくらんだ迷いをさますという。今では一般に除夜の鐘のことをいい、大晦日《おおみそか》の夜半から新年にかけて百八*の煩悩《ぼんのう》を洗い清め新年を迎える。また一年の十二月・二十四気*・七十二候*の合計が百八つになるところからともいう。

百《ひゃく》八《はち》煩《ぼん》悩《のう》　人の過去・現在・未来のすべての迷いをいう。煩悩は仏教で人の情欲・願望などが心身を悩ませ、正しい判断を妨げる心の働き。百八になるのは六根*(眼・耳・鼻・舌・身)と、六塵(色・声・香・味・触・法)とが交わるときに、好・悪・平の三不同が六根・六塵それぞれに働き、各々に十八煩悩が生じる。さらにそれぞれに苦受・楽受・不苦不楽受の三受が起き、それを受けて(また染と浄に分ける)。共に三十六種となる。それを過去・現在・未来の三世に分け百八となるというもの。

奥州街道百十二駅《おうしゅうかいどうひゃくじゅうにえき》　「奥州道中」ともいう。江戸時代の*五街道の一つで、江戸と青森の三厩《みんまや》までの約二百里（約八百キロ）の街道にある百十二の宿駅。宇都宮までは日光街道で、厳密にいうと白沢《しらさわ》から白河までの十宿だが、脇街道をつないで総称として奥州街道という。

①日本橋・②千住（以上東京都）、③草加・④越ヶ谷・⑤粕壁（春日部）・⑥杉戸・⑦幸手《さって》・⑧栗橋（以上埼玉県）、⑨中田・⑩古河《こが》（以上茨城県）、⑪野木・⑫飯田（間々田）・⑬小山・⑭芋柄（新田）・⑮小金井・⑯石橋・⑰雀宮・⑱宇都宮（以上栃木県。以上日光街道）、⑲白沢・⑳氏家・㉑喜連川《きつれがわ》・㉒佐久山・㉓太田原・㉔鍋掛・㉕越堀・㉖芦野（以上栃木県）、㉗白坂・㉘白川（以上福島県。以上が厳密にいう奥州街道）、㉙根田・㉚小田川・㉛太田川・㉜踏瀬・㉝大和久（大和）・㉞中畑新田・㉟矢吹・㊱久米石・㊲笠石・㊳須賀川・㊴笹川・㊵日出山・㊶小原田・㊷郡山・㊸福原・㊹日和田・㊺高倉・㊻本宮・㊼温石町・㊽杉田・㊾二本松・㊿二本柳・(51)八丁目・(52)若宮・(53)根子町・(54)福島・(55)瀬上・(56)桑折・(57)藤田・(58)貝田（以上福島県）、(59)越河・(60)斎川・(61)白石・(62)刈田宮・(63)金ヶ瀬・(64)大河原・(65)舟迫・(66)槻木・(67)岩沼・(68)増田・(69)中田・(70)長町・(71)仙台・(72)七北田・(73)新町・(74)吉岡・(75)三本木・(76)古川・(77)荒谷・(78)高清水・(79)筑館・(80)宮野・(81)沢辺・(82)金成・(83)有壁（以上宮城県）、(84)一ノ関・(85)山ノ目・(86)前沢・(87)水沢・(88)金崎・(89)鬼柳・(90)岩崎・(91)花巻・(92)石鳥谷・(93)郡山・(94)盛岡・(95)相杉・(96)沼宮内・(97)一戸《いちのへ》・(98)福岡・(99)金田一（以上岩手県）、(100)三戸《さんのへ》・(101)浅水・(102)五戸・(103)伝法寺・(104)藤島・(105)七戸・(106)野辺地・(107)馬門・(108)刈場沢・(109)小湊・(110)浅虫・(111)野内・(112)青森（以上青森県）。

二百三高地《にひゃくさんこうち》　中国の遼東半島の南端、遼寧省旅大市（旧旅順）郊外にある標高二百三メートルの丘。ロシア極東艦隊基地旅順港の防衛陣地があり、その争奪戦は日露戦争最大の激戦となった。乃木希典《のぎまれすけ》将軍の指揮の第三軍が、その高地を一九〇四（明治三十七）年九月から十二月に攻撃するが、多大の戦死者を出して苦戦した。乃木将軍の次男もここで戦死している。

二百十日《にひゃくとおか》　立春（二月五日）から数えて二百十日目、九月一日頃に当たる。稲（中稲《なかて》）の開花期に当たるが、台風シーズンに入るので、この日頃に台風の襲来の例が多く、農家の大厄日として恐れられた。江戸中期の暦学者渋川春海が老漁師に教わり、貞享暦にも採用したので一般化した。「二百十日の別れ水」はこの頃に稲の穂が出はじめるので、田の水を落とすがいいという意。

二百二十日《にひゃくはつか》 立春から数えて二百二十日目。二百十日から十日おくれて九月十一日頃。晩稲《おくて》の稲の花盛りに当たるので、台風の来るのを農家は恐れ、第二の大厄日として警戒する。「二百二十日の荒じまい」は、この日を最後に台風の災いはなくなるという意。

三百諸侯《さんびゃくしょこう》 大名とは大地主たちを指し、平安末期からその名がみえるが、一般には江戸時代のものをいう。一万石以上の所領を持ち、将軍に直接の奉仕の義務を有する者のことで、二百六十〜七十家なのをこう総称した。格として小大名（五万石以下）、並大名（五〜十万石）、大大名（十万石以上）。大大名は四十八家であった。石高以外にも将軍との近親度などで諸般の区分があった。最も多かったのは譜代（関ヶ原合戦以前に徳川氏に仕えていた家）の小大名であった。

三百代言《さんびゃくだいげん》 弁護士の蔑称。「代言人」は弁護士の旧称。江戸時代に公事師《くじし》と号して、非公認であったが、訴訟事の手続きの指導や実務の代行をした者が既に存在した。一八七二（明治五）年太政官調「司法職務定制」で制度化されたが、資格制限がなく、公事師がその職につくものが多かったので、一八九三（明治二十六）年に「弁護士法」が制定され、試験制度・免許制が導入された。当初は目的の達成のためには詭弁《きべん》を弄するし、人格的に軽蔑されがちで、三百も嘘をつく。「三百」は三百文、つまり安物・低級の意味が江戸時代からあり、代言人に対する蔑称となり、それが現在にも弁護士に続き、嘘言・詭弁を弄する者、無資格で紛らわしい業をする者に対していう。単に「三百」ともいう。

祖母育ちは三百安《ばばそだちはさんびゃくやす》 「三百」は三百文のことで、わずかな金額から安物・低価値のことにも当てる。おばあさんに甘やかされて育てられた子は甘ったれで、他人の子に比べてひ弱に見え、しっかりしたところがないこと。

四百四病《しひゃくしびょう》 仏教にいう人間の病気の総称。人間の身体は地・水・火・風の四元素（四大）から成り立っていて、この元素の調和が破れると病気になる。地と火から各百一の熱病、水・風から各百一病、合わせて四百四病となるという。「四百四病の外」は、恋わずらい、恋の病いのこと。これは病の範疇《はんちゅう》に属さないという意。「四百四病より貧の苦しみ」は、どんな病気よりも貧乏がつらいということ。

五百羅漢《ごひゃくらかん》 「羅漢」は尊敬すべき者のこと。小乗仏教は修行を完成した者、大乗仏教は仏・菩薩にいたる直前の者をさしている。五百羅漢は第一回結集《けつじゅう》に集まった仏弟子のこと。結集は仏教の教えを整理する会議。釈迦の生存中はその教えについての疑問は本人に確かめられたが、没後に各弟子の記憶の確認をする必要が生じた。そのための第一回結集（五百結集）を直弟子の摩訶迦葉《まかかしょう》が王舎城郊外の七葉窟に招集、優婆離《うばあり》が律、阿難陀《あなんだ》が経を担当して、五百人の比《び》丘《く》が参加して成文化した。その参加者を総称し五百羅漢といい、それが絵画となり、石像ともされている。第二回結集（七百結集）は釈迦の没後百年ごろ、毘《び》舎離《しゃり》で耶舎《やしゃ》のもとで七百人で律蔵《りつぞう》を編集。第三回結集（千人結集）はさらに百年後に阿育王《あいくおう》の華氏城で目犍《もくけん》連帝須《れんていしゅ》が千人の比丘と、経・律の全論蔵を編集。第四回結集は二世紀頃に迦膩色迦王《かにしかおう》が脇尊者《きょうそんじゃ》・世友《しょう》を中心に五百人が三蔵（経蔵・律蔵・論蔵の仏教典のこと）に解釈を付したという。

嘘八百《うそはっぴゃく》 ありとあらゆる嘘をつく意から、いい加減なことをいうこと。「出まかせ八百」ともいう。「八百」は数が多いというたとえで、「小言八百」「随《ずい》八百」（したい放題）「頭痛八百」（悩みごとが多いこと）「贅《ぜい》の八百」（分不相応なぜいたく）などの成句がある。

雁《がん》は八百矢《はっぴゃくや》は三本《さんぼん》 雁はたくさんいるけれど、それを捕るための矢が三本しかないことから、欲しい物はたくさんあるのに、取る道具が少ない。また、どれを取ろうか迷うこと。「矢」は三文とすると僅かなもと手で大もうけができることの意になる。

八百長《やおちょう》　相撲などのスポーツ競技で、事前に勝敗を打ち合わせて、表面は真剣に勝負したように見せかけるインチキな勝負。前もって示し合わせて知らんぷりしたり、わざと負けたりするなれ合いをいう。江戸末期または明治初期ともいうが、囲碁の巧者八百屋の長兵衛（通称八百長）は、相撲の親方伊勢の海五太夫と囲碁を打つが、相手のご機嫌をとるため、真剣に争って負けたように見せ、常に一勝一敗だったことによる。「やお」「はっぴゃく」ともいう。

八百屋《やおや》　野菜類を売る商人または店。都市では需要に応じていろいろな品物の専門販売店ができていった。元禄（一六八八〜一七〇四）ころ、都市で商品を野菜類に限り、葉菜類（青物）・根菜類（土物）・果菜類（前菜物）を店頭で扱い、流通機構も近郊の農家から都市の青物市場へ出荷し、それを日常的に小売りする店が多種類の物を商うことから「八百屋」といい、青果物販売店の名となった。

八百八町《はっぴゃくやちょう》　「八百八」は物の多いことのたとえで、大坂の*八百八橋などにも当てられる。江戸時代の江戸の市街の町数が多かったことを表現することば。江戸の異称。一五九〇（天正十八）年に徳川家康が江戸に入り、積極的に建設工事が進められ、寛永ごろには三百町に達していたという。建設当初の江戸は明暦の大火（一六五七年）で焼失したが、そのときに存在した町は古町《こちょう》として特別な扱いを受けた。その頃に既に「八百八町」のことばが存在していた。

一六六二（寛文二）年町奉行の支配を街道筋の三百町に拡げ、一七一三（正徳三）年墨田川の東岸や山の手の二百五十九町を従来の町奉行所轄六百七十四町と合わせることになり、合計九百三十三町、南は品川から北は千住までの大江戸となり、当初江戸城中心の二里四方の市街から四里四方に拡大した。さらに延享年間（一七四四〜四八）に寺社門前町を寺社奉行から町奉行支配に組み入れ、総町数千六百七十八町に及んでいる。

八百八橋《はっぴゃくやばし》　大坂に橋が多いことから、大坂の異称。大坂は淀川川口の町なので、河川・運河が多く橋も多い。「京の着倒れ、大坂の食い倒れ」ということばがあるが、大坂に橋が多いことから、「食い倒れ」を「杭《くい》倒れ」という説もある。京都は寺院が多いので京都の異称を「八百八寺《やでら》」、琵琶湖は流れる川が多いことから「八百八水《やみず》」という。江戸の「八百八町*」の対句。

千

悪事千里《あくじせんり》を走《はし》る
悪い行いや評判はすぐに世間に知れわたってしまうこと。宋の孫光憲『北夢瑣言《ほくむさげん》』に「好事門を出ず、悪事千里を行く」とあり、良いことの評判は世間に伝わらないが、悪いことの評判はすぐ知れわたるという記事による。「悪事千里を行く」ともいう。

海千山千《うみせんやません》
海に千年、山に千年住んだ蛇は龍になるということから、長年さまざまな経験を積んで、悪がしこくなっている人をいう。油断できないしたたか者として警戒したり、軽蔑したりするときに用いられる。似た意味の句に「千軍万馬*」がある。

笑止千万《しょうしせんばん》
「笑止」はおかしいこと、ばかばかしいこと。「千万」は千も万も数が多いこと。合わせて非常にばかばかしいこと、話にもならないことをいう。

千客万来《せんきゃくばんらい》
大勢の客が次から次へと絶え間なく来ること。商家や飲食店の開店の祝詞、店内の額などのことばとされる。商売繁盛のたとえとして好んで用いられる。

千鈞《せんきん》の重《おも》み
「鈞」は目方の単位で、三十斤（約十八㎏）に相当する。それが千あるので、非常に重いこと。転じて非常に価値のあること、任務の重いこと。

千軍万馬《せんぐんばんば》
「千」と「万」でたくさんの意味。「軍馬」は兵士と軍馬。合わせて大軍を示す。「千兵万馬」ともいう。多くの戦闘体験をつむことから転じて、社会経験が豊富なことのたとえ。唐の姚思廉《ようしれん》と魏徴《ぎちょう》の『梁書』の故事。類句に「海千山千*」「百戦錬磨*」がある。

千古不易《せんこふえき》
「万古不易」ともいう。「千古」も「万古」も大昔・太古の意味。永遠に変わることのないこと、またそのさまをいう。中国の思想家荀子《じゅんし》が栄誉と恥辱について、その区別は天子から農夫に至るまで永遠に変えようがないと説いたことに基づく。

『荀子』正論にあることば。

千石船《せんごくぶね》　江戸時代、徳川幕府の鎖国とともに大船の建設停止で、小型船が発達して生まれた。千石船は元来積載量が米千石を積む船なので「千石積《づみ》」ともいう。「弁才船《べんざいぶね》」と呼ばれ、瀬戸内海で発達した形式。櫓《ろ》十六挺立て、乗員十五人程度。帆は二十五反筵《むしろ》三百十二枚で、海上輸送の主力となった。積荷により艤装《ぎそう》を工夫し、「菱垣廻船《ひがきかいせん》」「樽《たる》廻船」などと称した。

千載一遇《せんざいいちぐう》　「千載」は千年をいい、長い年月の意味で、「一遇」は一度の出会いの意。千年に一度しか巡ってこないような絶好の機会のことから、チャンスは容易に得られないたとえ。晋の袁宏《えんこう》の作品で『文選《もんぜん》』に収められた「三国名臣序賛」で、千年に一度の出会いというのは、賢者・知者との良いめぐり合わせだと、三国（魏・呉・蜀）の各臣二十人に生き方を述べたことによる。「千載一時」「千載一会《いちえ》」「盲亀《もうき》の浮木《ふぼく》」ともいう。

千差万別《せんさばんべつ》　「せんしゃ」ともいう。「千差」は千の差別、「万別」は万の区別。また「千万」はさまざまの数量を示し「差別」は違い・区別の意。物事にはいろいろさまざまな違いがあること。また、多くの差異があり、さまざまに変わっていくたとえ。唐の白居易の詩の中の「一音差別無し」に、宋の道原《どうげん》の『景徳伝灯録』に千万をつけて造語したという。「千山万水」「千紫万紅」「十人十色*」も類似の意味。

千思万考《せんしばんこう》　何度も思いを巡らせ、いろいろな方法をあれこれと思い考えること。またその思いや考えのこと。それから物事すべてにぬかりがないことのたとえ。「千思万慮」ともいう。

千字文《せんじもん》　梁の武帝（在位五〇二〜五四九年）の命令による周興嗣《しゅうこうし》の著作で、千の漢字を四字句の四言古詩の形式の韻文にしたもの。同じ漢字を二度と用いず、隔句押韻《かくくおういん》（二句を一単位にして韻を付した）で異字の二百五十句とした。「天地玄黄、宇宙洪荒」で始まり、「謂語助者、焉哉乎也」に終わる。漢字の教科書であるが、さらに武帝は書聖と尊敬される王羲之《おうぎし》の筆跡を集めてつづり合わせて模写させて、皇太子たちに習字の手本として与えたといわれる。

江戸時代に日本でも寺子屋の教科書に広く用いられ

た。日本へは二八五(応仁天皇十六)年、朝鮮半島の百済《くだら》から王仁《わに》が『論語』とともに献上したと伝えられる。後世諸類作があるが、周のものが一般化していて、書物の配列などに順序数詞にも用いられている。⇩千字文の内容は巻末の付録を参照

千社札《せんじゃふだ》　千社詣*など多くの神社や社寺を巡拝して、参拝のしるしに自分の住所・姓名・職業などを書いた紙札を社殿の天井や柱に貼りつけた札のこと。鎌倉時代、西国三十三観音巡礼*で社寺に納札する風習が始まるが、流行は江戸時代文化年間(一八〇四〜一八)年、荻野喜内《きない》が号である「鳩谷天愚孔平《きゅうこくてんぐこうへい》」の札を貼って歩いたのが始まり。当時、稲荷千社詣が流行したのに伴っている。自分の氏名などを書いた札「題名」が貼ってある間は、参籠《さんろう》しているのと同じ功徳を受けると信じられ、札を納めたという。最初は手書きだったが、千社文字と呼ばれる独特の書体をもつ木版刷りとなった。しだいに贅《ぜい》を尽くしたものが作られ、仲間同志で交換されるようになる。それを交換納札という。

千社詣《せんじゃもうで》　「千社参《まいり》」ともいう。一念発起*して千の社寺を毎日巡拝する。あるいは多くの社寺を巡拝する。古くは室町時代から行われていたようであるが、江戸時代安永(一七七二〜八一)頃から江戸で流行した。のちに巡拝先に自分の住所・姓名・職業などを書いた千社札*を社殿の天井や柱に貼りつけて歩くことになる。文化年間(一八〇四〜一八)に稲荷千社詣が盛んになり、特に二月の初午《はつうま》の日に、千の稲荷神社の社殿に貼って歩くことが行われた。または、千日間毎日祈願に社寺に参詣すること。ある特定の日に参詣すると千日分の功徳に値するとして、その日に参詣することをいう。

千手観音《せんじゅかんのん》　「千手千眼《げん》自在菩薩《ぼさつ》」の略。千手千眼観音・千臂《ぴ》観音・千光眼などとも。千臂(千本の手)で同時に限りない動作を営み、その各手の手のひらに眼があり、一切の事理を感知して、自在な神力をみせ、地獄の苦を救って諸願を成就させる。一般に四十臂と合掌する二臂の四十二臂と二十七面の形像である。四十臂にそれぞれ宝珠・鏡などの持物があり、一臂が二十五面の衆生を救うので千・千手・千眼とな

る。眷属《けんぞく》に*二十八部衆がいる。

千秋万歳《せんしゅうばんざい》 「千秋」は千年、「万歳」は長い年月の意。人の長寿を祝い、寿命が永遠に続くようにと祈ることば。中国の戦国時代の『韓非子』顕学にも見られる。また「せんずまんざい」と読む場合は、正月に家々の門前でその家が千万年も栄えることを祝って、唱門師が歌い舞う門付《かどづけ》芸のことをいう。⇩三河万歳

千秋楽《せんしゅうらく》 千年または永遠を祝う、日本で創作された舞のない雅楽の曲名で、主に寺院の法会の最後に演奏された曲。転じて、能狂言・歌舞伎・相撲などの興行期間の最終日を指す。略して「楽日《らくび》」ともいう。物事の最終・最後の意味にも使われる。曲名は唐の玄宗皇帝の誕生日（千秋楽節）にちなんだという。『教訓抄』などに、後三条天皇の大嘗会《だいじょうえ》のとき、監物頼吉《けんもつよりよし》が勅命で作曲したとある。

千畳敷も寝れば一畳《せんじょうじきもねればいちじょう》 畳を千枚も敷く部屋でも、畳一枚あれば身体を横たえる広さは足りる。それから身のほどを知って高望みをすべきではないという教え。類句に「*起きて半畳、寝て一畳」「千石万石一杯の飯」がある。

千丈の堤も蟻の一穴《せんじょうのつつみもありのいっけつ》 千丈もある堅固な堤も、小さなアリの穴がもとで崩れることもある。小事でも油断してはいけない。あるいは失敗は小事から起こるたとえ。「千丈の堤も螻蟻《ろうぎ》の穴をもって潰《つい》ゆ」ともいう。

千辛万苦《せんしんばんく》 「辛苦」とは辛い目にあって苦しむこと。難儀や苦労。「千万」は数や量が多いことの対句。いろいろと苦しみ、さまざまな難儀にあうこと。

千秋万歳《せんずまんざい》 ⇩千秋万歳《せんしゅうばんざい》・三河万歳《みかわまんざい》

千段巻《せんだんまき》 槍や薙刀《なぎなた》の柄の中茎《なかご》を入れた（刀身の柄《つか》をはめた）部分に、麻苧《まお》（麻とカラムシの繊維で織った布）を一面に巻きつけること。また、千手巻・千朶《だ》巻ともいい、弓の籐《とう》（縄の意）の巻き方の一つ。重籐《しげどう》の弓の鏑《かぶら》（矢の先）籐の日輪巻、または月輪巻の間を籐で十文字の食い違いに巻くこと、また巻いた部分。

千成瓢箪《せんなりひょうたん》 「千生」とも書く。ウリ科のつる性一年生草木。そのなかで果実が小形でた

くさん実るものをいう。豊臣秀吉の馬印（大将のいる本陣を明らかにする標識。纏《まとい》ともいう）に使われて有名。一五七五（天正三）年筑前守に叙せられ羽柴姓に改めたときに、桐を紋所に、馬印に金の瓢箪を当て一戦勝つごとに一つを加えることにした。

千《せん》日《にち》手《て》 将棋で対局中たがいに最善の駒組で、どちらも仕掛けと攻めができないとき、同じ手順を繰り返して勝負がつかないこと。同じ手順中に王手が含まれれば王手をかけた側が負け。互いに三回同じ手を繰り返すと、無勝負とみなして先手・後手を交換して差し直す。

千《せん》人《にん》針《ばり》 千人の女性が白や黄色のさらし木綿布に、一針ずつ赤い糸で、千個の糸尻止めや結び目を作り、出征兵士がそれを身につけると弾除けになるという俗信。明治時代、日清・日露の戦争のときから始まった風習。五黄《ごおう》の寅年生まれの女性は千里行って千里帰るといわれたことから、その年齢の人にこの数を縫いつけてもらった。第二次大戦中、街頭で女性が立ち並んで道を行く女性に一針を請う姿がよく見られた。また、「死線（四銭）を越える、苦戦（九銭）を免れる」おまじないとして五銭・十銭の硬貨を同じ糸でかがって縫うこともあった。同様な意味合いで千人の男性が布に「力」の字を一字ずつ書いたものを「*千人力」ともいう。

千《せん》人《にん》力《りき》 千人分の強い力があること。千人の助力を得たように心強いことをいう。また*千人針のように、千人の男性に力という字を、一枚の布に一人一字ずつ書いてもらい、武運長久を願って出征する兵士に贈る例があった。

千《せん》羽《ば》鶴《づる》 折り紙で作った千羽の鶴を糸を通してつないだものや、千羽の鶴を描いた絵、または模様などに数多くの鶴を染めたもの。日本では鶴はめでたい鳥とされ、千羽そろえると吉兆とされ、幸福の祈願や祝福の意味をこめて、神社などに奉納して祈願したり、病気見舞などに使われている。千羽は実数ではなくても多数であればいい。源頼朝が金の短冊を千羽の鶴の脚につけて、鎌倉八幡宮の社頭に放って、征夷大将軍の武威を示した故事もある。また、川端康成の作品名の一つでもある。

千篇一律《せんぺんいちりつ》　「一律」は同じ調子の意。多くの詩歌や文章がすべて同じ調子で作られていて変化がないことから、物事が終始同じ調子で変化がなくおもしろ味がないこと。明代の文章家王世貞が『芸苑巵言《しげん》』で、白居易の詩を評した故事。類句に「一本調子」がある。

千変万化《せんぺんばんか》　物事がさまざまに変化すること。眼前の状態・事態などが、次々と変化すること。中国周の穆王《ぼくおう》が、西の国からやってきた仙人が水や火に自由自在に出入りしたり、山川や城・村の位置を自由に移しかえ、空中に浮き上がったりするのを見て、神のようにあがめて、仙人の術のすばらしさをいった故事（『列子』周穆王）。

千枚漬《せんまいづけ》　カブラの漬物の一。カブラを薄く切り、樽底に昆布を敷いて味を出し、塩・味醂《みりん》・こうじなどで漬けたもの。京阪地方が主産地なのは、聖護院蕪《かぶら》・大徳寺蕪・天王寺蕪などの良質のカブラが得られたため。また、シソの葉を何枚も重ねて味噌などに漬けたものをいう。

千万人といえども吾往かん《せんまんにんといえどもわれゆかん》　何事においても自身にやましいことがなければ、恐れることなく堂々としていること。『孟子』公孫丑《こうそんちゅう》上にある大勇（真の勇気）についての記事で、曽子《そうし》が弟子の子襄《しじょう》に語った師の孔子から聞いたことばとあり、自身が心中に正しいと思えないときは、身分の低い衣服も粗末な相手にも気がひけてしまうものだけれども、自分が正しいと信じていれば、たとえ相手が千万人であろうとも堂々と体面できるという。

千三つ屋《せんみつや》　単に「千三つ」ともいう。「千三つ」は千分の三の意。千言のうち、本当のことは三つしかないことから、嘘つき・ほら吹きのことをいう。また、商談成立は千件のうち三件ぐらいなので、土地の売買や金貸業をする人を指す。「万八《まんぱち》」ともいう。

千夜一夜物語《せんやいちやものがたり》　アラビア語で書かれた説話の物語集成『アラビアン・ライフ・ワ・ライフ　Alf laila wa laila』を直訳して、日本では『千夜一夜』『アラビアン・ナイト』という。本来は語り物で民衆に親しまれて来たのを、六世紀ごろ、ササン朝ペルシアのホロー一世時代にペルシア語訳された。主人公の王シャフリヤールと、大臣の娘シャヘラザードとその奴隷などを中心とする物語に、長期間に周辺地域の話を加えて十五世紀ごろ、現在の形に整ったといわれている。

一七〇三〜一三年、フランスのオリエント学者アントアーヌ・ガランのフランス訳、全十二巻の『ミル・エ・ユンヌ・ニュイ』（千一夜）が、有名な『アラジンと不思議なランプ』『アリババと四十人の盗賊』を、シリア女性ハンナからの聞き書きで加えて出版されて以来世界に広まった。

千《せん》里《り》眼《がん》 千里も先の離れたところまで見通せる眼のことから、遠方の事物を感知したり、未来のことを予知する能力、またはそのような超能力をもつ人のこと。中国の『北史《ほくし》』楊逸伝《よういつでん》に北魏・光州の長官楊逸は赴任すると、各所にスパイをおき、その通報で役人や軍人の不正を厳しく取り締まったところ、宴会や贈賄がなくなった。これを見て人々は楊逸は千里を見通す眼を持っていると恐れたという故事。「天眼通」ともいう。遠方の音や声を聞き取れる耳は「千里耳《じ》」「千里通《つう》」という。

千里《せんり》も一里《いちり》 千里の道のりも一里ほどにしか感じられないことから、恋しい人のもとに通うときには、うれしくて、遠い道のりも苦にならないことのたとえ。「千里の道も遠からず」である。「惚れて通えば千里も一里、会わず戻ればまた千里」ともいう。

千《せん》両《りょう》箱《ばこ》 江戸時代、金銀貨幣の保管容器の一つ。金貨入れならば「きんばこ」であるのが、小判で千枚（千両）を納めるのが通例なので千両箱になった。金貨幣は大判・小判・二分金・一分金であり、千両の容積に差があるので箱には大小があり、五百両用も作られたが、全般に千両箱といっていた。材料は松やカシの木製、必ず錠がつき、多くは枠や帯金で防備した。寸法に規格はない。重さは中味が入れば六貫匁《もんめ》（二二・五㌔）から十二貫匁程度、一人か二人で運ぶものであった。

千両役者《せんりょうやくしゃ》 江戸時代の歌舞伎俳優で、十一月から翌年十月までの一年間に千両もの給金をとる役者のこと。格式の高い役者、技芸のすぐれた役者でなければできない快挙なので、転じて、大きな舞台で堂々と振る舞う政治家や経済人などを評価するのにひろく用いられる。

千慮《せんりょ》の一失《いっしつ》　「千慮」はあれこれ考えること、さまざまに思慮する意。どんなに頭が良い人でも必ず一つや二つ思いがけない間違いや失敗することがあるという意。中国の『史記』の一節「智者も千慮に一失あり、愚者も千慮に一得あり」から生まれた故事。「千慮に一得あり」は、反対に愚かな者でも、多くの考えのうちには、一つぐらい良い考えを思いついたり、または成功すること。「智者の一失」ともいう。「弘法も筆のあやまり」「猿も木から落ちる」「上《じょう》手《ず》の手から水が漏れる」も同じ意。

千《ち》木《ぎ》　◎「知木」「鎮木」「知疑」とも。神社の本殿・拝殿や民家で、切棟の両端に使う長い木を棟で交叉させ、その先を長く空中に突出させたもの。世界各地にもこの形式がみられる。また棟上にまたがらせる置《おき》千木もある。◎千木箱のこと。東京芝神明祭に売る小判型の曲物《まげもの》のこと。

出雲大社の千木

千々《ちぢ》に乱《みだ》れる　「千々」は数が非常に多いこと、さまざま、いろいろの意。ふつう「心が千々に乱れる」と使われ、悲しい出来事が起きたときなどに、気持ちや思いがさまざまに揺れることをいう。『古今集』に大江千里の「月見れば千々に物こそかなしけれ、わが身ひとつの秋にはあらねど」がある。

千《ち》歳《とせ》飴《あめ》　あめ菓子の一種。紅白に染め分けた細長い棒あめで、松竹梅や鶴亀をはなやかに印刷した化粧袋に入れられる。新生児のお宮参りや、*七五三の祝いに縁起物として欠かせなかったが、今では十一月十五日の七五三のときにだけ売られる。

千《ち》鳥《どり》足《あし》　水鳥のチドリが足を左右に踏み違えて歩くのに似ているところから、よろめき歩くこと。特に酒に酔った人が右に左にふらふらと歩くさまをいう。

千鳥掛《ちどりがけ》 水鳥のチドリが連なって飛ぶようすに似ているところから、斜めに交差させること。また、糸を交互にと、左・右と互い違いにすること。斜めに交差させてかがること。

千早振《ちはやぶ》る 神・社・人にかかる枕詞。逸速《いつはや》ぶる、勢いが鋭いの意味で、強い・勢い・勇猛を示す。また同義語の「うじ早し」（けわしいこと）から、山城の地名の宇治の枕詞でもある。『古今集』に在《あり》原業平《わらのなりひら》の歌「ちはやぶる神代もきかず龍田《たつた》川から紅《くれない》に水くぐるとは」がある。

千代《ちよ》に八千代《やちよ》に 「千代」は千年、「八千代」は八千年、ともに永い年をいう。千年にさらに八千年を重ねる、非常に長い年月のこと。『古今集』の賀歌「わが君は千代に八千代にさざれ石のいはほとなりてこけのむすまで」の「わが君」を「君が代」とかえて、日本の国歌の歌詞になっている。原歌の「君」は親愛な相手であり、その人の長寿や多幸を祝って詠んだ歌であるという。

曲は、イギリス人フェントンが作曲（一八六九〈明治二〉年）、それが不評であったので、林広守が一八八〇年に現行曲とし、ドイツ人エッケルトが洋楽の和声を付したもの。八八年「大日本礼式」として諸外国に送付。九三年文部省が祝祭日の学校儀式用の唱歌の一つに制定し、以後、諸行事で歌われるようになった。

鶴《つる》は千年亀《せんねんかめ》は万年《まんねん》 長寿を称賛することばの一。鶴は千年、亀は万年の寿命を保つと信じられ、ともに長寿の象徴。鶴と亀のような長寿をいう。鶴・亀を神秘化した中国神仙譚に影響を受けたことばといわれる。このことばに関連して「亀鶴《きかく》の寿」がある。縁起の悪いことをしてしまったり、言ってしまったときに「つるかめつるかめ」と唱えると、げんが直るという。これも鶴と亀の長寿の力を信じてのことである。

虎《とら》は千里《せんり》行《い》って千里《せんり》戻《もど》る 行動力が並み外れて強いこと。勢いが盛んであること。虎は日本では外来の情報でしか知識のない猛獣で、凶暴で敏捷な獣ととらえられているが、逆に「虎は子を思うて千里を帰る」と情の深さをたたえている。その虎が千里も遠征し、その日のうちに戻って来る。そうした持久力や行動力のたとえに用いられる。

八王子《はちおうじ》千人《せんにん》同心《どうしん》　「八王子千人組」「八王子千本槍衆」「長柄同心」ともいう。江戸幕府の槍奉行の支配に属する職名。幕府が武田氏の遺臣や諸家の浪人を八王子（東京都の西部）周辺に集め土着させて、甲州口を警衛させたのを始めとした。総員千人、百人を一組とし、その数が十組であったことからいわれるようになった。平常時は耕作に従事、交替で日光東照宮の火の番にあたった。一七〇八（宝永五）年、江戸の定火消の縮少を補うために、江戸にも出勤したが、間もなく免除された。

千一〜九千九百九十九

千《せん》六《ろっ》本《ぽん》　大根を細長く刻むこと。また、その刻んだものをいう。「繊蘿蔔《せんろふ》」の唐音読み「せんろうぽ」を日本語にしたという。「繊」は細い、「蘿蔔」は大根の意。

千八百《せんはっぴゃく》労働《ろうどう》時間《じかん》　一九九二（平成四）年六月、宮沢内閣が「生活大国五か年（一九九二〜九六）計画」の中の年間総労働時間千八百時間計画（労働時間短縮計画）を達成する目標を政府方針として定めたもの。九二年の年間労働時間は一九七二時間であった。九三年の労働基準法の改正で、翌年四月より週四十時間、完全*週休二日制が定められたが、企業の抵抗により、九七年三月までに週四十四時間制になった。九四年、一九六六時間まで短縮されたが、イギリス一九〇二時間、フランス一六七八時間、ドイツ一五二九時間、アメリカ一九七六時間など、ヨーロッパ諸国と比べるとまだ開きが大きい。

政府方針決定については一九九〇年五月、通産省のゆとり社会懇談会で、高原須美子が九〇年代に年間二百二十六（千八百二時間）日労働制を達成目標にした日数。週四十時間、完全週休二日制、祝祭日の休日、有給休暇二十日としたもの。

三千《せんぜん》世界《せかい》　「三千大千世界」の略称で、古代インド人の世界観による全宇宙。中心に須弥山《しゅみせん》という高山、周囲に四大洲、そのまわりに九山八海、これが我々の住む世界で一つの小世界という。上が色《しき》界《かい》の初禅天《しょぜんてん》、下は大地の下の風輪まで。この世界の中には日・月・須弥山・四天下・四天王・三十三天・夜《や》摩《ま》天・兜《と》率《そつ》天・楽《らく》変《へん》化《げ》天・他《た》化《け》自《じ》在《ざい》天・梵《ぼん》世《せ》天が存在する。この世界を千集めて一つの小千世界、これを千集めて一つの中千世界、これをまた千集めて大千世界と呼ぶ。

これは千を三回集め、小・中・大の三種の千世界から構成されるので、三千世界と称する。が、三千の世界ではなく、千の三乗の世界で、十億の小世界なのである。千百億世界ともいうことがあるが、今の億より一桁下を億といっているので同じである。この三千世界を一仏の教化する範囲で一仏国であるとする。仏教の宇宙構成を示し、ありとあらゆる・数限りない・ある限りのすべての各世界が一つの宇宙を構成するという。

白髪《はくはつ》三千《さんぜん》丈《じょう》　愁《うれ》いが深いことのたとえ。物事を大げさに表現することにもいう。愁いが深くて白髪になるのはわかるが、それが三千丈は誇張した表現である。唐の詩人李白の「秋浦《しゅうほ》の歌」で、晩年の自分の老いた姿を嘆いたことば、「白髪三千丈愁に縁《よ》りて箇《か》の似《ごと》く長し」による。

八《や》千《ち》代《よ》　⇩　千《ち》代《よ》に八《や》千《ち》代《よ》に

万〜無限

森《しん》羅《ら》万《ばん》象《しょう》　宇宙に存在する全てのものの意。「森羅」は数限りなく並ぶこと。「万象」はあらゆる現象、「象」はあらわれるものの意。仏教典『法句《ほっく》経』の「森羅及び万象は一法の所印《しょいん》なり」による。「森羅の万法」とも。

波《は》瀾《らん》万《ばん》丈《じょう》　「波」は小波、「瀾」は大波。「万丈」はきわめて高いことから、勢いが盛んなこと。荒天の海の大波のように、物事の変化や起伏が激しいこと。「波瀾万丈の人生」のように使われる。

万《ばん》感《かん》胸《むね》に迫《せま》る　「万感」は心に浮かぶさまざまな思い、いろいろな感慨。さまざまな感情が次から次と湧き起こって、熱い思いで胸が一杯となること。「万感こもごも至る」などとも表現する。

万《ばん》機《き》公《こう》論《ろん》に決《けっ》すべし　「万機」は政治上の重要な政務、天下の政治、「公論」は社会一般の議論、公平な議論。国の政治はすべて世論の向かうところに従って決定すべきであるという意。「五*箇条の御誓文」の第一条に「広ク会議ヲ興《おこ》シ万機公論ニ決スベシ」とある。一八六八（明治元）年三月十四日に明治天皇が京都御所紫宸殿《ししんでん》で、皇族・公家・大名などを集め、明治新政府発足当初の基本方針を神々に誓約する形で発表したもの。

万国赤十字連盟《ばんこくせきじゅうじれんめい》 Ligur des sociétés de Croix-Rouge 一八六四年デュナンの提唱で万国赤十字条約がジュネーブで結ばれ、一国一社の篤志救済協会が各国に生まれた。一九一九年アメリカの赤十字社社長デビィドソンが、各国赤十字社の連盟を作ることを呼びかけ、常任理事を置くことにし、組織強化をはかった。日本の赤十字社は一八七七（明治十）年西南の役に博愛社として活躍し、翌年に日本赤十字社と改称した。

万国著作権条約《ばんこくちょさくけんじょうやく》 Universal Copyright Convention「ユネスコ条約」ともいう。著作権保護のための国際的な取り決め。早くは一八八六年スイスなど九国間のベルヌ条約（文学的および美術的著作物保護万国同盟創設に関する条約）が結ばれ、以後加入国も増加、諸改訂が繰り返され、日本もこれに加盟し一八九九（明治三十二）年三月四日著作権法を公布。この条約は無方式主義で著作権取得に手続きを課さない。他方にアメリカ等数か国は方式主義を採用し、登録を権利発生の要件とする。この両者間の得失を補うため、戦後一九五二（昭和二十七）年九月六日ユネスコの手でこの条約を制定、©の記号に年次を付記して著作物に付することによる著作権の表示方式をとる。日本は五六年一月二十八日に加盟公布。

万国博覧会《ばんこくはくらんかい》 International Exhibition (exposition) 世界各国が参加して、自国の文化・産業を総合的に展示する国際的な博覧会。万国博・万博とも略す。第一回は一八五一年ロンドンで開催したが、中には内容のともわない展覧会もあったため、一九二八年パリで三十五か国が万国博覧会条約を締結し、国際博覧会事務局をパリに設置した。そして開催地・開催年などに諸制限と義務を付すことにした。わが国では一九七〇（昭和四十五）年大阪で開催された。科学万博・交通万博など、テーマ別に開催されることもある。

万国《ばんこく》メートル条約《じょうやく》 Le convention du mêtre 度量衡の単位をメートルとキログラムとする*十進法のメートル法を普及し完成しようとする条約。メートル法は一七九九年フランスが採用、一八七五年五月二十日パリでこの条約が成立。パリ郊外セーブルの国際度量衡局に原器を置き、各国にも原器を分けた。日本は一八八五（明治十八）年十月二十日に加盟。一九二一（大正十）年採用を決め、五九（昭和三十四）年一月一日から実施。取引・証明の計量は特例を除いてメートル法による。

万国旗《ばんこっき》 世界各国の国旗の総称。催し物・運動会などで会場の飾りに各国旗の小旗を装飾に使用する、その旗をいう。

万古不易《ばんこふえき》 ⇩ 千古不易《せんこふえき》

万歳三唱《ばんざいさんしょう》 「万歳」は長い年月のこと。もとは長寿への祝詞であったが、何かの祝福や勝利の喜びを表すときに唱える語で、両手を上に挙げて「バンザイ」と三回叫ぶことをいう。この習慣は一八八九（明治二十二）年二月十一日の憲法発布に際して、明治天皇が観兵式に行幸される鹵簿《ろぼ》（馬車）に向かい、東京帝国大学教授和田垣謙三の発案で、学生・職員が万歳を歓呼したのに始まる。天皇を寿《ことほ》ぐ民の声が、今日では一般の祝事でもこの祝声を発するようになった。

万事休《ばんじきゅう》す 「万事」はすべて、「休す」は止むで、すべき事なしの意。手を尽くしてすべてが終わり、もはや一つとして施すすべが残っていないこと。『宋史』荊南高氏世家《けいなんこうしせいか》に、荊州節度使従誨《じゅうかい》は子の保勗《ほうきょく》を溺愛《できあい》し甘やかし、子は素行不良になり、人々は万事休したと評していた。父の跡を継いでも素行は直らず家を滅ぼした故事による。

万死《ばんし》に一生《いっしょう》を得《う》る 「万死」は助かる見込みのまったくないこと。命の助かりそうもない危地から、からくも死を免れること。やっと一命をとりとめる。類句に「*九死に一生を得る」がある。また「万死一生を顧みず」は、必死の覚悟をいう。

万乗《ばんじょう》の君《きみ》 ⇩ 一天万乗《いってんばんじょう》

万世一系《ばんせいいっけい》 「万世」はよろず世、万代・永遠。「一系」は一つの系統のこと。日本の皇室をさす。大日本帝国憲法第一条に「大日本帝国ハ万世一系ノ天皇之ヲ統治ス」とある。

万物《ばんぶつ》の霊長《れいちょう》 「万物の霊」ともいう。この世のありとあらゆる物の中で、最も優れているもの。即ち人類のこと。『書経』泰誓の「惟天地万物父母、惟人間万物之霊」による。

万有引力《ばんゆういんりょく》 質量を有するすべての物体の間に働く、引き合う力。物体の質量の積に比例し、距離の二乗に反比例する。一六六五年にニュートンが天文学者ケプラーが発見した惑星運動の法則から理論的に導き出した。

万里《ばんり》の長城《ちょうじょう》 中国で、北辺の匈奴《きょうど》（異民族）の侵攻を防ぐために築いた大城壁。その規模は、東は河北省山海関から、西は甘粛省嘉峪関《かよくかん》まで、約二千七百キロ。高さは六～九メートル、幅は上部四・五メートル、底部で九メートルもあるという。起源は春秋時代（前七七〇～四〇三年）の斉・燕・趙・魏・楚などの諸国が築き、秦の始皇帝が中国を統一したのち、前二二一年大増築した。以来各王朝が増築を続けた。現在のものは明代のもの。隋の大運河と並び中国史上の二大土木工事という。

万緑叢中紅一点《ばんりょくそうちゅうこういってん》 緑の草むらの中に、ただ一輪紅の花が咲いているという意で、多くの男性の中にただ一人の女性がいることを表現している。王安石の詩「石榴詩」の「万緑叢中紅一点、動人春色不須多」による。単に「*紅一点」ともいう。

万《まん》が一《いち》 「万一」を強めた語。万に一つ、それほどあるかないかということ。ほとんどないが、ひょっとしてごくまれにあるかもしれないということ。

万《まん》金《きん》丹《たん》 漢方薬の売薬、丸薬の名。伊勢国度会《わたらい》郡四郷村（宇治山田の東方の朝熊《あさま》山）で製造され、胃腸・解毒・気つけなど用途が広かった。形が長方形で金箔を押す。また、形が似ていたため、一分金の異称となった。

万《まん》句《く》合《あわ》せ 前句附《まえくづけ》（一句の前の句に他者が句を付ける。付句《つけく》する）の発達したもの。「月次《つきなみ》万句合せ」の略。江戸時代に川柳界で流行した。選者が社中に前句の刷物を配って付句を募集して選評する。そして勝句を印刷して頒布したもの。宝暦から寛政（一七五一～一八〇一）にかけて盛んに行われ、初代川柳評の前句付万句合せは『俳風柳樽《やなぎだる》』の底本といわれる。

万華鏡《まんげきょう》 「ばんかきょう」「錦眼鏡《きんがんきょう》」「百色めがね」ともいう。光学応用の玩具。円筒の中に三枚の板鏡を組み合わせて正三角柱にしてはめ込み、底面にいろいろな物をいれて、筒端の小孔からのぞくと、*千変万化する像が見えて子供が喜ぶ。人生の多様な変化を「万華鏡のような」とも表現する。「カレイドスコープ」といい、発明者はイギリス人の物理学者ブルースター。

万歳楽《まんざいらく》 舞楽の一種。「鳥歌《ちょうか》万歳楽」「煬帝《ようだい》万歳楽」とも。唐楽の一つで新楽の中曲、平調《ひょうじょう》の曲。六人か四人の男舞。鳥甲《とりかぶと》・袍《ほう》で舞う。文の舞で鳳凰が来て万歳と鳴いたので、その声をかたどって作った曲といわれ、天皇の即位のときには必ず奏されるし、その他めでたい折りに奏される。また、地震のときに災害を免れるための呪文として唱えられたという。

万灯会《まんどうえ》 「万灯供養」とも。仏前に捧げる多数の灯火。懺悔《ざんげ》・滅罪などのために、一万個の灯を点じ、神仏の前で供養する法会。六五一（白雉《はくち》二）年の朝廷で催したのを初めとし、奈良時代に東大寺の行事として十月十五日に催すことになり、盂蘭盆《うらぼん》とも結びついて各地で行われる。

万年筆《まんねんひつ》 軸の中にインクをため、書くとき自動的にペン先に流れ出るようにした携帯用筆記用具。十九世紀はじめに考案されたが良品ができず、一八八四年アメリカのウォーターマンが毛管現象を応用して、インクが円滑に出るものをつくり、それから普及し出した。現在では先端に取りつけた回転する小球からインクがにじみ出るボールペンが普及している。

万年雪《まんねんゆき》 「古雪」とも。山地で雪線（一年中雪が溶けない部分と溶ける部分の境界線）以上のところに、年々降り積もる雪が、その重みによる圧縮で積雪層から空気が追い出され、密度が高くなって氷河氷に近づいたもの。

三河万歳《みかわまんざい》 門付《かどづけ》芸・祝福芸の一つ。正月に家の玄関や座敷で祝言《しゅうげん》を述べるもので、平安時代後期には「千秋万歳《せんずまんざい》」として年中行事にあり、それが一般化したものという。太夫《たゆう》と才蔵《さいぞう》の二人一組で、太夫は扇を手に寿詞《ほぎごと》をいい、才蔵は小鼓《こつづみ》を打って合いの手を入れて掛合いをする。各地に特徴のある万歳が伝承しているが、徳川家発生の地の三河（愛知県東部）のものは、幕府の保護を受けて、江戸市中を門付するのが江戸時代の慣例であり、江戸城にも参入した。

四万六千日《しまんろくせんにち》　この日に寺社に参詣すれば、四万六千日間日参したのと同じ功徳を得られるという日。その寺社の縁日をいう。観音信仰にまつわる寺は七月十日（東京浅草寺、京都清水寺、大阪天王寺など。長崎清水寺は八月十日）。東京芝の愛宕《あたご》神社は七月八・九日など。功徳を受ける日数も諸説あり、浅草寺も江戸初期は千日詣《もうで》とし、一七三五（享保二十）年頃に四万六千日と称し、六万六百四十日の説もある。富山地方では七月十日を九万九千日ともいう。

旗本八万騎《はたもとはちまんき》　江戸時代、徳川幕府に直属する、いわゆる直参《じきさん》の武士（旗本・御家人《ごけにん》）の兵数の俗称。旗本の数は一八一七（文化十四）年に四千八百余人、嘉永年間（一八四八〜五三）には五千二百八十余人と増加したが、これに御家人の数を入れても三万程度といわれ、八万には遠く及ばない。武士の出陣には騎馬の場合従者がつくので、それらを合算するとそのくらいになる。これについては勝海舟の『吹塵録《すいじんろく》』をはじめ多くの人のさまざまな解釈があるが、定説はない。

加賀百万石《かがひゃくまんごく》　加賀は、今の石川県の南部。ここを領地としたのは前田利家を祖とする前田家で、百万石の所領を持つ日本一の大名であったことから、前田家の異称となった。単に、百万石は大大名のことを示す例もある。

百万塔陀羅尼《ひゃくまんとうだらに》　世界最古の木版印刷物。七六四（天平宝字八）年九月十一日、藤原仲麻呂（恵美押勝《えみのおしかつ》）の乱を平定して、称徳天皇が戦没者を慰め、三宝加護の仏恩に謝するため、十大寺（南都七大寺と四天王寺・崇福寺・弘福寺）に、木製三重の小塔を造り、その木身の中心部に円孔をあけ中に、根本・慈心・相輪・六度の四種うちの一種の陀羅尼を納めたものを各十万基ずつ配った。塔は大中小三種あるが、ほとんどが高さ二十三チセンほどのもので、現在は法隆寺にごく一部がある。完成は七七〇（神護景雲四）年四月という。

百万都市《ひゃくまんとし》　「巨大都市」とも。人口百万人以上の都市のこと。日本ではその地域の経済・文化の中心となるものが多いが、交通・ごみ処理など都市特有の問題を抱えている。一九九五(平成七)年十月末現在で、人口が百万を越えているのは、次の十一都市。東京・横浜・大阪・名古屋・札幌・京都・神戸・福岡・川崎・広島・北九州。⇩ 六大都市

百万遍念仏《ひゃくまんべんねんぶつ》　仏事で念仏(南無阿弥陀仏)を百万遍唱えること。唱え終わると極楽往生間違いないという。京都知恩寺では衆僧・信徒が弥陀の名号を唱えながら、大数珠を百回繰り回す仏事。同寺の八世善阿《ぜんあ》が流行病退散のため、七日間百万遍の念仏を唱えたのが効験あり、後醍醐天皇から百万遍の寺号に百八の珠の大数珠を賜ったことから、知恩寺の別称が百万遍となった。

八百万の神《やおよろずのかみ》　「八百万」とは非常に数の多いこと。神道における多くの神々、あらゆる神々のこと。神道は自然崇拝なのであらゆるものが神々になりうる。実数ではなく「八十万群神」「八百万千万神《ちよろず》」なども同様のことば。

一億総懺悔《いちおくそうざんげ》　一九四五(昭和二十)年八月二十八日(敗戦の玉音放送から二週間後)、敗戦処理内閣の東久邇稔彦《ひがしくになるひこ》総理大臣が記者会見の折り、日本国民が全員、総懺悔をすることが日本国再建の第一歩であると述べた。これは敗戦の責任を天皇に帰するものでなく、国民の一人一人が負うべきという、天皇制維持のため責任の所在を不明確にする目的で発表されたものであった。これを報道機関が「一億総懺悔」ということばで発表した。一億は日本の人口の概算で、実際に一億を越えたのは一九六七(昭和四十二)年だが、それまでにも「一億総動員」「進め一億火の玉だ」「一億一心」「一億玉砕」など全国民の概数として使われていた。

一億総白痴化《いちおくそうはくちか》　戦前と戦後の生活の相違の一つは、電化製品の普及であった。「三種の神器*」と称して、冷蔵庫・洗濯機・テレビの普及が著しかった。テレビは開局当時(一九五三〈昭和二十八〉年)は千百十所帯しか所持していなかったのが、三年もたたずに十六万五千世帯に達する急増で、日本の家庭のあり方、家族関係に著しい変化を与えた。そして番組の低俗さから社会的影響が起きはじめ、それを評論家大宅壮一が「一億総ザンゲ*」をもじって表現したこと

ば。

三億円事件《さんおくえんじけん》　一九六八（昭和四十三）年十二月十日朝、東京都府中市で日本信託銀行国分寺支店の現金輸送車が、東芝府中工場に運ぶ年末ボーナス用の現金二億九千四百三十一円を強奪された事件。犯人は白バイに乗った交通警察官風の男だったという。犯人の行動が速く周到で、しかも誰一人傷つけることなく、鮮やかな完全犯罪として話題を呼んだ。七年後の一九七八年十二月に時効が成立、迷宮入りとなった。

十万億土《じゅうまんおくど》　極楽のこと。娑婆《しゃば》から西に十万億の仏土を過ぎた所にある阿弥陀仏の浄土で、阿弥陀仏は今も説法し、ここに生まれる者はさまざまな楽しみを受けるという。

無《む》**限**《げん》　限りないこと。有限の対で、どんな限界をも越えるもの。単に終わりがない意味の仮無限《かむげん》と、それ自身に発展の契機を蔵する全体者としての真の無限とがある。また、哲学用語で、現象の有限的限定（時間性と空間性）を超越し、それらを自己の契機として含む絶対的なもの。

付録

＊付録については、名称、所在地の記載など、新装版刊行の二〇二四年現在の情報に更新をしています。

西国三十三所

	（山号）	（寺名）	（宗派）	（所在地）
第一番	那智山	青岸渡寺	天台宗	和歌山県東牟婁郡那智勝浦町
第二番	紀三井山	金剛宝寺	救世観音宗	和歌山県和歌山市紀三井寺
第三番	風猛山	粉河寺	粉河観音宗	和歌山県紀の川市粉河
第四番	槇尾山	施福寺	天台宗	大阪府和泉市槇尾山町
第五番	紫雲山	葛井寺	真言宗	大阪府藤井寺市藤井寺
第六番	壷阪山	南法華寺	真言宗	奈良県高市郡高取町
第七番	東光山	龍蓋寺（岡寺）	真言宗	奈良県高市郡明日香村
番外	豊山	法起院	真言宗	奈良県桜井市初瀬
第八番	豊山	長谷寺	真言宗	奈良県桜井市初瀬
第九番	興福寺	南円堂	法相宗	奈良県奈良市登大路町
第十番	明星山	三室戸寺	本山修験宗	京都府宇治市菟道滋賀谷
第十一番	深雪山	上醍醐 准胝堂（醍醐寺）	真言宗	京都府京都市伏見区醍醐東大路町
第十二番	岩間山	正法寺（岩間寺）	真言宗	滋賀県大津市石山内畑町
第十三番	石光山	石山寺	真言宗	滋賀県大津市石山寺
第十四番	長等山	三井寺	天台寺門宗	滋賀県大津市園城寺町
番外	華頂山	元慶寺	天台宗	京都府京都市山科区北花山河原町

第十五番	新那智山　今熊野観音寺（観音寺）	真言宗	京都府京都市東山区泉涌寺山内町
第十六番	音羽山　清水寺	北法相宗	京都府京都市東山区清水
第十七番	補陀洛山　六波羅蜜寺	真言宗	京都府京都市東山区ロクロ町
第十八番	紫雲山　六角堂 頂法寺	天台宗	京都府京都市中京区六角東洞院西入堂之前町
第十九番	霊麀山　革堂 行願寺	天台宗	京都府京都市中京区寺町通竹屋町
第二十番	西山　善峯寺	天台宗	京都府京都市西京区大原野小塩町
第二十一番	菩提山　穴太寺	天台宗	京都府亀岡市曽我部町穴太
第二十二番	補陀洛山　総持寺	真言宗	大阪府茨木市総持寺
第二十三番	応頂山　勝尾寺	真言宗	大阪府箕面市勝尾寺
第二十四番	紫雲山　中山寺	真言宗	兵庫県宝塚市中山寺
番外	東光山　花山院	真言宗	兵庫県三田市尼寺
第二十五番	御嶽山　播州清水寺	天台宗	兵庫県加東市平木
第二十六番	法華山　一乗寺	天台宗	兵庫県加西市坂本町
第二十七番	書寫山　圓教寺	天台宗	兵庫県姫路市書写
第二十八番	成相山　成相寺	橋立真言宗	京都府宮津市成相寺
第二十九番	青葉山　松尾寺	真言宗醍醐派	京都府舞鶴市松尾
第三十番	竹生島　宝厳寺	真言宗豊山派	滋賀県東浅井郡びわ町早崎竹生島
第三十一番	姨綺耶山　長命寺	天台宗	滋賀県近江八幡市長命寺町
第三十二番	繖山　観音正寺	天台宗	滋賀県近江八幡市安土町石寺
第三十三番	谷汲山　華厳寺	天台宗	岐阜県揖斐郡揖斐川町谷汲徳積

坂東三十三観音

	（山号）	（寺名）		（宗派）	（所在地）
第一番	大蔵山	杉本寺		天台宗	神奈川県鎌倉市二階堂
第二番	海雲山	岩殿寺	岩殿観音	曹洞宗	神奈川県逗子市久木
第三番	祇園山	安養院田代寺	田代観音	浄土宗	神奈川県鎌倉市大町
第四番	海光山	長谷寺	長谷観音	浄土宗系単立	神奈川県鎌倉市長谷
第五番	飯泉山	勝福寺	飯泉観音	真言宗	神奈川県小田原市飯泉
第六番	飯上山	長谷寺	飯山観音	高野山真言宗	神奈川県厚木市飯山
第七番	金目山	光明寺	金目観音	天台宗	神奈川県平塚市南金目
第八番	妙法山	星谷寺	星の谷観音	真言宗大覚寺派	神奈川県座間市入谷
第九番	都幾山	慈光寺		天台宗	埼玉県比企郡ときがわ町西平
第十番	巌殿山	正法寺	岩殿観音	—	埼玉県東松山市岩殿
第十一番	岩殿山	安楽寺	吉見観音	真言宗智山派	埼玉県比企郡吉見町御所
第十二番	華林山	慈恩寺	慈恩寺観音	天台宗	埼玉県さいたま市岩槻区慈恩寺
第十三番	金龍山	浅草寺	浅草観音	聖観音宗	東京都台東区浅草
第十四番	瑞応山	弘明寺	弘明寺観音	高野山真言宗	神奈川県横浜市南区弘明寺町
第十五番	白岩山	長谷寺	白岩観音	金峯山修験本宗	群馬県高崎市白岩町

第十六番	五徳山	水澤寺	水澤観音	天台宗	群馬県渋川市伊香保町水沢
第十七番	出流山	満願寺	出流観音	真言宗智山派	栃木県栃木市出流町
第十八番	日光山	中禅寺	立木観音	天台宗	栃木県日光市中禅寺歌ケ浜
第十九番	天開山	大谷寺	大谷観音	天台宗	栃木県宇都宮市大谷町
第二十番	獨鈷山	西明寺	益子観音	行基菩薩	栃木県芳賀郡益子町益子
第二十一番	八溝山	日輪寺	八溝山	天台宗	茨城県久慈郡大子町上野宮字真名板倉
第二十二番	妙福山	佐竹寺	北向観音	真言宗豊山派	茨城県常陸太田市天神林町
第二十三番	佐白山	正福寺		真言宗豊山派	茨城県笠間市笠間
第二十四番	雨引山	楽法寺	雨引観音	真言宗豊山派	茨城県桜川市本木
第二十五番	筑波山	大御堂		真言宗豊山派	茨城県つくば市筑波
第二十六番	南明山	清瀧寺		真言宗豊山派	茨城県土浦市大字小野
第二十七番	飯沼山	圓福寺	飯沼観音	真言宗	千葉県銚子市馬場町
第二十八番	滑河山	龍正院	滑河観音	天台宗	千葉県成田市滑川
第二十九番	海上山	千葉寺		真言宗豊山派	千葉県千葉市中央区千葉寺町
第三十番	平野山	高蔵寺	高倉観音	真言宗豊山派	千葉県木更津市矢那
第三十一番	大悲山	笠森寺	笠森観音	天台宗	千葉県長生郡長南町笠森
第三十二番	音羽山	清水寺	清水観音	天台宗	千葉県いすみ市岬町鴨根
第三十三番	補陀洛山	那古寺	那古観音	真言宗智山派	千葉県館山市那古

秩父札所三十四観音霊場

	（山号）	（寺名）	（宗派）	（所在地）
第一番	誦経山	四萬部寺	曹洞宗	埼玉県秩父市栃谷
第二番	大棚山	真福寺	曹洞宗	埼玉県秩父市山田
第三番	岩本山	常泉寺	曹洞宗	埼玉県秩父市山田
第四番	高谷山	金昌寺	曹洞宗	埼玉県秩父市山田
第五番	小川山	語歌堂（長興寺）	臨済宗南禅寺派	埼玉県秩父郡横瀬町横瀬
第六番	向陽山	卜雲寺（荻野堂）	曹洞宗	埼玉県秩父郡横瀬町横瀬
第七番	青苔山	法長寺（牛伏堂）	曹洞宗	埼玉県秩父郡横瀬町横瀬
第八番	清泰山	西善寺	臨済宗南禅寺派	埼玉県秩父郡横瀬町横瀬
第九番	明星山	明智寺	臨済宗南禅寺派	埼玉県秩父郡横瀬町横瀬
第十番	萬松山	大慈寺	曹洞宗	埼玉県秩父郡横瀬町横瀬
第十一番	南石山	常楽寺	曹洞宗	埼玉県秩父市熊木
第十二番	仏道山	野坂寺	臨済宗南禅寺派	埼玉県秩父市野坂
第十三番	旗下山	慈眼寺	曹洞宗	埼玉県秩父市東町
第十四番	長岳山	今宮坊	臨済宗南禅寺派	埼玉県秩父市中町
第十五番	母巣山	少林寺	臨済宗建長寺派	埼玉県秩父市番場町

第十六番	無量山	西光寺	真言宗豊山派	埼玉県秩父市中村町
第十七番	実正山	定林寺	曹洞宗	埼玉県秩父市桜木町
第十八番	白道山	神門寺	曹洞宗	埼玉県秩父市下宮地町
第十九番	飛淵山	龍石寺	曹洞宗	埼玉県秩父市大畑町
第二十番	法王山	岩之上堂	臨済宗南禅寺派	埼玉県秩父市寺尾
第二十一番	要光山	観音寺（矢乃堂）	真言宗豊山派	埼玉県秩父市寺尾
第二十二番	華台山	童子堂	真言宗豊山派	埼玉県秩父市寺尾
第二十三番	松風山	音楽寺	臨済宗南禅寺派	埼玉県秩父市寺尾
第二十四番	光智山	法泉寺	臨済宗南禅寺派	埼玉県秩父市別所
第二十五番	岩谷山	久昌寺（御手判寺）	臨済宗南禅寺派	埼玉県秩父市久那
第二十六番	万松山	円融寺（岩井堂）	臨済宗建長寺派	埼玉県秩父市下影森
第二十七番	龍河山	大渕寺（月影堂）	曹洞宗	埼玉県秩父市上影森
第二十八番	石龍山	橋立堂	曹洞宗	埼玉県秩父市上影森
第二十九番	笹戸山	長泉院（石札堂）	曹洞宗	埼玉県秩父市荒川上田野
第三十番	瑞龍山	法雲寺	臨済宗建長寺派	埼玉県秩父市荒川白久
第三十一番	鷲窟山	観音院	曹洞宗	埼玉県秩父郡小鹿野町飯田観音
第三十二番	般若山	法性寺	曹洞宗	埼玉県秩父郡小鹿野町般若
第三十三番	延命山	菊水寺	曹洞宗	埼玉県秩父市下吉田
第三十四番	日沢山	水潜寺	曹洞宗	秩父郡皆野町日野沢

東海道五十三次

（宿名）	（所在地）
日本橋	東京都中央区日本橋室町など
①品　川	東京都品川区北品川など
②川　崎	神奈川県川崎市川崎区本町など
③神奈川	神奈川県横浜市神奈川区神奈川本町など
④程ケ谷（保土ケ谷）	神奈川県横浜市保土ケ谷区保土ケ谷町など
⑤戸　塚	神奈川県横浜市戸塚区戸塚町
⑥藤　沢	神奈川県藤沢市本町など
⑦平　塚	神奈川県平塚市平塚など
⑧大　磯	神奈川県中郡大磯町大磯など
⑨小田原	神奈川県小田原市本町など
⑩箱　根	神奈川県足柄下郡箱根町箱根
⑪三　島	静岡県三島市本町など
⑫沼　津	静岡県沼津市本町など
⑬原	静岡県沼津市原など
⑭吉　原	静岡県富士市吉原など
⑮蒲《かん》原《ばら》	静岡県静岡市清水区蒲原など
⑯由《ゆ》比《い》	静岡県静岡市清水区由比
⑰興　津	静岡県静岡市清水区興津本町
⑱江　尻	静岡県静岡市清水区江尻町など
⑲府　中	静岡県静岡市葵区伝馬町など
⑳丸《まり》子《こ》（鞠子）	静岡県静岡市駿河区丸子など
㉑岡　部	静岡県藤枝市岡部町
㉒藤　枝	静岡県藤枝市藤枝など
㉓島　田	静岡県島田市本通など
㉔金　谷	静岡県島田市金谷
㉕日《にっ》坂《さか》	静岡県掛川市日坂
㉖掛　川	静岡県掛川市掛川など
㉗袋　井	静岡県袋井市袋井
㉘見　附	静岡県磐田市見付など
㉙浜　松	静岡県浜松市中区伝馬町など
㉚舞　坂	静岡県浜松市西区舞阪町など
㉛新《あら》居《い》	静岡県湖西市新居町など
㉜白《しら》須《す》賀《か》	静岡県湖西市白須賀
㉝二《ふた》川《がわ》	愛知県豊橋市二川町など

㉞吉田　愛知県豊橋市札木町など
㉟御《ご》油《ゆ》　愛知県豊川市御油町
㊱赤坂　愛知県豊川市赤坂町
㊲藤川　愛知県岡崎市藤川町
㊳岡崎　愛知県岡崎市伝馬通など
㊴池鯉鮒《ちりゅう》　愛知県知立市本町など
㊵鳴海　愛知県名古屋市緑区鳴海町
㊶宮（熱田）　愛知県名古屋市熱田区伝馬など
㊷桑名　三重県桑名市伝馬町など
㊸四日市　三重県四日市市北町など
㊹石薬師　三重県鈴鹿市石薬師町
㊺庄野　三重県鈴鹿市庄野町
㊻亀山　三重県亀山市東町など
㊼関　三重県亀山市関町中町
㊽坂下　三重県亀山市関町坂下
㊾土山　滋賀県甲賀市土山町
㊿水《みな》口《くち》　滋賀県甲賀市水口町
51石部　滋賀県湖南市石部など
52草津　滋賀県草津市草津など
53大津　滋賀県大津市京町など
　三条大橋　京都府京都市東山区大橋町

中山道六十九次

（宿名）　（所在地）
①板橋　東京都板橋区仲宿など
②蕨《わらび》　埼玉県蕨市中央など
③浦和　埼玉県さいたま市浦和区高砂など
④大宮　埼玉県さいたま市大宮区大門町など
⑤上《あげ》尾《お》　埼玉県上尾市宮本町など
⑥桶《おけ》川《がわ》　埼玉県桶川市東など
⑦鴻《こうの》巣《す》　埼玉県鴻巣市本町など
⑧熊谷　埼玉県熊谷市本町など
⑨深谷　埼玉県深谷市仲町など
⑩本庄　埼玉県本庄市本庄など
⑪新《しん》町《まち》　群馬県高崎市新町
⑫倉《くら》賀《が》野《の》　群馬県高崎市倉賀野町
⑬高崎　群馬県高崎市本町など
⑭板《いた》鼻《はな》　群馬県安中市板鼻など

⑮安《あん》中《なか》　群馬県安中市安中など
⑯松《まつ》井《い》田《だ》　群馬県安中市松井田町
⑰坂　本　群馬県安中市松井田町
⑱軽《かる》井沢　長野県北佐久郡軽井沢町軽井沢
⑲沓《くつ》掛《かけ》　長野県北佐久郡軽井沢町長倉など
⑳追《おい》分《わけ》　長野県北佐久郡軽井沢町追分
㉑小《お》田《た》井《い》　長野県北佐久郡御代田町御代田など
㉒岩《いわ》村《むら》田《だ》　長野県佐久市岩村田
㉓塩《しお》名《な》田《だ》　長野県佐久市塩名田
㉔八《や》幡《わた》　長野県佐久市蓬田など
㉕望月　長野県佐久市望月
㉖芦《あし》田《だ》　長野県北佐久郡立科町芦田
㉗長《なが》久《く》保《ぼ》　長野県小県郡長和町長久保
㉘和田　長野県小県郡長和町和田
㉙下《しも》諏《す》訪《わ》　長野県諏訪郡下諏訪町
㉚塩《しお》尻《じり》　長野県塩尻市塩尻町
㉛洗《せ》馬《ば》　長野県塩尻市宗賀
㉜本《もと》山《やま》　長野県塩尻市宗賀
㉝贄《にえ》川《かわ》　長野県塩尻市贄川
㉞奈《な》良《ら》井《い》　長野県塩尻市奈良井

㉟藪《やぶ》原《はら》　長野県木曽郡木祖村藪原
㊱宮《みや》ノ《の》越《こし》　長野県木曽郡木曽町日義
㊲福《ふく》島《しま》　長野県木曽郡木曽町福島上町など
㊳上《あげ》松《まつ》　長野県木曽郡上松町上松
㊴須《す》原《はら》　長野県木曽郡大桑村須原
㊵野《の》尻《じり》　長野県木曽郡大桑村野尻
㊶三《み》留《ど》野《の》　長野県木曽郡南木曽町読書
㊷妻《つま》籠《ご》　長野県木曽郡南木曽町吾妻
㊸馬《ま》籠《ごめ》　岐阜県中津川市馬籠
㊹落合　岐阜県中津川市落合
㊺中《なか》津《つ》川《がわ》　岐阜県中津川市本町など
㊻大井　岐阜県恵那市大井町
㊼大《おお》湫《くて》（久手）　岐阜県瑞浪市大湫町
㊽細《ほそ》久《く》手《て》　岐阜県瑞浪市日吉町
㊾御《み》嶽《たけ》　岐阜県可児郡御嵩町御嵩
㊿伏見　岐阜県可児郡御嵩町伏見
(51)太田　岐阜県美濃加茂市太田本町など
(52)鵜《う》沼《ぬま》　岐阜県各務原市鵜沼西町など
(53)加納　岐阜県岐阜市加納桜道など
(54)河《ごう》渡《ど》　岐阜県岐阜市河渡

㊺	美《み》江《え》寺《じ》	岐阜県瑞穂市美江寺
㊻	赤坂	岐阜県大垣市赤坂町など
㊼	垂《たる》井《い》	岐阜県不破郡垂井町
㊽	関ケ原	岐阜県不破郡関ケ原町関ケ原
㊾	今《いま》須《す》	岐阜県不破郡関ケ原町今須
㊿	柏《かしわ》原《ばら》	滋賀県米原市柏原
61	醒《さめが》井《い》	滋賀県米原市醒井
62	番《ばん》場《ば》	滋賀県米原市番場
63	鳥《とり》居《い》本《もと》	滋賀県彦根市鳥居本町
64	高《たか》宮《みや》	滋賀県彦根市高宮町
65	愛《え》知《ち》川《がわ》	滋賀県愛知郡愛荘町愛知川
66	武《む》佐《さ》	滋賀県近江八幡市長光寺町など
67	守山	滋賀県守山市守山など
68	草津	滋賀県草津市草津など
69	大津	滋賀県大津市京町など

四国八十八ヶ所霊場

	（山号）	（寺名）	（所在地）
第一番	竺和山	霊山寺（一乗院）	徳島県鳴門市大麻町板東
第二番	日照山	極楽寺（無量寿院）	徳島県鳴門市大麻町檜
第三番	亀光山	金泉寺（釈迦院）	徳島県板野郡板野町大寺
第四番	黒巌山	大日寺（遍照院）	徳島県板野郡板野町黒谷
第五番	無尽山	地蔵寺（荘厳院）	徳島県板野郡板野町羅漢
第六番	温泉山	安楽寺（瑠璃光院）	徳島県板野郡上板町引野
第七番	光明山	十楽寺（蓮華院）	徳島県阿波市土成町高尾字法教田

第八番　普明山　熊谷寺（真光院）　徳島県阿波市土成町土成字前田
第九番　正覚山　法輪寺（菩提院）　徳島県阿波市土成町土成字田中
第十番　得度山　切幡寺（灌頂院）　徳島県阿波市市場町切幡
第十一番　金剛山　藤井寺（一乗院）　徳島県吉野川市鴨島町飯尾
第十二番　摩廬山　焼山寺（正寿院）　徳島県名西郡神山町下分
第十三番　大栗山　大日寺（花蔵院）　徳島県徳島市一宮町
第十四番　盛寿山　常楽寺（延命院）　徳島県徳島市国府町延命
第十五番　薬王山　國分寺（金色院）　徳島県徳島市国府町矢野
第十六番　光耀山　観音寺（千手院）　徳島県徳島市国府町観音寺
第十七番　瑠璃山　井戸寺（真福院）　徳島県徳島市国府町井戸
第十八番　母養山　恩山寺（宝樹院）　徳島県小松島市田野町
第十九番　橋池山　立江寺（摩尼院）　徳島県小松島市立江町字若松
第二十番　霊鷲山　鶴林寺（宝珠院）　徳島県勝浦郡勝浦町生名
第二十一番　舎心山　太龍寺（常住院）　徳島県阿南市加茂町龍山
第二十二番　白水山　平等寺（医王院）　徳島県阿南市新野町
第二十三番　医王山　薬王寺（無量寿院）　徳島県海部郡美波町奥河内
第二十四番　室戸山　最御崎寺（明星院）　高知県室戸市室戸岬町
第二十五番　宝珠山　津照寺（真言院）―津寺―　高知県室戸市室津
第二十六番　龍頭山　金剛頂寺（光明院）―西寺―　高知県室戸市元乙
第二十七番　竹林山　神峯寺（地蔵院）　高知県安芸郡安田町唐浜

第二十八番　法界山　大日寺（高照院）　高知県香南市野市町母代寺
第二十九番　摩尼山　国分寺（宝蔵院）　高知県南国市国分
第三十番　百々山　善楽寺（東明院）　高知県高知市一宮しなね
第三十一番　五台山　竹林寺（金色院）　高知県高知市五台山
第三十二番　八葉山　禅師峰寺（求聞持院）―峰寺―　高知県南国市十市
第三十三番　高福山　雪蹊寺（幸福院）　高知県高知市長浜
第三十四番　本尾山　種間寺（朱雀院）　高知県高知市春野町秋山
第三十五番　醫王山　清瀧寺（鏡池院）　高知県土佐市高岡町
第三十六番　独鈷山　青龍寺（伊舎那院）　高知県土佐市宇佐町竜
第三十七番　藤井山　岩本寺（五智院）　高知県高岡郡四万十町茂串町
第三十八番　蹉跎山　金剛福寺（補陀洛院）―足摺山―　高知県土佐清水市足摺岬
第三十九番　赤亀山　延光寺（寺山院）　高知県宿毛市平田町中山
第四十番　平城山　観自在寺（薬師院）　愛媛県宇和郡愛南町御荘平城
第四十一番　稲荷山　龍光寺（護国院）―三間の稲荷―　愛媛県宇和島市三間町戸雁
第四十二番　一カ山　仏木寺（毘盧舎那院）―お大日―　愛媛県宇和島市三間町則
第四十三番　源光山　明石寺（円手院）　愛媛県西予市宇和町明石
第四十四番　菅生山　大寶寺（大覚院）　愛媛県上浮穴郡久万高原町菅生
第四十五番　海岸山　岩屋寺　愛媛県上浮穴郡久万高原町七鳥
第四十六番　医王山　浄瑠璃寺（養珠院）　愛媛県松山市浄瑠璃町
第四十七番　熊野山　八坂寺（妙見院）　愛媛県松山市浄瑠璃町八坂

第四十八番　清滝山　西林寺（安養院）　愛媛県松山市高井町
第四十九番　西林山　浄土寺（三蔵院）　愛媛県松山市鷹子町
第五十番　東　山　繁多寺（瑠璃光院）―畑寺―　愛媛県松山市畑寺町
第五十一番　熊野山　石手寺（虚空蔵院）　愛媛県松山市石手
第五十二番　龍雲山　太山寺（護持院）　愛媛県松山市太山寺町
第五十三番　須賀山　円明寺（正智院）　愛媛県松山市和気町
第五十四番　近見山　延命寺（宝鐘院）　愛媛県今治市阿方
第五十五番　別宮山　南光坊（金剛院）　愛媛県今治市別宮町
第五十六番　金輪山　泰山寺（勅王院）　愛媛県今治市小泉
第五十七番　府頭山　栄福寺（無量寿院）　愛媛県今治市玉川町八幡
第五十八番　作礼山　仙遊寺（千光院）　愛媛県今治市玉川町別所
第五十九番　金光山　国分寺（最勝院）　愛媛県今治市国分
第六十番　石鎚山　横峰寺（福智院）　愛媛県西条市小松町石鎚
第六十一番　栴檀山　香園寺（教王院）―子安大師―　愛媛県西条市小松町南川
第六十二番　天養山　宝寿寺（観音院）　愛媛県西条市小松町新屋敷
第六十三番　密教山　吉祥寺（胎蔵院）　愛媛県西条市氷見
第六十四番　石鉄山　前神寺（金色院）　愛媛県西条市洲之内
第六十五番　由霊山　三角寺（慈尊院）　愛媛県四国中央市金田町三角寺
第六十六番　巨鼇山　雲辺寺（千手院）　徳島県三好市池田町白地
第六十七番　小松尾山　大興寺（不動光院）―小松尾寺―　香川県三豊市山本町辻

第六十八番	七宝山	神恵院	香川県観音寺市八幡町
第六十九番	七宝山	観音寺	香川県観音寺市八幡町
第七十番	七宝山	本山寺（持宝院）	香川県三豊市豊中町本山
第七十一番	剣五山	弥谷寺（千手院）	香川県三豊市三野町大見
第七十二番	我拝師山	曼荼羅寺（延命院）	香川県善通寺市吉原町
第七十三番	我拝師山	出釈迦寺（求聞持院）	香川県善通寺市吉原町
第七十四番	医王山	甲山寺（多宝院）	香川県善通寺市弘田町
第七十五番	五岳山	善通寺（誕生院）	香川県善通寺市善通寺町
第七十六番	鶏足山	金倉寺（宝幢院）	香川県善通寺市金蔵寺町
第七十七番	桑多山	道隆寺（明王院）	香川県仲多度郡多度津町北鴨
第七十八番	仏光山	郷照寺（広徳院）	香川県綾歌郡宇多津町
第七十九番	金華山	天皇寺（高照院）	香川県坂出市西庄町天皇
第八十番	白牛山	国分寺（千手院）	香川県高松市国分寺町国分
第八十一番	綾松山	白峯寺（洞林院）	香川県坂出市青海町
第八十二番	青峰山	根香寺（千手院）	香川県高松市中山町
第八十三番	神毫山	一宮寺（大宝院）	香川県高松市一宮町
第八十四番	南面山	屋島寺（千光院）	香川県高松市屋島東町
第八十五番	五剣山	八栗寺（観自在院）	香川県高松市牟礼町牟礼
第八十六番	補陀洛山	志度寺	香川県さぬき市志度
第八十七番	補陀落山	長尾寺（観音院）	香川県さぬき市長尾西

第八十八番　医王山　大窪寺（遍照光院）		香川県さぬき市多和兼割
番外		
八葉山 恵林院	一番霊山寺奥ノ院―種蒔大師―	徳島県鳴門市大麻町大谷
五百羅漢堂	五番地蔵寺奥ノ院	徳島県板野郡板野町羅漢
柳水庵	―やなぎのみずあん―	徳島県名西郡神山町阿野松尾
一宿山一本杉庵	―一本杉―	徳島県名西郡神山町下分
杖杉庵	―つえすぎあん―	徳島県名西郡神山町下分地中
慈眼寺	二十番鶴林寺奥ノ院	徳島県勝浦郡上勝町正木
八坂寺	―鯖大師―	徳島県海部郡海陽町浅川中相
妙色山安楽寺	三十番善楽寺奥ノ院	高知県高知市洞ヶ島町
龍光院	四十番観自在寺奥ノ院	愛媛県宇和島市天神町
十夜ヶ橋永徳治	―十夜ヶ橋―	愛媛県大洲市東大洲
金山出石寺		愛媛県大洲市豊茂乙
大法山徳盛寺	―文殊院―	愛媛県松山市恵原町
生木山正善寺	―生木地蔵―	愛媛県西条市丹原町今井
摩尼山延命寺	―いざり松―	愛媛県四国中央市土居町土居
邦治山常福寺	―椿堂―	愛媛県四国中央市川滝町
屏風浦海岸寺	―屏風浦の大師―	香川県仲多度郡多度津町西白方
医王山七仏寺	―七仏薬師―	香川県善通寺市吉原町
捨身ヶ嶽	七十三番出釈迦寺奥ノ院	香川県善通寺市吉原町
高野山金剛峯寺奥ノ院		和歌山県伊都郡高野町

音風景百選

（環境省・残したい「日本の音百景１００選」より）

①オホーツク海の流氷　北海道オホーツク海沿岸
②時計台の鐘　北海道札幌市
③函館ハリストス正教会の鐘　北海道函館市
④大雪山旭岳の山の生き物　北海道東川町
⑤鶴居のタンチョウサンクチュアリ　北海道鶴居村
⑥八戸港・蕪《かぶら》島のウミネコ　青森県八戸市
⑦小川原湖畔の野鳥　青森県三沢市
⑧奥入瀬《おいらせ》の渓流　青森県十和田市
⑨ねぶた祭・ねぷたまつり　青森県青森市・弘前市
⑩碁石海岸・雷岩　岩手県大船渡市
⑪水沢駅の南部風鈴　岩手県奥州市
⑫チャグチャグ馬コの鈴の音　岩手県滝沢市
⑬宮城野のスズムシ　宮城県仙台市
⑭広瀬川のカジカガエルと野鳥　宮城県仙台市
⑮北上川河口のヨシ原　宮城県石巻市
⑯伊豆沼・内沼のマガン　宮城県栗原市、登米市

---

⑰風の松原　秋田県能代市
⑱山寺の蟬　山形県山形市
⑲松の勧進の法螺《ほら》貝　山形県鶴岡市
⑳最上川河口の白鳥　山形県酒田市
㉑福島市小鳥の森　福島県福島市
㉒大内宿の自然用水　福島県下郷町
㉓からむし織のはた音　福島県昭和村
㉔五浦海岸の波音　茨城県北茨城市
㉕太平山あじさい坂の雨蛙　栃木県栃木市
㉖水琴亭の水琴窟　群馬県高崎市
㉗川越の時の鐘　埼玉県川越市
㉘荒川・押切の虫の声　埼玉県熊谷市
㉙樋橋の落水　千葉県香取市
㉚麻綿原のヒメハルゼミ　千葉県大多喜町
㉛柴又帝釈天界隈と矢切の渡し　千葉県松戸市・東京都葛飾区
㉜上野のお山の時の鐘　東京都台東区
㉝三宝寺池の鳥と水と樹々の音　東京都練馬区
㉞成蹊学園ケヤキ並木　東京都武蔵野市
㉟横浜港新年を迎える船の汽笛　神奈川県横浜市

㊱川崎大師の参道　神奈川県川崎市
㊲道保川公園のせせらぎと野鳥の声　神奈川県相模原市
㊳富士山麓・西湖畔の野鳥の森　山梨県富士河口湖町
㊴善光寺の鐘　長野県長野市
㊵塩嶺の小鳥のさえずり　長野県岡谷市・塩尻市
㊶八島湿原の蛙鳴　長野県下諏訪町・諏訪市
㊷福島潟のヒシクイ　新潟県新潟市
㊸尾山のヒメハルゼミ　新潟県糸魚川市
㊹遠州灘の海鳴・波小僧　静岡県遠州灘
㊺大井川鉄道のＳＬ　静岡県川根本町
㊻東山植物園の野鳥　愛知県名古屋市
㊼伊良湖岬恋路ヶ浜の潮騒　愛知県田原市
㊽伊勢志摩の海女の磯笛　三重県鳥羽市・志摩市
㊾卯建《うだち》の町の水琴窟　岐阜県美濃市
㊿吉田川の川遊び　岐阜県郡上市
(51)長良《ながら》川の鵜飼　岐阜県岐阜市・関市
(52)称名滝　富山県立山町
(53)エンナカの水音とおわら風の盆　富山県富山市
(54)井波の木彫りの音　富山県南砺市
(55)本多の森の蝉時雨　石川県金沢市

---

(56)寺町寺院群の鐘　石川県金沢市
(57)蓑脇の時水　福井県越前市
(58)三井《みい》の晩鐘　滋賀県大津市
(59)彦根城の時報鐘と虫の音　滋賀県彦根市
(60)京の竹林　京都府京都市
(61)るり渓　京都府南丹市
(62)琴引浜の鳴き砂　京都府京丹後市
(63)淀川河川敷のマツムシ　大阪府大阪市
(64)常光寺境内の河内音頭　大阪府八尾市
(65)垂水漁港のイカナゴ漁　兵庫県神戸市
(66)灘のけんか祭りのだんじり太鼓　兵庫県姫路市
(67)春日野の鹿と諸寺の鐘　奈良県奈良市
(68)不動山の巨石で聞こえる紀ノ川　和歌山県橋本市
(69)那智滝　和歌山県那智勝浦町
(70)水鳥公園の渡り鳥　鳥取県米子市
(71)三徳《みとく》川のせせらぎとカジカガエル　鳥取県三朝町
(72)因州和紙の紙すき　鳥取県鳥取市
(73)琴ヶ浜海岸の鳴き砂　島根県大田市
(74)諏訪洞・備中川のせせらぎと水車　岡山県真庭市
(75)新庄宿の小川　岡山県新庄村

⑯広島の平和の鐘　広島県広島市
⑰千光寺鶯音楼の鐘　広島県尾道市
⑱山口線のＳＬ　山口県山口市・島根県津和野町間
⑲鳴門の渦潮　徳島県鳴門市
⑳阿波踊り　徳島県徳島市他
㉑大窪寺の鐘とお遍路さんの鈴　香川県さぬき市
㉒満濃池のゆるぬきとせせらぎ　香川県まんのう町
㉓道後温泉振鷺閣の刻太鼓　愛媛県松山市
㉔室戸岬・御厨人窟《みくろど》の波音　高知県室戸市
㉕博多祇園山笠の舁《か》き山笠　福岡県福岡市
㉖観世音寺の鐘　福岡県太宰府市
㉗関門海峡の潮騒と汽笛　福岡県北九州市・山口県下関市
㉘唐津くんちの曳山囃子《ひきやまばやし》　佐賀県唐津市
㉙伊万里の焼物の音　佐賀県伊万里市
㉚山王神社被爆クスノキ　長崎県長崎市
㉛通潤 橋《つうじゅんきょう》の放水　熊本県山都町
㉜五和《いつわ》の海のイルカ　熊本県天草市
㉝小鹿田《おんた》皿山の唐臼　大分県日田市
㉞岡城跡の松籟《しょうらい》　大分県竹田市
㉟三之宮峡の櫓の轟　宮崎県小林市
㊱えびの高原の野生鹿　宮崎県えびの市
㊲出水のツル　鹿児島県出水市
㊳千頭《ちがみ》川の渓流とトロッコ　鹿児島県屋久島町
㊴後良《しいら》川周辺の亜熱帯林の生き物　沖縄県竹富町
⑽エイサー　沖縄県うるま市

小京都百選

北海道　①上ノ国町　②函館市
青森県　③弘前市　④八戸市
岩手県　⑤遠野市　⑥宮古市　⑦平泉町
宮城県　⑧白石《しろいし》市
秋田県　⑨角館《かくのだて》市
山形県　⑩新庄市　⑪鶴岡市・酒田市　⑫米沢市
福島県　⑬会津若松市　⑭三春町　⑮相馬市中村
　　　　⑯喜多方市
茨城県　⑰常陸太田市　⑱笠間市・結城市
栃木県　⑲那須烏山市　⑳益子町　㉑足利市
群馬県　㉒館林市　㉓沼田市

埼玉県　㉔小川町　㉕川越市
千葉県　㉖佐原市（現香取市）
神奈川県　㉗伊勢原市　㉘藤沢市
山梨県　㉙甲府市　㉚塩山《えんざん》市
長野県　㉛高遠町（伊那市）　㉜塩田平（上田市）
新潟県　㉝栃尾市（現長岡市）　㉞村上市　㉟小木町（佐渡市）
富山県　㊱高岡市
石川県　㊲珠洲《すず》飯田（珠洲市飯田町）　㊳輪島市
福井県　㊴小浜《おばま》市　㊵勝山市・大野市　㊶一乗谷（福井市）
岐阜県　㊷中津川市　㊸郡上《ぐじょう》八幡（郡上市八幡町）　㊹高山市・白川町
静岡県　㊺松崎町　㊻遠州三山（法多山《はったさん》尊永寺・萬松《ばんしょう》山可睡斎《ざんかすいさい》・医王山油山《ゆさん》寺）
愛知県　㊼常滑《とこなめ》市　㊽吉良町（現西尾市）
三重県　㊾松坂市　㊿伊賀上野（現伊賀市）・信楽《しがらき》（滋賀県甲賀市）
滋賀県　(51)木之本町（長浜市）　(52)坂本（大津市）
京都府　(53)宇治市

大阪府　(54)堺市
兵庫県　(55)篠山《ささやま》町（現丹波篠山市）　(56)出石《いずし》町（豊岡市）　(57)龍野市（現たつの市）　(58)佐用町・上月《こうづき》町
奈良県　(59)五條市　(60)今井町（橿原市）　(61)柳生《やぎゅう》町（奈良市）
和歌山県　(62)田辺市
鳥取県　(63)倉吉市
島根県　(64)広瀬町（安来《やすぎ》市）　(65)西郷町（現隠岐の島町）　(66)津和野町　(67)益田市
岡山県　(68)倉敷市下津井　(69)高梁市　(70)津山市　(71)倉敷市
広島県　(72)尾道市　(73)三次《みよし》市　(74)竹原市　(75)御手洗（呉市豊町）
山口県　(76)萩市　(77)長府（下関市）　(78)山口市
徳島県　(79)鳴門市
香川県　(80)丸亀市・琴平町
愛媛県　(81)大三島町（現今治市）　(82)大洲《おおず》市　(83)松山市
高知県　(84)中村市　(85)安芸《あき》市
福岡県　(86)太宰府市　(87)柳川市
佐賀県　(88)有田町　(89)唐津市・呼子町（現唐津市）
長崎県　(90)島原市　(91)福江市

熊本県　(92)菊池市・山鹿市　(93)人吉市
大分県　(94)竹田市　(95)日田市　(96)日出《ひじ》町
宮崎県　(97)日南市飫肥《おび》
鹿児島県　(98)鹿児島市　(99)枕崎市・坊津町（現南さつま市）
沖縄県　(100)首里市（現那覇市）

日本百名山

①羊蹄山　一八九八メートル　北海道南部
②大雪山（旭岳二二九一メートル）　北海道中央部
③トムラウシ　二一四一メートル　北海道中央部
④十勝岳　二〇七七メートル　北海道中央部
⑤利尻山　一七二一メートル　北海道利尻島
⑥斜里岳　一五四七メートル　北海道東北部
⑦幌尻岳《ぽろしりだけ》　二〇五二メートル　北海道中央部
⑧阿寒岳（雌阿寒岳一四九九メートル）　北海道東部
⑨羅臼岳　一六六一メートル　北海道東部
⑩八甲田山（大岳一五八五メートル）　青森県
⑪岩木山　一六二五メートル　青森県
⑫岩手山　二〇三八メートル　岩手県
⑬早池峰山《はやちねさん》　一九一七メートル　岩手県
⑭八幡平《はちまんたい》（最高点一六一三メートル）　岩手・秋田県
⑮鳥海山　二二三六メートル　秋田・山形県
⑯蔵王山《ざおうさん》（熊野岳一八四一メートル）　山形・宮城県
⑰吾妻山（西吾妻山二〇三五メートル）　山形・福島県
⑱朝日岳（大朝日岳一八七一メートル）　山形・新潟県
⑲飯豊山《いいでさん》（大日岳二一二八メートル）　山形・新潟県
⑳月《がっ》山《さん》　一九八四メートル　山形県
㉑安達太良山《あだたらやま》（最高峰一七〇九メートル）　福島県
㉒会津駒ヶ岳　二一三三メートル　福島県
㉓燧ヶ岳《ひうちがだけ》　二三五六メートル　福島県
㉔磐梯山《ばんだいさん》　一八一六メートル　福島県
㉕那須五岳（最高峰一九一五メートル）　福島・栃木県
㉖筑波山　八七七メートル　茨城県
㉗男体山《なんたいさん》　二四八六メートル　栃木県
㉘奥白根山　二五七八メートル　栃木県
㉙皇海山《すかいさん》　二一四四メートル　栃木・群馬県
㉚四阿山《あずまやさん》　二三五四メートル　群馬・長野県
㉛浅間山　二五六八メートル　群馬・長野県

㉜草津白根山　二一六〇メートル　群馬県
㉝赤城山《あかぎやま》　一八二八メートル　群馬県
㉞至仏山　二二二八メートル　群馬県
㉟武尊山《ほたかやま》　二一五八メートル　群馬県
㊱両神山《りょうかみさん》　一七二三メートル　埼玉県
㊲雲取山　二〇一七メートル　埼玉・山梨県・東京都
㊳甲武信ヶ岳《こぶしがたけ》　二四七五メートル　埼玉・長野・山梨県
㊴丹沢山　一五六七メートル　神奈川県
㊵雨飾山《あまかざりやま》　一九六三メートル　新潟・長野県
㊶平ヶ岳《ひらがだけ》　二一四一メートル　新潟・群馬県
㊷谷川岳　一九七七メートル　新潟・長野県
㊸苗場山　二一四五メートル　新潟・長野県
㊹巻機山《まきはたやま》　（牛ヶ岳一九六一メートル）　新潟県
㊺越後駒ヶ岳　二〇〇三メートル　新潟県
㊻妙高山　二四五四メートル　新潟県
㊼火打山　二四六二メートル　新潟県
㊽薬師岳　二九二六メートル　富山県
㊾黒部五郎岳　二八四〇メートル　富山・岐阜県
㊿黒　岳　二九八六メートル　富山県
51剱《つるぎ》　岳《だけ》　二九九九メートル　富山県

52立　山　（大汝山三〇一五メートル）　富山県
53白《はく》　山《さん》　（御前峰二七〇二メートル）　石川・岐阜・福井県
54荒島岳　一五二三メートル　福井県
55富士山　三七七六メートル　山梨・静岡県
56大菩薩嶺《だいぼさつれい》　二〇五七メートル　山梨県
57鳳凰山　（観音岳二八四一メートル）　山梨県
58仙丈ヶ岳　三〇三三メートル　山梨県
59北　岳　三一九三メートル　山梨県
60間ノ岳《あいのだけ》　三一九〇メートル　山梨・静岡県
61瑞牆山《みずがきやま》　二二三〇メートル　山梨県
62美　ヶ　原《うつくしがはら》　（最高点二〇三四メートル）　長野県
63霧ヶ峰《うつぎだけ》　一九二五メートル　長野県
64空木岳《ごりゅうだけ》　二八六四メートル　長野県
65五　龍　岳　二八一四メートル　長野・富山県
66鹿島槍ヶ岳　二八八九メートル　長野・富山県
67鷲羽岳《わしばだけ》　二九二四メートル　長野・富山県
68槍ヶ岳《たてしなやま》　三一八〇メートル　長野・岐阜県
69蓼科山　二五三一メートル　長野県
70八ヶ岳《きんぷさん》　二八九九メートル　長野・山梨県
71金峰山　二五九九メートル　長野・山梨県

⑫甲斐駒ヶ岳　二九六七メートル　長野・山梨県
⑬塩見岳　三〇五二メートル　長野・静岡県
⑭木曽駒ヶ岳　二九五六メートル　長野県
⑮赤石岳　三一二一メートル　長野・静岡県
⑯聖《ひじり》岳《だけ》　三〇一三メートル　長野・静岡県
⑰光《てかり》岳《だけ》　二五九一メートル　長野・静岡県
⑱御嶽山《おんたけさん》　三〇六七メートル　長野・岐阜県
⑲穂高岳　三一九〇メートル　長野・岐阜県
⑳常念岳　二八五七メートル　長野県
㉑焼《やけ》岳《だけ》　二四五五メートル　長野・岐阜県
㉒乗鞍岳　三〇二六メートル　長野・岐阜県
㉓白馬岳　二九三二メートル　長野・富山県
㉔高妻山　二三五三メートル　長野県
㉕恵那山《えなさん》　二一九一メートル　岐阜・長野県
㉖伊吹山《いぶきやま》　一三七七メートル　岐阜・滋賀県
㉗笠ヶ岳　二八九八メートル　岐阜県
㉘悪沢岳《わるさわだけ》　三一四一メートル　静岡県
㉙天城山《あまぎさん》　一四〇六メートル　静岡県
㉚大台ヶ原山　一六九五メートル　三重・奈良県
㉛大峰山　（仏教ヶ岳一九一五メートル）　奈良県
㉜大《だい》山《せん》　一七二九メートル　鳥取県
㉝剣《つるぎ》山《さん》　（剣ヶ峰一九五五メートル）　徳島県
㉞石鎚山《いしづちさん》　一九八二メートル　愛媛県
㉟阿蘇山　一五九二メートル　熊本県
㊱祖母山《そぼさん》　一七五六メートル　大分・宮城県
㊲九重山《くじゅうさん》　（久住山一七八七メートル）　大分県
㊳霧島山　一七〇〇メートル　宮崎・鹿児島県
㊴開聞岳　九二四メートル　鹿児島県
㊵宮之浦岳　一九三六メートル　鹿児島県屋久島

日本百名水

①大雪旭岳源水　北海道上川郡東川町
②仁宇布《にうぶ》の冷水と十六滝　北海道中川郡美深町仁宇布
③沼袋の水　青森県十和田市
④沸壺池《わきつぼいけ》の清水　青森県西津軽郡深浦町
⑤湧《わき》つぼ　青森県北津軽郡中泊町
⑥大慈清水・青龍水　岩手県盛岡市
⑦中津川綱取ダム下流　岩手県盛岡市

⑧須川岳秘水ぶなの恵み　岩手県一関市
⑨獅子ヶ鼻湿原〝出壺《でつぼ》〟秋田県にかほ市
⑩元滝伏流水　秋田県にかほ市
⑪立谷沢川　山形県東田川郡庄内町
⑫荒川　福島県福島市
⑬栂峰《つがみね》渓流水　福島県喜多方市
⑭右近清水　福島県相馬郡新地町
⑮泉が森湧水及びイトヨの里泉が森公園　茨城県日立市
⑯神流川《かんながわ》源流　群馬県多野郡上野村
⑰尾瀬の郷片品湧水群　群馬県利根郡片品村
⑱元荒川ムサシトミヨ生息地　埼玉県熊谷市
⑲武甲山伏流水　埼玉県秩父市
⑳妙音沢《みょうおんざわ》　埼玉県新座市
㉑毘沙門《びしゃもん》水　埼玉県秩父郡小鹿野町
㉒生きた水・久留里《くるり》　千葉県君津市
㉓落合川と南沢湧水群　東京都東久留米市
㉔清左衛門地獄池　神奈川県南足柄市
㉕御岳《みたけ》昇仙峡　山梨県甲府市
㉖十日市場・夏狩湧水群　山梨県都留市
㉗西沢渓谷　山梨県山梨市

㉘金峰山《きんぷさん》・瑞牆山《みずがきやま》源流　山梨県北杜市
㉙まつもと城下町湧水群　長野県松本市
㉚観音霊水　長野県飯田市
㉛木曽川源流の里　水木沢《みずきざわ》　長野県木曽郡木祖村
㉜龍興寺清水　長野県下高井郡木島平村
㉝吉祥清水　新潟県村上市
㉞宇棚の清水　新潟県妙高市
㉟大出口泉水　新潟県上越市
㊱荒川　新潟県岩船郡関川村・村上市・胎内市
㊲いたち川の水辺と清水　富山県富山市
㊳弓の清水《しょうず》　富山県高岡市
㊴行田《ぎょうでん》の沢清水　富山県滑川《なめりかわ》市
㊵不動滝の霊水　富山県南砺《なんと》市
㊶藤瀬の水　石川県七尾市中島町藤瀬
㊷桜生水《さくらしょうず》　石川県小松市
㊸白山美川《はくさんみかわ》伏流水群　石川県白山市
㊹遣水《やりみず》観音霊水　石川県能美市
㊺雲城水　福井県小浜市
㊻本願清水《しょうず》　福井県大野市
㊼熊川宿前川　福井県三方上中郡若狭町

㊽達目洞《だちぼくぼら》（逆川《さかしまがわ》上流）　岐阜県岐阜市
㊾加賀野八幡神社井戸　岐阜県大垣市
㊿和良川　岐阜県郡上市
51馬瀬川《まぜがわ》上流　岐阜県下呂市
52安倍川　静岡県静岡市
53阿多古《あたご》川　静岡県浜松市
54源兵衛川　静岡県三島市
55湧玉池・神田川　静岡県富士宮市
56鳥川《とっかわ》ホタルの里湧水群　愛知県岡崎市鳥川町
57八曽《はっそ》滝　愛知県犬山市
58赤目四十八滝　三重県名張市
59堂来清水《しょうず》　滋賀県長浜市
60針江の生水《しょうず》　滋賀県高島市
61居醒《いさめ》の清水《しみず》　滋賀県米原市
62山比古《やまびこ》湧水　滋賀県愛知郡愛荘町
63大杉の清水　京都府舞鶴市
64真名井の清水　京都府舞鶴市
65玉川　京都府綴喜郡井手町
66松か井の水　兵庫県多可郡多可町
67かつらの千年水　兵庫県美方郡香美町

68曽爾《そに》高原湧水群　奈良県宇陀郡曽爾村
69七滝八壷　奈良県吉野郡東吉野村
70熊野川（川の古道）　和歌山県新宮市
71那智の滝　和歌山県東牟婁《ひがしむろ》郡那智勝浦町
72古座川　和歌山県東牟婁郡古座川町・串本町
73布勢の清水　鳥取県鳥取市
74宇野地蔵ダキ　鳥取県東伯郡湯梨浜町宇野
75地蔵滝の泉　鳥取県西伯郡伯耆《ほうき》町
76浜山湧水群　島根県出雲市
77鷹入の滝　島根県安来《やすぎ》市
78一本杉の湧水　島根県鹿足郡吉賀町
79夏日の極上水　岡山県新見市
80桂の滝　広島県呉市
81八王子よみがえりの水　広島県山県《やまがた》郡北広島町
82三明戸《みあけど》湧水、阿字雄の滝（大井湧水）　山口県萩市
83潮音洞、清流通り　山口県周南市
84海部川　徳島県海部郡海陽町
85楠井《くすい》の泉　香川県高松市
86つづら淵　愛媛県新居浜市
87鏡川　高知県高知市

⑧⑧黒尊《くろそん》川　高知県四万十市
⑧⑨岩屋湧水　福岡県朝倉郡東峰村
⑨⓪水前寺江津湖湧水群　熊本県熊本市
⑨①金峰山《きんぼうざん》湧水群　熊本県熊本市・玉名市
⑨②南阿蘇村湧水群　熊本県阿蘇郡南阿蘇村
⑨③六嘉《ろっか》湧水群・浮島　熊本県上益城《かみましき》郡嘉島《かしま》町
⑨④下園《しものその》妙見様《みょうけんさま》湧水　大分県玖珠《くす》郡玖珠町
⑨⑤妙見神水　宮崎県西臼杵《にしうすき》郡五ヶ瀬町
⑨⑥甲突池《こうつきいけ》　鹿児島県鹿児島市
⑨⑦唐船峡京田湧水　鹿児島県指宿市
⑨⑧普現堂湧水源　鹿児島県志布志《しぶし》市
⑨⑨ジッキョヌホー（語意：瀬利覚の川）　鹿児島県大島郡知名町
⑩⓪荻道《おぎどう》大城《おおぐすく》湧水群　沖縄県中頭郡北中城村

日本百景

海岸

①鏡ヶ浦　千葉県
②唐津松浦潟　佐賀県
③赤穂《あこう》御崎《みさき》　兵庫県
④沼津湾（千本松原静浦）　静岡県
⑤室積《むろづみ》湾　山口県
⑥御浜《みはま》鬼ヶ城《おにがじょう》　三重県
⑦蒲郡《がまごおり》海岸　愛知県
⑧青海島《おおみじま》　山口県
⑨鳥羽湾　三重県
⑩忠海《ただのうみ》海岸　広島県
⑪鳴門《なると》　徳島県
⑫浦富《うらどめ》海岸　鳥取県
⑬高田松原　岩手県
⑭石巻海岸　宮城県
⑮九十九島　長崎県
⑯気仙沼湾　宮城県
⑰松川浦　福島県
⑱男鹿《おが》半島　秋田県
⑲新舞子　福島県
⑳九十九《つくも》湾　石川県
㉑下津井海岸　岡山県
㉒江の島　神奈川県
㉓錦江湾　鹿児島県
㉔笹川流　新潟県

湖沼

㉕菅沼　群馬県
㉖宍道《しんじ》湖　島根県
㉗加茂湖　新潟県
㉘田沢湖　秋田県
㉙一碧《いっぺき》湖　静岡県
㉚洞爺《とうや》湖　北海道
㉛霞ヶ浦　茨城県
㉜猪苗代湖　福島県
㉝中禅寺湖　栃木県
㉞尾瀬沼　群馬県

山岳

㉟清澄《きよすみ》山　千葉県
㊱信貴《しぎ》山　奈良県

㊲英彦《ひこ》山　大分県・福岡県
㊳高尾山　東京都
㊴赤城山　群馬県
㊵大台ヶ原山　奈良県
㊶雪彦《せっぴこ》山　兵庫県
㊷霊《りょうぜん》山　福島県
㊸千光寺山　広島県
㊹霧島山　宮崎県・鹿児島県
㊺淡路先山　兵庫県
㊻石鎚山　愛媛県
㊼筑波山　茨城県
㊽朝熊《あさま》山　三重県
㊾妙義山　群馬県
㊿駒ヶ岳　山梨県
51鳥海山　山形県・秋田県
52大山《だいせん》　鳥取県

河川

53保津川　京都府
54古座川　和歌山県
55宇治川　京都府
56阿賀川　新潟県
57川上川　佐賀県
58江川《ごうのかわ》　島根県
59富士川　静岡県

渓谷

60長瀞《ながとろ》　埼玉県
61帝釈《たいしゃく》峡　広島県
62長門峡　山口県
63三段峡　広島県
64恵那峡　岐阜県
65祖谷《いや》渓　徳島県
66裾花《すそばな》峡　長野県
67奥多摩渓谷　東京都
68神都高千穂峡　宮崎県
69耶馬《やば》渓　大分県
70面河《おもご》渓　愛媛県
71猊鼻《げいび》渓　岩手県

72寒霞《かんが》渓　香川県
73層雲峡　北海道
74大歩危小歩危《おおぼけこぼけ》　徳島県

瀑布（滝）

75赤目四十八滝　三重県
76神庭《かんばの》滝　岡山県
77箕面《みのお》滝　大阪府
78魚住滝　大分県
79富士白糸滝　静岡県
80王余魚《かれい》の滝　徳島県
81木曽《きそ》田立《ただちの》滝　長野県

温泉

82花巻温泉　岩手県
83山中温泉　石川県
84和倉温泉　石川県
85三朝《みささ》温泉　鳥取県
86芦原《あわら》温泉　福井県
87東山温泉　福島県
88片山津温泉　石川県
89伊東温泉　静岡県
90嬉野《うれしの》温泉　佐賀県
91青根温泉　宮城県
92登別《のぼりべつ》温泉　北海道

平原

93姥捨《おばすて》　長野県
94八ヶ嶽平原　山梨県
95久住《くじゅう》高原　大分県
96日本平　静岡県
97富士駿州裾野　静岡県
98飯田《はんだ》高原　大分県
99兎和野原《うわのはら》　兵庫県
100秋吉台　山口県

日本名城百選

（城郭名・別名・築城者・所在地の順）

①根室半島チャシ跡群れ			北海道根室市
②五稜郭	柳野城	武田斐三郎	北海道函館市
③松前城	福山城	松前崇弘	北海道松前町
④弘前城	鷹岡城	津軽為信	青森県弘前市
⑤根城	八戸城	南部師行	青森県八戸市
⑥盛岡城	不来方城	南部信直	岩手県盛岡市
⑦多賀城		大野東人	宮城県多賀城市
⑧仙台城	青葉城	伊達政宗	宮城県仙台市
⑨久保田城	秋田城	佐竹義宣	秋田県秋田市
⑩山形城	霞城	斯波兼頼	山形県山形市
⑪二本松城	霞ヶ城	畠山満泰	福島県二本松市
⑫会津若松城	鶴ヶ城	蘆名直盛	福島県会津若松市
⑬白河小峰城	白河城	結城親朝	福島県白河市
⑭水戸城	馬場城	馬場資幹	茨城県水戸市
⑮足利氏館（鑁阿寺）		足利義兼	栃木県足利市
⑯箕輪城		長野業尚	群馬県高崎市
⑰金山城	新田金山城	岩松家純	群馬県太田市
⑱鉢形城		長尾景春	埼玉県寄居町
⑲川越城	初雁城	太田道真・道灌	埼玉県川越市
⑳佐倉城	鹿島城	千葉輔胤	千葉県佐倉市
㉑江戸城	千代田城	太田道灌・徳川家康	東京都千代田区
㉒八王子城		北条氏照	東京都八王子市
㉓小田原城	小早川城	大森頼春・後北条氏	神奈川県小田原市
㉔新発田城	菖蒲城	溝口秀勝	新潟県新発田市
㉕春日山城	鉢ヶ峰城	長尾氏ヵ	新潟県上越市
㉖高岡城		前田利長	富山県高岡市
㉗七尾城	松尾城	畠山満慶	石川県七尾市
㉘金沢城	尾山城	前田利家	石川県金沢市
㉙丸岡城	霞ヶ城	柴田勝豊	福井県坂井市
㉚一乗谷城	一乗山城	朝倉敏景	福井県福井市
㉛武田氏館（武田神社）		武田信虎	山梨県甲府市
㉜甲府城	舞鶴城	加藤光泰	山梨県甲府市
㉝松代城	海津城	武田信玄	長野県長野市
㉞上田城	尼ヶ淵城	真田昌幸	長野県上田市

㉟小諸城　酔月城　山本勘助・馬場信房　長野県小諸市
㊱松本城　深志城　石川数正　長野県松本市
㊲高遠城　兜山城　不明　長野県伊那市
㊳岩村城　霧ヶ城　遠山景朝　岐阜県恵那市
㊴岐阜城　稲葉山城　二階堂行政・織田信長　岐阜県岐阜市
㊵山中城　北条氏康　静岡県三島市
㊶駿府城　静岡城　徳川家康　静岡県静岡市
㊷掛川城　雲霧城　朝比奈泰煕　静岡県掛川市
㊸犬山城　白帝城　織田信康　愛知県犬山市
㊹名古屋城　金鯱城　徳川家康　愛知県名古屋市
㊺岡崎城　龍ヶ城　西郷稠頼　愛知県岡崎市
㊻長篠城　末広城　菅沼元成　愛知県新城市
㊼伊賀上野城　白鳳城　筒井定次　三重県伊賀市
㊽松阪城　松坂城　蒲生氏郷　三重県松阪市
㊾小谷城　浅井亮政　滋賀県長浜市
㊿彦根城　金亀城　井伊直継　滋賀県彦根市
(51)安土城　織田信長　滋賀県近江八幡市
(52)観音寺城　佐々木城　佐々木六角氏　滋賀県近江八幡市

(53)二条城　二条御所　徳川家康　京都府京都市
(54)大阪城　金城　豊臣秀吉　大阪府大阪市
(55)千早城　楠木城　楠木正成　大阪府千早赤阪村
(56)竹田城　虎臥城　太田垣氏　兵庫県朝来市
(57)篠山城　桐ヶ城　徳川家康　兵庫県丹波篠山市
(58)明石城　喜春城　小笠原忠政　兵庫県明石市
(59)姫路城　白鷺城　池田輝政　兵庫県姫路市
(60)赤穂城　江蓼城　浅野長直　兵庫県赤穂市
(61)高取城　芙蓉城　越智邦澄　奈良県高取町
(62)和歌山城　竹垣城　羽柴秀長　和歌山県和歌山市
(63)鳥取城　久松城　但馬山名氏　鳥取県鳥取市
(64)松江城　千鳥城　堀尾吉晴　島根県松江市
(65)月山富田城　月山城　平景清　島根県安来市
(66)津和野城　三本松城　吉見頼行　島根県津和野町
(67)津山城　鶴山城　森忠政　岡山県津山市
(68)備中松山城　高梁城　秋庭重信　岡山県高梁市
(69)鬼《き》ノ《の》城　鬼城山　岡山県総社市
(70)岡山城　烏城　宇喜多秀家　岡山県岡山市
(71)福山城　久松城　水野勝成　広島県福山市
(72)郡山城　吉田郡山城　毛利氏　広島県安芸高田市

73	広島城	鯉城	毛利輝元	広島県広島市
74	岩国城	横山城	吉川広家	山口県岩国市
75	萩城	指月城	毛利輝元	山口県萩市
76	徳島城	渭山城	蜂須賀家政	徳島県徳島市
77	高松城	玉藻城	生駒親正	香川県高松市
78	丸亀城	亀山城	奈良元安ヵ	香川県丸亀市
79	今治《いまばり》城	吹揚城	藤堂高虎	愛媛県今治市
80	湯築《ゆづき》城	湯月城	河野氏	愛媛県松山市
81	松山城	金亀城	加藤嘉明	愛媛県松山市
82	大洲《おおず》城	地蔵ヶ嶽城	宇都宮豊房	愛媛県大洲市
83	宇和島城	丸串城	藤堂高虎	愛媛県宇和島市
84	高知城	大高坂城	山内一豊	高知県高知市
85	福岡城	舞鶴城	黒田長政	福岡県福岡市
86	大野城		大和朝廷	福岡県宇美町
87	名護屋《なごや》城	名護屋御旅館	豊臣秀吉	佐賀県唐津市
88	吉野ヶ里遺跡			佐賀県吉野ヶ里町
89	佐賀城	佐嘉城・栄城	龍造寺氏・鍋島氏	佐賀県佐賀市
90	平戸城	亀岡城	松浦鎮信	長崎県平戸市
91	島原城	高来城	松倉重政	長崎県島原市
92	熊本城	銀杏城	加藤清正	熊本県熊本市
93	人吉城	繊月城	相良長頼	熊本県人吉市
94	大分府内城	荷揚城	福原直高	大分県大分市
95	岡城	臥牛城	緒方惟栄	大分県竹田市
96	飫肥《おび》城	舞鶴城	土持氏	宮崎県日南市
97	鹿児島城	鶴丸城	島津家久	鹿児島県鹿児島市
98	今帰仁《なきじん》城	北山城	湧川王子	沖縄県今帰仁村
99	中城《なかぐすく》城		先中城按司ヵ	沖縄県中城村
100	首里城	御城《うぐしく》	不明	沖縄県那覇市

日本名瀑百選

（数字は落差）

①	羽衣の滝	二百七十メートル	北海道東川町
②	インクラの滝	四十四メートル	北海道白老町
③	〝飛龍〟賀老の滝	七十メートル	北海道島牧村
④	流星・銀河の滝	九十メートル・百二十メートル	北海道上川町
⑤	アシリベツの滝	二十六メートル	北海道札幌市
⑥	オシンコシンの滝	五十メートル	北海道斜里町
⑦	くろくまの滝	八十五メートル	青森県鰺ヶ沢町

⑧松見の滝	九十メートル	青森県十和田市
⑨不動の滝	十五メートル	岩手県八幡平市
⑩法体《ほったい》の滝	五十七メートル	秋田県由利本荘市
⑪安《やす》の滝	九十メートル	秋田県北秋田市
⑫茶釜の滝	百メートル	秋田県鹿角市
⑬七滝	六十メートル	秋田県小坂町
⑭秋保《あきう》大滝	五十五メートル	宮城県仙台市
⑮三階滝	百八十一メートル	宮城県蔵王町
⑯七ツ滝	九十メートル	山形県鶴岡市
⑰滑川の大滝	八十メートル	山形県米沢市
⑱白糸の滝	百二十四メートル	山形県戸沢村
⑲乙字《おつじ》ヶ滝	幅百メートル	福島県須賀川市
⑳三条の滝	百メートル	福島県檜枝岐村
㉑銚子ヶ滝	四十八メートル	福島県郡山市
㉒袋田の滝	八十メートル	茨城県大子町
㉓霧降の滝	七十五メートル	栃木県日光市
㉔華厳滝	九十七メートル	栃木県日光市
㉕吹割の滝	七メートル・幅三十メートル	群馬県沼田市
㉖棚下不動の滝	三十七メートル	群馬県渋川市
㉗常布の滝	四十メートル	群馬県草津町

㉘丸神の滝	七十六メートル	埼玉県小鹿野町
㉙払沢《ほっさわ》の滝	六十メートル	東京都檜原村
㉛早戸大滝	五十メートル	神奈川県相模原市
㉚洒水《しゃすい》の滝	百十四メートル	神奈川県山北町
㉜鈴ヶ滝	五十五メートル	新潟県村上市
㉝苗名滝	五十五メートル	新潟県妙高市
㉞惣滝	八十メートル	新潟県妙高市
㉟称名滝	三百五十メートル	富山県立山町
㊱姥《うば》ヶ滝	七十六メートル	石川県白山市
㊲龍双ヶ滝	六十メートル	福井県池田町
㊳七ツ釜五段の滝	二十八メートル	山梨県山梨市
㊴北精進ヶ滝	百二十一メートル	山梨県北杜市
㊵仙娥《せんが》滝	三十メートル	山梨県甲府市
㊶田立《ただち》の滝	四十メートル	長野県南木曽町
㊷三本滝	六十メートル	長野県松本市
㊸米子《よなこ》大瀑布	八十九メートル	長野県須坂市
㊹養老の滝	三十二メートル	岐阜県養老町
㊺平湯大滝	六十四メートル	岐阜県高山市
㊻阿弥陀ヶ滝	六十メートル	岐阜県郡上市
㊼根尾の滝	六十三メートル	岐阜県下呂市

(48)白糸・音止の滝　二十メートル・二十五メートル　静岡県富士宮市
(49)浄蓮の滝　二十五メートル　静岡県伊豆市
(50)安倍の大滝　九十メートル　静岡県静岡市
(51)阿寺《あでら》の七滝　六十四メートル　愛知県新城市
(52)赤目四十八滝　三十メートル　三重県名張市
(53)布引の滝　五十三メートル　三重県熊野市
(54)七ツ釜滝　百五十メートル　三重県大台町
(55)八ツ淵の滝　三十メートル　滋賀県高島市
(56)金引の滝　四十メートル　京都府宮津市
(57)箕面の滝　三十三メートル　大阪府箕面市
(58)原不動滝　八十八メートル　兵庫県宍粟市
(59)天滝　九十八メートル　兵庫県養父市
(60)布引の滝　四十三メートル　兵庫県神戸市
(61)猿尾滝　六十メートル　兵庫県香美町
(62)双門の滝　七十メートル　奈良県天川村
(63)中の滝　二百五十メートル　奈良県上北山村
(64)不動七重の滝　百六十メートル　奈良県下北山村
(65)笹の滝　三十二メートル　奈良県十津川村
(66)桑の木の滝　二十一メートル　和歌山県新宮市
(67)那智の滝　百三十三メートル　和歌山県那智勝浦町

---

(68)八草《はそ》の滝　二十二メートル　和歌山県白浜町
(69)雨滝　四十メートル　鳥取県鳥取市
(70)大山《だいせん》滝　四十二メートル　鳥取県琴浦町
(71)龍頭八重滝　四十メートル　島根県雲南市
(72)壇鏡の滝　五十メートル　島根県隠岐の島町
(73)神庭の滝　百十メートル　岡山県真庭市
(74)常清滝　百二十六メートル　広島県三次市
(75)寂地峡五竜の滝　二百メートル　山口県岩国市
(76)大釜の滝　二十メートル　徳島県那賀町
(77)轟九十九滝　五十八メートル　徳島県海陽町
(78)雨乞の滝　四十五メートル　徳島県神山町
(79)雪輪の滝　八十メートル　愛媛県宇和島市
(80)御来光の滝　百二メートル　愛媛県久万高原町
(81)轟の滝　八十二メートル　高知県香美市
(82)龍王の滝　二十メートル　高知県大豊町
(83)大樽の滝　三十四メートル　高知県越知町
(84)観音の滝　四十五メートル　佐賀県唐津市
(85)見帰りの滝　百メートル　佐賀県唐津市
(86)四十三万滝　十メートル　熊本県菊池市
(87)数鹿流《すかる》ヶ滝　六十メートル　熊本県南阿蘇村

⑧⑧栴檀轟《せんだんとどろ》の滝　七十メートル　熊本県八代市
⑧⑨鹿目《かなめ》の滝　三十六メートル　熊本県人吉市
⑨⓪東椎屋の滝　八十五メートル　大分県宇佐市
⑨①西椎屋の滝　八十三メートル　大分県玖珠町
⑨②震動の滝　八十三メートル　大分県九重町
⑨③原尻の滝　二十メートル・幅百二十メートル　大分県豊後大野市
⑨④むかばきの滝　七十七メートル　宮崎県延岡市
⑨⑤関之尾滝　十八メートル・幅四十メートル　宮崎県都城市
⑨⑥真名井の滝　十七メートル　宮崎県高千穂町
⑨⑦矢研《やとぎ》の滝　七十三メートル　宮崎県都農町
⑨⑧龍門滝　四十六メートル　鹿児島県姶良市
⑨⑨大川の滝　八十八メートル　鹿児島県屋久島町
⑩⓪マリユドゥの滝　十六メートル・幅二十メートル　沖縄県竹富町

新日本名木百選

（年数は推定樹齢）

①黄金水松　千七百年　北海道芦別市
②千本ナラ　八百年以上　北海道石狩市
③法量のイチョウ　千年　青森県十和田市
④十二本ヤス　八百年　青森県五所川原市
⑤石割ザクラ　三百五十年　岩手県盛岡市
⑥勝源院の逆《さかさ》ガシワ　三百年　岩手県紫波町
⑦関口家のシダレカツラ　百四十年　岩手県盛岡市
⑧苦竹《にがたけ》のイチョウ　千二百年　宮城県仙台市
⑨称名寺のシイノキ　七百年　宮城県亘理町
⑩千本カツラ　七百〜八百年　秋田県由利本荘市
⑪筏の大スギ　千年以上　秋田県横手市
⑫東根の大ケヤキ　千五百年以上　山形県東根市
⑬臥龍のマツ　五百年以上　山形県村山市
⑭三春滝ザクラ　千年以上　福島県三春町
⑮中釜戸のシダレモミジ　不明　福島県いわき市
⑯地蔵ケヤキ　千六百年　茨城県取手市
⑰波崎《はさき》の大タブ　千年以上　茨城県神栖市
⑱塩原の逆スギ　千五百年　栃木県那須塩原市
⑲湯西川のネズコ大木　六百年　栃木県日光市
⑳薄根の大クワ　千五百年　群馬県沼田市
㉑横室の大カヤ　千年以上　群馬県前橋市
㉒牛島のフジ　千二百年以上　埼玉県春日部市
㉓与野の大カヤ　千年以上　埼玉県さいたま市

㉔千本イチョウ	千二百年	千葉県市川市
㉕清澄の大スギ	不明	千葉県鴨川市
㉖賀恵渕《かえふち》のシイ	六百年	千葉県君津市
㉗大島のサクラ株	八百年以上	東京都大島町
㉘影向《ようごう》の松	六百年以上	東京都江戸川区
㉙倉沢のヒノキ	千年	東京都奥多摩町
㉚中川の箒スギ	二千年	神奈川県山北町
㉛建長寺のビャクシン	七百六十年	神奈川県鎌倉市
㉜三川《みかわ》の将軍スギ	千四百年	新潟県阿賀町
㉝諏訪神社の大ケヤキ	八百年	新潟県上越市
㉞今山田の大カツラ	六百～七百年	富山県富山市
㉟老谷《おいだに》の大ツバキ	五百年	富山県氷見市
㊱元祖アテ	四百五十年	石川県輪島市
㊲太田の大トチノキ	千三百年	石川県白山市
㊳御仏供《おぼけ》スギ	六百八十年	石川県白山市
㊴白山神社のカツラ	千年	福井県大野市
㊵西福寺のスダジイ	六百五十年以上	福井県敦賀市
㊶山高神代《やまたかじんだい》ザクラ	二千年	山梨県北杜市
㊷萬休院の舞鶴マツ	枯死	山梨県北杜市
㊸赤岩のトチ	千三百年	長野県長野市

㊹木下のケヤキ	千年	長野県箕輪町
㊺石徹白《いとしろ》大スギ	千八百年	岐阜県郡上市
㊻淡墨《うすずみ》ザクラ	千五百年以上	岐阜県本巣市
㊼三嶋大社のキンモクセイ	千二百年以上	静岡県三島市
㊽函南《かんなみ》原生林の巨大ブナ	枯死	静岡県函南町
㊾鳳来寺山の傘スギ	八百年	愛知県新城市
㊿甘泉寺《かんせんじ》のコウヤマキ	六百年以上	愛知県新城市
(51)椋本《むくもと》の大ムク	千五百年以上	三重県津市
(52)引作《ひきつくり》の大クス	千五百年	三重県御浜町
(53)南花沢のハナノキ	主幹倒壊	滋賀県東近江市
(54)黒田のアカガシ	三百～四百年	滋賀県長浜市
(55)光明寺のトチノキ	千～二千年	京都府綾部市
(56)花脊《はなせ》の天然伏条台《ふくじょうだい》スギ	千～千二百年	京都府京都市
(57)善峯寺《よしみねでら》の遊竜松	六百年以上	京都府京都市
(58)野間の大ケヤキ	千年	大阪府能勢町
(59)薫蓋樟《くんがいしょう》	千年	大阪府門真市
(60)三日月の大ムク	八百年	兵庫県佐用町
(61)藤坂の大カツラ	不明	兵庫県丹波篠山市
(62)二見の大ムク	千年	奈良県五條市

63 戒場《えびすば》神社のホオノキ　三百年以上　奈良県宇陀市
64 熊野速玉《はやたま》大社のナギ　千年　和歌山県新宮市
65 光専寺のイブキ　六百年以上　和歌山県御坊市
66 伯耆《ほうき》の大シイ　千年以上　鳥取県琴浦町
67 大社のムクノキ　千年　島根県出雲市
68 志多備《しだび》神社のスダジイ　三百年以上　島根県松江市
69 横川のムクノキ　千年　岡山県美作市
70 菩提寺のイチョウ　九百年　岡山県奈義町
71 醍醐《だいご》ザクラ　七百〜千年　岡山県真庭市
72 吉田のギンモクセイ　四百年以上　広島県三原市
73 極楽寺山のアカガシ　三百年以上　広島県廿日市市
74 熊野の大トチ　不明　広島県庄原市
75 川棚のクスの森　千年　山口県下関市
76 恩徳寺の結びイブキ　四百五十年　山口県下関市
77 加茂の大クス　千年　徳島県東みよし町
78 由岐のヤマモモ　不明　徳島県美波町
79 鳴門の根上りマツ　枯死　徳島県鳴門市
80 宝生院のシンパク　千六百年以上　香川県土庄町
81 琴平の大センダン　三百年　香川県琴平町
82 岡野マツ　枯死　香川県さぬき市

---

83 下柏《しもかしわ》の大柏《たいはく》　千二百年以上　愛媛県四国中央市
84 大山祇《おおやまづみ》神社のクスノキ　二千六百年　愛媛県今治市
85 杉の大スギ　三千年　高知県大豊町
86 大谷のクスノキ　二千年　高知県須崎市
87 仁井田のヒロハチシャノキ　七百年　高知県四万十町
88 五徳のホルトノキ　倒壊　福岡県香春町
89 川古《かわご》のクス　三千年　佐賀県武雄市
90 狩場のタブ　五百年　佐賀県有田町
91 琴《きん》の大イチョウ　千五百年　長崎県対馬市
92 奈良尾のアコウ　六百五十年　長崎県新上五島町
93 寂心さんのクス　八百年　熊本県熊本市
94 左右知《そうち》のイチイガシ　千年以上　大分県豊後大野市
95 十根川《とねがわ》神社の八村《やむら》スギ　八百年　宮崎県椎葉村
96 縄文スギ　二千百七十〜七千二百年　鹿児島県屋久島町
97 蒲生《がもう》の大クス　千五百年　鹿児島県姶良市
98 国頭《くにがみ》小学校のガジュマル　百二十年　鹿児島県和泊町
99 伊平屋《いへや》の念頭平松　三百年　沖縄県伊平屋村
100 サキシマスオウノキ　三百五十年　沖縄県竹富町

百人一首

秋の田のかりほの庵《いお》の苫《とま》をあらみ
わが衣手《ころもで》は露にぬれつつ
天智天皇《後撰集》

春すぎて夏きにけらし白妙《しろたえ》の
衣ほすてふ天《あま》のかぐ山
持統天皇《新古今集》

あし引きの山鳥の尾のしだり尾の
ながながし夜をひとりかもねむ
柿本人麻呂《拾遺集》

田子の浦にうち出《い》でて見れば白妙の
富士の高嶺《たかね》に雪はふりつつ
山部赤人《新古今集》

奥山に紅葉《もみじ》ふみわけ鳴く鹿の
声きく時ぞ秋はかなしき
猿丸太夫《古今集》

かささぎのわたせる橋に置く霜の
白きを見れば夜ぞ更《ふ》けにける
中納言（大伴）家持《新古今集》

天の原ふりさけ見れば春日《かすが》なる
三笠の山に出でし月かも
安倍仲麻呂《古今集》

わが庵は都の辰巳《たつみ》しかぞすむ
世をうぢ山と人はいふなり
喜撰法師《古今集》

花の色はうつりにけりないたづらに
我が身世にふるながめせしまに
小野小町《古今集》

これやこのゆくも帰るも別れては
知るもしらぬも逢坂《おうさか》の関
蟬丸《後撰集》

わたの原八十島《やそしま》かけて漕《こ》ぎ出ぬと
人には告げよ海人《あま》の釣舟
参議（小野）篁《古今集》

天つ風雲のかよひぢ吹きとぢよ
をとめの姿しばしとどめむ
僧正遍昭《古今集》

筑波嶺《つくばね》の峰より落つるみなの川
恋ぞつもりて淵《ふち》となりぬる
陽成院《後撰集》

陸奥《みちのく》のしのぶもぢずり誰《たれ》ゆゑに
乱れそめにし我ならなくに
河原左大臣（源融）《古今集》

君がため春の野に出でて若菜つむ
我が衣手に雪はふりつつ
光孝天皇《古今集》

立ち別れいなばの山の峰に生《お》ふる
松としきかば今かへり来《こ》む
中納言（在原）行平《古今集》

ちはやぶる神代もきかず龍田川《たつたがわ》　から紅《くれない》に水くくるとは　在原業平朝臣《古今集》

住《すみ》の江の岸による波よるさへや　夢のかよひぢ人めよくらむ　藤原敏行朝臣《古今集》

難波潟《なにわがた》短かき蘆《あし》のふしの間も　逢《あ》はでこの世を過ぐしてよとや　伊勢《新古今集》

わびぬれば今はたおなじ難波なる　みをつくしても逢はむとぞ思ふ　元良親王《後撰集》

今来むといひしばかりに長月の　有明《ありあけ》の月を待ち出づるかな　素性法師《古今集》

吹くからに秋の草木のしをるれば　むべ山風をあらしといふらむ　文屋康秀《古今集》

月見れば千々に物こそかなしけれ　わが身ひとつの秋にはあらねど　大江千里《古今集》

このたびはぬさもとりあへず手向山《たむけやま》　もみぢの錦《にしき》神のまにまに　菅家（菅原道真）《古今集》

名にしおはば逢坂《おうさか》山のさねかづら　人にしられでくるよしもがな　三条右大臣（藤原定方）《後撰集》

小倉山峰のもみぢ葉心あらば　今一度《ひとたび》のみゆきまたなむ　貞信公（藤原忠平）《拾遺集》

みかの原わきて流るるいづみ川　いつ見きとてか恋しかるらむ　中納言（藤原）兼輔《新古今集》

山里は冬ぞさびしさまさりける　人めも草もかれぬとおもへば　源宗于朝臣《古今集》

心あてに折らばや折らむ初霜の　置きまどはせる白菊の花　凡河内躬恒《古今集》

有明のつれなく見えし別れより　暁ばかりうきものはなし　壬生忠岑《古今集》

朝ぼらけ有明の月と見るまでに　吉野の里にふれる白雪　坂上是則《古今集》

山川に風のかけたるしがらみは　流れもあへぬ紅葉なりけり　春道列樹《古今集》

久かたの光のどけき春の日に　しづ心なく花の散るらむ　紀友則《古今集》

誰をかも知る人にせむ高砂《たかさご》の　松も昔の友ならなくに　藤原興風《古今集》

人はいさ心も知らずふるさとは　花ぞ昔の香に匂ひける　紀貫之《古今集》

夏の夜はまだ宵ながら明けぬるを　雲のいづこに月宿るらむ　清原深養父《古今集》

白露《しらつゆ》に風の吹きしく秋の野は　つらぬきとめぬ玉ぞ散りける　文屋朝康《後撰集》

わすらるる身をば思はず誓ひてし　人の命の惜しくもあるかな　右近《拾遺集》

浅茅生《あさぢう》の小野の篠原《しのはら》しのぶれど　あまりてなどか人の恋しき　参議（源）等《後撰集》

忍ぶれど色に出にけりわが恋は　物や思ふと人のとふまで　平兼盛《拾遺集》

恋すてふわが名はまだき立ちにけり　人知れずこそ思ひそめしか　壬生忠見《拾遺集》

契りきなかたみに袖《そで》をしぼりつつ　末の松山波こさじとは　清原元輔《後拾遺集》

あひみての後の心にくらぶれば　昔は物を思はざりけり　権中納言（藤原）敦忠《拾遺集》

あふ事の絶えてしなくばなかなかに　人をも身をも恨みざらまし　中納言（藤原）朝忠《拾遺集》

あはれともいふべき人はおもほえで　身のいたづらになりぬべきかな　一条摂政謙徳公（藤原伊尹）《拾遺集》

由良《ゆら》のとをわたる舟人かぢをたえ　ゆくへもしらぬ恋の道かな　曽根好忠《新古今集》

八重むぐらしげれる宿のさびしきに　人こそ見えぬ秋は来にけり　恵慶法師《拾遺集》

風をいたみ岩うつ浪のおのれのみ　くだけて物を思ふころかな　源重之《詞花集》

みかき守衛士《えじ》の焚《た》く火の夜はもえ　昼は消えつつ物をこそ思へ　大中臣能宣朝臣《詞花集》

君がため惜しからざりし命さへ　長くもがなと思ひけるかな　藤原義孝《後拾遺集》

かくとだにえやはいぶきのさしも草　さしも知らじな燃ゆる思ひを　藤原実方朝臣《後拾遺集》

明けぬればくるるものとは知りながら　なほ恨めしき朝ぼらけかな　藤原道信朝臣《後拾遺集》

嘆きつつ独りぬる夜の明くる間は　いかに久しきものとかはしる　右大将道綱母《拾遺集》

わすれじの行末まではかたければ　今日《きょう》を限りの命ともがな　儀同三司母《新古今集》

滝の音は絶えて久しくなりぬれど　名こそ流れてなほ聞えけれ　大納言（藤原）公任《拾遺集》

あらざらむこの世のほかの思ひ出に　今ひとたびのあふこともがな　和泉式部《後拾遺集》

めぐりあひて見しやそれともわかぬ間に　雲がくれにし夜半《よわ》の月かな　紫式部《新古今集》

有馬山猪名《いな》の笹原《ささはら》風ふけば　いでそよ人を忘れやはする　大弐三位《後拾遺集》

やすらはで寝なましものを小夜更《さよふ》けて　傾《かたぶ》くまでの月を見しかな　赤染衛門《後拾遺集》

大江山いく野の道の遠ければ　まだふみも見ず天の橋立　小式部内侍《金葉集》

いにしへの奈良の都の八重桜　けふ九重《ここのえ》に匂ひぬるかな　伊勢大輔《詞花集》

夜をこめて鳥のそらねははかるとも　よに逢坂の関はゆるさじ　清少納言《後拾遺集》

今はただ思ひ絶えなむとばかりを　人づてならでいふよしもがな　左京大夫（藤原）道雅《後拾遺集》

朝ぼらけ宇治の川霧たえだえに　あらはれわたる瀬瀬《せぜ》の網代木《あじろぎ》　権中納言（藤原）定頼《千載集》

恨みわびほさぬ袖だにあるものを　恋に朽ちなむ名こそをしけれ　相模《後拾遺集》

もろともにあはれと思へ山桜　花よりほかに知る人もなし　僧正行尊《金葉集》

春の夜の夢ばかりなる手枕《たまくら》に　甲斐《かい》なく立たむ名こそ惜しけれ　周防内侍《千載集》

心にもあらでうき世にながらへば　恋しかるべき夜半の月かな　三条院《後拾遺集》

嵐ふく三室《みむろ》の山のもみぢ葉は　龍田《たつた》の川の錦なりけり　能因法師《後拾遺集》

寂《さび》しさに宿を立ち出でてながむれば　いづこも同じ秋の夕暮　良暹法師《後拾遺集》

夕されば門田《かどた》の稲葉おとづれて　蘆《あし》の丸屋《まろや》に秋風ぞふく　大納言（源）経信《金葉集》

音にきく高師《たかし》の浜のあだ浪《なみ》は　かけじや袖の濡《ぬ》れもこそすれ　祐子内親王家紀伊《金葉集》

高砂の尾上《おのえ》の桜咲きにけり　外山《とやま》の霞《かすみ》たたずもあらなむ　権中納言（大江）匡房《後拾遺集》

うかりける人を初瀬の山おろし　はげしかれとは祈らぬものを　源俊頼朝臣《千載集》

契りおきしさせもが露を命にて　あはれ今年の秋もいぬめり　藤原基俊《千載集》

わたの原こぎ出でて見れば久方《ひさかた》の　雲井にまがふ沖つ白波　法性寺入道前関白太政大臣(藤原忠道)《詞花集》

瀬を早み岩にせかるる滝川の　われても末にあはむとぞ思ふ　崇徳院《詞花集》

淡路島かよふ千鳥の鳴く声に　幾夜ねざめぬ須磨《すま》の関守《せきもり》　源兼昌《金葉集》

秋風にたなびく雲の絶え間より　もれ出づる月の影のさやけさ　左京太夫（藤原）顕輔《新古今集》

ながからむ心もしらず黒髪の　乱れて今朝《けさ》は物をこそ思へ　待賢門院堀川《千載集》

ほととぎす鳴きつる方をながむれば　ただ有明の月ぞのこれる　後徳大寺左大臣（藤原実定）《千載集》

おもひ侘《わ》びさても命はあるものを　憂《う》きにたへぬは涙なりけり　道因法師《千載集》

世の中よ道こそなけれ思ひ入る　山の奥にも鹿ぞなくなる　皇太后宮大夫（藤原）俊成《千載集》

ながらへばまたこのごろやしのばれむ　憂しと見し世ぞ今は恋しき　藤原清輔朝臣《新古今集》

夜もすがらもの思ふころは明けやらで　閨《ねや》の隙《ひま》さへつれなかりけり　俊恵法師《千載集》

なげけとて月やは物を思はする　かこち顔なるわが涙かな　西行法師《千載集》

村雨《むらさめ》の露もまだ干《ひ》ぬ真木《まき》の葉に　霧立ちのぼる秋の夕ぐれ　寂蓮法師《新古今集》

難波江《なにわえ》の蘆《あし》のかりねのひとよゆゑ　みをつくしてや恋ひわたるべき　皇嘉門院別当《千載集》

玉の緒《お》よ絶えなばたえねながらへば　忍ぶることのよわりもぞする　式子内親王《新古今集》

見せばやな雄島のあまの袖だにも　濡れにぞぬれし色はかはらず　殷富門院大輔《千載集》

きりぎりす鳴くや霜夜のさむしろに　衣かたしきひとりかもねむ　後京極摂政前太政大臣（藤原良経）《新古今集》

わが袖は潮干《しおひ》に見えぬ沖の石の　人こそ知らねかわく間もなし　二条院讃岐《千載集》

世の中は常にもがもな渚《なぎさ》こぐ　あまの小舟の綱手《つなで》かなしも　鎌倉右大臣（源実朝）《新勅撰集》

み吉野の山の秋風さ夜ふけて　ふる里寒く衣うつなり　参議（藤原）雅経《新古今集》

おほけなくうき世の民におほふかな　我がたつ杣《そま》に墨染《すみぞめ》の袖　法印慈円《千載集》

花さそふ嵐の庭の雪ならで　ふりゆくものは我が身なりけり
入道前太政大臣（西園寺公経）《新勅撰集》

来《こ》ぬ人を松帆《まつほ》の浦の夕なぎに　やくや藻塩《もしお》の身もこがれつつ
権中納言（藤原）定家《新勅撰集》

風そよぐならの小川の夕ぐれは　みそぎぞ夏のしるしなりける
従二位（藤原）家隆《新勅撰集》

人もをし人も恨めしあぢきなく　世を思ふゆゑにもの思ふ身は
後鳥羽院《続後撰集》

百敷《ももしき》や古き軒端《のきば》のしのぶにも　なほあまりある昔なりけり
順徳院《続後撰集》

千字文

（配列順は縦に続く）

天地玄黄　宇宙洪荒　日月盈昃　辰宿列張　寒来暑往　秋収冬蔵　閏余成歳　律呂調陽　雲騰致雨
露結為霜　金生麗水　玉出崑岡　劔号巨闕　珠称夜光　菓珍李柰　菜重芥薑　海鹹河淡　鱗潜羽翔
龍師火帝　鳥官人皇　始制文字　乃服衣裳　推位譲国　有虞陶唐　弔民伐罪　周発殷湯　坐朝問道
垂拱平章　愛育黎首　臣伏戎羌　遐邇壹体　率賓帰王　鳴鳳在樹　白駒食場　化被草木　頼及万方
蓋此身髪　四大五常　恭惟鞠養　豈敢毀傷　女慕貞絜　男效才良　知過必改　得能莫忘　罔談彼短
靡恃己長　信使可覆　器欲難量　墨悲絲染　詩讃羔羊　景行維賢　克念作聖　徳建名立　形端表正
空谷伝声　虚堂習聴　禍因悪積　福縁善慶　尺璧非宝　寸陰是競　資父事君　曰厳与敬　孝当竭力
忠則尽命　臨深履薄　夙興温清　似蘭斯馨　如松之盛　川流不息　淵澄取映　容止若思　言辞安定
篤初誠美　慎終宜令　栄業所基　籍甚無竟　学優登仕　摂職従政　存以甘棠　去而益詠　楽殊貴賤
礼別尊卑　上和下睦　夫唱婦随　外受伝訓　入奉母儀　諸姑伯叔　猶子比児　孔懐兄弟　同気連枝
交友投分　切磨箴規　仁慈隠惻　造次弗離　節義廉退　顛沛匪虧　性静情逸　心動神疲　守真志満

逐物意移　堅持雅操　好爵自縻　都邑華夏　東西二京　背芒面洛　浮渭據涇　宮殿盤鬱　楼観飛驚
図写禽獣　書綵仙霊　丙舎傍啓　甲帳対楹　肆筵設席　鼓瑟吹笙　升階納陛　弁転疑星　右通広内
左達承明　既集墳典　亦聚群英　杜藁鍾隷　漆書壁経　府羅将相　路俠槐卿　戸封八県　家給千兵
高冠陪輦　駆轂振纓　世祿侈富　車駕肥軽　策功茂実　勒碑刻銘　磻渓伊尹　佐時阿衡　奄宅曲阜
微旦孰営　桓公匡合　済弱扶傾　綺廻漢恵　説感武丁　俊乂密勿　多士寔寧　晋楚更覇　趙魏困横
仮途滅虢　践土会盟　何遵約法　韓弊煩刑　起翦頗牧　用軍最精　宣威沙漠　馳誉丹青　九州禹跡
百郡秦并　嶽宗恒岱　禅主云亭　鴈門紫塞　鶏田赤城　昆池碣石　鉅野洞庭　曠遠緜邈　巌岫杳冥
治本於農　務茲稼穡　俶載南畝　我芸黍稷　税熟貢新　勧賞黜陟　孟軻敦素　史魚秉直　庶幾中庸
労謙謹勅　聆音察理　鑑貌弁色　貽厥嘉猷　勉其祗植　省躬譏誡　寵増抗極　殆辱近恥　林皐幸即
両疏見機　解組誰逼　索居閑処　沈默寂寥　求古尋論　散慮逍遥　欣奏累遣　慼謝歓招　渠荷的歴
園莽抽条　枇杷晩翠　梧桐早彫　陳根委翳　落葉飄颻　游鵾独運　凌摩絳霄　耽読翫市　寓目嚢箱
易輶攸畏　属耳垣墻　具膳餐飯　適口充腸　飽飫烹宰　飢厭糟糠　親戚故旧　老少異粮　妾御績紡
侍巾帷房　紈扇円潔　銀燭煒煌　昼眠夕寝　藍筍象床　絃歌酒讌　接杯挙觴　矯手頓足　悦予且康
嫡後嗣続　祭祀蒸嘗　稽顙再拝　悚懼恐惶　牋牒簡要　顧答審詳　骸垢想浴　執熱願涼　驢騾犢特
駭躍超驤　誅斬賊盗　捕獲叛亡　布射遼丸　嵇琴阮嘯　恬筆倫紙　鈞巧任釣　釈紛利俗　並皆佳妙
毛施淑姿　工顰妍咲　年矢毎催　曦暉朗曜　旋璣懸斡　晦魄環照　指薪修祜　永綏吉劭　矩歩引領
俯仰廊廟　束帯矜荘　徘徊瞻眺　孤陋寡聞　愚蒙等誚　謂語助者　焉哉乎也

半

1・単・独・ワン

2・双

3

4

5

6

7

8

9

10

11～20

21～99

100

101〜808

千〜万

類句索引

この索引は本文中で解説された類句のみを採録しました。

●著者紹介

森 睦彦（もり・むつひこ）

一九三三年東京生まれ。神奈川大学卒業。法政大学大学院博士課程修了。東京都日比谷図書館司書などを経て東海大学教授となる。二〇〇三年没。編著書に『年刊人物文献目録』（日外アソシエーツ）、『名数数詞辞典』『日本名数数詞辞典』（東京堂出版）など。

数《かず》のつく日本語辞典 新装版

＊本書は、一九九九年四月に小社から刊行した『数のつく日本語辞典』（四六判）の新装版です。新装に際し、A5判に拡大しています。

二〇二四年四月三〇日　初版印刷
二〇二四年五月一〇日　初版発行

著　者　森 睦彦
発行者　金田 功
発行所　株式会社東京堂出版
〒一〇一-〇〇五一
東京都千代田区神田神保町一-一七
電話　〇三-三二三三-三七四一
https://www.tokyodoshuppan.com/

印刷製本　中央精版印刷株式会社

ISBN978-4-490-10944-3 C0581

東京堂出版の本

［価格税別］

センスをみがく 文章上達事典 新装版

中村明 著

●四六判／三〇四頁／一八〇〇円

●文章を書く基本的な作法から効果を高める表現技術まで、魅力ある文章を書くヒント、実際に役立つ文章作法の五七のエッセンスを凝縮。

文章表現のための辞典活用法

中村明 著

●四六判／二七〇頁／一八〇〇円

●文章の発想、アイディア、意味・語感によることば選び、漢字の使い分けなど、文章の内容をゆたかに、表現力を高めるための辞典活用法。

日本語文法がわかる事典 新装版

林巨樹・池上秋彦・安藤千鶴子 編

●A5判／三二〇頁／二六〇〇円

●国語力を伸ばすために!! すべての学習、文章力・判断力・読解力に関係する「ことば」のルールを身につけるための厳選二七〇項目を解説。